모반의 구조를 통해 본
일본 역사군담 연구

張永喆

머리말

  일본에는 〈군키모노가타리〉(軍記物語)라는 문학 장르가 있다. 〈군키〉 (軍記)는 일본 역사 중 고대에서 중세를 거쳐 근세에 이르기까지 주로 내란과 관련된 전쟁담을 비교적 사실적 태도로 서술한 기록물을 일컫는 다. 〈모노가타리〉(物語)는 일본의 헤이안(平安) 시대 이후 정착된 일본 고유의 문학으로 서구로부터 소설 양식이 들어오기 전까지 산문 형식의 주류를 이루었다. 〈군키모노가타리〉는 〈군키〉와 〈모노가타리〉를 합성 한 말로 근대 이후 정착된 용어이다.

  〈군키모노가타리〉는 다른 문예 장르와도 영역을 공유하면서 일본 중 세시대를 정점으로 하여 줄곧 성장 발전하였고 따라서 근대 이후 일본 국내에서 활발하게 연구되어져 왔지만 한국에서는 아직 전문 연구자가 몇 사람 안 되는 것이 현실이다. 그러므로 〈군키모노가타리〉라는 용어 를 우리말로 번역한 예도 찾기 힘들고 학문의 격식을 갖춘 번역서도 아 직 나오지 않았지만 본서를 기반으로 한국에서도 연구가 본격화되기를 기대한다.

  〈군키모노가타리〉는 한국의 군담소설, 그 중에서도 역사군담이 이에 대비된다고 할 수 있다. 이와 관련하여 한국의 국문학 연구에서는 특히 조선시대 후기에 유행했던 한글소설의 작품군을 영웅소설로 따로 분류 하고 있다. 그러나 〈군키모노가타리〉는 주로 일본의 중세시대에 크게 유행했다는 점과 외침이 아닌 내란에 의한 전쟁을 유발시킨 반(反)영웅 (또는 영웅)의 활동을 주된 내용으로 하고 있다는 점 및 구술이나 공연

형태가 병행하여 수용자층에 전달되었다는 점 등의 특색을 보이고 있어 한국의 영웅소설과는 이질적인 측면을 갖고 있다. 따라서 본서에서 처음으로 〈군키모노가타리〉를 일본 역사군담으로 번역하였지만 이는 앞으로 관련 연구자들이 함께 논의해야 할 사항으로 여겨진다.

본서에서는 〈군키모노가타리〉 즉 일본 역사군담의 대표 작품이라 할 수 있는 『헤이케 모노가타리』(平家物語)를 비롯하여 그 효시라 할 수 있는 『쇼몬키』(將門記)에서 중세 남북조 시대의 내란을 배경으로 하는 『다이헤이키』(太平記)까지 9개 작품을 대상으로 하였다. 이로써 중세시대에 나온 일본 역사군담의 대표작을 거의 망라한 셈이다. 이후 작품들은 후기 군키(軍記)라 하여 일본에서도 본격적인 연구가 시작되는 단계에 있다.

본서는 주로 모반의 구조를 통하여 일차적으로 각각의 작품의 특색을 분석하고 나아가 일본 역사군담의 전형성을 규명해 내고자 한다. 지금까지의 일본 역사군담 연구는 문헌학적 방법에 입각하여 각각의 작품의 성립 과정과 원형을 밝히는 일에 주력하면서 한편으로 문학적 평가가 이루어져 왔다. 필자는 〈왕권론〉〈진혼론〉〈조적(朝敵)론〉 등 앞선 문학적 평가를 바탕으로 이들 논의의 틀과 각도를 다소 달리한 〈모반론〉을 제기하고자 한다. 본서는 〈모반론〉의 타당성을 증명하는 것을 궁극의 목표로 삼고 있다.

아울러 본서에서 직접 언급하지는 않았지만 "이들 일본 역사군담을 통해서 형성되고 축적된 행동윤리와 가치관 및 역사평가가 (근세를 거쳐) 결국 태평양전쟁까지 넘겨져 왔다"고 하는 시각도 있다.(松尾葦江 「戰爭の 物語」 『國文學』 2000. 6) 한국에서의 일본 역사군담 연구가 나름의 객관성을 확보하면서 동시에 독자적 관점을 제시하여야 할 가능과 당위를 이와 같은 맥락에서 찾을 수 있을 것이다.

목 차

제1장

서 론

제1장 서 론

1. 연구의 동기와 목적

일본 고대 천황제의 근간을 이루었던 대보율령(大寶律令 ; 701년 실시)과 양로율령(養老律令 ; 718년 실시)에 의하면 가장 엄히 다스려야 할 중죄로서 8학(八虐)이 규정되어 있었다.[1] 그 중에서도 국가(실제로는 천황)를 위태롭게 하는 〈모반〉(謀反), 왕릉 및 궁전을 훼손하는 〈모대역〉(謀大逆), 조정에 대한 반역행위에 해당하는 〈모반〉(謀叛) 등이 8학의 대표적인 범죄 행위였다.[2] 〈모반〉(謀反)·〈모대역〉·〈모반〉(謀叛)은 천황 및 조정을 직접적인 대상으로 하고 있다는 점에서 체제에 대한 중대한 도발 행위라 할 수 있다. 그럼에도 불구하고 일본 역사는 고대에서 중세로 넘어가는 변동기에 내란의 성격을 띤 〈모반〉으로 점철되었고[3] 그 과정은 고스란히 『쇼몬키』(將門記)에서 『다이헤이키』(太平記)에 이르는 일본 역사군담 속에 담겨져 있다. 본 논문이 일본 역사군담을 고찰함에 있어 모반의 구조를 중심 테마로 삼고자 하는 이유가 바로 여기에 있다.[4]

『쇼몬키』에서 『다이헤이키』에 이르는 일련의 작품들은 일본 역사군담의 요체라 할 수 있는 전투담을 중심으로 하여 그 전후 사정이 자세하게 망라되고 있음은 물론이거니와 전쟁을 통하여 탄생되는 영웅들의 모습과 행동이 생생하게 그려지고 있다는 점에 특색이 있다. 하지만 그 영웅들은 국난극복을 이룩한 주인공들이라는 점에서가 아니라 오히려 국난을 초래한 장본인이라는 점에서 역설적인 영웅상으로 설정되어져 있어서 더욱 이채를 띤다. 일본 역사군담에서의 영웅들은 초인적인 무력을 확보하고 위기적 상황을 적극적으로 돌파해 넘으로써 공동체의 구성원 모두가 바라는 공동선을 이룩한다고 하는 체제 지향적인 전형을 보이고 있지 않다. 그들은 오히려 고대 왕조체제라고 하는 기존의 일상적인 질서나 제도와 상충하는 인생 역정이나 인식 과정을 거치면서 그 절대적인 권위에 도전하고자 하는 의지와 욕망을 실행에 옮겼을 때 영웅으로서의 자격을 부여받게 되었던 것이다.

이를테면 반역죄를 범한 무리들의 행동이 영웅화되었다고 할 수 있는데 이는 당시의 위정자의 비위를 거슬리고 국민적 정서에도 해롭다는 점을 들어 유보적인 판단이 내려질 성싶기도 할 것이다. 실제로 일본 역사군담의 본문에서 이들의 행동은 '모반'으로 규정지어져 있고 관군에 의하여 평정되어야 할 '조적'(朝敵)으로 호칭되고 있다. 적어도 텍스트의 표면상으로는 그들이 영웅으로 지칭되고 있지 않다. 그렇기는 하지만 이야기의 중심에 그들 모반인들이 놓여져 있다는 점으로부터 시작하여 월등히 두드러져 보이는 언행이나 의지력에 이르기까지 텍스트 내부에서 그들은 주인공의 역할을 맡고 있고 따라서 충분한 영웅 대접을 받고 있는 셈이다. 특히 영웅화된 주인공들이 비참한 최후를 맞이하게 되는 장면에 이르러서는 텍스트 내부에서의 화자의 목소리가 드러내놓고 동정적인 취향으로 바뀌는 것으로 되어 있다.

일본 역사군담을 어떻게 읽을 것인가 하는 문제는 따라서 작품 안에서만 해결되어질 성질의 것이 아니게 된다. 구체적인 작품을 사이에 두고 이루어지는 작자와 수용자(당시의 향수자)와의 관계를 염두에 두고 보자면, 일본 역사군담에서 모반을 일으킨 영웅화된 주인공들은 구질서의 절대적 권위에 도전을 하는 데까지는 이르렀지만 예외 없이 천황제라고 하는 두터운 벽을 뚫지 못하고 비참한 최후를 맞이하는 비극적인 영웅상을 보이고 있다. 이를 두고 작자와 수용자는 고대 왕조체제와 같은 구질서의 몰락과 모반인들의 좌절을 어쩔 수 없는 것으로 받아들이면서 한편으로 새로운 질서를 맞아들인 천황제에 대하여는 변함없는 지지를 보낸다고 하는 공감대를 형성하고 있는 것이다.

일본 역사군담의 역설적 영웅들은 텍스트 내에서 기존의 사회 질서와 가치 체계를 뒤흔드는 위험한 존재로서 중앙의 정치 무대나 일반적인 여론 형성층에서 멀리 떨어진 변방으로부터 침입한 타자(他者)의 이미지나 이인(異人)의 모습으로 등장하는 것으로 되어 있다. 그리하여 낯설고 경이로운 그들의 출현은 왕권의 분열이나 공백을 초래할 만큼 막강한 위력을 과시하게 된다. 그러나 천황제를 굳게 지탱하는 두 개의 힘 신력(神力)과 불력(佛力) 앞에서 그들은 힘의 한계를 보일 수밖에 없게 되고 따라서 현실적으로 도저히 만회할 길이 없는 좌절에 봉착하고 급기야 죽음에 직면하는 것으로 되어 있다.

이와 같이 일본 역사군담의 영웅들은 당시의 왕권에 도전하였던 위험스러운 존재이기도 하였지만 결과는 항상 그들이 지은 죄값을 고스란히 치르게 됨으로써 왕권은 새로운 안정을 누리게 된다는 구조를 거듭해서 확인시켜 주는 존재로 그 의미가 변하게 된다. 비극적인 영웅들의 말로는 긴 안목으로 보면 천황제 이데올로기에 긍정적으로 기여한다고 하는 암묵적인 동의가 작자와 수용자 사이에 형성되어져 있었고 바로 그런 이유 때문에 역설적이고 비극적인 영웅들이 일본 역사군담이라는 양식을 통하여 재생산될 수 있었다고 말할 수 있다.

또한 수용자측의 입장에서 보자면 일본 역사군담의 영웅들의 활약상은 억눌린 자들의 현실적으로 불가능한 욕구를 대리 충족시켜 주기도 하였을 것이고 영웅들의 비극적인 생애를 통하여 정서적인 카타르시스를 즐겼을 것이다. 이러한 수용자들의 반응 논리를 꿰뚫어 볼 줄 아는 창작자의 입장에서는 억울한 주인공들의 죽음을 당연한 것으로 받아들이게 하기 위한 전제로서 '무상'(無常)이라고 하는 불교로부터의 교훈을 텍스트의 밑자락에 깔아놓고 있었다. 왜냐하면 '무상관'(無常觀)이라고 하는 세상을 재는 잣대는 당시의 중세 일본인들에게는 절대적인 권위를 가지고 있었기 때문이다. 나아가서 일본 역사군담이 불가(佛家)에 의해 성립·관리되었다는 지금까지의 연구 결과 또한 이를 뒷받침하고 있다.

뿐만 아니라 일본 역사군담의 영웅들에 대한 관심은 그들이 어떻게 살아나갔느냐 하는 점보다는 어떻게 죽어갔느냐 하는 점에 초점이 모아져 있다. 또한 그들의 원령(怨靈)들이 살아남은 자들을 향하여 혹시 재앙을 내리지는 않을까 하는 두려움이 집단적인 무의식으로 작용하고 있었다. 따라서 영웅들의 생존시의 활약을 모여서 이야기하고 이야기 끝에 원령들의 넋을 위로하는 대목을 갖춘다면 이야기 자체가 제의적인 의식을 행하는 의미를 갖게도 되었거니와, 이 진혼이라는 의식을 통하여 모두가 별 탈이 없게 된다면 이 점 또한 중세인들이 당시 믿었던 미신 및 신앙의 영역에는 상당한 영향을 끼쳤음에 틀림없다.

이상과 같은 이유로 하여 특히 『호겐 모노가타리』(保元物語)·『헤이지 모노가타리』(平治物語)·『헤이케 모노가타리』(平家物語)·『기케이키』(義經記)·『소가 모노가타리』(曾我物語) 및 『다이헤이키』(太平記)는 당시의 귀족과 무사와 서민에 이르기까지 폭넓은 수용자층을 확보할 수 있었고 보다 다양한 형태에 의한 작품에의 참여를 담보할 수 있었던 것으로 보여진다. 이들 작품 모두 성립 초기의 형태가 실제 역사에 참여했던 경험자들의 기록으로부터 출발하였는지 아니면 각 지방이나 인물에 연유한 단편적인 설화가 본래적 성격으로 된 구연물로 전승되었는지가 분명하지 않다. 다만 지금까지의 연구 결과로서는 읽을 거리로서의 〈모노가타리〉(物語)라는 양식과 구연물로서의 〈가타리모노〉(語り物)라는 양식이 공통적으로 이들 작품들과 직접적인 연관을 맺고 있었던 것으로 추정되고 있다.

따라서 거의가 작자·연대 미상인 이들 작품들에는 많은 이본(異本)들이 속출하였다. 지금까지 이들 이본에 관한 연구는 원형본의 선정을 둘러싸고 문헌학에 입각한 본문비판의 관점이 주류를 이루어 왔고, 그 결과 본문의 내용과 체제에 상당한 차이가 있음을 감안하여 나름대로의 계통 분류가 이루어진 실정이다. 그리하여 초기본에서 유포본에 이르기까지 단순한 서사(書寫) 절차에서 이루어진 가필 및 첨삭뿐만이 아니라 오랜 기간 전승의 단계를 거치면서 내용의 상당 부분이 수정 보완되었다고 보여져서 다수의 참여자에 의한 매우 긴 창작과정을 밟아왔다는 것이 일반적인 견해가 되어 있다.

본 논문에서는 고찰의 대상으로 삼고자 하는 일본 역사군담의 범위를 한창 고대 천황제가 꽃을 피우는 시기에 터진 변경의 내란 사건을 다룬 『쇼몬키』(將門記)를 그 상한으로 하였다.[5] 일본 역사군담의 초기 작품으로서 모반의 구조와 관련된 선구성(先驅性)을 살펴보기 위함이다. 이와 함께 같은 초기 작품으로 분류되는 『무쓰와키』(陸奧話記)를 통하여 『쇼몬키』와 구별되는 또 다른 선구성을 지적하고자 한다. 『쇼몬키』와 『무쓰와키』는 둘 다 초기 일본 역사군담으로 자리매김 되어져 있기는 하지만 두 텍스트는 모반의 구조라는 측면에서는 확연히 다른 작품 세계를 구현하고 있기 때문이다. 또한 그럼에도 불구하고 일본 역사군담으로서의 선구성이라는 측면에서의 전형성을 공유하고 있음을 고찰하고자 한다.

이어서 본격적인 일본 역사군담으로서 『호겐 모노가타리』(保元物語)와 『헤이지 모노가타리』(平治物語)를 모반의 구조라는 관점에서 각각 살피고자 한다. 이를 통하여 모반의 용례와 실태 및 전형과 한계 등을 파악하고자 한다. 다음으로 일본 역사군담의 대표로 꼽히는 『헤이케 모노가

타리』(平家物語)의 경우는 내용과 형식의 면에서 모범적인 틀을 완성한
작품으로서 텍스트 표면과 이면에 각각 설정된 모반의 구조를 집중해서
고찰하고자 한다. 아울러 등장인물 및 화자의 언술을 통해 나타난 표현
상의 특색에 주목하고자 한다.

이어서 다른 역사군담과 달리 집단보다는 개인의 일대기를 다룸으로
써 이른바 준군키(准軍記)로 평가받고 있는 『기케이키』(義經記)와 『소가
모노가타리』(曾我物語)의 경우 어떠한 외형적 특색과 논리구조를 갖추고
있는지 살펴보고자 한다. 다음으로 『호겐 모노가타리』·『헤이지 모노가타
리』·『헤이케 모노가타리』와 함께 「4부합전장」(四部合戰狀)의 하나로 불
려진 『조큐키』(承久記)에 나타난 모반의 구조를 고찰하고자 한다.

마지막으로 가마쿠라(鎌倉) 막부에서 무로마치(室町) 막부로 넘어가는
과도기로서 남북조(南北朝) 시대를 다룬 『다이헤이키』(太平記)를 고찰 대
상의 하한으로 삼았다. 『다이헤이키』 이후의 일본 역사군담은 후기 군
키(軍記)로 따로 분류하여 그에 대한 평가 및 연구는 일본 국내에서도
이제 겨우 본격적으로 시작되고 있기 때문이다. 일본 역사군담이 더 이
상의 성장 발전을 보이지 못한 이유가 과연 『다이헤이키』의 정체성 때
문인지를 확인한다는 관점에서 텍스트를 세밀히 분석해 보고자 한다.
그 과정으로서 『다이헤이키』에 나타난 3부 구성과 모반의 구조를 연관
지어 살펴보고자 한다.

2. 서사시론 / 진혼론 / 왕권론

〈군키모노가타리〉(軍記物語) ·〈군키〉(軍記) ·〈군키모노〉(軍記物)로도
불려지고 있는 일본 역사군담에 관한 연구는 넓게 보자면 무로마치(室
町) 시대 초기에 이미 전성기를 맞은 〈헤이쿄쿠〉(平曲)의 전승과 이에

따른 논의.[6] 에도(江戶) 시대에 들어 활발해진 『헤이케 모노가타리』·『기케이키』·『소가 모노가타리』·『호겐 모노가타리』·『헤이지 모노가타리』·『다이헤이키』 등의 가부키(歌舞伎)·조루리(淨瑠璃)에로의 수용, 명치유신 이후 『다이헤이키』에 대한 사료적 가치를 둘러 싼 논란 등을 통하여 지속되었다. 그러나 본격적인 연구는 메이지(明治)·다이쇼(大正) 시대에 들어 하가 야이치(芳賀矢一, 『國文學史十講』 1897년)와 후지오카 사쿠타로(藤岡作太郎, 『國文學史講話』 1908년) 등에 의해 시작되었다. 이를 이어 야마다 요시오(山田孝雄, 『平家物語考』 1911년)에 의해 문헌학적 연구가 본격화되었고 쓰다 소키치(津田左右吉, 『文學に現はれたる我が國民思想の研究』 1917년)는 일찍이 사상과 시대정신 등을 논구하였다. 쇼와(昭和) 시대에 들어서는 주로 『헤이케 모노가타리』를 중심으로 한 이본 연구가 활발히 진행되어 다카하시 데이치(高橋貞一)의 『平家物語諸本の研究』 (1943년) 등이 나왔고 이와 함께 성립 및 작자에 대한 연구 또한 활기를 띠었다.[7]

전후(戰後)의 일본 역사군담에 관한 연구를 문학론의 측면으로 관점을 좁혀서 살펴보자면 1970년대까지 〈서사시론〉·80년대에 〈진혼론〉·90년대에 들어서 〈왕권론〉이 각각 주류를 형성해 왔다고 말할 수 있다. 물론 이들 연구가 별개의 진전 양상을 보인 것이 아니라 작품 내부에서의 원본 채택 여부, 작품과 관련된 외부 자료와의 비교 검토 등의 다양한 작업과 맞물려 진행되어 왔고 앞으로도 그럴 개연성은 대단히 크다. 따라서 〈서사시론〉·〈진혼론〉·〈왕권론〉은 다른 측면의 연구 성과와 함께 서로 영향을 주고 받으면서 새로운 논의가 계속될 것임에 틀림없다.

새로운 논의의 가능성을 염두에 두면서 본고에서 다루고자 하는 모반의 구조와 관련된 〈서사시론〉·〈진혼론〉·〈왕권론〉의 내용을 정리하면 다음과 같다. 우선 〈서사시론〉은 전전(戰前)에 이루어졌던 서양을 다분

히 의식한 국민적 서사시론을 지양하고 역사사회학적 세계관으로써 작
품의 배경과 성격을 규명하고자 한 이시모다 쇼(石母田正)의 『中世的世
界の形成』(1946년)에 의해 본격화되었다. 이에 자극받아 나가즈미 야스
아키(永積安明)는 『中世文學の展望』(1946년)에서 일본문학의 서정시적
전통과 구별되는 중세 서사시적 문학의 실체를 규명하고자 하였다. 또
한 다니 히로시(谷宏)는 『平家物語』(1958년)에서 개인적 창작 의욕을 발
달시킨 작자와 집단적 공동적인 창도문학(唱導文學 : 불교의 교리를 담아 구
연하는 문예 장르)과의 통일로서 서사시 문학을 상정하였다. 이를 이어서
미즈하라 하지메(水原一)의 『平家物語の形成』(1972년)와 다카기 이치노
스케(高木市之助)의 『平家物語の論』(1976년) 등은 말법사상의 세계관과
무상으로서의 인생관을 잠재적인 동기로 하여 텍스트의 성장 발전에 설
화적 요소가 관련하고 있음을 지적하고 텍스트를 통하여 이를 고찰하였다.

다음으로 〈진혼론〉은 일본 역사군담이 공통적으로 창자(唱者)에 의해
구연되는 형식을 취함으로써 죽은 자의 원령을 달래고 결과적으로는 국
가의 안녕을 기원하는 의식(儀式)적인 측면을 주제적인 동기로써 담지하
고 있다고 해석하는 이론이다. 일찍이 쓰쿠도 레이칸(筑土鈴寬)에 의해
〈진혼론〉이 제기된 뒤 우부카타 다카시게(生形貴重), 효도 히로미(兵藤裕
己) 등이 이어 받아서 『日本文學硏究資料新集7 平家物語』(1987년) 등을
통해 집중 논의되었다. 특히 효도 히로미(兵藤裕己)는 『語り物序說』
(1985년), 『王權と物語』(1989년) 등에서 역사상 소외된 자들의 사실성
의 주장을 다룸으로써 공동사회를 정화하는 의례로서 구연의 무대를 중
시하고 있다.

마지막으로 〈왕권론〉은 쇼와(昭和) 시대의 마감과 함께 후지이 사다카
즈(藤井貞和) 등 『겐지 모노가타리』(源氏物語) 연구자들에 의해 논의가
이끌어졌으나 이후의 일본 역사군담에 관한 연구 또한 문학론 분야의

논문 테마들에 상당한 영향을 미치고 있다. 〈왕권론〉은 천황제라는 외형에 얽매이지 않고 각각의 작품에서 실제로 왕권을 행사한 주체가 누구인가를 밝히는 데 주안점을 둔다. 아울러 〈왕권론〉은 각각의 시대에 따라 천황이라는 존재가 어떠한 형태의 왕권을 행사했는지 그 특성과 변화를 파악하는 일에 비중을 두고 있다. 특히 『다이헤이키』(太平記)에 관한 연구를 중심으로 아미노 요시히코(網野善彦)의 『異形の王權』(1993년), 효도 히로미(兵藤裕己)의 『太平記〈よみ〉の可能性』(1995년) 등이 있고 아카사카 노리오(赤坂憲雄)의 『王と天皇』(1993년) 등 문학 밖의 논의와 서로 맞물려 진행 중에 있다.

나아가서 〈왕권론〉의 일환으로서 스도 다카시(須藤敬)와 사에키 신이치(佐伯眞一)에 의해 〈조적론〉(朝敵論)이 제기된 바가 있다.(『軍記と語り物』 27호 특집 軍記と朝敵 1991년)[8] 〈조적론〉은 천황의 명령을 받은 장군(將軍)이 모반을 일으킨 조적(朝敵 : 조정의 적이라는 의미의 일본어)을 물리침으로써 기존의 천황제를 유지한다고 하는 기본틀이 일본 역사군담에서 공식화되어 있다고 보는 이론이다. 그러나 필자는 〈조적론〉이 역사상 승리를 거둔 자의 입장에 비중을 두고 일본 역사군담의 기본틀을 다루고 있어 정작 텍스트의 중심에 위치하고 있는 모반의 주체를 정면에서 다루지 못하는 한계가 있다는 점에 주목하고자 한다. 또한 〈조적론〉은 천황 또는 장군 중심의 고정적 시각에 머물 개연성이 있다는 점에서 상대적으로 모반이라는 행동 자체와 이에 대한 각각의 작품에서의 표현법에 주목함으로써 이를 보완할 수 있지 않을까 여겨지는 바이다.

따라서 본고에서 다루고자 하는 모반의 구조를 중심으로 한 일본 역사군담 연구는 위의 〈서사시론〉·〈진혼론〉·〈왕권론〉의 연구 성과를 주된 토대로 하였다. 아울러 〈왕권론〉의 일환으로서 제기된 바 있는 〈조적론〉과는 다소 다른 각도에서 접근하여 이를 보완 발전시킴으로써 일본 역사군담에 대한 관점을 보다 다양화할 수 있는 계기를 마련하기 위하여 〈모반론〉으로서의 가능성을 새로이 제시하고자 한다.

3. 모반 찾기와 구조 드러내기

본 논문의 연구 방법으로서 가장 기초적인 작업은 각 텍스트의 본문에서 모반의 용례를 찾는 일로부터 시작했다. 그러나 이미 앞에서 밝힌 바와 같이 일본 역사군담은 오랜 시간을 통해 여러 사람의 손을 거쳐 성장 발전한 과정을 밟아 많은 이본들을 양산해 놓았다. 따라서 각 이본들에 나타난 용례를 비교 검토함으로써 한 작품의 범주에서 선후 관계 등을 고찰하는 일도 어느 정도 가능하리라 여겨진다. 또는 수십 종의 이본들 중에서 하나의 텍스트만을 선정하여 용례를 찾는 일이 한 작품의 연구에 얼마나 타당성을 확보할 것인가 하는 의문이 제기될 수도 있다.

그럼에도 불구하고 한 작품에서 하나의 텍스트를 선정하여 모반의 용례를 찾는 일로 시작하여 모반의 구조로써 각각의 작품을 해석하고자 하는 본 논문의 일차 의도는 일본 역사군담의 특색을 전체적으로 포착하고자 할 때 모반의 용례 및 구조가 매우 유효하다는 점을 입증하기 위해서이다. 왜냐하면 일본 역사군담은 거의 예외없이 모반이 가장 중요한 작품의 소재로 되어 있고 주요 등장인물이나 화자(작품 내부의 이야기꾼)에 의해 발화되고 있기 때문이다. 또한 같은 일본 역사군담이라고 하더라도 각각의 작품은 모반 자체의 성격에 따라 또는 모반에 대한 작자 또는 화자의 판단에 따라 나름의 독특한 구조를 갖추고 있기 때문이다. 그리하여 문학적 측면에서 비교적 동등한 위치에 있다고 평가되는 텍스트를 중심으로 모반의 구조를 추출해 내서 이들을 비교·정리함으로써 일본 역사군담의 전형 및 각 작품의 특색을 고찰하고자 한다.

이를 위하여 이하 본론에서는 각각의 기초 단계로서 텍스트에서 모반의 용례를 찾은 후 그 용례가 들어 있는 말이 누구에 의해 발화(發話)되고 누구에게 수화(受話)되고 있는지, 또 용례로서 사용된 모반이라는 행위의 주체가 누구이고 대상이 누구인지를 문맥상으로 분석하고자 한다. 용례가 충분하지 않은 텍스트의 경우에는 모반의 실태를 담고 있는 대사와 지문을 조사한다. 또한 모반의 용례와 실태만으로 전체 구성을 파악하기 어려운 텍스트의 경우에는 조적(朝敵)의 용례를 분석함으로써 이를 보완한다. 그리고 그 다음 단계로서 모반이 작품 내부에서 어떠한 의미를 갖고 있는지를 고찰한 뒤에 이를 바탕으로 모반의 구조를 드러내고자 한다.

본 논문에서 말하는 모반의 구조란 2항 대립을 기초 단위로 하여 한 문(文)의 선형 구조를 분석하는 구조주의의 어학적 방법을 확대 적용한 용어이다.[9] 그리하여 한 텍스트 전체에서 모반과 관련된 사항들을 분류·종합하여 본문에 나타난 주제와의 연관성 및 텍스트 나름의 독특한 표현법을 포착하는 것을 우선적인 목표로 삼고 있다. 그 기초 작업으로서 개별 텍스트에 나타난 모반의 용례와 의미를 추출하는 것이다.

그 다음에 모반을 행한 주체자와 모반을 당하거나 진압하는 반대자를 각각의 축으로 하는 2항 대립적 분석을 바탕으로 모반을 발화하는 쪽과 그 발화의 상대가 되는 쪽을 서로 비교하는 언표행위(言表行爲)와 모반이라는 행위의 주체와 대상이 각각 누구인지를 구별하는 언표표현(言表表現)의 분석을 시도하고자 한다.[10] 아울러 모반의 용례만으로 한정하지 않고 본문에서 두드러지게 나타난 모반에 관련된 인물상이나 모반의 진행이 다루어진 구성상의 특색을 파악하여 모반의 구조를 해석하고자 한다. 나아가서 모반을 일으킨 주요 등장인물(군)을 이야기의 중심축으로 하고 모반의 대상이 되고 있는 등장인물(군)을 반대축으로 설정하고 있는 텍스트의 표면 구조를 전체적으로 파악하고자 한다. 또한 텍스트에 표면화되어 있지는 않지만 본문의 이면에 장치되어 있는 것으로 보이는 모반에 관한 숨은 구조를 드러내 보이고자 한다. 뿐만 아니라 텍스트 내부에서 이야기 현재에 참여하고 있는 화자의 목소리나 초점화자의 존재를 일본 역사군담의 독특한 표현법으로서 고찰의 대상에 포함시키고자 한다.[11)

  이와 같은 단계를 통하여 모반이라는 현실적 행위가 일본 역사군담이라는 허구적 장치 내에서 단순한 용례로서 그치는 것이 아니라 텍스트 전체의 틀을 짜는 매우 중요한 요소가 되고 있음을 증명하고자 한다. 모반의 용례 찾기에서 시작하여 모반의 구조를 드러내는 일련의 과정을 밟아 일본 역사군담에서 모반의 구조가 의미하는 바를 해석하고자 함이 본 논문의 궁극적 목표라 할 수 있다.

█주

1) 이노우에 미쓰사다(井上光貞) 校注 日本思想大系 3 『律令』 岩波書店 1976年 참조.
2) 이 외에도 〈惡虐〉·〈不道〉·〈大不敬〉·〈不孝〉·〈不義〉의 조목들이 있는데, 이들은 주로 가정과 사회의 질서를 세우기 위한 것들이다.
3) 『日本史大事典』(平凡社 1994年)에 의하면 헤이안(平安) 시대 후기 이후 〈謀反〉과 〈謀叛〉의 구별이 희박해져서 군주와 주인을 배신한 행위를 가리켜 〈謀叛〉으로 칭하게 되었다고 한다. 또한 『平家物語辭典』(市古貞次 編 明治書院 1973年)에 의하면 『헤이케 모노가타리』(平家物語)에서도 〈謀反〉과 〈謀叛〉을 혼동해서 사용하였다고 밝히고 있다. 아울러 8학(八虐)의 규정 이외의 〈謀叛〉에 관한 의미로서 『大辭林』(松村明 編 三省堂 1988年)에서는 당시의 위정자를 거역하여 군대를 일으키는 일, 『廣辭苑』(新村出 編 岩波書店 1955年)에서는 비밀히 계획하여 거사하는 일로 추가 설명하고 있다. 따라서 본고에서는 그 적용 범위를 천황과 조정에 대한 반역 및 위정자를 거역한 거병 또는 비밀스런 거사 등으로 확장할 수 있다

고 여겨지는 〈謀叛〉의 의미로 한글 표기 〈모반〉을 사용하였다.

4) 일본 역사군담이라는 용어는 일본 고유의 문학 장르로 정착되어 있는 군키모노가타리(軍記物語) 또는 군키(軍記) 또는 군키모노(軍記物)를 우리말로 옮긴 것이다. 한국에서의 장르상의 용어로는 군담소설, 그 중에서도 역사군담이 이에 대비된다고 할 수 있다. 그렇다고 하여 일본의 군키모노가타리(軍記物語)와 한국의 군담소설의 용어가 성립 시기나 수용의 형태 또는 주제 등에서 반드시 일치한다고 볼 수는 없지만, 본서에서는 군키모노가타리(軍記物語)라는 용어를 일본 역사군담으로 번역하여 사용하고자 한다. 이는 앞으로 한국의 일본문학 연구자들이 용어의 통일을 논의하는 과정에서 다루어야 할 사항으로 여겨진다. 이와 관련하여 한국의 경우는『홍길동전』을 효시로 하는 군담소설 중에서 주인공이 외란에 의한 전쟁을 통해 영웅적 활약으로 국난을 극복한다는 내용을 담고 있다는 점에서 특히 조선시대 후기에 유행했던 한글소설의 작품군을 〈영웅소설〉로 따로 분류하고 있다. 반면에 군키모노가타리(軍記物語) 즉 일본 역사군담은 전쟁 이야기를 소재로 한다는 점에서 한국의 군담소설과 외견상 비슷하지만 주인공이 모반을 통해 내란을 일으킨 후 멸망해 가는 과정을 다루고 있고 성립 시기도 헤이안(平安)시대 말기를 상한으로 하여 중세시대에 크게 유행하였으며 구연의 형태로 공연되는 양식과 병행하여 발전되어 갔다는 점 등에서 한국의 영웅소설과는 큰 차이를 보이고 있다. 서대석『군담소설의 구조와 배경』이대출판부 1984년, 사재동 편『韓國敍事文學史의 硏究』 I~V 중앙문화사 1995년 참조.

5) 도치기 요시사다(栃木孝惟)(「平治物語序論」『軍記と語り物』 7호 1970년)에 의하면『日本書紀』天武紀 上에서 임신(壬申)의 난을 서술한 문장 등이 소재와 서술의 구성면에서 본격적인 일본 역사군담과 상통한다는 점을 지적하고 있다. 그러나 이는 어디까지나 그 가능성에 대한 논의일 뿐 일본 역사군담 그 자체에 포함되고 있지는 않다.

6)『헤이케 모노가타리』(平家物語)의 가쿠이치본(覺一本) 성립 연유도 이와 관련이 있거니와 에도(江戶)시대 중기에는 오기노 겐교((荻野檢校)에 의한『平家正節』과 같은 헤이쿄쿠(平曲) 연구서가 나와 있다.

7) 다카기 이치노스케(高木市之助)가 쓴『增補國語國文學硏究史大成 9 平家物語』해설부 참조.

8) 이후 1996년 다케히사 쓰요시(武久堅)『平家物語の全體像』和泉書院, 오쓰 유이치(大津雄一)「軍記物語と王權の〈物語〉─イデオロギー批評のために─」有精堂과 1997년 11월『國語と國文學』에 사에키 신이치(佐伯眞一)「「朝敵」以前 ─軍記物語における〈征夷〉と〈謀反〉─」, 하야카와 고이치(早川厚一)「『平家物語』の成立 ─賴朝と征夷大將軍─」등이 발표되었다.

9) 2항 대립이란 소쉬르에 의해 구분된 langue와 parole의 2분법에서 비롯되어, 신화학이나 문학 연구를 통하여 채택되고 있는 언설을 대상으로 그 의미를 분석하고

자 하는 방법적 태도이다. 한 언설 안에서도 겉으로 드러나 있는 언표끼리의 대립 관계가 포착될 수 있고, 표현된 하나의 언표에 대해 잠재적으로 연상이 가능한 다른 기호를 상정할 수 있다는 것이 선형 구조에 관한 분석 방법이다. 구조주의에 관한 방법론은 蘇斗永 『構造主義』 민음사 1984년 등 참조.

10) 언표행위와 언표표현의 용어는 나카야마 마사히코(中山眞彦) 『物語構造論』의 설명에 의함. 언어의 의미가 사전이나 문법에 의해 해독되는 것은 그 일부에 지나지 않으므로 특히 문학 텍스트를 해독함에 있어서는 등장인물이 주어가 되는 언표표현과 문장 서술의 주체에 의해 이루어지는 언표행위를 구별해서 살펴보자는 분석 방법을 제기하고 있다.

11) '초점화자'는 원래 쥬네트의 용어 'focalizer'로서 이와 유사한 개념의 슈탄젤의 용어 'reflector'는 일본에서는 이를 '映し手'로 옮겼고 한국의 같은 번역서에서는 '반성자'로 하고 있다.

『쇼몬키』(將門記)·『무쓰와키』(陸奧話記)의 2원적 선구성

제2장
『쇼몬키』(將門記) · 『무쓰와키』(陸奥話記)의
2원적 선구성

일본 역사군담은 거의 예외없이 모반의 역사를 주된 소재로 다루고 있다. 또한 정도의 차이는 있지만 대부분의 작품이 모반의 중심 인물에 대하여 영웅화를 시도한다고 하는 공통된 특색을 보이고 있다. 비록 허구성을 전제로 하는 소설 작품이라고 하지만 만세일계(萬世一系)를 자랑하는 일본에서 천황의 존재 가치와 존립 그 자체에 정면으로 도전한 반역 죄인들이 소설의 주인공이 될 수 있었던 이유는 무엇일까?

이와 관련하여 일본 국내에서의 연구는 무상관론·서사시론·진혼론 및 최근의 왕권론에 이르기까지, 모반이라는 행위가 누구에 의한 것이든 종국에 가서는 좌절하고 결과적으로 천황제 이데올로기에 순기능으로 작용한다는 결론이 잠정적 공감대를 형성하고 있다. 다만 모반을 매개로 하여 천황제 자체에 내부적으로 어떤 변화가 있었는지에 대한 관심 내지는 판단 여부가 논자들의 접근 태도를 연역적으로 구분짓고 있는 듯하다. 아울러 모반 그 자체에 주목하면서 모반의 주체자와 전달자(작자 또는 화자)의 존재를 규명하는 한편으로 작품에 구체화된 표현법을 새롭게 읽고자 하는 흐름도 나타나고 있다. 그러나 공간·시간적으로 천황제에 아직 포함되지 않았거나 이미 스스로 벗어나 있는 천황제의 외부적 존재(이 또한 넓은 의미의 천황제에 속하지만)를 따로 설정하여 이를 논의에 추가할 것인가에 관한 문제 제기는 그다지 본격화되지 않은 듯하다.[1]

따라서 이번 장에서는 일본의 고대 율령체제를 뒤흔들기 시작한 중요한
사건으로서의 마사카도(將門)의 난(935~940년)과 전9년(前九年)의 역(役
: 1053~1062년)이 『쇼몬키』(將門記)와 『무쓰와키』(陸奧話記)를 통하여
어떠한 모반의 구조로 나타나 있는지를 살펴보고자 한다. 또한 모반의
주체자와 전달자의 존재가 각각의 작품에서 어떠한 실상으로 구체화되
어 있는지를 읽어내고자 한다. 나아가서 일본 역사군담의 초기 작품에
해당하는 『쇼몬키』・『무쓰와키』의 본문에 나타난 공통점과 차이점의 특
색을 살펴봄으로써 일본 역사군담으로서의 선구성(先驅性)을 고찰하는
기회로 삼고자 한다.

1. 『쇼몬키』(將門記)에 보이는 모반의 용례와 의미

『쇼몬키』(將門記)의 본문에는 〈모반〉이라는 용어가 7회 사용되고 있
다.(본고의 텍스트는 가지와라 마사아키(梶原正昭)가 역주를 단 眞福寺本 『將門
記』) 우선 주목할 것은 용례의 위치인 바, 『쇼몬키』의 후반부 발단 부분
에 2회 그리고 후반부 말미에 5회 집중해서 나타나고 있다.[2] 이는 언제
누구에 의해 모반이라는 말이 사용되었는가 하는 점에서 중요한 의미를
이끌어 낼 수 있다.

『쇼몬키』의 본문 중에 맨 먼저 〈모반〉이라는 말을 입에 올린 사람은
다이라노 마사카도(平將門, 이하 마사카도로 표기함)와 오키요노 오키미(興
世王)의 결탁으로 자신의 입지를 상실한 미나모토 쓰네모토(源經基)이다.
그것도 쓰네모토(經基) 자신이 직접 상경(上京)하여 태정관(太政官)에 상
소하는 절차를 취하고 있다. 장안에 큰 소란이 일어났음은 두 말할 나
위가 없다. 여기서 확인하고 넘어갈 일은 적어도 이전까지의 마사카도
(將門)의 행위는 누구에 의해서도 모반으로 지칭되지 않았다는 사실이

다. 따라서 『쇼몬키』의 마사카도는 애초에 모반인으로 자처하지도 않았
고 낙인찍히지도 않았다는 사실을 기억해 둘 만하다. 더욱이 미나모토
쓰네모토(源經基)의 상소 이유가 '오키요노 오키미(興世王)와 마사카도(將
門)에 복수하기 위해 거짓말을 마음 속으로 지어내서'였다고 『쇼몬키』의
화자가 덧붙이고 있는 점도 간과해서 안 될 것이다. 다시 말해서 미나
모토 쓰네모토(源經基)의 상소가 있기까지는 『쇼몬키』에서 마사카도가
모반의 행위를 하지 않았고 그것도 단지 모반의 모함을 받게 되었을 따
름이라고 해석할 수 있다.

　미나모토 쓰네모토의 고발에 대하여 즉각 당사자인 마사카도의 사군
(私君 : 사적으로 모시는 주군)인 태정대신(太政大臣) 앞으로 사실 여부를 보
고하라는 천황의 교서가 내려지고 이에 따라 마사카도는 근거지 주변 5
개국의 해문(解文 : 상급기관에 올리는 문서)을 취하여 〈모반〉이 사실무근
임을 밝히고 있다. 여기서 우리는 마사카도 스스로 모반의 해명에 적극
나서고 있는 점과 국사(國司 : 지방의 수령) → 태정대신 → 천황에 이르는
각각의 채널이 마사카도에 대하여 긍정적으로 작동하고 있었다는 점을
확인할 수 있다. 또한 바로 그 직후에 오키요노 오키미(興世王)와 무사
시(武藏)國의 새로운 국사(國司)의 불화를 원만히 조정하였다는 이유로
조정에서 마사카도의 공적이 논의되었다고까지 『쇼몬키』는 적고 있다.
따라서 『쇼몬키』 후반부 발단 부분에 나온 2회의 모반의 용례는 마사카
도가 모반을 일으킬만한 상황에 있지 않았음을 역설적으로 증명하고 있
다는 점이 특이하다.

　그럼에도 불구하고 마사카도는 결국 모반을 일으키고야 말았다. 그러
나 『쇼몬키』의 화자는 마사카도가 본격적으로 모반의 행위에 들어갔을
때 한 번도 그것을 모반으로 지칭하지 않고 있다. 『쇼몬키』 후반부 말
미에 토벌군에 의해 마사카도가 전사한 이후에 그의 일생을 회고하면서

비로소 '모반의 이름'을 영원히 남겼다고 말하고 있다. 이는 또한 죽은 마사카도에 대한 화자의 애증의 정이 감상적으로 길게 토로되는 대목의 마지막 구절에 나와 있다는 점도 유의할 일이다.

그 뒤를 이어서는 난의 평정기에 들어서 마사카도의 잔당을 가리켜 '모반의 무리'라 하여 이들을 토벌한다고 하고, 논공행상의 대목에서 후지와라 히데사토(藤原秀鄕)가 다이라노 사다모리(平貞盛)와 협력하여 '모반의 목'(＝마사카도의 목)을 베었음을 적고 있다. 그 후 다시 한 번 마사카도에 대한 연민과 동시에 질책을 토로하면서『쇼몬키』의 화자는 중국의 전국7웅에 빗대어 '일사(一士)의 모반'(＝마사카도의 모반)으로 판동(坂東 : 지금의 관동지방) 8國(이때의 國은 지방 행정 단위, 당시 일본에는 66개 國이 있었음)에 소동이 일어났다고 말하고 있다. 그리고『쇼몬키』마지막 대목에 이르러서는 천하에 '모반'이 있어 그 겨루는 모양이 해와 달과 같지만 결국에 공(公)은 늘고 사(私)는 준다고 하는 이치를 서술하면서 시골의 무명인이 삼가 적었노라고 밝히고 있다.

이와 같이『쇼몬키』후반부 말미에 집중해서 보이는 모반의 다섯 용례는 주로 화자의 서술로서 마사카도 또는 그 일당을 대상으로 하고 있다. 그렇지만 그것은 사후적인 평가로서의 의미를 지닐 뿐 모반의 행위가 구체적으로 시행되는 시점에서는 등장인물의 입을 통해서도 모반으로 지칭되고 있지 않다. 심지어 마사카도가 천황을 참칭한 이후부터 전사하는 동안에『쇼몬키』에서의 호칭은 〈신황〉(新皇)으로 일관할 정도이다. 나아가서 결국 모반을 일으켜 토벌되고야 말았던 대역죄인 마사카도에 대하여『쇼몬키』의 화자는 빛 바랜 역사의 교훈을 얻는 일보다 시대와 개인의 흥망과 이해에 더 많은 관심을 갖는 듯한 태도를 보이고 있다.

이상과 같은 점에서 볼 때『쇼몬키』의 모반은 고대 율령제를 뒤흔든 특별한 사건이었다고 할 수 있지만 또한 한편으로는 이미 그 수명을 다해 가는 한 시대의 쇠퇴기에 나타난 새로운 시대로의 모색이라고도 평가할 수 있다. 이와 관련하여 마사카도에 의한 모반의 의미로서 이시모다 쇼(石母田正)는 『古代末期政治史序説』에서 '수령(受領 : 지방에 파견된 관리)과 토호의 분쟁을 통하여 종류(從類)・반류(伴類 : 영주에 딸린 일가와 부하)를 이끄는 사영전(私營田) 영주가 무력을 행사하였다'고 당시의 시대 배경을 설명하고 있다. 또한 하야시 로쿠로(林陸郎)는 『古代末期の反亂』에서 '9세기 후반부터 부인(俘囚 : 중앙 정부에 복속한 동북 지방의 원주민)의 반란이 계속되고 군사(郡司 : 지방의 행정 관리)・농민의 연계가 수령(受領)의 비법(非法)에 저항하여 반국가권력으로 현재화하였다'고 마사카도와 직접 관련된 모반의 의미를 풀이하고 있다. 나아가 사지 요시히코(佐治芳彦)는 『반역의 일본사』(叛逆の日本史)에서 마사카도의 모반을 '율령기 해체기의 동국(東國) 농민의 해방 전쟁'이라고 규정하고 있다.

그렇다면 『쇼몬키』 작품 내에서는 위와 같은 의미를 지닌 마사카도의 모반이 어떠한 구조에 의해 정당화되었는가? 앞서 모반의 용례에서 살펴본 바와 같이 『쇼몬키』 전반부에서는 마사카도가 모반을 일으킬 의사도 없었고 그러한 상황에 처해 있지도 않았음은 분명하다. 『쇼몬키』의 전반부는 사사로운 감정과 혈연의 이익을 둘러싼 대결 양상이 점철되는 〈사투〉(私鬪)의 단계에 머물러 있었을 뿐이다.

좀 더 그 내용을 자세히 살펴보면, 맨 먼저 마사카도가 무력 충돌을 일으킨 것은 미나모토 마모루(源護)와의 싸움이다. 그것도 미나모토 타스쿠(源扶)를 비롯한 미나모토 마모루(源護)의 자식들의 습격을 받은 마사카도가 이들을 격퇴시키는 장면이 첫 싸움으로 기록되어 있으니 마사카도 쪽에서 보면 다분히 수동적인 자세를 취하고 있다. 이 싸움에서 숙부인 다이라노 구니카(平國香)가 자해(自害)함에 따라 결국 평소 원한 관계가 있었던 또 다른 숙부 다이라노 요시카네(平良兼)가 출병하게 된

다. 마사카도로서는 이번에도 역시 공격을 받은 셈이 되는데 결과는 마
사카도 측의 승리로 끝나고 싸움의 경위를 시모쓰케(下野)국청(國廳)의
〈일기〉(日記)에 기록케 한다. 그러자 앞서 패했던 미나모토 마모루(源護)
의 〈고장〉(告狀)에 의해 피고가 된 마사카도를 소환하는 〈관부〉(官符 : 최
고 관청인 태정관에서 각 지방에 보내는 공문서)가 내려진다. 이에 마사카도
는 서둘러 상경하여 스스로 변론함으로써 조정으로부터 죄를 면제받고
오히려 그 무명(武名)이 장안에 널리 알려진다. 마사카도의 결백이 공식
적으로 확인되고 있는 것이다.

그러나 마사카도에 대해 집요한 원한을 품은 다이라노 요시카네(平良
兼)는 재차 습격을 감행하여 마사카도를 곤경에 빠뜨리기도 하지만 전
열을 정비한 마사카도는 다시 요시카네(良兼)를 물리친 다음에 자신의
본거지인 시모후사(下總)國의 〈解文〉을 얻어[3] 다이라노 요시카네(平良
兼)・미나모토 마모루(源護) 및 다이라노 사다모리(平貞盛) 등을 마사카
도에게 토벌하라는 〈官符〉가 판동(坂東) 5개國에 내려진다. 이 때만 해
도 마사카도는 관군에 속해 있는 것이다. 그렇지만 조정에서 내린 〈官
符〉는 국사(國司)들의 비협조로 제대로 이행되지 않고 도리어 토벌의 대
상이었던 다이라노 사다모리(平貞盛)가 마사카도의 추격을 피해 상경 후
〈상주〉(上奏)를 올림으로써 이번에는 마사카도를 재소환하라는 〈官符〉
가 내려진다.

바로 이 〈官符〉에 의해 마사카도는 관군의 처지에 있었던 상황이 순
식간에 역전되고 말았고 조정으로부터의 소환에도 응하지 않아 오로지
자신의 무력으로 자신을 지킬 수밖에 없는 불리한 입장에 놓이게 된 셈
이었다. 『쇼몬키』는 이 대목에 이르러 '마사카도는 마침내 역심(逆心)을
드러내 더욱 포악을 일삼았다'고 적고 있다.

『쇼몬키』 후반부에 들어서자마자 마사카도는 무사시(武藏)國의 분쟁에

관여하여 미나모토 쓰네모토(源經基)가 마사카도의 모반을 〈고언〉(告言)
하고 이에 마사카도가 모반이 사실무근임을 밝히는 〈解文〉을 얻었음은
이미 살펴본 대로이다. 아직 이 단계만 하더라도 마사카도가 적어도 모반
행위를 실천에 옮기지 않았음은 조정에서도 인정하고 있는 상황이었다.

그러나 그 상황은 오래 가지 않아 마사카도는 마침내 히타치(常陸)
國・시모쓰케(下野)國・고즈케(上野)國 등을 차례차례로 무력 점거하는
실질적 모반 행위를 감행하고 만다. 스스로 공을 들여서 조정에 협력하
고자 했던 이전까지의 태도와는 전혀 다른 마사카도의 모반인으로서의
진면목이 드러나게 되는 것이다. 다만 이 때에도 마사카도는 사군(私君)
인 섭정 후지와라 다다히라(藤原忠平) 앞으로 자신의 행위의 정당성을
밝히는 〈서장〉(書狀)을 보냄으로써 행동의 비약을 논리적으로 메워 보
려는 노력을 남기고 있다. 그런 한편으로 마사카도는 스스로 천황을 참
칭하고 자신의 즉위를 태정관(太政官)에 알리기까지에 이른다.

이와 같은 상황의 급박한 전개에 대하여 『쇼몬키』의 서술 양상은 〈사
투〉의 단계에 있었던 마사카도에 대한 혐의 벗기기의 태도에 비교하면
호의적인 농도가 사뭇 달라진 것처럼 보여진다.[4] 그렇기는 하지만 〈모
반〉의 단계에 들어선 마사카도에 대해서도 일방적으로 매도하는 태도를
찾아보기는 힘들다.[5] 오히려 마사카도 스스로 자신의 행위를 정당화하
려는 시도가 섭정에의 서장(書狀)이나 아우 및 부하와의 논쟁에서도 엿
보이고, 오키요노 오키미(興世王)의 선동이 마사카도의 천황 참칭을 유
도한 듯한 일면도 있음을 『쇼몬키』의 본문은 밝히고 있다.[6]

나아가서 『쇼몬키』의 서술 태도의 이면에는 마사카도 스스로의 논리
적 정당화를 뛰어넘는 구조적 정당화가 설정되어 있다는 것이 필자의
견해인 바, 〈사투〉의 단계에 머물러 있던 마사카도가 〈모반〉의 단계로
비약할 수밖에 없었던 이유를 바로 〈관부〉(官符)의 난발에서 찾을 수 있

다는 것이다. 다시 말해서 『쇼몬키』에서 마사카도에 대해 내려진 〈관부〉
는 4회에 이르고 있는데 첫 번째 〈관부〉는 사투를 벌인 범인의 혐의를
조사하고자 마사카도를 피고로서 소환하는 내용이었다. 이에 응한 마사
카도가 다급히 상경하여 스스로 변론함으로써 죄를 면제받았었다. 두
번째 〈관부〉는 마사카도에 매우 유리한 조처로서 마사카도에게 싸움을
건 다이라노 요시카네(平良兼) 등을 마사카도로 하여금 토벌하라는 내용
이었다. 그러나 마사카도가 별다른 태도 변화를 보이지 않은 가운데 내
려진 세 번째 〈관부〉는 다시 마사카도를 소환하는 조치를 취함으로써
마사카도로서는 도저히 승복할 수 없는 내용이었다.

　따라서 애초에 모반의 의사가 없었을 뿐만 아니라 사투의 범죄 혐의
도 스스로 변호하였던 마사카도가 판동(坂東) 8개國을 무력 점거하고
마침내 천황을 참칭하게 된 행동의 비약에는 위와 같은 일관되지 못한
〈관부〉의 난발이 가장 큰 이유가 되었음을 『쇼몬키』에 나타난 모반과
관련된 용례와 사건 진행에 관한 공식 기록의 서술 형식이 증명해주고
있다고 말할 수 있다. 다만 『쇼몬키』의 표면적인 서술 태도가 이를 드
러내 놓고 강조하고 있지 않을 따름이다. 이와 같은 태도는 모반을 이
야기 소재로 삼으면서 모반 그 자체를 긍정시 하지는 않고, 한편으로
모반을 주도한 측과 모반을 야기시킨 측에 대하여 상황 전개에 따라 시
시비비를 가리는 것으로 보이는 다른 일본 역사군담의 일반적 태도 양
상과 궤를 같이 하는 것이라 할 수 있다.

　마사카도의 모반 사실이 보고된 이후에 『쇼몬키』에서는 네 번째 〈관
부〉가 내려지니 그것의 내용은 마사카도의 토벌을 명한 것이었음은 지
극히 당연하다. 다만 이 때에도 관부에 의해 파견된 중앙의 토벌군에
의해 마사카도가 패망한 것이 아니고 그들이 도착하기 이전에 다이라노
사다모리(平貞盛)와 후지와라 히데사토(藤原秀郷)에 의해 조직된 현지 토

벌군에 의해 이미 마사카도가 전사하고 말았던 점은 관부의 권위를 암 암리에 평가절하시키고 있다고 말할 수 있다. 나중에 도착한 중앙의 토 벌군은 마사카도의 잔당을 체포하기 위한 〈관부〉를 발한 후에 투항을 거부하는 나머지 잔당을 회유하기 위해 칙사에 의해 〈은부〉(恩符 : 포상 을 내리는 공문서)를 재차 발하고 있는 점 또한 관부의 권위 상실을 의미 하는 것으로 보인다. 마사카도 사후에도 관부는 여전히 스스로의 난맥 상을 치유하지 못한 채 새로운 모반의 싹을 남기고 있다고 말할 수 있 는 것이다.[7]

2. 모반인 마사카도(將門)의 영웅상

일본 역사에서 천황제는 다른 나라의 왕조와 달리 역성혁명을 허용치 않은 특이한 외견을 갖추고 있지만 그 내막을 들여다보면 수없이 많은 위기와 변화의 연속이었다. 실제로 왕권을 제도 그 자체대로 행사할 수 있었던 천황의 숫자는 손으로 꼽을 정도이다.[8] 마사카도가 난을 일으킨 당시만 하더라도 일반적으로는 고대 율령체제가 꽃을 피운 시대로 자리 매김되어져 있으니 일본의 천황제는 그만큼 복잡한 속사정을 내포한 제 도라 할 수 있다. 더욱이 천황제가 내부적으로 수많은 위기를 맞아 계 속된 변화를 감수함으로써 일본 왕조가 천년 이상을 지탱할 수 있었다 는 역설의 논리가 가능한 것이 또한 일본 역사의 특색이다.[9]

그렇다면 고대 율령체제의 절정기(관점에 따라서는 해체기의 시작) 난 을 일으킨 마사카도라는 인물은 일본 역사에서 어떠한 의미를 지니는 가? 또한 일본의 민중은 마사카도라는 인물을 통해서 어떤 이미지와 메 시지를 전달받아 왔는가? 이와 같은 물음에 대한 해답의 실마리를 얻고 자 이번에는 일본 역사군담의 최초 작품이라 할 수 있는 『쇼몬키』에 나

타난 모반인 마사카도의 인물상이 구체적으로 어떻게 영웅화되어 있는
지를 살펴보고자 한다.

『쇼몬키』에서 시도된 마사카도에 대한 영웅화는 본문의 모두에서 그
의 혈통이 50대 천황인 간무(桓武)의 5대손임을 밝히는 기사로부터 시
작하고 있다. 그의 부친은 무쓰(陸奧) 진수부(鎭守府) 장군(將軍)인 다이
라노 요시모치(平良持 ;『尊卑分脈』에는 平良將)이고 그의 숙부(『쇼몬키』 본
문에는 백부)인 다이라노 요시카네(平良兼)는 시모후사(下總)國의 스케(介
: 國司 바로 다음)의 자리에 있었으니 지방 관리자로서 이미 호족 세력화
한 가문임도 병기되어져 있다. 따라서 마사카도의 출신이 천황가와 직
접 계보가 닿는 범상치 않은 배경을 갖고 있으면서도 현실적으로는 지
방 호족세력으로서 근거지에서의 무력의 축적과 중앙에서의 출세의 한
계를 동시에 내포하고 있는 모순된 잠재력으로 설정되어져 있는 것이
다. 바로 이어서 다이라노 요시카네(平良兼)와 마사카도의 숙질간에는
여자 문제(혼인 관계로 추정되고 있음)로 사이가 나빴음을 서술함으로써
지방 호족 내부의 분쟁으로 사건은 전개되어 〈사투〉(私鬪)의 단계로 들
어가게 된다.

본문의 모두에서 밝혀진 마사카도의 결코 평범하지 않은 혈통은 본격
적인 그의 인생 행로에서 각별한 힘의 보살핌을 받고 있으니 〈사투〉 때
문에 소환되어 상경한 마사카도가 무죄로 판명된 것은 '불신(佛神)의 감
(感)'이 있어서 논리가 정연했기 때문이라고 『쇼몬키』는 말하고 있다.
나아가서 그의 귀향을 중국 연(燕)나라의 태자 단(丹)의 고사(故事)와 일
본의 우라시마 다로(浦島太郎) 전설에 견주어 서술하고 있다.[10] 뿐만 아
니라 마사카도가 마침내 천황을 참칭하여 백관을 제수하고 왕성 건설
계획을 수립하기 전에 신탁(神託)이 내려지는 바, 이는 마사카도의 모반
에 정당성을 부여하기 위한 적극적 장치임은 두 말할 나위가 없다.

이와 반대로 마사카도가 역경에 처한 경우에는 보이지 않는 힘의 작
용이 거꾸로 영향을 미쳐서 그를 패전케 한다. 숙부인 다이라노 요시카
네(平良兼)의 2차 공격시에 마사카도가 패전한 것은 명신(明神 : 영험을 보
이는 신)의 노함이 있었기 때문이고, 다이라노 사다모리(平貞盛)와의 마
지막 결전에서는 순풍이 역풍으로 바뀜으로써 전세가 역전되어 마침내
마사카도는 보이지 않는 신의 화살에 맞아 전사하고 말았다고『쇼몬키』
는 전하고 있다. 이에 더하여 명부(冥府)에서의 소식을 전하는 영험담
(靈驗譚)에 의하면 마사카도가 생시의 업보에 의해 삼악도(三惡道)를 헤
매는 시련을 겪고 있지만 한 때의 서원(誓願)으로 일시의 휴식을 얻었음
과 유족에게 공양을 권고하였음을『쇼몬키』는 말미에 덧붙이고 있다. 마
사카도의 죽은 영혼에 대한 진혼의 의미가 여기에 담겨져 있는 것이다.[11]
『쇼몬키』에서는 또한 마사카도 스스로 자신의 논리를 피력하고 있는
대목이 몇 군데 눈에 띈다. 〈사투〉(私鬪)의 단계에서 피고의 입장에 몰
린 마사카도가 직접 상경하여 정연한 논리로 자신의 죄를 면제받고 오
히려 장안에 무명을 떨치게 되었다는 대목에서 우리는 단순한 무력의
소유자가 아니라 상당한 설득력을 가진 능변가로서의 마사카도를 발견
할 수 있다. 그 후 〈모반〉의 단계로 들어간 마사카도는 자신의 행동을
변명하기 위하여 섭정인 후지와라 다다히라(藤原忠平)에게 서한을 보낸
다. 그 내용에 의하면 일찍이 미나모토 마모루(源護)와의 분쟁은 면죄를
받았었고 다이라노 요시카네(平良兼)의 부당한 도발은 마사카도로 하여
금 징치하라는 관부(官符)가 내려졌음에도 불구하고 그 일당인 다이라노
사다모리(平貞盛)의 상소에 의해 마사카도를 소환하라는 관부가 다시 내
려져 칙사를 기다리던 중에 히타치(常陸)國의 분쟁에 관여하여 마침내
판동(坂東)의 여러 지방을 점거하게 되었다고 그 경위를 소상히 밝히고
있다.[12] 아울러 자신은 간무(桓武)천황의 5대손이고 무력으로 천하를 얻

은 자는 사서(史書)에도 많은 바이니 설령 국토의 절반을 갖는다고 하여
어찌 천운이 아니겠느냐면서 섭정의 이해를 구하고 있다.

『쇼몬키』에는 바로 이어서 마사카도의 아우인 마사히라(將平)가 제왕
의 업은 지(智)나 무력으로 다툴 일이 아니고 오로지 하늘이 내려주시는
일이라고 간언하는데 이에 대해 마사카도는 지금의 세상은 오로지 싸워
이기는 자를 주군으로 받들고 근간에 발해(渤海)도 거란에 의해 무너졌
으니 이미 판동(坂東)에 무명을 떨친 마사카도가 어찌 능히 지키지 못하
겠느냐고 이를 물리친다. 또한 이와노 가즈쓰네(伊和員經)라는 부하가
하늘을 거스르면 재앙이 있고 왕을 거역하면 형벌이 내려진다고 간언하
자 마사카도는 한 번 내뱉은 말은 마차로 쫓아가도 붙잡을 수 없으니
번복할 수 없다고 이 또한 물리친다. 이와 같은 일련의 장면을 통하여 마
사카도 스스로의 정당화 논리가 개진되는 한편으로 그가 시도했던 모반의
실행이 자신의 무력에 대한 믿음에서 비롯되었음을 확인할 수 있다.

또한 무력에 대한 믿음은 고스란히 『쇼몬키』의 전투담에 마사카도의
활약상으로 나타나 있다. 미나모토 다스쿠(源扶)에게 습격을 받아 벌어
지는 『쇼몬키』의 첫 싸움에서 마사카도는 뛰어난 활 솜씨를 보이면서
승리를 거둔 후에 반격에 나서 미나모토 마모루(源護)의 근거지를 초토
화시키고 만다. 이어지는 다이라노 요시마사(平良正)의 습격에 대해서도
마사카도가 도리어 선제 공격에 나서 이를 물리친다. 다이라노 요시카
네(平良兼)의 2차 기습을 받았을 때에는 허점을 찔려 일시 위기에 몰리
기도 하지만 즉시 열세를 만회하여 역공에 나서 승리를 거두고 있다.
그 후 다이라노 사다모리(平貞盛)가 상경한다는 소식에 접한 마사카도는
100여 기의 군사를 이끌고 시나노(信濃)國까지 추격하는 기동력을 보이
기도 한다. 아울러 무엇보다도 마사카도로 하여금 판동(坂東) 8개國 경
영의 야망을 가능케 하였던 것은 히타치(常陸)國・시모쓰케(下野)國・고

즈케(上野)國 등을 한 달이 채 못 되는 사이에 파죽지세로 점거해 나갔던 맹렬한 추진의 속도였다고 보여진다. 중앙 정부의 힘이 다 미치지 못하는 변방의 땅에서 마사카도는 과감한 도발을 감행한 결과로 판동(坂東) 8개國을 자신의 수중에 넣은 현실 앞에서 중앙의 천황제를 모방한 또 하나의 지방 천황제를 영위하고자 하는 나름의 미래를 꿈꾸게 되었다고 말할 수 있다. 다만 마사카도의 실천 시기가 시대 변화에 비해 다소 빨랐고 마사카도 스스로 새로운 변화를 담보할 만한 시대 경영의 계획을 미처 갖추지 못한 상태였다고 평가할 수 있다.[13]

모반은 결국 실패로 끝나고 실패한 영웅은 전장의 이슬로 사라지고 말았지만 치열한 삶을 살았던 불운한 영웅은 언제나 사람들의 입에 오르내린다. 그 이유는 받아들이는 입장에 따라 각기 다를 수밖에 없지만 모반은 원래 실패하게 되어 있다는 진부한 역사의 교훈은 천황제에 대한 순기능으로써 여전히 유효할 것이다. 또는 이미 형해화한 천황제의 테두리를 벗어나 있는 이질적 존재에 대한 호기심과 두려움이 속세에서 신앙의 대상으로 자리잡아 가는 것도 당연한 하나의 현상일 것이다. 나아가 아직까지 경험해 보지 못한 새로운 세상에 대한 막연한 기대가 실패한 영웅 이야기에 스며들어 있으리라는 추론도 가능하다.[14]

따라서 『쇼몬키』에는 마사카도에 대한 영웅화의 특색의 일환으로 그의 인간적인 측면이 다양하게 묘사되어 있는데 이 또한 그에 대한 동정적인 여론을 환기시키기 위한 의도로서 파악된다. 사투(私鬪)의 단계에서 숙부 요시카네(良兼)를 1차 싸움에서 포위한 마사카도는 혈육의 정으로써 그의 퇴로를 열어 주었다고 『쇼몬키』는 적고 있는데 그 후로 마사카도는 요시카네(良兼)의 집요한 공격을 견뎌내야만 했었다. 반면에 요시카네(良兼)의 2차 공격 때 붙잡힌 마사카도의 아내는 형제들(요시카네의 자식들)의 도움으로 도망쳐 돌아온다. 또한 모반 후 다이라노 사다

모리(平貞盛)와 미나모토 다스쿠(源扶)의 아내를 붙잡았을 때 마사카도
는 그들과 문답가(問答歌)를 나눈 후 풀어주는 여유를 보이고 있다. 아
울러 무엇보다도 사투(私鬪) 밖에 몰랐던 마사카도가 모반의 단계로 빠
져들어 갈 수밖에 없었던 마사카도의 성격상의 이유로서 그의 의협심이
무사시(武藏)國과 히타치(常陸)國의 분쟁에 관여하게 하였음을『쇼몬키』
는 그 자세한 경위와 함께 지적하고 있는 것이다.

3.『무쓰와키』(陸奧話記)의 인물상을 통한 모반의 숨은 구조

　『무쓰와키』의 본문에는『쇼몬키』와는 달리 모반이라는 용어가 사용되
고 있지 않다.(본고의 텍스트는 오소네 쇼스케〈大曾根章介〉가 주석을 단 尊經閣
文庫藏本『陸奧話記』) 그 이유는 전9년(前九年)의 역(役)을 바라보는『무쓰
와키』서술자의 관점에 기인한다고 할 수 있는 바,『무쓰와키』는 일관
해서 전9년의 역이 중앙 정부에 의해 파견된 미나모토 요리요시(源賴義)
라는 인물의 활약에 의해 어떻게 진압되었는가를 기록·전달하고자 하
는 태도를 견지하고 있다. 바로 이 점이『쇼몬키』에 나타난 모반의 주
체자에 대한 중심인물화 내지는 영웅화의 태도와 구별되어지는 단서가
되고 있기도 하거니와 이후의 다른 일본 역사군담에서 공통적으로 보여
지는 핵심 소재로서의 모반에 대한 접근 방식과도 사뭇 다른 양상을 초
래한 근본 원인이라고 말할 수 있다. 다시 말해서『무쓰와키』가 본문의
말미에서 '국해(國解 : 지방 수령이 중앙 정부에 제출하는 보고 문서)의 문(文)
을 초(抄)하고 중인(衆人)의 입에 오르내린 이야기를 거두어서 일권(一
卷)으로 기록하였다'[15]고 밝힌 대목의 내용을 그대로 따른다면 중앙 정
부 앞으로 올린 정식 보고문서의 기록을 근간으로 하여 여기에 현지의
사정에 관하여 시중에서 떠도는 구전을 덧붙여서 작품으로 완성시키고

있는 것이다.

따라서 이번 절에서는 『쇼몬키』 및 다른 일본 역사군담과 구별된다고 하는 측면에서, 모반을 진압한 중심인물인 미나모토 요리요시(源賴義)의 인물상이 『무쓰와키』에 어떻게 나타나 있는지를 우선 살펴보고자 한다. 또한 미나모토 요리요시의 진압을 도운 아들 요시이에(義家)와 진압을 결정적으로 가능케 한 기요하라 다케노리(清原武則)의 인물상의 실체를 밝혀내고 나아가서 전9년의 역을 일으킨 아베 요리토키(安倍賴時)와 사다토(貞任) 일가가 어떤 인물상을 보이고 있는지를 추적해 보고자 한다. 이렇게 함으로써 모반이라는 용어를 직접 사용하지 않으면서 일종의 토벌기와 같은 성격으로 출발한 『무쓰와키』가 어떤 모반의 숨은 구조를 갖추고 있어서 『쇼몬키』 및 다른 일본 역사군담과 연결될 수 있는지를 아울러 고찰하고자 한다.

『무쓰와키』에서 미나모토 요리요시(源賴義)는 일찍이 변방에서 일어난 반란을 잠재운 유력 무가(武家)로서의 공적을 배경으로 판동(坂東)의 많은 무사들을 복속시키는 등 뛰어난 능력을 조정으로부터 인정받아 무쓰(陸奧 ; 일본의 최북단 지방)의 태수 겸 진수부(鎭守府) 장군(將軍)으로 발탁되어 부임해 온다.[16] 이에 따라 무쓰(陸奧) 지방에서 토착 세력을 이끌면서 조공과 부역을 바치지 않고 이전의 태수와 싸워 이를 물리침으로써 조정에 반기를 들었던 아베 요리토키(安倍賴時) 또한 미나모토 요리요시(源賴義)에게는 처음에 순종하였고 이에 앞서 조정의 사면을 받았었다.[17] 그러다가 미나모토 요리요시(源賴義)의 임기가 끝나는 해에 사사로운 이유로 아베 요리토키(安倍賴時)의 아들인 사다토(貞任)가 미나모토 요리요시의 부하를 기습하는 사건이 돌발하여 마침내 미나모토 요리요시가 이끄는 관군과 아베(安倍) 일가가 이끄는 토착 세력과의 본격적인 싸움으로 전개되어 가는 것이 『무쓰와키』의 발단부의 내용이다.[18]

해가 바뀌어 다시 중임이 된 미나모토 요리요시(源賴義)는 본격적인
토벌에 나서 아베 요리토키(安倍賴時)를 전사시키기에 이르지만 곧바로
아베 사다토(安倍貞任)의 반격을 받아 대패당하고 만다. 이후 미나모토
요리요시(源賴義)는 거듭 〈國解〉를 올려서 인접 지역의 도움을 구하지만
그들의 비협조로 토벌은 원만히 진행되지 못하고 아베(安倍) 세력은 더
욱 기승을 부린다. 미나모토 요리요시(源賴義)로서는 시련의 시기인 동
시에 그만큼 당시의 율령제가 약화되어 있음을 나타내는 증거이기도 할
것이다.

다시 미나모토 요리요시는 임기가 끝난 이듬해에 평소 도움을 청해
두었던 데와(出羽) 지방의 부인(俘囚)의 우두머리인 기요하라 다케노리
(淸原武則)의 출병을 이끌어내어 마지막 토벌에 나서게 된다. 이 싸움의
과정에서 미나모토 요리요시는 자신의 직속 부대와 기요하라(淸原)軍의
전투력이 최대한 발휘되도록 원만한 통솔력을 발휘하는 한편으로 화공
책과 같은 적절한 전술을 효과있게 구사하여 아베(安倍) 세력의 근거지
를 차례차례로 유린해 들어간다. 그리하여 마침내 아베 사다토(安倍貞
任)는 관군의 창에 찔려 전사하고 아우 무네토(宗任)는 며칠이 지나 투
항해 오는 등 아베 일당은 지리멸렬함으로써 미나모토 요리요시(源賴義)
의 부임 이후 9년을 끌었던 무쓰(陸奧) 지방에서의 반란 사건은 진압의
종결을 보게 된다.

이상과 같이 여러 난관을 헤치고 마침내 조정에 승리를 가져다 줌으
로써 무가의 동량으로서의 면모를 한껏 과시하고 있는 미나모토 요리요
시(源賴義)에 대하여 『무쓰와키』의 본문에는 『쇼몬키』에서 모반의 주체
자인 마사카도(將門)에게 취하였던 영웅화와 유사한 일련의 장치가 마련
되어져 있음 또한 지적하지 않을 수 없다. 미나모토 요리요시는 무가의
유력 가문 출신으로 부친인 요시노부(義信)를 도와 큰 공을 세우면서 이

미 그의 무예와 통솔력으로써 판동(坂東)의 무사들을 휘하에 장악하였고 사가미(相模)國의 국사(國司)로 있을 때에도 백성들이 그를 따랐다고 소개되고 있다. 또한 조정에서도 그의 능력을 인정해서 거듭 무쓰(陸奧)國의 국사(國司) 겸 진수부(鎭守府) 장군(將軍)으로 임명하고 있으니 모반을 일으킨 『쇼몬키』의 마사카도(將門)와는 달리 미나모토 요리요시(源賴義)의 토벌 행위에 대한 정당화의 필요성은 『무쓰와키』에 따로 나타나 있지는 않다.[19]

아울러 진압이 성공한 결정적 계기는 기요하라 다케노리(淸原武則)의 도움에 기인하는 바, 미나모토 요리요시(源賴義)는 수 차례의 작전회의 과정에서 그의 건의를 받아들이고 또한 그의 공훈을 칭찬하면서 전체적인 상황 전개의 주도권을 장악하고 있는 것으로 그려져 있다. 나아가서 마지막 전투에서 화공책을 펼치기 위해서 미나모토 요리요시 스스로 하치만(八幡 : 당시 무사들이 받드는 신) 세 곳에 기도를 올려 바람을 얻는 대목은 예의 신비한 힘이 그를 도왔음을 상징하고 있어 역시 주목을 끈다.[20]

뿐만 아니라 『무쓰와키』에는 미나모토 요리요시(源賴義)에 대한 영웅화와는 일견 상반되는 그의 실패담이 몇 가지 첨가되어 있다. 아베 요리토키(安倍賴時)와의 첫 충돌을 앞두었을 때 미나모토 요리요시는 그릇된 참언을 듣고 자기 편에 가담하려던 다이라노 나가히라(平永衡)의 목을 침으로써 같은 처지에 있던 후지와라 쓰네키요(藤原經淸)를 배반하게 만든다. 바로 이어 후지와라 쓰네키요(藤原經淸)의 교란책에 속아 초기에 아베 요리토키(安倍賴時)를 진압하지 못하는 실수를 범한다. 그 후 아베 요리토키가 죽었을 때 다른 지역의 협력을 얻지 못한 채 소수 병력으로 무리하게 토벌에 나섰다가 도리어 아베 사다토(安倍貞任)에 대패당하여 위기를 맞기도 한다.[21]

이와 같은 실패담이 상당 부분 사실적 측면을 담지하고 있기도 하겠지만 그보다는 미나모토 요리요시(源賴義)의 인물상이라는 측면에서 볼 때 반드시 부정적 이미지로 작용할 것 같지는 않다. 오히려 인간 그 자체에 대한 매력을 자극하는 요소로서 미나모토 요리요시의 실패담이 기능하리라는 판단은 다른 일본 역사군담 역시 완벽한 인간을 통한 영웅화에는 집착하지 않고 있다는 공통점에서 추론이 가능하다. 또한 『쇼몬키』 및 다른 일본 역사군담은 실패한 영웅의 이야기라는 공통 분모를 갖고 있다는 점에서 『무쓰와키』에 채택된 성공한 영웅의 실패담의 의미는 일본 역사군담으로서 인물상의 전형화를 지향하는 전달자의 또다른 모색이라고도 여겨진다.[22]

『무쓰와키』에는 미나모토 요리요시(源賴義)의 성공을 도운 인물로서 장남인 요시이에(義家)와 차남 요시쓰나(義綱)가 등장하고 있다. 그러나 요시쓰나(義綱)의 존재는 미나모토 요리요시(源賴義)의 혼인담과 전투담 및 논공행상 대목에서 그 이름이 한 차례씩 거명되고 있을 뿐이다. 요시이에(義家)의 경우에는 요시쓰나(義綱)의 이름과 병기되는 이외에 아베 사다토(安倍貞任)에 대패당했을 때 그의 분전으로 하치만타로(八幡太郎)라는 별호를 얻었다는 장면과 후일담으로 기요하라 다케노리(淸原武則) 앞에서 뛰어난 활 솜씨를 보여주고 있어서 미나모토(源) 가문을 잇는 후계자로서의 면모가 특기되어져 있다. 그러나 『무쓰와키』 전체의 구성으로 볼 때 미나모토 요시이에(源義家)에 대한 영웅화의 의도는 본격적인 형태로 나타나 있지는 않다.

그보다는 오히려 『무쓰와키』의 후반부에 등장하여 미나모토 요리요시(源賴義)에게 결정적 승리를 안겨 준 기요하라 다케노리(淸原武則)의 존재와 활약상에 대하여 『무쓰와키』는 예외라 할 정도로 많은 지면을 할애하고 있다. 데와(出羽) 지방의 부인(俘囚)의 우두머리인 기요하라 다케노리(淸原武則)는 3천의 미나모토 요리요시(源賴義)의 군사보다 훨씬 많은 1만의 군대를 이끌고 와서 7진(陣)의 진영 중 6진의 장수가 다케노리(武則)의 부하로 편성된다. 또한 출진을 앞두고 기요하라 다케노리(淸原武則)는 하치만(八幡) 세 곳에 서원을 올려서 영험이 나타나게 한다. 그가 비록 하찮은 변방 출신이지만 중앙 정부를 지키는 신비한 힘을 숙지하고 있음을 보여주는 장면이다. 또한 수 차례의 작전 회의를 통하여 기요하라 .다케노리(淸原武則)는 오히려 미나모토 요리요시(源賴義)의 지휘를 능가하는 탁월한 정세 판단과 예측력을 과시한다. 그리고 싸움에 임해서는 과감한 정면 기습을 시도하고 적절히 병사의 특기를 이용하거나 적의 퇴로를 열어준 후 추격전으로 궤멸 작전을 펼치는 등 다양한 전술 구사로 승리를 거듭한다.

이와 같이 중앙의 관점에서 보자면 이질적 존재라 할 수 있는 기요하라 다케노리(淸原武則)의 활약상에 대한 『무쓰와키』의 서술 태도는 본문의 말미에서 직접 밝힌 그대로 중인(衆人)의 입에 오르내린 이야기를 거두어 모으고자 했던 집필의 의도와 궤를 같이 하는 것으로 볼 수 있다. 또한 그 태도의 이면에는 또 하나의 이질적 존재인 아베(安倍) 세력에 대해서도 그들의 행위가 비록 모반에 해당하는 것이라 하더라도 그들에 대한 호기심 내지는 제한된 동정심 등이 내포되었으리라 추론할 수 있다.

실제로 『무쓰와키』의 본문에는 모두에 아베 요리토키(安倍賴時)가 변방인 무쓰(陸奧)의 6개郡에서 촌락의 주민을 복속시켜 지방관의 조세권을 침탈함으로써 현지 국사(國司)의 공격을 받아 이를 물리치는 것으로 되어 있을 뿐 더 이상의 악행이나 야만적인 행동은 언급되어 있지 않다. 이후 아베 사다토(安倍貞任)의 도발이 혼인 문제를 둘러싼 차별 대우를 받은 치욕 때문에 생긴 일로서, 이 때문에 사다토(貞任)가 미나모토 요리요시(源賴義)의 처벌을 받게 되자 부친인 요리토키(賴時)는 부자의 정을 지키는 것이 곧 인륜이며 또한 미나모토 요리요시(源賴義)와 싸워 능

히 이를 물리칠 수 있다고 하여 미나모토 요리요시에 정면 도전하기에
이른다. 아베 사다토(安倍貞任)와 요리토키(賴時)에게는 각각 나름의 자
기 논리화가 마련되어지는 것이라고 볼 수 있다. 아베 사다토(安倍貞任)
가 미나모토 요리요시(源賴義)를 대패시켰을 때 아베(安倍) 세력에 투항
해 있었던 후지와라 쓰네키요(藤原經淸)가 관물을 징납하면서 관인(官印)
의 사용을 금지시키는 명령을 내리고 있는 대목 역시 그들의 관심은 주
로 자주적인 조세권 확립에 있었음을 다시 한 번 확인시켜 주고 있다.
뿐만 아니라 거듭되는 전투를 통해 묘사된 아베(安倍) 측의 방어와 기습
과 퇴각과 전사에 이르는 일련의 과정은 그들 나름대로의 불굴의 투지
와 무력을 여실히 보여줌으로써 또 하나의 모반의 구조가 아베(安倍) 세
력의 활동 범위 내에서 암묵리에 설정되어 있음을 반증하고 있는 것이다.

맺음말

일본 역사군담의 초기 작품에 해당하는 『쇼몬키』와 『무쓰와키』는 본
문이 한문으로 이루어졌다는 점이나 비파법사(琵琶法師 : 샤미센을 타며 곡
조에 맞춰 이야기를 들려주는 중)와 같은 직업적인 연주가에 의해 공연되었
을 가능성이 제기되지 않는 점 등으로 볼 때 중세에 들면서 본격적으로
나타난 이후의 일본 역사군담과의 차별성이 인정된다.[23] 또한 두 작품
이 보이고 있는 문학성의 가치는 이후의 일본 역사군담보다 낮게 평가
되는 반면에 선행작품으로서의 선구성에 대한 가능성이 비중있게 다루
어지고 있는 것이 현실이다. 따라서 본고에서는 이후의 일본 역사군담
에서도 공통적으로 보이고 있는 모반이라고 하는 주요한 소재가 『쇼몬
키』·『무쓰와키』 두 작품 안에서 어떠한 구조로 나타나 있는지를 본문
의 용례 및 주요 등장인물의 인물상과 화자의 언술 등을 통하여 살펴보

았다. 아울러 『쇼몬키』와 『무쓰와키』 두 작품 사이의 같은 점과 다른 점을 추려 봄으로써 각각의 특색을 파악하고자 하였는 바, 그 결과를 정리하면 다음과 같다.

『쇼몬키』 본문에서 모반이라는 용어는 전반부에 해당하는 사투(私鬪)의 단계에서는 전혀 사용되고 있지 않다. 이는 적어도 『쇼몬키』에서의 마사카도(將門)가 애초에 스스로 모반을 의도하지도 않았고 모반인으로 규정되지도 않았다는 사실을 의미한다는 점에서 주목할 만하다. 이후 『쇼몬키』 후반부의 발단 부분에서 미나모토 쓰네모토(源經基)에 의해 마사카도의 〈모반〉이 고발되지만 즉시 마사카도가 직접 자신의 〈모반〉에 대한 해명에 나서고 조정에서도 이를 받아들이는 것으로 되어 있다. 이 부분에서 보이는 모반의 2용례를 통하여 마사카도의 모반에 대한 무죄가 역설적으로 증명되고 있는 셈이다.

또한 『쇼몬키』 후반부 말미에 집중해서 보이는 모반의 5용례는 주로 화자의 서술로서 마사카도 또는 그 일당을 대상으로 하고 있지만 그것은 사후적인 평가로서의 의미를 지닐 뿐이다. 마사카도가 모반의 행위를 구체적으로 시행하고 있는 시점에서는 어떤 등장인물이나 화자도 그것을 모반으로 지칭하고 있지 않다. 심지어 마사카도가 천황을 참칭한 이후부터 전사하는 동안에는 그의 호칭이 「신황」(新皇)으로 일관되어 있다.

다음으로 『쇼몬키』에는 사투(私鬪)의 단계에 머물러 있었던 마사카도(將門)가 모반이라고 하는 행동의 비약을 초래한 원인으로서 중앙 정부에 의한 〈관부〉(官符)의 난발이 있었음이 나타나 있다. 첫 번째 관부는 미나모토 마모루(源護)의 고소로 마사카도를 피고로 소환하는 내용으로서 이는 마사카도의 상경 및 변론에 의해 해결되었다. 두 번째 관부는 마사카도와 싸움을 벌인 다이라노 요시카네(平良兼) 등을 마사카도로 하여금 토벌하라는 것으로서 마사카도로서는 매우 유리한 내용이었다. 그

러나 세 번째 관부는 마사카도가 별다른 태도 변화를 보이지 않는 가운
데 내려진 것으로서 다시 그를 소환한다는 내용이었다. 바로 이 세 번
째 관부가 내려진 이후로 마사카도가 모반의 단계로 들어서고 있으니
마사카도로서는 납득할 수 없는 치명적 조처였다고 말할 수 있다. 네
번째 관부는 마사카도의 토벌을 명한 것이지만 중앙 정부의 토벌군 도
착 이전에 다이라노 사다모리(平貞盛)·후지와라 히데사토(藤原秀郷) 등
에 의한 현지 토벌군에 의해 이미 마사카도가 전사하고 말았으니 이 또
한 관부의 권위를 손상시킬 여지를 안고 있다.

　이와 함께 모반의 주체자인 마사카도에 대하여 『쇼몬키』는 다른 일본
역사군담과 마찬가지로 영웅화의 몇 가지 장치를 갖추고 있다. 그의 혈
통이 간무(桓武)천황의 5대손이고 그의 선조는 지방 관리자로서 호족
세력화한 가문임을 본문의 모두에서 밝히고 있다. 또한 그의 인생 행로
에는 신불(神佛)의 보살핌이 수 차례 나타나는 바, 그가 천황을 참칭하
기 직전에는 신탁이 내려지기까지 해서 모반에 대한 정당성을 부여하는
장치로서 작용하고 있다. 마사카도가 역경에 처할 때에도 역시 신비한
힘은 작용하고 있고 마사카도가 죽은 후의 소식을 전하는 영혼담에는
그에 대한 진혼의 의미가 담겨져 있다. 또한 『쇼몬키』에는 사건의 추이
에 따라 마사카도 스스로 자신의 논리를 피력하게 함으로써 그가 상당
한 설득력을 가진 이론가이며 무력에 관한 자부심의 소유자임을 보여준
다. 『쇼몬키』의 전투담에 나타난 마사카도의 활약상을 통하여 그의 야
망이 무력에 기초하고 있음을 입증할 뿐더러 그 위에 그의 인간성을 보
여주는 몇 가지 사례를 첨가하고 있는 점 또한 지적할 만하다.

　반면에 『무쓰와키』에는 모반의 용례가 보이지 않고 중앙 정부에 의해
파견된 미나모토 요리요시(源賴義)에 의한 토벌의 활약상이 두드러지게
나타나 있다. 이 점은 다른 일본 역사군담이 모반의 주체자를 중심인물

로 설정하여 영웅화된 인물상을 그려내고 있는 것과 크게 대조를 보이고 있다. 그러나 무가의 유력 가문 출신으로서 뛰어난 무예와 통솔력을 겸비한 미나모토 요리요시(源賴義)에 대한 영웅화는 『무쓰와키』의 일관된 서술 태도라 할 수 있는 바, 모반의 진압 과정에서 그는 전체적인 상황 전개의 주도권을 장악하여 여러 난관을 헤치고 마침내 조정에 승리를 가져다 주는 것으로 그려져 있다. 한편 미나모토 요리요시(源賴義)의 토벌을 도운 장남 요시이에(義家)에 대한 영웅화는 두 차례의 삽입담(揷入譚)에 그치고 있어서 본격적으로 시도되고 있지는 않다.

아울러 『무쓰와키』에는 후반부에서 기요하라 다케노리(清原武則)의 활약상이 미나모토 요리요시(源賴義)를 능가할 정도로 큰 비중을 차지하고 있어서 주목된다. 데와(出羽) 지방의 부인(俘囚)의 우두머리 출신인 기요하라 다케노리(清原武則)가 대세를 결정지을 만한 군대를 이끌고 와서 신불(神佛)의 도움을 구할 뿐 아니라 탁월한 정세 판단과 예측력을 보여주고 있다. 전장에서의 그의 다양한 전술 등 기요하라 다케노리(清原武則)의 활약이 결국 미나모토 요리요시(源賴義) 나아가서 중앙 정부에 승리를 안겨다 준다는 것이 곧 『무쓰와키』에 나타난 토벌 과정의 실상이라고도 말할 수 있다. 뿐만 아니라 모반을 일으킨 아베 요리토키(安倍賴時)와 사다토(貞任) 등에 대하여 조세권을 둘러싼 지방관과의 마찰과 차별 대우가 도발의 원인으로 설정되어 있는 등 그들의 악행이나 야만성 등에 대한 언급은 거의 찾아볼 수 없다는 점에서 『무쓰와키』의 관점 또한 변방의 이질 세력에 대한 호기심 내지는 제한된 동정심 등이 내포되었으리라 추론된다. 이는 또한 방어와 기습과 퇴각과 전사에 이르는 그들의 치열한 항쟁 모습에서 증명된다고 할 수 있다.

주

1) 이와 관련한 최근의 논의로서 아미노 요시히코(網野善彦)의 『異形の王權』과 아카 사카 노리오(赤坂憲雄)의 『異人論序說』 등을 들 수 있다.

2) 나가즈미 야스아키(永積安明)는 『日本文學史 中世』에서 『쇼몬키』의 구성을 항담 (巷談) 부분을 따로 떼어 3부로 나누었으나 필자는 전반부 사투(私鬪)의 단계, 후반부 모반의 단계로 된 2부 구성으로 보고 있다.

3) 〈解文〉을 얻었다는 내용은 나중에 섭정인 후지와라 다다히라(藤原忠平) 앞으로 보낸 마사카도의 서한에 기록되어 있다.

4) 마사카도에 의해 쫓겨난 시모쓰케(下野)국사(國司) 후지와라 긴마사(藤原公雅)의 한탄과 그 일행이 추방당하는 비참한 모습을 비교적 상세히 묘사하는 대목 등이 그 예에 해당한다.

5) 〈謀叛〉의 실질적 첫 단계가 되었던 히타치(常陸)國廳 점거시에도 후지와라 하루 아키(藤原玄明)를 비호하려는 마사카도의 의협심이 그 원인으로 제공되고 있는 점 등을 들 수 있다.

6) 이에 관해서는 이미 다카하시 도미오(高橋富雄)가 『武士の心 日本の心』에서 지적 한 바 있다. 또한 『쇼몬키』의 본문에는 오키요노 오키미(興世王)와 후지와라 하루 시게(藤原玄茂) 등의 계략 때문에 마사카도가 명예를 잃고 몸을 망쳤다고 서술한 구절이 있다.

7) 이와 관련하여 『쇼몬키』에는 언급이 없지만 마사카도의 난과 거의 동시에 일본 서 쪽에서는 후지와라 스미토모(藤原純友)의 난이 진행중에 있었고, 이후에도 판동 (坂東) 지방은 무장 세력에 의한 각축이 활발하게 이어져서 마침내 250여 년 후 미나모토 요리토모(源賴朝)에 의해 가마쿠라(鎌倉)막부 시대의 막이 열리게 되었 다는 사실을 주목하고자 한다.

8) 고대 율령제 아래 엄밀한 의미의 천황 친정기는 덴무(天武)·지토(持統)·몬무(文 武)의 3대에 불과하다는 시각도 있다. 중세 이후 근세까지 천황은 단지 이름 뿐 으로 실질적 권력은 장군가(將軍家) 등에 의해 행사되었다. 근대에 들어서 메이지 (明治)천황을 계승한 쇼와(昭和)천황에게 태평양전쟁의 책임을 지우지 않은 것도 그 반증으로 볼 수 있겠다.

9) 예를 들어 오쓰 유이치(大津雄一)는 『『將門記』の〈先驅性〉』이라는 논문에서 왕권 위기의 위장성으로부터 일본 역사군담의 본질을 규명하고 있다.

10) 『쇼몬키』에서는 특히 중국의 고사를 인용하여 등장인물을 이에 대비시키는 대목이 많이 삽입되어져 있고 그 중에서도 마사카도에 관한 기사를 다룰 때 그 비중이 매우 높아지는 특색을 보이고 있다.

11) 이 대목의 성격은 『헤이케 모노가타리』(平家物語)의 말미에 나오는 灌頂卷의 「大 原御幸」과의 유사성이 지적되고 있기도 하다.

12) 히타치(常陸)國의 분쟁에 관여한 이유로써 藤原爲憲에 대한 藤原玄明의 고소가
있었음을 마사카도 스스로 설명하고 있다. 또한 그의 무력 점거가 본의가 아니었
으며 그 죄과가 결코 가볍지 않으리라는 점도 스스로 밝히고 있다.

13) 『쇼몬키』에 나타난 마사카도의 군사적 실패는 다이라노 사다모리(平貞盛)의 토벌
군이 쳐들어 왔을 때 그를 따르던 종류(從類)·반류(伴類)를 즉시 불러모을 수
없었던 점이 치명적이었다. 또한 마사카도의 본거지까지 밀고 들어 온 다이라노
사다모리(平貞盛)의 군대에 쫓겨가면서 오로지 마사카도의 불치(不治)를 원망하
는 주민들의 모습에서 『쇼몬키』의 마사카도는 경영의 측면에서도 실패한 것으로
그려져 있다. 아울러 천황 참칭 후 그가 실천에 옮긴 천황으로서의 역할은 중앙에
서의 천황을 판에 박은 듯이 모방하는 데 그치고 그것도 자기 주변의 인사로 겨
우 자리를 메우고 있을 뿐이어서 『쇼몬키』에서는 역일박사(曆日博士) 자리에 적
임자를 못 구했다는 말로 이를 암시하고 있다.

14) 『쇼몬키』의 본문을 떠나 마사카도의 후일담은 현지에 많은 전설을 남기고 있다고
한다. 그리고 정토교(淨土敎)의 성행과 더불어 일본의 고대 말기와 중세는 줄곧
말법(末法)사상의 영향 하에 있었다는 점 또한 일본 역사군담의 시대적 배경으로
서 감안되어야 할 것이다.

15) 본문을 그대로 인용하면 "今國解の文を抄し, 衆口の話を拾ひて, 一卷に注せり."로
되어 있다. 여기에 덧붙여서 "少生ただ千里の外なるをもて, 定めて緋繆多からむ.
實を知れる者正さむのみ."로 끝맺고 있다.

16) 『무쓰와키』 발단부에 미나모토 요리요시(源賴義)의 부친 요시노부(義信)가 다이
라노 다다쓰네(平忠常)의 난을 평정한 일과 이 때 이미 요리요시가 뛰어난 능력
으로 판동(坂東)의 무사들을 복속시켰다고 소개되어 있다. 또한 그의 뛰어난 활
솜씨가 조정에 널리 알려져 있었으며 그의 무예를 높이 산 다이라노 나오카타(平
直方)가 사위로 맞아들인 일 등이 병기되어 있다.

17) 『무쓰와키』 본문에서는 아베 요리토키(安倍賴時)의 원래 이름은 賴良(요리요시)
로서 스스로 '추장'(酋長)이라 칭하였다고 적고 있다. 미나모토 요리요시(源賴義)
의 부임 초기에 사면을 받은 기쁨으로 태수의 이름과의 같은 글자를 피해 요리토
키(賴時)로 개명하였다.

18) 이와 관련하여 이에나가 사부로(家永三郎)는 『古代政治社會思想』에서 당시의 농
민 대 지방관의 항쟁이 넓은 의미의 지방 대 중앙의 항쟁 나아가서 씨족제 대 율
령제의 항쟁이라고 설명하고 있다.

19) 다만 미나모토 요리요시(源賴義)가 기요하라 다케노리(淸原武則)의 도움을 얻어
마지막 토벌에 나서는 시점이 그의 임기 만료 이후라는 점에서 〈사투〉의 위험성
을 내포하고 있으나 이 문제는 나중에 조정의 논공행상에 의해 해소된 것으로 보
여진다.

20) 『무쓰와키』는 또한 미나모토 요리요시(源賴義) 등에 대한 논공행상 바로 뒤에 변

　　방 세력을 진압한 중국의 고사와 사카노우에노 다무라마로(坂上田村麻呂) 등의
　　선례를 덧붙임으로써 미나모토 요리요시의 무훈을 거듭 강조하고 있다.

21) 『무쓰와키』 본문에서는 이 때 미나모토 요리요시(源賴義)와 요시이에(義家)를 포함
　　한 6기의 무사의 분전으로 간신히 위기를 모면하는 장면이 상세히 묘사되어 있어
　　전투담을 통한 미나모토 요리요시 등에 대한 영웅화를 다시 한 번 확인할 수 있다.

22) 이 문제와 관련하여 미나모토 요리요시(源賴義)의 실패담 기사가 『무쓰와키』 성
　　립 당시에 포함되었는지에 대한 판단은 필자의 능력 밖이다. 다만 『(곤자쿠 모노
　　가타리』(今昔物語) 卷25 제13話와의 비교로 판단하자면 실패담 기사는 『무쓰와
　　키』의 기저를 이루는 문장에서는 제외된다고 말할 수 있다.

23) 역사군담의 상한과 관련하여 도널드 킨과 같은 이는 『日本文學의 歷史』에서 〈일본
　　역사군담〉의 최초로 『호겐 모노가타리』(保元物語)를 설명하고 『쇼몬키』・『무쓰와
　　키』에 대해서는 〈戰記物〉이라는 항을 따로 그 앞에 두고 있다.

제3장

『호겐 모노가타리』(保元物語)에 나타난 모반의 두 축

제3장
『호겐 모노가타리』(保元物語)에 나타난
모반의 두 축

천황 친정(親政)기, 섭관(攝關)정치, 원정(院政)에서 무가(武家)정치로 이어지는 과정은 고대일본에서 중세일본으로 넘어가는 변동기에 해당하고 그것은 곧 실질적인 왕권을 둘러싸고 왕실과 섭관가와 무가들 사이에 치열한 세력 다툼이 벌어졌음을 의미한다. 율령체제가 완비되어 고대왕권이 확립된 시기를 빨라도 7세기 초라 할 때 후지와라(藤原) 가문에 의한 섭관정치가 857년 전후로 시작되었다고 보면 진정한 의미의 고대천황제가 실시된 시기는 300년이 채 되지 않는다. 그리고 약화된 왕권을 회복하기 위한 해결책으로 천황이 양위를 하고 난 이후에 왕조귀족들 위에 군림하여 실질적인 권한을 행사하는 원정(院政)이 1086년 이후 본격화된다. 이 무렵이면 이미 중앙 정치무대와는 상관없이 지방에서 세력을 확보하여 무사화된 귀족 출신과 호족들이 중앙에 정면으로 도전하여 다이라노 마사카도(平將門)의 난(939년), 전9년(前九年)의 역(役)(1051년), 후3년(後三年)의 역(役)(1083년) 등을 일으키고 있다. 원정(院政)시대를 배경으로 1156년에 일어난 호겐(保元)의 난은 왕위 계승을 둘러 싼 상황(上皇)과 천황의 충돌이 그 주된 원인이 되었지만 결과적으로는 난에 동원된 무력을 가진 세력들이 스스로의 힘을 깨닫는 계기를 마련해 주었다는 것도 엄연한 역사적 현실이었다.

호겐(保元)의 난을 소재로 하고 있는 『호겐 모노가타리』(保元物語)는 스토쿠(崇德)상황(上皇)에 의한 고시라카와(後白河)천황에 대한 무력 충돌을 〈모반〉으로 규정짓고, 그 모반 행위의 원인과 진행 및 처리과정 등을 세밀하게 기록하고 있다는 점에 내용상의 특색이 있다. 또한 『호겐 모노가타리』의 작자는 모반 그 자체에 긍정적인 입장을 취하고 있지는 않지만, 모반자들의 비운을 동정하고 그들의 최후의 모습까지를 생생하게 그려내고 있다는 점에 시각상의 특색이 있다. 나아가서 상황(上皇) 측에 가담한 모반인 미나모토 다메토모(源爲朝)와 같은 인물을 '8학(八虐)의 흉도'로 지칭하면서도 한편으로는 무사의 한 전형으로서 영웅화하려는 의도를 엿보이고 있다는 점 등을 보면 대보율령(大寶律令)상의 〈모반〉과 『호겐 모노가타리』의 〈모반〉은 상당한 격차를 갖고 있는 듯이 보인다.

필자는 이와 같은 점을 감안하여 『호겐 모노가타리』에 나타난 모반의 용례와 실태 및 왕실 관련 기사를 본문을 통하여 점검하고, 모반의 구조를 통하여 본 『호겐 모노가타리』의 등장인물들이 이루어내는 기본틀과, 화자의 존재와 작자의 의도 및 표현법 등을 주제적 측면에서 다루어 보고자 한다.

1. 본문에 나타난 모반의 용례

〈모반〉(謀叛)이라고 하는 용어는 대보율령(大寶律令)의 규정에 따라 〈모반〉(謀反)과는 구별되어졌어야 하겠지만, 율령 실시로부터 500년 가까이 지난 『호겐 모노가타리』와 같은 일본 역사군담에서는 구별없이 〈모반〉(謀叛)으로 주로 표기되어져 있다. 천황을 직접적인 대상으로 하는 범죄 행위는 〈謀反〉으로, 국가를 대상으로 하는 반역 행위는 〈謀叛〉으로 가려서 사용하지 않고 천황 및 국가를 대상으로 하는 범법 행위를 합쳐서 〈謀叛〉으로 지칭하고 있는 것이다. 천황 즉 국가라는 인식이 보편화되어서인지, 사용의 혼동 때문에 구별이 없어진 것인지는 분명하지 않지만, 〈謀叛〉이라는 용어는 실제로 왕권을 행사하고 있는 측에 대한 직접적인 도발 행위를 가리키고 있고, 그 피해가 왕실, 귀족, 무가에 한정된다고 하더라고 전체로 보아 세상을 불안하게 한다는 점에서 부정적인 의미로 쓰이고 있는 것은 틀림없다 하겠다.

『호겐 모노가타리』 본문에는 〈모반〉이라는 용어가 14회 사용되고 있다. 그리고 『호겐 모노가타리』 내에서 〈모반〉 그 자체가 역사 발전을 위해 가동되기 시작한 새로운 에너지로서 정당화되어질 가능성이 표면화되어 있지 않고, 〈모반〉이라고 하는 행위를 일으킨 사람 쪽으로 비난의 화살이 향하고 있음은 작품의 문맥으로 보아 분명하다. 그러나 〈모반〉을 일으키게 한 측에 대하여서도 책임의 일단을 지게 하지 않을 수 없는 것이고 보면, 애초에 역사적 사실에 비중을 두었음직한 일본 역사 군담의 작자는 최소한의 편가름에 고심하였을 것이다. 실제 작품에서 나타난 『호겐 모노가타리』의 장치는 사건의 결과로부터 얻은 해답으로 사건 진행상의 시시비비를 따지고 있는 듯하고, 비난의 화살을 어느 쪽으로 향하게 할 것인가 하는 문제보다는 어떻게 그 엄청난 사건을 자세히 전달하고 충분히 이해시킬 것인지에 골몰한 듯하다.

『호겐 모노가타리』 본문에 나타난 〈모반〉의 용례는 화자에 의해 주로 사용되어져 있고, 그것도 〈모반〉이 일어나고 있는 현재 시점에서 쓰이고 있다. 특이한 점은 화자의 태도인데, 큰 일이 일어난다는 것은 처음부터 움직일 수 없는 대세이고, 〈모반〉은 믿기 어려운 소문으로만 들리더니 그것도 잠깐, 이쪽 저쪽의 사람들이 쉴새없이 움직이는 혼란의 와중 속에 〈모반〉은 당연한 것처럼 받아들여져서 어느덧 그 큰 일이 바로

〈모반〉으로 실체를 드러내는 것으로 되어 있다. 본문에서 그 용례를 찾아보면 다음과 같다.[1]

> 東三條의 저택에는 院(스토쿠 상황〈上皇〉) 측의 병사들이 모여서 밤에는 **모반**을 계획하고 낮에는 나무꼭대기나 산 위에 올라 궁궐 高松殿을 엿본다는 소문이 들리는 중에, …… 온 장안에 **모반**의 소문이 있어서 軍兵이 동서남북으로 모여 들어와서 …… (스토쿠 상황〈上皇〉이 후지와라 요리나가〈藤原賴長〉와 상의한 끝에) **모반**하실 것을 즉시 결정하시었다.…… **모반**을 꾀하신 이후로는 (이곳은) 편의가 좋지 않을 듯하여 京都로 나가실 것을 작정하셨다.[2](上「新院御謀叛思し召し立たるる事」진한 글자는 필자)

위의 예문에서 볼 수 있는 바와 같이 소문으로만 들리던 〈모반〉이라고 하는 어마어마한 사건이 스토쿠 상황(上皇)에 의해 시간의 지체없이 실행에 옮겨지는데, 〈모반〉의 동기는 이미 작품의 서두에 서술되어져 있다. 그것은 바로 스토쿠 상황(上皇)과 그의 부친 도바(鳥羽)상황(上皇)이 왕위 계승을 둘러싸고 서로 불화하다가 원정(院政)을 행하던 도바(鳥羽)상황(上皇)이 병으로 죽자 권력의 공백을 틈탄 스토쿠 상황(上皇)이 〈모반〉을 일으킨다는 내용이다. 〈모반〉이라고 지칭되는 까닭은 스토쿠 상황(上皇)의 동생이자 현재의 천황인 고시라카와(後白河)천황에 대한 반역이라서 그렇기도 하지만 〈모반〉이 결국은 실패로 끝났기 때문이기도 하다.[3]

상황(上皇)의 〈모반〉은 왕위 계승과 관련된 왕실 내부의 권력다툼에 기인한 것이기는 하지만, 나아가서 왕조귀족 사이에도 원정(院政)에 혜택을 누리는 쪽과 탈락된 쪽이 있기 마련이어서 상황(上皇)의 〈모반〉은 원정(院政)의 시혜를 누리지 못하는 쪽의 섭관가 및 귀족들의 규합을 뒤따르게 하였다. 뿐만 아니라 무력 충돌에서 이기기 위해서는 무가들의

도움을 절대적으로 필요로 하였는 바, 그들의 헤쳐모이기는 왕실과 섭
관가문의 흡인력이 크게 작용하였다. 무가는 크게 보아 헤이케(平家)와
겐지(源氏)로 양분되어 있었는데 호겐(保元)의 난 당시에 헤이케(平家)는
기요모리(淸盛)를 중심으로 하여 천황 쪽에 동원되었고 반면에 겐지(源
氏)는 각각의 사정으로 천황 쪽과 상황(上皇) 쪽으로 나뉘어져 버렸다.
　기요모리(淸盛)의 둘째 아들인 다이라노 모토모리(平基盛)는 관군으로
파견되어 다음과 같이 외치고 있다.

> 　근일에 **모반**의 소문이 있어서 軍兵이 그 수를 알 수 없이 入京해서 온
> 장안의 소동이 예사롭지 않은 까닭에 칙명을 받들어 宇治橋를 지키기 위
> 해 예까지 나와 있는 者이외다.[4]　　　　　　　（上「官軍方々手分けの事」）

　상황(上皇) 쪽의 〈모반〉이 아직 군사적인 행동으로 옮겨지지 않아서
소문이라는 꼬리표를 달고 있기는 하지만 〈모반〉에 대한 관군의 움직임
은 상대적으로 신속하였음을 알 수 있다. 뿐만 아니라 화자의 입을 통
해서 전해지던 〈모반〉이라는 용어가 관군으로 동원된 등장인물의 입을
통해 현실화되고 있다. 이제 상황(上皇)의 〈모반〉은 움직일 수 없는 기
정사실이 되었고 바로 이 장면 뒤에 관군과 상황(上皇) 쪽으로 이동하는
병력간에 첫 충돌이 벌어지고 있다.[5]
　화자와 등장인물에 의한 상황(上皇)의 〈모반〉 규정이 기정사실화 되었
다고는 하지만 작품 내에서 상황(上皇)에 대한 물리적인 제재는 아직 유
보되어져 있고 천황측은 우선 상황(上皇) 측에 가담한 섭관가의 대표라
할 수 있는 좌대신(左大臣) 후지와라 요리나가(藤原賴長)의 〈모반〉을 논
의의 대상으로 삼고 있다.

> 　八日(모반이 발발한 지 5일 후)에 公卿들의 僉議가 있어 오는 十一日

左大臣을 유배에 처할 것을 결정하였다. **모반**에 관한 일이 이미 밝혀졌기 때문이다. …… 그것(상황〈上皇〉 측에 가담한 僧 勝尊이 갖고 있던 증거품)에 의해서 新院(스토쿠 상황〈上皇〉)·左大臣이 **모반**하셨음이 틀림없는 것으로 밝혀졌다. 또한 平家의 右馬助인 忠正·無官인 賴兼도 **모반**에 동의했다고 알려지니, 雅賴를 시켜서 입궐하라고 일러도 이런 저런 구실로 들지를 않았다. 勝尊은 禁獄에 처하여졌다.[6]

(上「新院御謀叛 幷びに 調伏の事 付けたり 內府意見の事」)

위에 든 예문만을 놓고 보면 천황측이 상황(上皇) 이하 후지와라 요리나가(藤原賴長) 등의 〈모반〉에 대한 확실한 증거를 포착하였다고는 말할 수 없다. 다만 상황(上皇)에 밀착된 인물들의 면면으로 미루어 그들이 〈모반〉에 연루되었음을 밝힘에 불과하지만, 사건의 진행으로 보면 이미 모반자 중 일부는 처벌을 받고 있고 따라서 상황(上皇)은 〈모반〉에 첫 발을 내디딘 상태에서 주동자로 몰려 중죄의 대가를 치러야만 할 상황으로 빠져드는 셈이다.

이쯤 해서 다시 한 번 스토쿠 상황(上皇)의 의지를 확인해 볼 필요가 생겼다고 할 수 있는데, 내대신(內大臣)인 사네요시(實能)의 말을 빌리면

가까이로는 平城天子가 嵯峨천황에게 황위를 넘겨주시고 분한 나머지 **모반**을 일으키셨지만 싸움에 패하고 출가하셔서 醍醐山 근처의 小栗栖라는 곳에서 잠시 지내셨고, 惟高親王은 淸和천황과의 황위 쟁탈에 져서 출가하신 후에 比叡山 자락에 있는 小野라는 곳에 잠적하셨으니, 앞 수레가 넘어지는 것은 곧 뒷 수레에 경계가 되니, **모반**을 어찌 일으키시겠습니까.[7]   (上「新院御謀叛 幷びに 調伏の事 付けたり 內府意見の事」)

다시 말하자면 과거에도 상황(上皇)이나 왕자에 의한 〈모반〉의 전례가 있었지만 그 결과가 좋지 않았으니 생각을 거두시라는 진언을 올리는

것이고, 스토쿠 상황(上皇)은 이를 무시한 채 그날 밤 즉시로 다메요시 (爲義)를 중심으로 하는 겐지(源氏) 무사들을 불러 들여 본격적인 군사 행동으로 들어가는 것이다.

그러나 본디 〈모반〉이라고 하는 것이 평소에는 입에 올리기에도 두려운 일이어서, 다메요시(爲義)의 8남(八男)으로 어려서부터 크게 무용을 떨치고 있던 다메토모(爲朝)가 상경하는 대목에 이르러서도[8]

> 많은 수를 데리고 가려면 다메토모(爲朝)야말로 九州의 온 세력을 동원
> 해 갈 것이다. (하지만) **모반**을 일으킨다 어쩐다 하여 참언을 들어서는 곤
> 란하다. 생각이 있는 사람들은 따라 오라.[9]
>   (上「新院御所各門々固めの事 付けたり 軍評定の事」)

라고 하여 고작 50여 기를 데리고 상경하는 것으로 되어 있다.

뿐만 아니라 작고한 도바(鳥羽)상황(上皇)을 따르던 옛 신하들의 경우에도

> 天喜년간에 사다토(貞任)·무네토(宗任)가 **모반**을 도모하여 혹은 8개
> 國을 빼앗아 8개년을 쳐서 싸우고 혹은 54郡을 노략하여 12년을 막아 싸
> 웠지만 모두 변방이역의 소란일 뿐, 이곳 京都는 조용하였다. 그러하니 어
> 느 누가 이곳 수도를 어지럽히고 어떤 무리들이 우리 조정을 배반할 것인
> 가.[10]   (上「將軍塚鳴動 幷びに 彗星出づる事」)

라고 말하면서 이번의 〈모반〉 사건도 역시 진압될 것임을 확신하고 있다.

천황측의 예상대로 승부는 단 한 번의 큰 전투로 판가름이 나서 스토쿠 상황(上皇)이 이끄는 군대는 지리멸렬, 좌대신(左大臣) 요리나가(賴長)는 전사하고 도망을 치던 상황(上皇)과 다메요시(爲義)는 차례차례로

투항을 하게 된다. 이후의 이야기는 〈모반〉에 대한 사후처리담이라 할
수 있는데 그 죄과를 어떻게 다스릴 것인가 하는 문제에 있어

> 嵯峨천황시에 右兵衛督인 仲成이 平城先帝를 움직이시게 하여 **모반**을
> 일으킴에 의해 死罪가 정하여졌지만, 죽는 자 다시 돌아올 수 없고 遠流
> 無歸罪는 死罪와 같다 하여 遠國으로 유배 보내진 이래로 본 조정에 死罪
> 가 없어진 지 오래입니다.[11]   (中「忠正・家弘等誅せらるる事」)

라고 하는 온건책이 나오기도 했지만

> 이번의 **모반**은 희대의 보기 드문 사건입니다. ……후회할 일이 앞으로
> 일어나서는 안됩니다.[12]   (中「忠正・家弘等誅せらるる事」)

라고 하여 강경하게 그 죄를 묻자는 의견이 우세하여 대부분의 가담자
들은 참형(斬刑)에 처하여지고, 상황(上皇)은 멀리 떨어진 사누키(讚岐)
라는 곳으로 유배당하게 되는 것이 후반부 이야기의 골자이다.

작품 전체의 분량으로 보면 上・中・下 세 부분이 대체로 비슷하지만
(上이 13段, 中이 14段, 下가 8段) 〈모반〉이라는 용어가 직접 쓰이고 있는
부분은 본격적인 큰 싸움이 벌어지기 전까지의 과정이 서술된 上쪽에
몰려 있다.(上에 12례, 中에 3례, 下에는 없음)[13] 이러한 현상은 上쪽에 스
토쿠 상황(上皇)과 직접 관련된 기사가 가장 많이 등장하는 것이 표면적
인 이유가 될 것이다. 또한 〈모반〉을 일으킨 사람들의 입을 통해서는 그
말이 거의 사용되고 있지 않다는 점이 큰 특색을 이루는데[14] 이는 〈모
반〉에 대한 모반인 당사자들의 입장이 반영된 결과가 아닌가 생각된다.
즉 〈모반〉을 일으킨 사람들로서는 행위의 동기가 충분히 주어져 있었고
충분한 여건이 마련되었다고 판단하였을 것이며, 나아가서 〈모반〉이 성

공하게 되면 그 때부터는 이미 자신들의 행위가 〈모반〉이 아니라는 사실을 잘 알고 있었을 것이다. 따라서 『호겐 모노가타리』의 본문은 화자와 〈모반〉의 반대측에 있는 등장인물을 통해서만 〈모반〉이라는 용어가 사용되어져 있고, 모반인들에 대한 배려가 용례의 이면에 깔려 있다는 점에서 논리의 일관성을 보이고 있다.

2. 등장인물의 대사를 통한 모반의 실태

앞 절에서는 본문에 쓰이고 있는 〈모반〉이라는 단어를 중심으로 거기에 얽힌 인물과 사건들을 살펴보았다. 이번 절에서는 직접 〈모반〉이라는 용어를 사용하고 있지는 않지만 그 내용에 있어서는 모반의 실태가 어떤 모습으로 나타날 수 있는지를 보여주는 등장인물의 대사들을 모아 보기로 하겠다.

〈모반〉을 일으킨 스토쿠 상황(上皇) 편에 서서 겐지(源氏)의 무사들을 이끌었던 다메요시(爲義)는 무용을 뽐내는 인물로서가 아니라 겐지 가문의 동량으로서 상황(上皇)에 의해 동원된 무장이지만, 한판 큰 싸움을 앞에 놓고 만일에 패할 것을 염두에 두고 다음과 같은 안을 제시한다.

> 만약 당하기 어려워서 이곳을 나가신다면 南都로 납시어서 宇治橋를 철거하고 잠시 세간을 돌아보시겠습니까. 그래도 또한 당하기 어려우시면 東國에 상황(上皇)을 모시고 가서 아시가라(足柄)·하코네(箱根)를 방비하고 東8개國의 조상 대대로 이어져 온 家人들을 동원하여 수도로 다시 쳐들어오시게 하자는 것이 제안 중의 하나입니다.[15]
>
> (中「白河殿へ義朝夜討ちに寄せらるる事」)

물론 이 안은 당시의 사태를 제대로 파악하지 못한 좌대신(左大臣) 요리나가(賴長)에 의해 채택되지 않았었지만 좁은 수도 교토(京都)에서의 한판 승부가 여의치 못할 때는 지리적으로 공간을 넓혀 배후 세력을 확보한 다음에 승부를 결정짓자는 전략상의 이점을 꾀하고 있다는 점에서 유효하다고 하겠다. 실제로 머지 않은 훗날에 중세일본을 일으키는 세력들이 취한 방법이 이와 유사하다고 볼 때 다메요시(爲義)의 이 안은 중세가 고대를 공간적으로 흡수하는 모범답을 나름대로 제시하고 있는 셈이다. 이러한 의미에서 다메요시(爲義)의 안은 성공할 수도 있었던 〈모반〉의 가능성을 담지하고 있다고 말할 수 있다.

다메요시(爲義)의 제안이 공적인 자리에서 받아들여질 수도 있었던 일종의 차선책이었다고 한다면, 그의 아들인 다메토모(爲朝)가 싸움에 대패한 후 천황 쪽에 투항하려고 하는 다메요시(爲義)에게 내세우는 의견은 가문 내에서 사사로이 나눌 수 있는 논의라고는 하지만 훨씬 구체적이고 과격하다.

　　요컨대 다메토모(爲朝)의 계획을 말씀드릴 테니 따라 주십시오. 지금부터 서둘러 東國에 하향하셔서 이번 싸움에 참가하지 않은 三浦介인 義明・畠山의 庄司인 重能・小山田別當인 有重 등을 불러 들여서 말씀하시고 中坂東에 성곽을 쌓아 足柄・箱根를 방비하고 넷째 형 左衛門을 奧州에 내려보내시고 基衡에게 念誦의 관문을 지키게 하고 掃部助를 海道의 수비에 놓게 하시고 여섯째 형에게 甲斐 사람들을 붙여서 山道를 막게 하고 일곱째 형과 아홉째를 信濃 사람들에 붙여서 北陸道에 향하게 하여, 아버님을 法親王으로 받들어서 鎌倉에 수도를 세우고 東8개 國의 家人들을 불러모아서, 출중한 무사들은 太政大臣・左大臣・大納言으로 삼고 젊은 무사들은 宰相・三品・四品・五品의 當上官으로 삼아, 곳곳에 산재한 무사들은 守領・安察使를 맡게 하고, 다메토모(爲朝)는 鎌倉의 후견인이 되고자 함은 옛날 承平년간에 마사카도(將門)가 下總國 相馬郡에 수도를

세우고 스스로 平親王이라 칭하고 백관을 각각 두었다고 하는 형세에 어
찌 지금이라고 뒤지겠습니까? 단지 분부만 내리십시오.[16]

(中「爲義降參の事」)

  가히 일본 역사에서 그 유래를 찾아보기 힘든 역성혁명의 실태를 그
려내고 있어서 다메토모(爲朝)의 〈모반〉에 대한 철저한 추구를 극단적으
로 보여주고 있다. 다메토모(爲朝)의 입을 통해 마사카도(將門)의 난이
인용되고 있는 바와 같이, 고대일본에 있어서 〈모반〉의 역사는 실제로
좀처럼 끊일 줄을 몰랐고 다만 그것이 중앙에서든 지방에서든 일본을
뿌리째 흔들 만큼 강력한 것이 못되었을 뿐이었다. 다메토모(爲朝)의 발
언은 고대일본의 실패한 모반자들의 꿈을 대변하고 있다고도 할 수 있
고 실제로 가마쿠라(鎌倉)에서 중세일본의 장을 열었던 미나모토 요리토
모(源賴朝)의 원대한 계획을 미리 엿보았다고도 할 수 있다. 다만 요리토
모(賴朝)의 경우는 중앙에서 일어난 〈모반〉을 평정한다는 형태로 실질상
의 〈모반〉을 감행하였고 천황이라는 자리를 직접 찬탈하지 않는 타협적
인 방법을 써서 성공하였다는 점에 역사의 아이러니가 있다 하겠다.
  이와 같은 다메토모(爲朝)의 혁명적인 제안은 천황 쪽에 가담한 장남
요시토모(義朝)의 구원에 희망을 걸었던 다메요시(爲義)에게는 받아들여
질 수 없는 것이었음은 두말할 나위가 없다. 이미 돌이킬 수 없는 승부
의 반환점을 넘어버린 이상 패배를 받아들이고 운명에 순응하는 편이
현명한 선택이었는지도 모른다. 다만 〈모반〉을 당한 쪽에서의 철저한
앙갚음이 요시토모(義朝)로 하여금 부친 다메요시(爲義)를 자기 손으로
죽이게끔 강요하였다는 점에서 다메요시(爲義)의 죽음이 갖는 처절한 비
극성이 두드러진다.[17]
  일가 거의가 몰살을 당하고 혼자 남은 다메토모(爲朝)는 이곳저곳으로

도망다니는 중에도 못다 이룬 〈모반〉에의 꿈을 버리지 못하고 다음과
같은 궁리를 하고 있다.

> 요컨대 鎭西에 내려가 九州 사람들을 동원하여 京都로 쳐들어가 왕성을
> 무너뜨리려 할 시에 요시토모(義朝)가 틀림없이 막으려 할 것이다. 비록
> 백만 기 가운데라도 깨부수어 요시토모(義朝)를 붙잡아 매달아 목을 쳐서
> 아버님의 효양의 제물로 바쳐 드리고 나머지 조무래기들을 해치우고서 新
> 院의 세상을 이루어 다메토모(爲朝)는 일본국의 總追捕使가 되려고 하니
> 어찌 거리낄 것이 있을쏘냐.[18]   (下「爲朝生捕り遠流に處せらるる事」)

분수에 넘치는 수작이라고 본문에서 화자가 덧붙이고 있기는 하지만
혈기왕성한 청년 다메토모(爲朝)로서는 가문의 복수를 하고 무가의 전통
을 잇고자 하는 욕망이 여전히 〈모반〉의 형태로 그 맥락을 유지하고 있
다. 다만 이미 세상을 뜬 부친 다메요시(爲義)의 자리에 스토쿠 상황(上
皇)을 채워 넣고 겐지(源氏) 세력의 기반이 되는 동국(東國) 대신에 자신
이 스스로 세력을 닦은 서국(西國)으로 눈길을 돌리고 있으며 자기 형
요시토모(義朝)에 대한 적개심이 강하게 표출되고 있다는 점이 달라졌을
뿐이다.

그러나 그 꿈을 실천에 옮겨볼 기회도 갖지 못한 채 생포되고 마는
다메토모(爲朝)의 〈모반〉은 다른 주체 세력들의 무기력한 투항의 모습
과는 대조적으로 끝까지 그 가능성을 관철시키고자 뜻을 굽히지 않았다
는 점에서 스스로 〈모반〉의 극대치를 구현하고 있다. 결코 동정의 여지
가 있을 수 없는 모반인의 반열에 들어 있으면서도 다메토모(爲朝)에게
서 이례적인 영웅상을 느끼는 이유가 바로 여기에 있다. 전장에서 보여
준 그의 괴력과 같은 무용과 함께 적에게까지도 관대함을 보이는 여유
있는 태도도 그러하려니와 〈모반〉의 신념을 시종여일하게 지키면서 강

자로서의 면모를 끝까지 유지하고 있다는 점들이 비극적인 영웅으로서
의 자격을 상당 부분 충족시켜 주고 있다고 할 수 있다.

다메요시(爲義)와 다메토모(爲朝)와 같은 인물들이 원래는 〈모반〉에
동원되어 주로 군사적 기능을 담당하는 것으로 예상되었겠지만, 이야기
의 진행과 함께 스스로의 〈모반〉의 구상을 점층적으로 확대시켜 놓은
점이 『호겐 모노가타리』의 특색이다. 이 점은 궁색한 처지로 내몰릴수
록 단숨에 상황을 되돌리고 싶어하는 다급한 모반인의 심리를 역설적으
로 반영하고 있다고도 보여진다. 애초에 〈모반〉을 기획·주도하였던 스
토쿠 상황(上皇)의 입장에서 보면, 단지 억울하게 빼앗겼다고 생각하는 왕
권을 되돌려 받는 것만으로도 〈모반〉은 완성되는 것이었다고 할 수 있다.

그러나 이미 싸움에 패하고 투항한 처지에 있는 몸이고 보면 스토쿠
상황(上皇)으로서도 천황측의 관대한 처분만을 바랄 뿐이었다. 스스로
출가의 절차를 밟았으나 겨우 사죄(死罪)를 면하여 유배에 처해진 스토
쿠 상황(上皇)이 마지막으로 희망을 걸었던 것은 혈서로 쓴 불경을 바쳐
내생(來生)을 기약하는 일이었지만 천황측은 그마저 받아들이지 않는다.
이제 금생(今生)에서의 왕권은커녕 내생(來生)에서의 희망도 사라져 버
렸다고 생각하는 스토쿠 상황(上皇)이 행할 수 있는 최후의 선택은 스스
로 저주의 화신이 되는 것이었다.

> 내 깊은 죄를 지어 가슴에 시름이 가득 차도다. 하루 속히 이 공력으로
> 써 내가 진 허물을 구제해준다고 하는 막대한 행업을, 오로지 三惡道에 던
> 져 넣어 그 힘으로써 일본국의 대악마가 되어 皇을 잡아 民으로 삼고 民을
> 皇으로 삼겠노라.[19]   (下「新院御經沈めの事 付けたり 崩御の事」)

바다 깊숙이 불경을 가라앉히면서 기원하는 스토쿠 상황(上皇)의 이
대사는 실로 끔찍한 발상의 대전환이 표출된 것이다. 그가 일으킨 〈모

반)의 실패는 자신과 그를 따랐던 주위의 인물들의 불운을 가져오는데
그쳤지만, 그의 저주는 앞으로 그가 죽음으로 해서 일본국을 위와 아래
가 송두리째 뒤바뀌어 극도의 혼란을 겪게 만들겠다는 무서운 원념(怨
念)인 것이다. 이런 경지에 이르고 보면 스토쿠 상황(上皇)이 죽음을 앞
두고 새롭게 시도하는 〈모반〉은 평정된 과거의 〈모반〉이 아니라 앞으로
다가올 보다 큰 재앙을 예고하는 실마리가 되고 있는 셈이다. 과연 스
토쿠 상황(上皇)의 〈모반〉에의 집착은 역성혁명까지를 꿈꾸었던 다메토
모(爲朝)의 그것을 초월하여 상상의 세계에서나 가능한 〈모반〉까지도
동원하고 있다고 할 수 있다.[20]

이상에서 살펴본 바와 같이 다메요시(爲義)는 동국(東國)의 배후 세력
을 끌어들인 다음에 교토(京都)로 쳐들어오자는 새로운 제안을 하였고,
다메토모(爲朝)는 자기들 일가로써 왕조를 대신하자는 역성혁명에 가까
운 의견을 말하였고, 스토쿠 상황(上皇)은 죽어서라도 이 왕조가 뒤집어
지는 것을 보고야 말겠다는 원념을 나타내 보였다. 그들은 모두 실패한
〈모반〉 때문에 비참한 최후를 맞이할 수밖에 없었지만, 당시에 있어서
〈모반〉이라는 것이 어떤 모습으로 가능하였는지를 들려주는 인물들로서
그 의미가 새롭다고 말할 수 있다.

3. 모반과 관련된 선대(先代)의 왕실 관련 기사

호겐(保元)의 난의 원인은 왕위 계승에서 비롯된 스토쿠 상황(上皇)의
불만과 섭관가 가문의 실권자가 되고자 하는 후지와라 요리나가(藤原賴
長)의 야심이 결합된 것에 있다고 말할 수 있다. 왕실은 왕실대로 섭관
가는 섭관가대로 형제간의 갈등이 표면화되었고 무가들은 무가들대로
양분을 면할 수 없었다. 세상이 순식간에 두 쪽으로 갈라져서 그 중 한

쪽은 몰락의 길로 내몰릴 수밖에 없게 된 것이다. 그나마 그 때까지 누리고 있던 혜택마저 모두 빼앗길지 모르는 위험을 감수하면서까지 〈모반〉이라는 극단적인 방법을 취하게 되었던 명분의 근거는 어디에 있었을까?

　당시 원정(院政)을 베풀던 74대 도바(鳥羽)상황(上皇)에 의해 75대 천황을 지내고 있던 스토쿠가 자신의 뜻과는 상관없이 양위를 당하고 상황(上皇)의 총애를·받던 어린 동생이 76대 고노에(近衛)천황이 되고, 다시 고노에(近衛)가 요절하자 넷째가 77대 고시라카와(後白河)천황으로 등극하여 스토쿠 상황(上皇)의 입장에서 보면 자신은 물론이고 아들의 대에서도 천황 자리를 차지할 수 없게 되었으니 원한이 사무칠 만도 하였다. 도바(鳥羽)상황(上皇)이 죽은 그 날로부터 스토쿠 상황(上皇)은 평소의 원한을 풀고자 곧바로 행동에 들어가게 되는데, 그는 명분의 근거를 선대에 있었던 적자(嫡子)에 의한 왕위 계승의 사례들에서 찾고 있다.

　무릇 天智천황(38대)은 舒明(34대)의 태자로서 孝德천황(36대)의 왕자들이 아주 많이 계셨지만 모두 人臣으로 삼으셨다. 仁明(54代)은 嵯峨(52대)의 嫡子로서 淳和(53대)의 아들들을 제치고 보좌에 오르셨다. 내 비록 덕행이 부족하다고 하지만, 先帝의 태자로 태어나 四海朝宗의 君이 되고 十善의 여훈이 아직 남아 萬乘의 존위를 지키었다. 허나 일단의 총애에 의해 누대의 정통을 제쳐두고 불려의 蠱害를 입어 부자가 함께 沈淪의 괴로움을 당하였다. 先院 살아계신 동안에는 愁訴 깊다고 하나 訴願할 길이 없어 하릴없이 兩年의 春秋를 보내니, 이제 오늘에 이르러서는 마음에 둔 결심을 감출 수가 없다. 齊明(35대·37대)·稱德(46대·48대) 2대의 뒤를 밟아 다시 제위에 오를 것인가 아니면 이제 자리를 重仁왕자에게 넘겨 정무에 임하게 할 것인가. 지금에 와서 세상을 다투는 일이 어찌 神慮에 반하고 人望에 반할 것인가? 이 일을 어찌 생각하는가?[21]

　　　　　　　　　　　　　　(上「新院御謀叛思し召し立たるる事」)

좌대신(左大臣) 요리나가(賴長)를 앞에 두고 그의 의향을 묻는 스토쿠 상황(上皇)의 논리는 적자(嫡子) 계승과 중조(重祚 : 천황의 거듭된 등극)의 전례를 제시함으로써 자신의 행동을 정당화하고자 하는 것이었다. 그리고 이 논리는 당연히 요리나가(賴長)에 의해 타당한 것으로 받아들여져서

> 하늘이 주심을 잡지 않으면 도리어 그 벌을 받고 때가 왔어도 행하지 아니하면 도리어 그 재난을 얻는다고 합니다. 舊院께서 붕어하심에 있어 그 때가 왔음을 아옵니다. 이 때에 여차하신 일을 결정짓지 않으시면 어느 때를 기대할 수 있겠습니까?[22]   (上「新院御謀叛思し召し立たるる事」)

라고 응답하여 거사를 빨리 실행에 옮길 것을 간하고 있다.

반면에 천황 쪽의 입장에서 보면 이에 대한 반대논리도 성립된다. 스토쿠 상황(上皇)이 〈모반〉을 일으킨다는 소문을 들은 내대신(內大臣) 사네요시(實能)는 다음과 같이 말하고 있다.

> 아우에게 나라를 빼앗기고 조카에게 세상을 넘기신 일은 옛부터 오늘에 이르기까지 선례가 한두 번이 아닙니다. 멀리 옛날을 찾아보면 百王의 시초에 神武천황(1대)은 彦波瀲武의 제4의 왕자로서 다른 형들을 모두 제치시고 보위에 오르시고 崇峻(32대)은 欽明(29대)의 제12의 아드님으로 많은 형제분을 넘어서 踐祚가 있었습니다.[23] [24]
> (上「新院御謀叛 幷びに 調伏の事 付けたり 內府意見の事」괄호 안은 필자)

반대논리에 의하면 장자(長子)가 왕위를 계승하지 않은 많은 선례가 있으니 스토쿠 상황(上皇)의 〈모반〉은 명분이 서지 않는다는 것이다. 더욱이 설혹 불만이 있다고 하여 거사를 하여도 선대의 역사에서 성공한 전례가 없으니 그것을 교훈으로 삼아야 한다고 덧붙이고 있다.[25]

〈모반〉에 반대하는 의견은 도바(鳥羽)상황(上皇)을 모시던 옛 신하들

에 의해서도 제시되고 있는데, 특히 헤이제이(平城)상황(上皇)(51대)의〈모반〉의 경우가 실패의 본보기로써 거론되고 있다.[26] 또한 이번 경우와 같은 교토(京都) 안에서의 소란은 일찍이 없었다고 이야기한다.

이와 같이〈모반〉에 대한 명분을 내세우는 쪽과 그에 대한 반대논리를 제시하는 쪽이 똑같이 선대의 사례를 들어 그 타당성을 확보하고자 하는 태도는 『호겐 모노가타리』에 있어서 특기할 만한 점이라 할 수 있다. 아울러 양쪽의 논리에 대한 타당성 여부는 이야기의 진행과 그에 따른 결과와는 상관없이, 양시론(兩是論)적인 태도의 산물로써 양쪽의 논리가 설정되어져 있다고 보여진다.

다만 실제 역사의 진행에 의해 스토쿠 상황(上皇)이 주도한〈모반〉이 실패로 드러났을 때, 『호겐 모노가타리』에서는 그 처리 기준의 근거로써 선대 왕실에서의 사례들이 다시 이용되고 있다. 그것도 처리의 대상으로 전락한 스토쿠 상황(上皇)의 입을 통해 주로 끄집어내어지고 있는 점이 특이하다. 스토쿠 상황(上皇)은 출가와 유배에 얽힌 왕실 고사를 통하여 자신에게 유리한 쪽으로 사건이 수습되기를 바라는 것이다.[27]

그러나 천황측은 이를 무시한 채 사누키(讚岐)라는 먼 섬으로 유배지를 결정하였고, 유배지로 가는 도중에 스토쿠 상황(上皇)은 선대에 폐위된 준닌(淳仁)천황의 유배지와 헤이제이(平城)상황(上皇)의 난 당시에 유키히라(行平) 중납언(中納言)이 유배되었던 곳을 지나면서 자신의 신세를 서러워하고 있다.(下「新院讚州に御遷幸の事」) 스토쿠 상황(上皇)의 비운이 고사와 비교되어 증폭되고 있는 셈이다.[28]

사누키(讚岐)로 유배당한 스토쿠 상황(上皇)에게 기다리고 있는 것은 비참한 죽음뿐이었다. 그의 죽음을 가져오기 위하여 『호겐 모노가타리』화자는 선대에 일어났던 천황 시해의 사례를 들고 있는데 안코(安康)천황(20대)은 의붓아들에게 죽임을 당하고 스준(崇峻)천황(32대)은 역신

(逆臣)에 의해 죽었다는 것이다.(下「新院御經沈めの事 付けたり 崩御の事」)
만약〈모반〉이 성공하였더라면 현재의 천황인 고시라카와(後白河)천황
이 시해당하였을지도 모를 일이었다. 그러한 의미에서 실패한〈모반〉을
일으킨 스토쿠 상황(上皇)이 비참한 최후를 맞이하게 되는 것은 현실로
받아들여야 할 필연적 결과가 된다.〈모반〉과 관련된 선대 왕실의 고사
를 이용한다는 점에서 스토쿠 상황(上皇)과 화자는 동일한 능력을 갖고
있는 셈이다.

4. 주체자와 반대자에 의한 모반의 구조

『호겐 모노가타리』를 모반의 구조를 통해 보아서 무엇을 얻을 수 있
는가? 첫째로, 모반이라는 행위를 일으킨 쪽과 그에 대응하는 행위를
한 쪽으로 등장인물을 나누어 볼 수 있다는 점과 둘째로, 작품 내에서
이야기를 이끌어가는 화자의 존재를 확인하고 나아가서 주제와 관련된
많은 문제들을 수렴하고 있는 작자의 의도를 모반이라는 의미 구조로써
파악할 수 있다는 점과 셋째로, 모반과 직접 간접으로 얽히면서 이야기
를 풀어나가는 모반 이외의 또 다른 요소들을 한 쪽으로 모아 모반의
구조와 대비시킬 수 있다는 점 등을 들 수 있다. 이번 절에서는 주로 등
장인물의 행위를 중심으로 『호겐 모노가타리』에 나타난 모반의 구조를
살펴보기로 하고 다음 절에서는 화자의 존재와 작자의 의도를 모반에
초점을 맞추어 살펴본 다음에 모반을 해소·초월하는 모반 이외의 또
다른 요소들을 아울러 정리해 보기로 하겠다.
　등장인물과 관련된『호겐 모노가타리』의 모반의 구조는, 모반을 주동
한 스토쿠 상황(上皇)을 중심으로 하는 하나의 축과 모반을 평정하는 고
시라카와(後白河)천황을 중심으로 한 또 하나의 축으로 이루어져 있다.

다만 모반의 축은 스토쿠 상황(上皇)을 정점으로 하여 선명한 궤적을 그리고 있는데 반하여 평정의 축은 정점의 기능을 누가 맡고 있는지가 분명하지 않을 뿐만 아니라 대부분의 경우 이야기의 중심에 위치하지 않는 경향이 뚜렷하다. 『호겐 모노가타리』를 모반의 구조로 파악할 수 있는 가장 큰 이유가 바로 여기에 있다. 『호겐 모노가타리』는 주로 모반의 축을 따라 이야기가 전개되어져 있고 등장인물과 각각의 사건들은 그 축 위에서 가지를 뻗쳐 작은 이야기들을 이루어 나가는 모양을 취하고 있다.

스토쿠 상황(上皇)은 모반을 일으킨 주체자로서 그에게 주도적인 역할이 맡겨져 있지만, 모반의 동기와 사전 준비 단계에서의 눈에 띄는 움직임에 비하여 정작 모반이 진행되는 결정적인 단계에서의 그의 활동은 미약하다. 오히려 모반이 끝난 후에 그가 겪는 고초담이 이야기 후반부의 중심을 이루면서 모반으로부터 야기되는 긴장감과 역동성은 어느덧 그의 불우한 운명과 함께 비애와 무상감으로 바뀌어져 있다.

유배지에서의 그의 처참한 모습은 선왕으로서의 위용을 찾아볼 수 없는 정도를 지나쳐서 인간이 아니라 흡사 괴물-본문에서는 덴구(天狗; 신통력이 있다는 상상의 괴물)로 표현됨-과 같은 용모로 탈바꿈되어져 있다. 도저히 만회할 길이 없는 불운으로의 추락은 그로 하여금 죽어서라도 이 세상을 거꾸로 뒤집어 놓고야 말겠다는 저주를 맹세케 하는 대악마로의 변신을 꾀하게 하는 것이다. 스토쿠 상황(上皇)으로서 모반의 최후 단계는 후세에라도 재앙을 일으키는 원령으로 나타나고자 하는 집요한 추구를 보여줌으로써 막다른 곳에 이르고 있다. 동시에 현실을 초월하여 장(場)을 달리한 새로운 시도가 시작되고 있음을 알려주는 예언자로서의 역할을 스스로 떠맡고 있다. 비록 자신이 일으킨 모반은 끝장이 났지만 뒤를 이을 모반의 역사는 아직 끝나지 않았다는 것과 모반이 있

을 때마다 후세의 사람들은 자신의 원념을 두려워할 것이라는 것을 스
토쿠 상황(上皇)은 이미 알고 있었던 것으로 보인다.[29]

또 다른 주체자인 미나모토 다메토모(源爲朝)는 스토쿠 상황(上皇)과
는 달리 모반의 실질적인 진행 단계에서 눈부신 활약을 하는 인물로서,
다른 무사들을 압도하는 초인적인 그의 무용담이『호겐 모노가타리』를
역사군담답게 만들어 주고 있다. 다메토모(爲朝)의 영웅상은 주로 왕실
및 중앙 귀족과 장안의 여론에 비추어진 놀라운 무용에 초점이 맞추어
져 있기도 하지만,[30] 이번 장의 2절에서 이미 살펴본 바와 같이 그의 모
반에의 추구가 대단히 혁신적이고 또한 끈질기게 이어졌다는 점도 크게
감안되어야 할 것이다.

생포된 다메토모(爲朝)를 놓고 천황의 측신들이 '8학(八虐)의 흉도'라
지칭하면서도 그의 능력을 아깝게 여겨 사형을 면케 해주는 대목을 보
면, 드러내 놓고 영웅 대우를 해줄 수는 없었지만 '악귀·악신'의 화신
으로서의 그의 면모가 예외적으로 인정되고 있다는 점에서 특이하다고
할 만하다. 다메토모(爲朝)는 어려서부터 일본의 서쪽을 크게 뒤집어 놓
고 모반에 가담하여서는 소문대로의 괴력을 과시하고 끝까지 혼자 살아
남아 위협적인 존재가 되어 비극적인 종말을 맞이하면서도 사람들의 뇌
리에는 경이로운 대상으로 깊은 인상을 심어 주었다. 다메토모(爲朝)는
그의 무력과 신념으로써 무너져가는 왕조시대를 뛰어넘어 새로운 미지
의 세계로 향한 길목을 열어주는 가능태로서의 모반을 역설적으로 구현
하였다는 점에서 중세적 영웅으로서의 충분조건을 갖추고 있는 것이다.

이에 반하여 마나모토 다메요시(源爲義)는 무가의 양대 가문 중의 하
나인 겐지(源氏)를 이끄는 동량으로서 모반군의 대장으로서의 임무를 부
여받았지만, 모반을 주도한 세력과 그 밑에서 모반을 몸으로 지탱해 나
갈 추종자들을 연결하는 위치에 더 큰 비중이 두어져 있다. 이미 나이

가 들어 아들 다메토모(爲朝)와 같이 무용을 뽐낼 수도 없으려니와 모반의 결과에 대해서도 자신을 갖지 못한 듯한 다메요시(爲義)였다.[31] 그만큼 상황을 읽는 눈이 현실적이었다고 할 수도 있겠는데 이는 전쟁에 진 이후에 투항을 결정하는 대목에서도 다시 확인할 수가 있다. 이미 실패로 판명이 난 모반의 결과를 받아들이고 천황군의 대장인 장남 요시토모(義朝)를 통해 관대한 처분을 기대한다는 일이 현명한 정세 판단이었을지도 모른다. 다만 아들의 손에 죽임을 당할 줄 몰랐던 것이 그의 크나큰 실수였고 돌이켜보자면 애초에 스토쿠 상황(上皇)의 모반에 가담한 것 자체가 잘못이었다. 그럼에도 불구하고, 최후를 맞이하는 다메요시(爲義)는 투항을 선택한 것을 후회함으로써 모반에 관한 그동안의 심적 갈등을 청산하고 자신을 죽이는 아들 요시토모(義朝)의 죄를 용서함으로써 가문의 동량으로서의 풍모를 잃지 않고 있다. 요컨대 다메요시(爲義)는 모반군의 대장이라는 무거운 짐을 짊어지고 나가기에는 너무 생각이 많은 사람이었던 것 같고, 따라서 외형적으로는 자신의 자식들을 비롯한 많은 인물들을 거느리는 위치에 있었지만 모반의 구조상으로 보았을 때는 이야기의 중심으로부터 벗어나 있으면서 다른 인물들을 중심에 모아주는 보조자의 기능을 수행하고 있다고 말할 수 있다.

이 외에도 모반의 이야기 축을 담당하는 주요 인물로 후지와라 다다자네(藤原忠實)와 요리나가(賴長) 부자가 있다. 좌대신(左大臣) 요리나가(賴長)는 섭관가 가문의 실권자가 되고자 하는 욕망이 스토쿠 상황(上皇)의 모반의 동기와 맞아떨어졌기 때문에 사전 준비와 추진 단계에 깊숙이 관여하였다. '악좌(惡左)의 대신(大臣)'으로 불려지기도 했던 요리나가(賴長)가 전투계획을 마련하는 중에 다메토모(爲朝)의 기습책과 다메요시(爲義)의 장기전 전략을 묵살할 정도로 모반의 초반부에서의 그의 역할은 두드러졌다. 그러나 막상 전투가 패배로 끝나 도망가는 중에 요리나가(賴長)는 화살에 맞아 치명상을 입는다. 아버지 다다자네(忠實)에게 도움을 청하지만 받아들여지지 않자 혀를 깨물어 죽는다. 요리나가(賴長)의 자진(自盡)은 실패로 끝난 모반의 대가를 스스로 치러 버림으로써 나중에 있을지도 모를 굴욕적인 모습을 보이지 않으려는 것이었다. 스토쿠 상황(上皇)과 함께 모반을 추진하고 진행시켰던 요리나가(賴長)의 이른 죽음은 모반 수뇌부의 와해를 뜻함과 동시에 뒤를 잇는 모반인들의 참형·유배의 수난을 예고하는 것이기도 하였다.

한편 아들 요리나가(賴長)의 죽음을 알고 나서야 다다자네(忠實)는 뒤늦게 회한의 눈물을 흘리지만 처음부터 그는 모반 참여에 모호한 태도를 취하고 있던 인물이었다.[32] 애초에 그는 요리나가(賴長)를 편애하여 장자인 다다미치(忠通)와의 사이를 갈라놓은 장본인으로, 이는 스토쿠 상황(上皇)을 양위시키고 고노에(近衛)천황을 즉위시킨 도바(鳥羽)상황(上皇)의 편애와 같은 성격을 띠고 있어서, 요리나가(賴長)의 모반에 내부적인 원인을 제공하였었다. 모반이 실패로 끝나 천황측에 있었던 아들 다다미치(忠通)의 도움으로 벌을 감하여 받은 다다자네(忠實)는 모반의 야심을 버리겠노라는 다짐의 기원문을 바친다. 다다자네(忠實)는 모반의 한 가지 원인을 제공한 인물이었지만 처음부터 소극적인 모반에의 가담자였고 또한 전향을 함으로써 체제에 귀속하고 마는 왕조귀족의 전형으로 이해할 수 있다.

모반의 이야기 축의 중심에 위치하지는 않지만 모반에 연루되어 비운을 맞이하는 인물로서는, 스토쿠 상황(上皇)의 아들인 시게히토(重仁)친왕(親王 : 천황의 아들)과 다메요시(爲義)의 처자들과 요리나가(賴長)의 아들들, 그리고 스토쿠 상황(上皇)과 좌대신(左大臣) 요리나가(賴長)를 따랐던 많은 무리들이 있다. 혹은 참형에 처하여지거나 유배를 당하고 혹은 강물에 몸을 던지거나 출가를 함으로써 모반의 죄값을 치르게 되지만 그들의 불행한 운명은 그들의 모반에의 의지와는 상관없는 경우도 있어서 훨씬 가혹한 것이었다고 할 수 있다. 특히 참형의 경우에는 서로 자기 가문 사람에 의해 집행이 되도록 하여, 그 중에서도 다메요시(爲義)의 어린 자식들의 죽음은 비극의 정도를 심화시키고 있다. 모반의 이야기는 스토쿠 상황(上皇)의 최후로써 마감되어 그의 죽음이 이야기를 완결짓고 있기는 하지만, 그 사이에 끼어든 수많은 죽음과 유배의 행렬은 실패한 모반이 갚아야 할 엄청난 대가를 일깨워주는 한편으로 그들의 희생이 어떤 의미를 갖는지를 되물어보게 한다는 점에서 이야기 후반부의 요체를 이루고 있다.

『호겐 모노가타리』에서 모반의 축의 반대편에 속해 있는 인물로는 스토쿠 상황(上皇)에 대비되는 위치에 있는 고시라카와(後白河)천황과 미나모토 다메토모(源爲朝)・다메요시(爲義)에 대비되는 미나모토 요시토모(源義朝)와 다이라노 기요모리(平淸盛), 후지와라 요리나가(藤原賴長)・다다자네(忠實)에 대비되는 신제이(信西)와 후지와라 다다미치(藤原忠通) 등이 있다. 고시라카와(後白河)천황은 이야기의 표면에 모습을 거의 나타내지 않으면서 이야기의 진행 과정에 있어서는 현재의 천황으로서의 특권을 발휘하고 있는 특이한 존재이다. 그러나『호겐 모노가타리』본문의 표현으로써 '천황' 또는 '주상'으로 지칭되는 경우는 극히 드물고 꼭 필요한 경우에는 '다이리'(內裏 : 궁궐을 뜻함)라는 공간을 가리켜서 그곳으로부터 명령이 하달되는 형식을 취하고 있다.[33]

'다이리'(內裏)라고 하는 공간에는 천황뿐만 아니라 천황측 신의 존재도 있었다. 그 중 대표가 되는 인물이 바로 소납언(少納言 : 종5품에 해당함) 신제이(信西)이고, 그는 모반을 처리・수습하는 과정에서 두드러진 활약을 보이고 있다. '다이리'(內裏)에서의 결정은 거의 모두 신제이(信西)의 의견대로 이루어졌고, 그의 모반에 대한 의견은 시종일관 강경책

이었다. 그 과정에서 관백(關白)인 다다미치(忠通)의 온건책이 제시되기
도 하였지만 받아들여진 경우는 극히 드물었다.[34]

미나모토 요시토모(源義朝)와 다이라노 기요모리(平淸盛)는 고시라카
와(後白河)천황 편에 서서 모반군과 직접 맞서 싸워 이기는 무장들이지
만 원평(源平) 양 가문의 라이벌 관계의 연장선상에서 천황과 신제이(信
西)의 명령을 수행하는 도구의 역할에 머물고 있다. 모반에 가담한 자신
들의 일가를 앞다투어 죽이고 마는 그들의 어리석은 행위는 신제이(信
西)의 강경책에 농락당한 증거가 되기에 충분하다. 비록 싸움에는 이겼
지만 그 대가로 얻은 그들의 일신상의 영달은 별로 큰 의미를 지니지
못한다. 두 사람 모두 모반의 축을 역설적으로 되살려 주는 반대자로서
보조적 기능만을 담당하고 있다.[35]

이상에서 살펴본 바와 같이 모반이라는 행위를 중심으로 각각의 주요
등장인물이 작품 내에서 담당하는 역할과 기능을 나누어 봄으로써 그들
이 차지하고 있는 위치와 비중을 확인할 수가 있었다. 『호겐 모노가타
리』를 다시 정리해 보자면 모반의 구조를 통해 볼 때 스토쿠 상황(上皇)
과 다메토모(爲朝) 및 요리나가(賴長)는 주체자, 다메요시(爲義)와 다다
자네(忠實)는 주체자를 보조하는 위치에 있고, 고시라카와(後白河)천황
과 신제이(信西)는 반대자, 요시토모(義朝)와 기요모리(淸盛) 및 다다미
치(忠通)는 반대자를 보조하는 위치에 있다. 또한 작품 내에서의 비중은
앞쪽에 거명한 인물일수록 상대적으로 우세하다고 할 수 있다.

5. 모반의 의미구조와 화자의 표현법

『호겐 모노가타리』는 작품 내에서 모반의 구조만으로 모든 것이 해결
되어져 있는가? 앞 절에서 살펴 본 바와 같이 모반에 직접 관여하였던

등장인물들이 모반의 구조라는 하나의 틀 속에서 각자의 역할과 기능을 담당하고 있다는 점은 분명하다. 그러나 그 틀을 벗어난 듯이 보이는 다른 요소들이 『호겐 모노가타리』에는 여전히 남아 있다. 이번 절에서는 등장인물을 중심으로 한 모반의 구조라는 틀을 벗어나 있으면서도 직접 간접으로 관련을 맺고 있는 다른 요소들을 고찰해 봄으로써 『호겐 모노가타리』라는 실체에 보다 가까이 접근해 보고자 한다.

『호겐 모노가타리』에는 일반적인 모노가타리(物語)와 마찬가지로 화자(일본어로는 가타리테〈語り手〉)라고 하는 특이한 존재가 작품의 장(場) 안에 설정되어져 있다. 화자는 등장인물의 모습과 행동을 생생하게 묘사하고 그들의 말과 생각까지 있는 그대로 옮겨주는 존재이다. 이야기를 보다 사실답고 흥미롭게 전달하기 위하여 이야기 틀 안팎을 넘나드는 화자는 등장인물과 동시대인이면서 동시에 관찰의 눈과 비판의 목소리를 가지고 있는 존재이다.

『호겐 모노가타리』에 나타나 있는 화자는 모반이 일어났다는 사실 자체와 사건의 추이에 대하여 당시의 불안하고 비난 섞인 장안의 여론에 일치하는 어조를 담고 있다. 모반의 발단 단계에 왕실과 섭관가와 무가가 각각 양분되어서 골육상쟁을 면치 못하게 되었음을 한탄하는 『호겐 모노가타리』의 화자는 어느 편의 잘잘못을 가리는 가치판단을 유보하는 태도를 보인다.

그러나 사건이 진전됨에 따라 모반의 주체자들이 차례차례로 비운을 맞이하는 장면에 이르러서는 동정어린 눈길과 어조로 화자의 태도가 바뀌고 있다. 『호겐 모노가타리』의 화자는 모반의 죄를 묻는 일을 모반의 반대자측 인물들에게 맡겨 놓은 채, 스토쿠 상황(上皇)과 다메토모(爲朝)와 같은 인물들이 어떤 모습과 심정으로 불행과 대면하고 있는지에 관심을 쏟으면서 그들의 최후 모습까지를 생생하게 그려내고자 노력하고 있다. 모반 그 자체를 말법(末法)시대라는 시대 인식으로부터 연유된 피할 수 없는 혼돈 과정의 한 현상으로 받아들이면서 모반인들이야말로 그 시대의 희생자들이었음을 화자는 암시하고 있는 것이다.

따라서『호겐 모노가타리』화자는 이야기의 전개 과정에 의해 바뀌는 각각의 상황에 따라서 분위기를 새롭게 주도하는 능력을 발휘한다. 모반이 일어날 무렵의 불안하고 비난 섞인 화자의 어조와 모반이 한창 진행중일 때 모반인들의 활약상을 전하는 긴장과 흥분으로 점철된 화자의 어법은 사뭇 다른 분위기를 자아낸다. 또한 모반이 수습 국면으로 접어들었을 때의 화자의 태도는 어느덧 모반의 희생자들에게로 향한 강한 동정의 눈길로 바뀌어져 있어서 작품 후반부의 분위기를 비애와 무상감으로 교차시키고 있다.『호겐 모노가타리』화자는 이야기꾼으로서의 능력을 발휘하여 각각의 장면에서 분위기를 주도하고 있지만 작품 전체에서 일관성을 유지한다고 하는 일에 있어서는 책임을 맡고 있지 않다고도 볼 수 있다.

이어서 등장인물 또는 화자까지를 포함하여 작품 전체를 관장한다고 여겨지는 작자의 존재는 당연히 언급이 필요하겠으나,『호겐 모노가타리』연구는 아직 그 실제 존재를 밝혀 놓지 못하고 있다. 한 작자에 의해 쓰여졌는지 아니면 여러 사람의 손을 거쳐 완성되었는지도 분명하지가 않다. 다만 비슷한 시기에 세상에 나왔다고 보이는 다른 역사군담과의 전후 관계를 통하여 성립 시기를 유추하고 있을 뿐이다. 그렇기는 하나 작자의 의도나 주제적인 측면이 작품 자체를 통하여 이미 나타나 있다는 점에서 보자면『호겐 모노가타리』의 주제와 관련된 의미구조는 충분히 논의의 대상이 된다고 말할 수 있다.

지금까지의『호겐 모노가타리』연구는 왕조사회에의 무비판적인 자세, 왕조체제로의 귀속의식 등을 작품의 한계로 지적하고 있다.[36) 이와 같은 점은 바로 『호겐 모노가타리』 작자의 인식의 한계라고도 말할 수 있다. 『호겐 모노가타리』의 작자는 왕조시대에 속한 인물로서의 자아의식을 갖고 말법 시대에 들어간 왕조가 구원되기를 바라는 모습을 본래적으로 갖추고 있다. 왕조를 뒤흔들었던 모반이라는 대사건이 결국은 진압되어 왕조는 제 모습을 찾고 그러는 동안에 말법 시대는 한 시기를 흘러간다고 하는 작자의 구상은 왕조귀족의 세계관을 여실히 반영하고 있다고 할 수 있다.

그러나 이미 살펴본 바와 같이 『호겐 모노가타리』는 모반의 주체자를 중심 축으로 하여 이야기가 전개되어져 있고 그들의 말과 행동은 왕조사회에서는 일찍이 볼 수 없었던 새로운 가능성을 담지하고 있다는 점에서 영웅화되어 있다. 그런 점에서 본다면 왕조체제로서의 섭관정치나 원정(院政)은 모반자들에 의해 그 권위를 도전받고 있다는 점에서 제한적으로나마 비판이 가하여졌고, 이미 왕조시대를 넘어서는 새로운 시대가 도래하리라는 것을 『호겐 모노가타리』 작자 스스로 어느 정도 감지하고 있었다고 말할 수 있다. 『호겐 모노가타리』 작품 자체의 초기 성립 단계와 발달 단계 사이에 상당한 시간차가 있었음을 상정할 수 있고 그 사이에 본래의 작자 의도에 첨가된 새로운 역사인식이 왕조사회에 대한 비판과 극복의 모습으로 투영되었다고 볼 수 있는 것이다.

나아가서 당시의 사회체제에 대한 새로운 형태의 도전이 왕실을 포함하여 섭관가와 무가들에 의해서도 이루어지고 있었음에 의미를 부여할 수 있다. 또한 실패의 결과로 역사의 보이지 않는 저쪽 편으로 사라져 버릴 뻔한 이야기들을 허구의 형태로나마 재구성함으로써, 소외되고 차별화되는 역사의 또 다른 주체들을 내부적으로 아우르고자 하는 의도가 분명히 있었다고도 보여진다.

그럼에도 불구하고 모반의 주체까지도 받아들임으로써 시련을 견디고 살아남은 천황제는 그 정통성을 더욱 공고히 한다. 소위 쟁난의 문학으로 일컬어지는 일본 역사군담이 모반을 소재로 하였지만 궁극적으로 천황제 이데올로기에 기여한다는 논리는 바로 이런 점에 있다. 『호겐 모노가타리』의 후반부에서 화자가 비운의 주인공들에게 동정의 눈길을 보내고 그 원혼을 달래고자 하는 여러 가지 시도를 가시화하고 있는 것도 진혼의 형태를 갖춤으로써 모반의 주체들을 영구히 진압코자 하는 숨은 의도가 깃들어져 있다고도 말할 수 있다. 작자의 원래의 인식 한계를 넘어서서, 모반의 주체자를 선별적으로나마 영웅화하고 그들의 원령을 형태적인 차원에서 진혼하고 있다는 점이 『호겐 모노가타리』의 두드러진 특색이 되고 있지만 천황제라는 보다 큰 틀을 벗어나 있는가 그렇지 않은가 하는 점이 『호겐 모노가타리』의 주제와 관련된 한계를 다루는 일이 될 것이다.

이와 함께 『호겐 모노가타리』에는 모반을 일으키거나 모반의 결과를 좌지우지하는 요소들이 따로 또 설정되어져 있다. 당시의 천황제를 실제로 떠받들었다고 할 수 있는 세 가지 힘의 요소가 등장인물과 화자와 작자 사이에 골고루 영향을 미치고 있는데, 〈신력(神力)·불력(佛力)·무력(武力)〉이 바로 그것이다. 『호겐 모노가타리』에 나타난 모반의 구조는 〈신력·불력·무력〉이라는 원동력에 의해 전반적으로 이끌어지고 있다고 말할 수 있다.

실제로 『호겐 모노가타리』에서 〈신력〉은 구마노(熊野)신(神)의 신탁에 의해 당시에 왕권을 행사하고 있던 도바(鳥羽)상황(上皇)이 붕어하고 내란이 일어날 것임을 예언하고 있다. 뿐만 아니라 스토쿠 상황(上皇)이 모반을 일으킬 것이라는 소문이 사실로 판명되자마자 혜성이 동방에 출현하고 장군총(將軍塚)이 소리를 냄으로써 나라에 큰 난리가 났음을 알리고 있다. 그러나 100대(百代)의 왕(王)에 이르기까지는 그 대가 끊기

지 않는다고 하는 백왕(百王)사상에 대한 믿음과 일본은 신들이 보살펴
주는 신국(神國)이라는 확신은 혼란한 말법 시대에 왕실과 귀족을 지켜
주는 역할을 담당하고 있다. 스토쿠 상황(上皇)의 모반은 처음부터 〈신
력〉에 의해 예고된 것이었고 따라서 또한 〈신력〉에 의해 좌절될 수밖에
없었다는 구도가 『호겐 모노가타리』에 설정되어져 있는 것이다. 따라서
스토쿠 상황(上皇)과 함께 모반을 일으킨 후지와라 요리나가(藤原賴長)가
죽게 된 것도 씨신(氏神 : 씨족의 신)인 가스가(春日) 대명신(大明神)이 그
를 버렸기 때문이라고 거듭 이야기된다. 또한 미나모토 다메요시(源爲
義)의 아내가 일가의 비운을 맞이하여 씨신(氏神)인 하치만(八幡) 대보살
(大菩薩)에 대한 원망을 터뜨리는 대목도 〈신력〉에 대한 믿음의 반증이
라 할 수 있다.

〈불력〉은 〈신력〉과 함께 『호겐 모노가타리』에서 왕실을 보호하는 역
할을 한다. 불법(佛法)이 성하여야 왕법(王法) 또한 성하다는 것이 당시
의 믿음으로서, 『호겐 모노가타리』에서의 〈불력〉은 사원을 중심으로 하
는 세력들의 실질적인 힘으로써 나타나 있지는 않다. 모반을 진압하게
된 원인중의 하나로 고시라카와(後白河) 천황의 기도가 산문(山門)의 효
험을 보았기 때문이라는 언급이 있는 정도이다.

〈불력〉과 보다 깊은 관계를 맺고 있는 쪽은 모반에 실패한 이후의 스
토쿠 상황(上皇)과 다메요시(爲義) 등인데, 두 사람 다 출가를 함으로써
〈불력〉에 의지하려 하였다. 특히 유배지에서 스토쿠 상황(上皇)이 스스
로 불경을 베끼고 그것을 바다 속에 빠뜨리고 나서 후세에 대악마가 되
겠다는 서원을 하게 되는 일련의 과정들은 〈불력〉에 대한 믿음과 밀접
한 관계를 맺고 있다.

끝으로 〈무력〉의 경우는 『호겐 모노가타리』가 역사군담이라고 하는
특성으로 보아 당연히 주도적인 비중을 차지하리라고 예상될 것이다.

그러나 〈신력·불력〉이 작품 내에서 미치는 영향과 비교해 보면 오히려 열세에 처해 있다고 보일 만큼 미치는 범위가 제한적이다. 물론 다메토모(爲朝)와 같은 인물이 보여주는 초인적인 〈무력〉은 전투 장면을 빛나게 하고 있지만 전투 그 자체를 승리로 이끌어 주고 있지는 않다. 도리어 다메토모(爲朝)와 맞서 싸운 요시토모(義朝)의 기습과 화공책과 같은 전략으로서의 〈무력〉이 승부를 결정짓고 있다.

〈무력〉은 싸움에서의 승리자인 요시토모(義朝)와 기요모리(淸盛)로 하여금 출세의 기쁨을 맛보게 하고 있지만, 승리의 실질적인 과실은 이미 그 위에 위치해 있는 신제이(信西)와 다다미치(忠通)와 같은 귀족들의 수중에 놓여져 있다. 〈무력〉은 제한적으로만 그 힘을 과시하여 두려운 존재로 나타났을 뿐으로 〈신력·불력〉과 같은 초현실적인 힘 앞에서는 아직 역부족이었다. 그렇다고는 하지만『호겐 모노가타리』에서의 〈무력〉은 모반의 과정을 통하여 그 힘과 능력을 확인 받음으로써 바야흐로 달라지는 세상을 만들어 가는 또 다른 형태의 모반의 시도를 예상케 해 주고 있었다.

맺음말

『호겐 모노가타리』 본문에는 〈모반〉의 용례가 15례가 있지만, 주로 화자와 〈모반〉의 반대측에 있는 등장인물에 의해 사용되고 있고 모반인의 입을 통해서는 발화되지 않는다.『호겐 모노가타리』의 모반인들로서는 결과가 나와보아야 〈모반〉에 해당할지 아닐지가 판명되기 때문인 것이다.

그러나『호겐 모노가타리』의 모반인들은 〈모반〉의 실태를 나타내는 대사를 몇 군데에서 발언하고 있다. 다메요시(爲義)는 동국(東國)의 배후세력을 동원하여 교토(京都)로 다시 쳐들어 올 제안을 하고, 다메토모 (爲朝)는 마사카도(將門)의 난을 인용하면서 소위 역성혁명과 같은 〈모반〉의 실태를 꿈꾼다. 유배지에서의 스토쿠 상황(上皇)은 일본의 대악마가 되어 천황과 백성을 서로 뒤집어 놓고야 말겠다는 저주를 맹세한다. 사실상의 〈모반〉이 실패로 판명될수록 반대로 『호겐 모노가타리』의 모반인들은 보다 극단적인 〈모반〉의 양태를 발언하고 있는 것이다.

정권 찬탈을 둘러싸고 명분을 내세우기 위해, 상황(上皇)측은 적자(嫡子)세습과 중조(重祚)의 고사를, 천황측은 적자(嫡子) 이외의 왕자가 즉위한 고사를 인용하고 있다. 특히 모반을 일으켜 유배당했던 헤이제이(平城)상황(上皇)의 선례 등은 상황(上皇)과 천황 양측에 의해 인용되기도 한다. 모반과 관련된 선대의 왕실 관련 기사가 『호겐 모노가타리』의 등장인물들에 의해 각자의 입장을 강화하기 위한 수단으로 사용되고 있는 것이다.

모반의 구조로부터 보아 『호겐 모노가타리』 이야기는 스토쿠 상황(上皇)·다메토모(爲朝)·요리나가(賴長)를 주체자로 하고 다메요시(爲義)·다다자네(忠實)를 보조자로 하는 하나의 축과 그 반대측에 고시라카와(後白河)천황·신제이(信西)와 요시토모(義朝)·기요모리(淸盛)·다다미치(忠通)를 위치시키는 또 하나의 축으로 되어 있다. 다만 모반의 축 쪽이 그 반대축보다 선명한 궤적을 그리면서 이야기 중심부에 위치하고 있다.

또한 화자의 존재는 각각의 장면에서 분위기를 주도하지만, 특히 모반의 주체자의 비운에 대해서 동정을 드러내 놓고 있다. 주제와 관련하여 『호겐 모노가타리』에는 섭관정치와 원정(院政)에 대해 제한적인 비판정신이 발휘되고 있으나 모반인을 동정·진혼하는 일에 의해 궁극적으로는 천황제에 기여한다고 하는 방향 설정이 엿보인다. 그 밖의 요소로서 『호겐 모노가타리』에는 〈신력·불력·무력〉이 설정되어 모반을 예고·해소하면서 전체의 내용을 이끌어가는 원동력으로서 작용하고 있는 점도 지적할 만하다.

▌주

1) 이번 장에서의 인용문은 金刀比羅本을 저본으로 한 大系本 『保元物語』를 사용하였다. 우리말 번역은 전후 맥락의 이해를 돕기 위하여 의역한 곳도 있고 괄호를 쳐서 삽입하기도 하였다. '모반'의 용례는 진한 글자로 표시하였다.

2) 東三條には, 院のかたのつはものどもあつまりて, よるは謀叛をたくみ, ひるは木のこずゑ山の上にのぼりて, 內裏高松殿をうかがひみるよし聞けるあひだ, …… 京中謀叛の聞えありて, 軍兵東西南北より入あつまりて, …… 御謀叛のことはやくおぼしめしさだめけり. …… 御謀叛の御企ののちは, 便宜あしからんなどとて, 京へ出させ給ふべきよしおぼしめす.

3) 작품 서두(上 「後白河院御卽位の事」)에 이미 스토쿠 상황(上皇)의 유배 사실이 언급되어져 있다.

4) 近日謀叛の聞えありて, 軍兵その數をしらず入洛して, 京中騷動なのめならず候間, おほせをかうむりて宇治橋しゆごのためにまかりむかふやつにて候.

5) 모토모리(基盛)와 지카하루(親治)와의 교전이 그것으로, 지카하루(親治)와 그 부하들이 생포된다.

6) 八日公卿僉議ありて, 來十一日左大臣殿配流せたるべきよし定申さる. 謀叛の事すでに露顯するによつてなり.……それよりして新院·左大臣殿の御謀叛一定なりけりと披露しけり. 又平右馬助忠正·散位賴兼, むほん同意と聞えしかば, 雅賴をもつてめさるるといへども, とかく陳じ申てまいらず. 勝尊禁獄せられにけり.

7) まぢかくは平城の天子, 嵯峨の天皇に位をこされ, 御うらみのあまりに謀叛をおこし給ひしが, 御合戰にうちまけて, 卽御出家ありて, 醍醐山の邊小栗栖といふ所にしばらくすませ給ひし. 惟高親王は淸和の御門に位をあらそひまけて, 御出家ののちは, 比叡山の麓小野といふところに引籠給ひいかば, 　前車のくつがへすは後車のいましめにて, 謀叛をやおこさせ給ひし.

8) 다메토모(爲朝)의 상경이 아버지 다메요시(爲義)의 부름을 받은 것이라면 이야기의 진행상 앞뒤가 맞겠지만 金刀比羅本은 자기 때문에 벼슬이 떨어진 아버지 다메요시(爲義)의 신원(伸寃)을 위한 것으로 되어 있다.

9) 大勢引具しては, 爲朝こそ九國の大勢を催し上なれ. 謀叛を發さんとするかなんど,

讒言をかうむりて詮なし.　心ざしあらん人々は, をつて上べし.

10) 天喜に貞任・宗任謀叛をくはたて, 或は八箇國をうちとてて, 八箇年せめたたかひ, 或は五十四郡を虜掠して, 十二年をふせぎしかども, 皆邊土異城のさはぎ, 此京はしづかなり. されば誰の人か此都をみだり, いづれの輩かは我朝をばそむかん.

11) 嵯峨天皇の御時, 右兵衛督仲成, 平城先帝をうごかしたてまつり, 謀叛を發すによつて, 死罪に定られたりしかども, 死する者再びかへらず, 遠流無歸罪は死罪に同じきとて, 遠國へつかはされしよりこのかた, 本朝に死罪をとどめられて年久成ぬ.

12) 今度の謀叛希代の勝事也.……後悔さきにたつべからず.

13) 모반의 용례로서는 위에 든 예문 이외에 中「爲義最後の事」에 다메요시(爲義)를 '모반의 대장군'으로 지칭하는 화자의 말이 있다. 또한 각 장단(章段)의 제목으로서 4례가 더 보이지만 본문이라 볼 수는 없으므로 계산에 넣지 않았다.

14) 上「新院御所各門々固めの事　付けたり　軍評定の事」에서 다메토모(爲朝)의 발언 중에 나오는 〈모반〉의 용례는 직접 스토쿠 상황(上皇)이 일으킨 〈모반〉을 가리키는 것이 아니라 가정을 하기 위한 것이므로 예외에 해당한다.

15) 若叶がたくして, 此御所を出させ給はば, 南都へ御幸をなし奉り, 宇治橋を引て暫世間を御覧候か. それになをかなはず候はば, 東國へ御幸をなし奉り, 足柄・箱根をきりふさぎ東八箇國の相傳の家人等相催して, 都へ返入まいらせ候はん事, 案の內に候.

16) 所詮爲朝がはからひ申さむにつかせ給へ. 是よりいそぎ東國へ御下向あつて, 今度の合戰に參向候はぬ三浦介義明・畠山庄司重能・小山田別當有重なんどを召寄て仰合られ, 中坂東に城郭をかまへ, 足柄・箱根をうちふさぎ, 四郎左衛門殿をば奧州へ下奉, 基衡に念誦の　關を固めさせ, 掃部助殿をば海道の固に置置奉り, 六郎殿と甲斐の人々を差副て, 山道を指ふさぎ, 七郎殿と九郎をば信濃の人々に副て, 北陸道にさしむけて, 入道殿をば法親王と仰たてまつりて, 鎌倉に都をたて, 東八箇國の家人等召寄て, おとなしき侍共をば, 太政大臣・左大臣・大納言になし, 若者共をば, 宰相・三品・四品・五品の 殿上人になし, 黨の者共をば, 守領・檢非違使になしをき, 爲朝, 鎌倉の御後見にてあらんずるは, 昔承平に將門が下總國相馬郡に都を たてて, 我身を平親王と號して, 百官を種々に成をきたりけむ有樣に, なぢかは今もをとるべき. 只下らせ給へ.

17) 스나카와 히로시(砂川博)의 논문「源爲義」『日本文學』(1986년 10월)에 의하면 투항 후 최후를 맞이하는 과정에 있어서도 다메요시(爲義)는 살아남은 자식들에 의해 가문의 재기를 일관되게 기대하였다는 점이 높이 평가되고 있다.

18) 所詮鎭西に下て, 九國の者共催して, 都へ責上り皇城を打傾けんに, 義朝定而防かむずらん. 縱百萬騎が中なり共, 懸破て, 義朝つかんで提げ, 頸ねぢきつて, 入道殿の孝養に手向奉り, 餘黨の奴原を追なびかして, 新院の御世となし, 爲朝日本國の總追捕使とならんこと, 何の子細か有べき.

19) 吾深罪に行れ, 愁鬱淺からず. 速此功力を以, 彼科を救はんと思ふ莫太の行業を, し

かしながら三惡道に抛籠, 其力を以, 日本國の大魔緣となり, 皇を取て民となし, 民を皇となさん.

20) 이 엄청난 저주를 남기고 9년 후 스토쿠 상황(上皇)이 일생을 마감하는 것으로 『호겐 모노가타리』의 이야기는 끝이 나지만 말미에 그의 묘지를 찾아 조문하는 몇 사람을 등장시킴으로써 진혼의 제의 형태를 갖추고 있는 점도 주목할 필요가 있다.

21) それ天智天皇, 舒明の太子なり, 孝德天皇, 親王たちあまりおほくおはしまししかども, 人臣につらなり給ふ. 仁明は嵯峨の皇胤なり, 淳和のまごたちをこえ, 寶祚をつぎ給. わが身とくぎやうなしといへども, 先帝の太子とむまれて, 四海朝宗の君となり, 十善のよくんくちずして, 萬乘の尊位に備れり. しかるを一たんの寵愛により, 累代の正統をさしをき, 不慮のとかいにさくられ, 父子ともにちんりんのうれへをいだけり. 先院御存日のあひだは, しうそふかしといへども, いのるにところなくして, むなしくりやうねんの春秋を送り, 又今にをひてはこころざしをしのふにたえず. 齊明・稱德二代の跡ををつて, ふたたび帝位にそなはるか, しからずは又位を重仁親王に授け政務にのぞまむか. 此時にいたつて世をあらそふこと, 豈神慮にもそむき人望にもそむかんや. このでういかが.

22) 天のあたへをとらざれば, かへつて其とがを得. 時のいたるをおこなはざれば, かへつて其わざはひを得るといへり. 舊院崩御なりぬるを以て, 時のいたる事をしる. この時いかなる御事をもおぼしめしたち給はずは, いづれの時をか期しましますべき.

23) おととに國をうばはれ, をひに世をとられ給ふこと, いにしへより今にいたるまでせんじう一にあらず. とをきむかしをたづぬるに, 百王の御初, 神武天皇は彦波瓊武の第四の王子, 餘の御あにをさしをきたてまつり, 皇子の寶祚をつぎ, 崇峻, 欽明第十二の御子, おほくのそのあにをこえて踐祚ありき.

24) '가까이로는'으로 시작하는 이하의 예문은 이번 장의 2절에서 인용한 바 있다.

25) 이번 장의 2절에서 인용한 사네요시(實能)의 말을 참조하기 바람.

26) 헤이제이(平城)상황(上皇)의 〈모반〉에 관하여는 『호겐 모노가타리』에 있어서 수차례에 걸쳐 나오는데, 도바(鳥羽)상황(上皇)의 구신(舊臣)들 이외에도 내대신(內大臣) 사네요시(實能)(上「新院御謀叛幷びに 調伏の事 付けたり 內府意見の事」)와 우대신(右大臣) 마사사다(雅定)(中「忠正・家弘等誅せらるる事」) 및 스토쿠 상황(上皇)에 의해서도 예시되고 있다.

27) 스토쿠 상황(上皇)은 천황측에 대한 타협의 표시로써 출가를 하였고 먼 곳으로의 유배를 모면받기를 바랐는데, 이는 헤이제이(平城)상황(上皇)의 전례가 있기 때문이었다.

28) 이 밖에도 좌대신(左大臣) 요리나가(賴長)의 부친 후지와라 다다자네(藤原忠實)에 의해 유배된 죄인이 재기하였다는 고사가 下「左大臣殿の御死骸實檢の事」에서 인용되고 있다.

29) 이야기 속의 등장인물이 이야기 현실을 초월해 있다는 점에서 노드롭 프라이의

분류에 따르면 〈신화〉적 속성에 해당되는 부분이라고 하겠다.

30) 구사카 쓰토무(日下力)의 「爲朝像の定着」-中世における英雄像の誕生-『日本文學』 (1984年 9月)에 의하면 다메토모(爲朝)의 출신이 겐지(源氏) 가문이고 무례한 행동이 시종일관되고 당시로서는 미지의 세계인 변방의 이미지를 갖고 있다는 점에서 영웅상(英雄像)이 찾아진다고 한다.

31) 스나카와 히로시(砂川博) 「源爲義」『日本文學』(1986년 10월)은 모반에 가담하기 전에 다메요시(爲義)가 불길한 꿈을 이유로 상황(上皇)측에의 가담을 거절하는 대목이 있는데 이를 다메요시(爲義)의 예언자적 성격으로 해석하고 있다.

32) 요리나가(賴長)가 다메토모(爲朝)의 기습책을 받아들이지 않은 이유 중의 하나가 다다자네(忠實)가 이끌고 오기로 된 군대를 기다리는 것으로『호겐 모노가타리』본문에 쓰여있다. 그러나 그는 뒤늦게 싸움의 결과가 있고 나서야 모습을 보이고 있다.

33) 본문에는 '주상(主上)'이 4례 정도인 반면에 '다이리(內裏)'는 천황을 직접 가리키는 경우와 천황이 있는 공간을 가리키는 경우를 포함하여 필요한 경우마다 사용되고 있다.

34) 생포한 다메토모(爲朝)에 대하여 사형(死刑)을 면케 해 유배 보내자는 안이 받아들여진 경우 등이 있다.

35) 『호겐 모노가타리』의 시대적 배경을 뒤따르는 두 작품인『헤이지 모노가타리』(平治物語)와『헤이케 모노가타리』(平家物語)에서는 미나모토 요시토모(源義朝)와 다이라노 기요모리(平淸盛)가 각각 또 다른 모반의 주체자로서 새로운 기능을 담당하고 있다.

36) 쓰다 소키치(津田左右吉)와 야마시타 히로아키(山下宏明) 등의 지적이 있다.

제4장

『헤이지 모노가타리』(平治物語)에 나타난
모반의 전형과 한계와 전이

제4장
『헤이지 모노가타리』(平治物語)에 나타난
모반의 전형과 한계와 전이

『헤이지 모노가타리』(平治物語)는 헤이지(平治)의 난을 소재로 한 일본 역사군담이다. 즉 호겐(保元)3년(1158년) 8월 11일 고시라카와(後白河) 천황이 양위하고 니조(二條) 천황이 즉위한 이듬해인 헤이지(平治)원년 12월 4일 후지와라 노부요리(藤原信賴)가 미나모토 요시토모(源義朝)를 끌어들여 모반을 일으킨 후 즉시 평정되어 다음 해 3월 15일 미나모토 요리토모(源賴朝)가 이즈(伊豆)에 유배가기까지를 기본 줄거리로 하고 있다. 그러나 헤이지(平治)의 난이라는 같은 소재를 다루면서도 각기 다른 기사 내용과 서술 태도를 보이고 있는 『헤이지 모노가타리』 이본(異本)들이 상당수 현존한다는 점에서도 많은 논란의 대상이 되고 있다.

나가즈미 야스아키(永積安明)가 『헤이지 모노가타리』 大系本 해설부에서 정리한 바에 의하면 특히 第一類本(上권 陽明文庫本, 中·下권 學習院文庫本)과 第四類本(金刀比羅本)이 대조를 보이는 주요 이본으로 설정되어 있다. 第一類本은 연대기적 서술을 원칙으로 삼고 있는 점, 동일 인물이나 사항에 관한 서술이 분산되어 나타나 있는 점, 여성을 다룬 설화와 고사담 또는 평어(評語) 등의 삽입이 많지 않은 점, 말미에 후일담을 덧붙여 미나모토 요리토모(源賴朝)·요시쓰네(義經)에 의한 헤이케(平家)의 멸망 과정을 요약하고 있는 점 등의 특색을 보임으로써 성립상 초기의 형태에 가까운 것으로 평가받고 있다. 이에 비하여 第四類本은 요시토모(義朝)의 장남인 요시히라(義平)에 대한 영웅화가 현저한 반면에 다이라노 기요모리(平淸盛)의 왜소화가 시도되어 있는 점, 여성을 다룬 설화의 표현이나 구상이 영탄적·정조(情調)적인 점, 사건의 전개를 보다 내면적·집중적으로 다루고 있는 점 등의 특색을 보임으로써 문학적 성숙도를 평가받고 있다.

『헤이지 모노가타리』의 구성이라는 측면에서 볼 때 第一類本은 발단·전투·전후처리·후일담의 4부 구성으로 이루어진 반면에 第四類本은 후일담을 과감히 생략한 3부 구성으로 이루어져 있다. 『호겐 모노가타리』(保元物語)·『헤이게 모노가타리』(平家物語)와 같은 『헤이지 모노가타리』 전후의 일본 역사군담이 대부분 3부 구성의 원형을 보이고 있다는 점에서 第一類本보다는 第四類本의 완성도를 평가할 만하다.[1] 『헤이지 모노가타리』 第一類本 말미에 붙은 후일담이 겐지(源氏)의 보은과 보복이라는 나름의 의미 구조로서 해석될 수도 있지만,[2] 그것을 뺀 第四類本의 3부 구성이 보다 진전된 형태로 보여진다. 또한 第一類本은 대현문(待賢門) 전투까지를 上권에 포함시키고 있으나 이는 그 내용상 발단의 부(部)보다는 본격적인 전투의 부에 속하는 편이 훨씬 정돈된 형태로 보인다는 점에서도 대현문(待賢門) 전투를 中권의 시작으로 잡은 第四類本의 체제에 높은 평가를 줄 수 있다.

또한 이번 장에서 다루고자 하는 『헤이지 모노가타리』에 나타난 〈모반〉의 구조와 관련하여 第一類本이 노부요리(信賴)라는 〈조적〉(朝敵)이 궁궐을 점령하였다는 위기 의식이 텍스트 전체를 통한 기본인식으로 작용하고 있음에 반하여 第四類本은 이와 같은 인식이 약화되고 오히려 노부요리(信賴)에 협력하였던 요시토모(義朝) 일가와 같은 패자측에 심정적으로 접근하는 경향을 보인다는 스도 다카시(須藤敬)의 지적이 있

다.[3] 『헤이지 모노가타리』第一類本에 나타난 〈조적〉에 대한 강한 인식
과 함께 본문에 나타난 〈모반〉의 용례 또한 第四類本에 비해 第一類本
에서 많이 보이고 있다. 그러나 고찰의 편의성보다는 문학의 완성도 및
다른 일본 역사군담의 경우에 대한 형평성 등을 감안하여 본고에서는
第四類本인 金刀比羅本 『헤이지 모노가타리』를 텍스트로 삼고자 한다.
따라서 본고에서 다루어질 『헤이지 모노가타리』의 모반의 구조는 상당
한 격차를 보이고 있는 이본 중의 하나를 고찰의 대상으로 선택적으로
제한하였음을 아울러 밝혀둔다.

　上中下 3권으로 되어 있는 『헤이지 모노가타리』의 작자 및 성립과 관
련하여 제기된 몇 가지 설은 희박한 근거로 말미암아 아직 추정의 단계
에 머물러 있다. 일찍이 가도카와 겐요시(角川源義)는 작품의 모티브를
헤이지(平治)의 난 초기에 천황을 대신해서 스스로 목숨을 끊은 것으로
되어 있는 신제이(信西) 일가에 의한 전사자의 진혼에서 찾았다. 이 설
을 이어 받은 아베 모토오(安部元雄)는 신제이(信西)의 아들 시게노리(繁
敎)가 자신의 일가와 헤이케(平家)의 동향을 적은 『헤이지의 일기』(平治
の日記) 위에 요시토모(義朝)를 따르던 긴오마루(金王丸)라는 무사가 직
접 참여한 목격담을 첨가한 형태로 『헤이지 모노가타리』(의 第一類本)가
성립되었을 것으로 추정하고 있다.[4] 『헤이지 모노가타리』 본문에서 신
제이(信西)와 그 일가에 관한 기사 내용이 특히 上권에서 이야기 진행을
방해할 정도로 많은 분량을 차지하고 있는 점과 下권에서 요시토모(義
朝)가 최후를 맞은 후 긴오마루(金王丸)가 상경하여 요시토모(義朝)의 후
처 도키와(常葉)에게 그 경위를 보고한 후 출가한 대목이 실려있는 점
등이 이와 같은 견해를 뒷받침하고 있는 것으로 보인다. 아울러 헤이지
(平治)의 난을 통하여 각기 다른 편에 속해 있었다고는 하나 최대의 피
해를 입었다고 할 수 있는 신제이(信西)와 요시토모(義朝)의 가문에 속

한 아들과 부하가 『헤이지 모노가타리』의 성립에 차례로 연관되어져 있다고 한다면 그 성립 동기 또한 상당부분 해석이 가능해지리라 여겨진다.

이와 함께 『헤이지 모노가타리』는 노부요리(信賴)라는 반역자가 왕권에 도전함으로써 군주(또는 조정)가 그 절대적 신성함을 침범당하였으나 왕권 주위에 있던 미쓰요리(光賴)의 각성을 촉구하는 역설(力說)과 기요모리(淸盛) 일가의 무력 등에 의해 위기를 극복하였다는 표면적 구조를 이루고 있다.[5] 그리고 그 내면에는 조정을 순수한 피해자로 보고 예를 들어 노부요리(信賴)를 편애한 고시라카와(後白河)상황(上皇)과 니조(二條)천황과의 대립이나 요시토모(義朝)를 중용하지 않아 불만을 쌓게 만든 조정에 대한 비판을 기사화하지 않음으로써 조정을 옹호하고자 하는 입장이 한 축을 형성한다. 이와는 반대로 『헤이지 모노가타리』의 서문은 문무(文武)를 공평히 대우하고 특히 난세에는 무(武)를 더욱 대우해야 된다는 정치론(政治論)을 언급함으로써 간접적으로 군주측에 책임을 묻고자 하는 입장이 한 축을 형성한다.[6] 군주 또는 조정에 대한 상반된 입장이 『헤이지 모노가타리』에서 두 축을 이루고 있는 것이다. 여기에 더하여 『헤이지 모노가타리』의 후반부는 말미에 이를수록 반역에 가담하여 비운의 길을 걷는 요시토모(義朝) 일가 한 사람 한 사람의 운명에 대하여 애정과 연민의 눈길을 보내는 입장으로 변화를 보이고 있다. 나아가서 반역자 요시토모(義朝)의 아들 요리토모(賴朝)와 요시쓰네(義經)가 살아 남아 가문의 재흥을 이루기를 성원하는 입장까지 드러내 보이고 있다. 조정을 둘러싼 옹호의 축과 비판의 축과는 별개로 겐지(源氏)가문의 수난과 재흥을 각별히 주목하는 또 하나의 축이 『헤이지 모노가타리』下권을 떠받치고 있는 것이다.

다른 일본 역사군담과 비교해서 『헤이지 모노가타리』에 나타난 모반의 구조는 조정을 위기로 몰아가는 반역자의 출현과 이를 진압하고자 하는 천황 편의 군대가 맞서 싸운 끝에 결국 모반은 평정되고 천황제는 변함없이 유지된다고 하는 지극히 알기 쉽고 단선적인 구도로 출발하고 있다. 이는 가장 기본적인 모반의 형태로서의 성격을 헤이지(平治)의 난이 갖고 있었음에 기인한다고 할 수 있다. 그러나 작품화되는 과정에서 모반에 관여한 인물들에 대한 평가가 이루어지고 이에 따라 각 장면과 사건들이 구체적인 모습으로 묘사되면서 좀더 복잡한 양상을 띠게 된다. 그리하여 『헤이지 모노가타리』는 모반을 일으킨 쪽과 모반을 처리한 쪽 모두 뭔가 철저하지 못한 도발과 대응의 행동을 보임으로써 상당한 한계를 노출하고 있다는 것이 필자의 견해이다. 또한 『헤이지 모노가타리』는 특히 下권에서 모반에 실패한 미나모토 요시토모(源義朝) 일가의 수난과 재흥에 관심의 초점을 맞춤으로써 모반의 구조는 애초의 설정과는 다른 방향으로 전이되어 있는 것으로 판단된다. 이하 본론에서는 이와 같은 사항을 하나씩 검토함으로써 『헤이지 모노가타리』에 나타난 모반의 구조의 특색을 전반적으로 고찰해보고자 한다.

1. 모반과 조적(朝敵)의 용례

　金刀比羅本 『헤이지 모노가타리』에는 〈모반〉의 용례가 12례가 있다. 또한 〈조적〉(朝敵)의 용례는 5례가 있다. 다른 일본 역사군담과 비교해서 용례의 숫자 자체로는 많지도 적지도 않지만 어느 장면에서 누구를 통해 사용되었는가를 살펴보면 『헤이지 모노가타리』 나름의 특색을 포착할 수 있다. 이하 본 절에서는 〈모반〉의 용례와 의미를 『헤이지 모노가타리』 본문에 나온 순서대로 고찰해 보고 이어서 〈조적〉의 용례를 언급하기로 하겠다.

　『헤이지 모노가타리』에 보이는 〈모반〉의 용례 중 가장 두드러진 특징은 헤이지(平治)의 난이 매우 확실한 〈모반〉의 성격을 띠고 있음에도 불구하고 난의 발단 단계를 다루고 있는 上권에서는 한 번도 사용되고 있지 않다는 사실이다. 이는 〈모반〉을 주동한 노부요리(信賴)와 이에 적극 협력한 요시토모(義朝)에 대한 평가가 동일하지 않은 데서 기인한 결과로 보는 것이 필자의 견해이다. 즉 노부요리(信賴)에 대한 평가는 서문에서 제기한 문무(文武) 중용론의 기준에서 이미 자격미달로 판명된 상태에서 고시라카와(後白河)상황(上皇)의 총애를 등에 업은 그의 과욕이 니조(二條) 천황 쪽으로 기울어 있는 신제이(信西)와 불화를 보임으로써 충동적으로 사건을 일으킨 것으로 설정되어 있다. 이에 반하여 요시토모(義朝)는 3년 전 호겐(保元)의 난 때 비록 관군을 이끌어 큰 공을 세웠지만 자기 손으로 부친과 형제들의 목숨을 끊는 값비싼 희생을 치렀음에도 불구하고 라이벌 기요모리(淸盛)에 비교해서 그 보상이 상대적으로 미약하였다는 점에서 그의 입장에서는 사건에 적극 가담할 충분한 이유가 있었던 것으로 되어 있다. 그러므로 노부요리(信賴)는 눈엣가시인 신제이(信西)를 제거하고 요시토모(義朝)는 기요모리(淸盛) 일가를 제압하기 위하여 무력을 동원하여 상황(上皇)과 천황을 구금하는 등의 실질적 〈모반〉 행위를 감행하였지만 『헤이지 모노가타리』의 작자(또는 화자)는 이를 직접 〈모반〉이라 지칭하지 않은 것으로 보인다. 나아가서 이는 노부요리(信賴)를 절대악(惡)으로 자리매김하면서 요시토모(義朝) 및 그 일가에 대해서는 절대악으로 동일시하지 않으려는 『헤이지 모노가타리』 작자의 배려가 차별적으로 작용한 결과라고 해석할 수 있는 것이다.

『헤이지 모노가타리』에서 〈모반〉의 첫 용례는 궁궐과 로쿠하라(六波羅 ; 헤이케〈平家〉 가문의 저택)에서의 두 차례 싸움 끝에 기요모리(淸盛)가 이끄는 관군에 패하여 요시토모(義朝) 및 그의 아들과 부하들이 교토(京都)에서 퇴각하기 시작한 이후에 비로소 보이기 시작한다.

그러는 동안에 헤이케(平家)의 군병들이 노부요리(信賴)·요시토모(義朝)의 숙소를 비롯하여 **모반**의 무리들의 집들에 쳐들어가 불을 질러 태워 버리고, **모반**의 무리들의 처자와 종자들이 西山·東山의 한 구석에 숨어 들어 우리편이 이기게 해 주십사고 기도를 비는 것도 헛되이 집 쪽에서 나는 연기를 바라보는 일이란 얼마나 슬프게 여겨졌을 것인가.[7]

(中「義朝敗北の事」번역문 진한 글자는 필자)

싸움의 승패가 분명해졌을 때 '모반'의 무리들을 응징하기 위하여 그들이 황급히 버리고 떠난 빈 집에 불을 지르는 장면을 통하여 그때까지 노부요리(信賴)와 요시토모(義朝) 등이 저지른 행위가 〈모반〉이었음을 단정하고 있다. 그리고 그들과 맞서 싸운 헤이케(平家) 병사들의 과격한 행위를 전면에 내세워 그들의 시각으로는 노부요리(信賴)와 요시토모(義朝)가 차별없이 '모반'의 무리들이라는 점을 확인케 하고 있다. 그럼에도 불구하고 〈모반〉을 최초로 발화하는 시점에서도 『헤이지 모노가타리』 화자의 목소리가 헤이케(平家) 병사들의 시각에 뒤섞임으로 해서 그 객관적 선악 판단의 기준을 모호하게 하고 있다는 점에서는 上권에서 보여졌던 요시토모(義朝)에 대한 배려가 여전히 작용하고 있다는 해석 또한 가능하다.

전격적으로 〈모반〉을 실행에 옮겨 상황(上皇)과 천황을 감금한 후 자신이 소원하던 대신(大臣) 겸 대장(大將) 자리에 올라 궁궐을 장악하였던 노부요리(信賴)이지만, 막상 전투가 시작되자 아무런 구실도 하지 못한 채 퇴각하는 요시토모(義朝)에게조차 버림을 받는 대목에서부터 노부요리(信賴)와 요시토모(義朝)의 협력자 관계가 결정적으로 단절된 것으로 『헤이지 모노가타리』는 설정하고 있다. 이에 따라 패전 이후 노부요리(信賴)와 요시토모(義朝)는 각자 서로 다른 연명책을 도모하게 되는 바, 이 단계에서 『헤이지 모노가타리』에 나타난 〈모반〉의 용례는 투항

후 참형을 당하는 노부요리(信賴) 쪽에 일방적으로 집중되어진다. 노부요리(信賴)와 요시토모(義朝)가 갈라섬으로 해서 『헤이지 모노가타리』에서의 두 사람에 대한 차별화는 한결 용이한 상황으로 바뀐 것이다.

요시토모(義朝)에게 버림을 받은 노부요리(信賴)는 할 수 없이 인화사(仁和寺)에 피신해 있던 고시라카와(後白河)상황(上皇)에게 투항하여 목숨을 구걸하지만 결국 받아들여지지 않고 관군에게 체포된다. 『헤이지 모노가타리』 본문에는 헤이케(平家)의 군대가 인화사(仁和寺)에 와서 노부요리(信賴)를 비롯한 '모반'의 무리 50여 명을 잡아들이는 것으로 되어 있다.(中「信賴降参の事 幷びに 最後の事」) 그 중에서 나리치카(成親)가 기요모리(淸盛)의 아들 시게모리(重盛)의 도움으로 석방되자 이 사실을 안 노부요리(信賴)가 도움을 요청한다. 이에 대하여 기요모리(淸盛)는 "(노부요리〈信賴〉는) 이번 **모반**의 대장(大將)이다. 주상(主上)도 용서가 없으시다. 어찌 사사로이 용서할 수 있겠느냐. 속히 목을 베라."고 단호히 명령한다.(中「同」) 그리하여 노부요리(信賴)는 형장에 끌려가 참형되고, 이를 시작으로 '모반의 무리' 60여 명이 참형에 처하여진다.(中「同」) 아울러 노부요리(信賴)의 형 모토요리(基賴)와 아우 노부토키(信時)를 시작으로 '모반의 무리'가 많이 유배당한 것으로 되어 있다.(中「謀叛人流罪 付けたり 官軍除目の事 幷びに 信西子息遠流の事」)

이와 같이 투항 후 참형을 당하는 동안에 노부요리(信賴)는 거듭해서 〈모반〉의 무리에 포함되어 있으면서 끝내 용서받지 못하고 굴욕적인 삶을 마감하는 것으로 『헤이지 모노가타리』는 묘사하고 있다. 특히 관군의 대표격인 기요모리(淸盛)의 발화를 통하여 노부요리(信賴)가 〈모반〉의 대장이라는 점. 따라서 용서는커녕 극형에 처해질 수밖에 없다는 점 등이 뚜렷하게 확인되고 있다. 심지어 노부요리(信賴) 생존시에 억울하게 영지를 빼앗긴 고령의 노인이 찾아와서 목이 잘린 노부요리의 시체에 매질을 가하는 장면을 통하여 노부요리가 〈모반〉 이전에 평소의 악행에 대한 시비가 있었음을 덧붙임으로써 『헤이지 모노가타리』 작자는 그에 대한 진혼보다는 단죄에 더욱 비중을 두고 있는 것으로 보인다.[8] 『헤이지 모노가타리』 전체를 통하여 노부요리(信賴)에 대한 긍정적 또는 동정적 내용은 전혀 기사화되어 있지 않은 것이다.

또한 난의 와중에 죽고 만 신제이(信西)의 아들 등이 〈모반〉이 진압되었음에도 불구하고 모두 사면조처가 내려지지 않고 유배당하는 일을 두고 어떤 사람이 해석하기를 '노부요리(信賴)와 신제이(信西)가 서로 사이가 나빠 **모반**을 일으켜 노부요리가 망하였다' 운운하고 있다.(中「謀叛人流罪 付けたり 官軍除目の事 并びに 信西子息遠流の事」) 역시 〈모반〉의 근본 원인을 노부요리(信賴)에게서 찾고 있는 당시의 여론이 반영된 것으로 보여진다.

한편 퇴각 후의 요시토모(義朝)에 대하여 『헤이지 모노가타리』에서 〈모반〉의 용례는 한 차례도 보이지 않는다. 노부요리(信賴)의 경우와 비교해 볼 때 『헤이지 모노가타리』 작자의 관심은 요시토모(義朝) 및 그의 일가가 어떻게 끝까지 저항하였고 그들 각자가 새로운 각오로 당면한 위기 상황에 어떻게 대처하였는지 하는 점에 집중되어 있다. 따라서 요시토모(義朝)를 통해서는 보이지 않는 〈모반〉의 용례가 요시토모의 아들 요리토모(賴朝)와 후처인 도키와(常葉)의 발화를 통하여 새로운 용법으로 사용되고 있다는 점에 주목할 필요가 있다.

어린 요리토모(賴朝)는 부친을 따라 피신하던 중에 혼자 뒤에 처져서 길을 잃고 헤매다가 자신들을 붙잡으려는 무리들 속으로 잘못 들어간다. 이때 요리토모(賴朝)는 매우 침착한 기색으로 "**모반**한 자는 아니다. 교토(京都)에 전쟁이 있어 세상도 조용하지 않으니 외진 시골에 사람을 찾아 내려가는 사람이다. 즉시 길을 터라."고 말하지만 듣지 않자 자신

을 가로막은 자를 베고 재빨리 도망치는 것으로 되어 있다.(中「義朝奧波賀に落ち著く事」) 이미 싸움의 승패는 갈려 쫓기는 몸이 되어 있는 요리토모(賴朝)가 스스로 모반한 자가 아니라고 위장하는 발화 속에서 세상의 평가가 어떻게 되어 있는지를 요시토모(義朝)의 막내아들인 요리토모(賴朝)조차 자각하고 있음을 확인할 수 있는 대목이다. 다만 요시토모(義朝) 및 그를 따르는 아들과 부하들 스스로 자신들의 행위를 〈모반〉으로 인정하고자 하지 않았다는 점 또한 충분히 고려되어져 있는 것이 金刀比羅本『헤이지 모노가타리』의 표현법으로 되어 있다.

마침내 요리토모(賴朝)가 붙잡혀 참형을 면하고 유배당하는 것으로 결정이 났을 때 도키와(常葉)의 품에는 요시토모(義朝)의 세 아들이 남겨져 있었다. 후환을 없애기 위하여 기요모리(淸盛)는 그들을 수배하게 되고 이를 눈치챈 도키와(常葉)는 세 아들을 데리고 피신의 길을 떠난다. 평소에 극진히 대접해주던 숙모를 찾아가지만 '지금은 **모반**한 사람의 처자이니 어떤 일이 생길까'하여 부재중이라는 구실로 문전박대 당한다.(下「常葉落ちらるる事」) 할 수 없이 추운 겨울날 길을 헤매는 중에 어느 민가에 이르러 하룻밤 묵을 것을 부탁하지만 남자 주인은 '지금 밤이 이슥한데 어린애들을 데리고 헤매는 것을 보니 **모반**한 사람의 처자이리라'면서 거절하지만 여자 주인이 다시 나와 '우리는 미천한 신분이니 **모반**한 사람들을 맞이하였다 하여 처벌 따위는 전혀 없을 겁니다'면서 안으로 맞아들인다.(下「同」) 융숭한 대접을 받고 기운을 차린 도키와(常葉)가 떠나면서 "**모반**한 자의 처자이긴 하지만 아는 이를 찾아 몸을 숨기겠다"고 말하고 뒤쫓는 사람들에게 알리지 말 것을 부탁한다.(下「同」)

도키와(常葉)가 세 아들을 데리고 피신 중에 이루어지고 있는 〈모반〉의 용례에서 일반 백성의 〈모반〉에 대한 인식이 양면적임을 알 수 있다. 즉 〈모반〉 그 자체에 대하여 대단한 두려움을 갖고 있으나 그것은 지체있는 사람들 사이에나 일어나는 일로서 자신들은 설혹 〈모반〉한 사람을 조금 돕는다 하더라도 큰 화는 미치지 않으리라는 순진한 생각을 가질 수 있다는 것이다. 이에 대하여 직접 〈모반〉에 연루되어 고초를 겪고 있는 도키와(常葉)의 처지에서는 앞서 요리토모(賴朝)가 그랬던 것처럼 위장이 필요했을 것이지만 자신들에게 인간적인 따스함을 보이는 민가의 주인 내외에게 사실을 숨길 필요는 없었던 것으로 보인다. 그러나 떠나는 자리에서 비로소 사실을 밝히고 뒷일을 부탁하는 도키와(常葉)의 언행에서 이미 고인이 된 요시토모(義朝)의 〈모반〉을 인정할 수밖에 없는 처지를 받아들이고 동시에 끝까지 당면한 위기에 맞서보려는 의지가 담겨져 있음을 확인할 수 있다.

이상과 같이 『헤이지 모노가타리』 본문에는 노부요리(信賴)를 주요 대상으로 하고 있는 〈모반〉의 용례가 7례, 요리토모(賴朝)의 발화로서 1례, 도키와(常葉)의 피난 장면에서 4례가 보이고 있다. 노부요리(信賴)를 주된 대상으로 하는 〈모반〉의 용례는 처형 단계에서 모반을 진압한 측의 시각으로 모반의 행위를 단죄하는 의미로 사용되고 있다. 반면에 요리토모(賴朝)와 도키와(常葉)의 발화에 의한 〈모반〉의 용례는 요시토모(義朝)의 아들과 아내로서 모반에 연루되어 위기상황을 맞이하면서 어떻게 저항하고 대처하여 가문의 재흥을 이룩할 것인가 하는 그 가능성 확보에 초점이 맞추어졌다고 볼 수 있다.

『헤이지 모노가타리』에 나타난 〈모반〉의 용례가 노부요리(信賴)와 요리토모(賴朝)·도키와(常葉)를 통하여 나타나고 있는데 비하여 〈조적〉(朝敵)의 용례는 5례 중 4례가 다이라노 기요모리(平淸盛)의 발화로서 요시토모(義朝)의 행위를 대상으로 삼고 있다는 점에서 좋은 대조를 보이고 있다. 또한 이는 모반을 맞이한 기요모리(淸盛)가 상황의 주도권을 장악한 상태에서 최대의 라이벌인 요시토모(義朝)를 크게 의식하면서 그를 조적(朝敵)으로 지목하기 위해 노력하였음을 은연중 부각시키는 『헤이지 모노가타리』 작자의 안목이 작용하였기 때문으로 여겨진다.

『헤이지 모노가타리』 본문에서의 〈조적〉의 첫 용례는 신제이(信西)의 수급이 잘려 효수되는 장면에서 어떤 사람이 "(신제이〈信西〉가) **조적**도 아니고 천황의 명령도 없을진대 수급을 옥문에 효수당한 일은 전세(前世)의 숙업(宿業)이요, 금생(今生)의 현보(現報)이런가."라고 해석하고 있는 대목에서 보인다.(上「信西の首實驗の事 付けたり 大路を渡し獄門に梟けらるる事」) 이때의 〈조적〉의 용례는 신제이(信西)가 죄없이 죽어 효수까지 당한 일이 나름의 사연이 있음을 암시하고 있기는 하지만 적어도 신제이(信西)가 〈조적〉이 아니라는 점만은 분명히 하고 있다고 말할 수 있다.

이어서 로쿠하라(六波羅)로 피신해 온 니조(二條)천황이 모반군을 치기 위하여 궁궐로 쳐들어갈 것을 지시하자 이에 기요모리(淸盛)가 아뢰기를 "사사로이 오래된 뜻이 있다 하더라도 어찌 (공격)하지 않겠습니까. 항차 **조적**을 멸하고 주상의 분노를 가라앉게 해드리는 일에 시각을 지체할 수 있나이까."라면서 나아간다.(中「待賢門の軍 付けたり 信賴落つる事」) 이는 바로 천황의 지시를 받은 기요모리(淸盛)가 노부요리(信賴)와 요시토모(義朝)를 향하여 〈조적〉 지명을 스스로 행하고 있는 대목으로 해석할 수 있다. 그렇게 함으로써 싸움의 승패와 관계없이 기요모리(淸盛)의 요시토모(義朝)에 대한 명분상의 우위가 공공연하게 보장되는 셈이다.

이후 요시토모(義朝)와 가마다 마사키요(鎌田正淸)를 함정에 빠트려 살해한 오사다 다다무네(長田忠致)가 두 사람의 수급을 지참하고 상경하여 기요모리(淸盛)에게 이르기를 "요시토모(義朝)·마사키요(正淸)는 옛날 마사카도(將門)·스미토모(純友)에게도 뒤지지 않는 **조적**인 것을 한 지방의 난으로도 만들지 않고 다른 사람의 번거러움도 없이 신속하게 처단하였으니 요시토모(義朝)가 소유했던 영지를 한 곳도 남김없이 주시던

가 (운운)"하면서 보상이 적은 것에 대해 항의한다.(下「長田六波羅に馳せ 參る事 付けたり 尾州に逃げ下る事」) 이에 대해 기요모리(淸盛)는 "대대로 섬긴 주군과 현재의 사위를 죽인 너야말로 발칙한 놈이다. 그럼에도 조 적이라 칭하였으니 (그 상으로) 한 지방을 주었던 것이다."면서 결국 오 사다 다다무네(長田忠致)를 내쫓고 만다.(下「同」) 오사다 다다무네(長田 忠致)의 예상을 뒤엎은 변절과 분에 넘치는 과욕과 함께 이를 공으로 인 정하지 않는 기요모리(淸盛)의 냉정한 대응의 일면이 서로 대조를 보이는 대목이다. 이를 통하여 요시토모(義朝)는 죽은 이후에 다시 한 번 기요모 리(淸盛)의 발화에 의해 〈조적〉으로 확인되고 있는 셈이다.

그리고 사로잡힌 요리토모(賴朝)에 대한 구명운동이 이케노젠니(池禪 尼)와 시게모리(重盛)에 의해 펼쳐졌을 때 기요모리(淸盛)는 "요시토모 (義朝)가 조적이라고는 하지만, 원평(源平)의 사이가 좋지 않아 호겐(保 元)·헤이지(平治) 두 차례 싸움에 기요모리(淸盛)가 대장군을 하사받고 겐지(源氏)는 많이 죽임을 당했음이 사실이다. 그 중에도 요리토모(賴朝) 는 아비가 몹시 아끼는 자식으로서 관직이 우병위좌(右兵衛佐)에까지 올 라 말대(末代)의 대장으로서 갑옷 등도 가장 좋은 것을 입혔다고 들었 다."면서 처음에는 이를 거절한다.(下「賴朝遠流に宥めらるる事 付けたり 吳 越戰ひの事」) 이를 통해서 기요모리(淸盛)의 요리토모(賴朝)에 대한 애초 의 판단이 〈조적〉의 아들로서 그 중에서도 가장 총애를 받았다는 점에 서 절대 살려둘 수 없다는 것이었음을 알 수 있다. 나아가서 요시토모 (義朝)가 〈조적〉이라는 점보다도 요리토모(賴朝)라는 라이벌 가문의 재 흥의 싹을 제거해야 한다는 점에 기요모리(淸盛)의 복안이 있었다는 것 이다. 이와 같이 『헤이지 모노가타리』에 보이는 〈조적〉의 5용례 중 4용 례는 기요모리(淸盛)의 발화를 위주로 하여 요시토모(義朝)를 〈조적〉으 로 공식화하고 그 이후에는 〈조적〉의 이름으로 라이벌 가문을 철저히

제거하려는 그의 의도가 드러나 있는 점에서 특징을 보이고 있다.

2. 모반의 전형과 한계

上中下 3권으로 되어 있는『헤이지 모노가타리』는 헤이지(平治)의 난
의 전말을 다룸에 있어서 上권은 발단 및 전개, 中권은 고조, 下권은 파
국이라고 하는 3부 구성의 체제를 대체적인 윤곽으로 하고 있다. 특히
上권과 中권을 통해서 〈모반〉이 어떻게 시작해서 어떻게 진압되었는지
를 매우 단선적인 구도로 처리함으로써 다른 일본 역사군담과 비교될
만한 〈모반〉의 전형을 보여주고 있다. 이는 헤이지(平治)의 난 자체가
그 배경과 전개 양상에서 그다지 복잡성을 띠지 않았던 점에 기인한 바
크지만 그와 함께 〈모반〉의 전체 과정을 역사군담으로서 구조화하는 방
법상의 기법이『헤이지 모노가타리』성립 단계에서 이미 그만큼 성숙한
때문으로도 여겨진다. 이하 본 절에서는『헤이지 모노가타리』上권과
中권에서 보이는 모반의 구조를 그 전형성에 초점을 맞춰 고찰해 보고
자 한다. 이어서 등장인물의 언행 등을 통해 나타난 모순점 또는 의문
점 등을 지적하여 그것이『헤이지 모노가타리』에 보이는 모반의 숨은
구조로서 갖는 한계라는 점을 적시하고자 한다.

『헤이지 모노가타리』上권은 문무(文武) 중용론을 전제로 말대(末代)
에는 무(武)를 더욱 조심해야 한다는 논지를 담은 문장을 서두로 하여
바로 이어서 노부요리(信賴)에 관한 소개로 시작되고 있다. 특히 노부요
리(信賴)는 문(文)도 아니고 무(武)도 아니면서 단지 고시라카와(後白河)
천황의 총애를 받아 분에 넘치는 출세를 하고 있으면서도 대신 겸 대장
자리를 꿈꾸는 과욕을 부림으로써 재앙을 예고하는 인물로 평가되고 있
다. 반면에 신제이(信西)는 학식과 재능을 겸비한 인물로 천하의 대소사

를 집행하여 나라의 기틀을 바로 세운 인신(人臣)의 이상형으로서 노부요리(信賴)와 대조를 보이고 있다. 따라서 두 사람이 서로 날카롭게 반목하는 중에 양위를 한 고시라카와(後白河)상황(上皇)이 노부요리(信賴)를 대신 겸 대장에 임명할 건에 대해 신제이(信西)의 의견을 물으니 신제이는 이에 대해 강력히 반대하고 이 사실을 안 노부요리(信賴)는 호시탐탐 신제이를 제거할 기회만을 노리는 것으로 되어 있다.

노부요리(信賴) 대 신제이(信西)의 갈등이 고시라카와(後白河) 상황(上皇)의 총애를 확보하기 위한 측근 문신 사이의 다툼이라고 한다면 요시토모(義朝) 대 기요모리(淸盛)의 갈등은 무가(武家)의 주도권을 장악하기 위한 라이벌 무신 사이의 투쟁이라고 할 수 있다. 특히 『헤이지 모노가타리』 본문에서는 요시토모(義朝)가 호겐(保元)의 난 이후 기요모리(淸盛) 일가의 득세에 대한 상대적인 열세를 불만으로 여겨 한을 품고 있었기 때문에 노부요리(信賴)의 타협 제의에 쉽게 동의한 것으로 되어 있다. 이후 노부요리(信賴)는 니조(二條)천황의 측신인 쓰네무네(經宗)와 고레카타(惟方) 및 고시라카와(後白河)상황(上皇)의 측신인 나리치카(成親) 등을 포섭하고 요시토모(義朝)는 자신을 따르는 겐지(源氏) 일가의 무사들을 끌어들인다. 이렇게 하여 천황 대 상황(上皇)과 같은 왕실 사이에서 일어나는 소위 궁정 쿠데타의 측면은 『헤이지 모노가타리』 본문의 발단부에서는 거론조차 되지 않은 채 문신과 무신이 결합한 신하 사이의 갈등 대립이 마침내 폭발하여 〈모반〉을 일으킨다고 하는 전형성을 보여주고 있는 것이다.

더욱이 노부요리(信賴)와 요시토모(義朝)의 제휴가 이루어지자마자 기요모리(淸盛) 일가가 구마노(熊野)로 참배를 간 틈을 노려 〈모반〉이 실제로 감행된다고 하는 매우 전격적인 양상을 띠고 있다. 노부요리(信賴)가 요시토모(義朝)를 불러 거사를 실행에 옮길 것을 제의하자 요시토모

(義朝)는 이를 수락하고 즉각 일가의 무사들을 소집한다. 기요모리(淸盛) 일가가 교토(京都)를 출발한 날이 12월 4일이고 노부요리(信賴)와 요시토모(義朝)가 기습적으로 〈모반〉을 감행한 날이 12월 9일로 되어 있다. 뿐만 아니라 『헤이지 모노가타리』 본문의 배치로 보더라도 첫 단에서 노부요리(信賴)와 신제이(信西)의 불화를 다룸으로써 〈모반〉의 배경을 설명하고 둘째 단에서 노부요리(信賴)와 요시토모(義朝)의 제휴 이후 〈모반〉의 실행까지가 단숨에 진행됨으로써 사건으로의 몰입을 단순화시키고 있다.

〈모반〉의 전형이라는 측면에서 볼 때 그 전개의 실태 또한 매우 철저하고 신속한 양상을 띠고 있다. 그리고 노부요리(信賴)의 주도에 의한 전개 양상의 일관성 또한 상당히 확고하다. 구체적으로 살펴보면, 노부요리(信賴)가 가장 먼저 손을 쓴 것은 고시라카와(後白河)상황(上皇)을 인질로 확보하는 일이었다. 노부요리(信賴)와 요시토모(義朝)는 고시라카와(後白河)상황(上皇)의 어소에 출병하여 노부요리 자신을 해치려는 자가 있다고 하면서 고시라카와 상황을 궁궐로 유인하여 감금한 뒤 어소를 불태워 버린다. 궁궐을 장악하여 고시라카와(後白河)상황(上皇)과 니조(二條)천황을 감금함으로써 명백하고 실질적인 〈모반〉을 감행한 노부요리(信賴) 등은 신제이(信西)를 잡기 위해 그의 누이 집 또한 불태운다.

바로 다음 날 태정대신(太政大臣) 이하 대신들이 입궐하여 논의 후에 신제이(信西)의 두 아들을 붙잡아들인다. 아울러 노부요리(信賴) 등에 대한 새로운 벼슬이 부여됨으로써 성급한 논공행상까지 마친다. 노부요리(信賴)와 요시토모(義朝)의 무력 사용이 왕실의 기능을 마비시키고 대신들을 마음대로 조정함으로써 〈모반〉이 성공 단계에 도달한 것처럼 보이는 상황 전개인 것이다. 여기에 더하여 지방에 머물러 있던 요시토모(義朝)의 아들 요시히라(義平)가 상경하여 〈모반〉의 대열에 합류한다.

그리고 요시히라(義平)는 벼슬자리 운운하는 노부요리(信賴)에 대하여 구마노(熊野)에서 돌아올 기요모리(淸盛) 일행을 기습할 것을 건의한다.[9) 그러나 노부요리(信賴)는 눈앞에 전개된 상황에 만족하였는지 안이한 판단을 내려 요시히라(義平)의 건의를 묵살하고 만다. 『헤이지 모노가타리』에서 노부요리(信賴) 주도의 〈모반〉이 결국 실패할 것이라는 화자의 암시성 발언은 바로 이 대목에서 〈모반〉의 발발 이후 처음으로 나타나고 있다.

한편 〈모반〉이 발발한 날 신제이(信西)는 나라(奈良)로 피신한 후 천황을 대신하여 죽을 판단을 하고 스스로 목숨을 끊는 것으로 되어 있다.[10) 이튿날에는 구마노(熊野)를 향하던 기요모리(淸盛) 일행에게 〈모반〉 소식이 전해진다. 시코쿠(四國)로 옮겨가 병사들을 모은 후에 상경할 것을 도모하는 기요모리(淸盛)에게 아들 시게모리(重盛)는 원선(院宣 ; 상황〈上皇〉의 명령)이 떨어져 자신들이 토벌당하게 될 것을 염려하여 지체없이 상경할 것을 건의한다. 여기에 만일의 사태에 대비해 최소한의 무구(武具)를 지참하고 있던 이에사다(家貞)도 찬동하여 기요모리(淸盛) 일행은 급거 상경의 길을 재촉한다. 그리고 요시히라(義平)의 매복이 있을 것이라는 소문과는 달리 기요모리(淸盛) 일행은 도중에 세력을 불려 보름 후인 12월 25일 아무 일 없이 교토(京都)에 도착한 것으로 되어 있다.

이와 같이 원래 노부요리(信賴)가 바라던 대신 겸 대장 자리가 제수된 이후 상황은 기습의 허를 찔린 여러 세력들의 소리없는 반격으로 전환되어 가고 있었다. 여기에는 미쓰요리(光賴)가 입궐하여 궁궐을 장악하고 있는 노부요리(信賴)를 상대하여 그의 권위를 깎아 내리고 천황의 측신으로 〈모반〉에 가담해 있던 아우 고레카타(惟方)를 불러 그의 그릇됨을 지적하는 장면이 암시적이다.[11) 기요모리(淸盛) 일행이 상경한 이튿날 밤 상황(上皇)과 천황이 미리 기요모리(淸盛)측과 내통한 듯 상황(上

皇)은 인화사(仁和寺)로 천황은 기요모리(淸盛)의 저택인 로쿠하라(六波羅)로 동시에 피신을 감행하여 성공한다.[12] 궁궐을 장악하여 상황(上皇)과 천황을 인질로 삼아 대신들을 조정하면서 왕권을 농락하였던 노부요리(信賴)로서는 절대적인 안전 장치를 상실함으로써 일시적인 〈모반〉 성공이 반전되는 상황의 국면을 맞이하게 되는 것이다. 뿐만 아니라 상황(上皇)과 천황이 빠져나간 후 궁궐에 병사를 불러모으는 과정에서 요시토모(義朝)가 '만약 이번 싸움에 패한다면 동국(東國)에 달려 내려가 대세를 이끌고 후일에 상경하리라'고 하는 대목에서 호겐(保元)의 난 때 다메요시(爲義)가 했던 말을 떠올리면서 미나모토 요리마사(源賴政) 등은 동요를 보인다. 겐지(源氏) 일가 내부에서조차 적전 분열의 기미를 엿보이고 있는 것이다.

『헤이지 모노가타리』 中권은 궁궐을 차지한 노부요리(信賴)와 요시토모(義朝)가 이끄는 〈모반〉의 군대와 로쿠하라(六波羅)에서 천황을 받들어 이를 토벌하려는 기요모리(淸盛)의 〈관군〉의 군대가 팽팽하게 대치하는 상황 속에서 시작된다. 이 때 천황이 기요모리(淸盛)에게 이르기를 왕실이 아직 건재하니 역신(逆臣)이 멸망할 것은 의심의 여지가 없다면서 다만 새로 지은 궁궐을 염려하여 적을 궁궐로부터 유인해 낼 것을 지시하고 있다. 이를 받들어 기요모리(淸盛)의 아들 시게모리(重盛)가 〈모반〉의 군대가 포진하고 있는 궁궐로 쳐들어감으로써 본격적인 전투가 이루어지는 것이다.

공격을 받은 노부요리(信賴)는 그때까지의 당당했던 위세는 순식간에 사라지고 겁먹고 당황하여 말에도 제대로 오르지 못하다가 낙마하여 코피를 흘리는 등 〈모반〉의 주모자로서의 권위와 기능을 완전히 상실해 버린다. 이후 〈모반〉의 군대는 요시토모(義朝)의 지시에 의해 방어와 진격 및 퇴각을 수행하는 것으로 되어 있다. 그 중에서 요시토모(義朝)의 아들 요시히라(義平)는 시게모리(重盛)의 공격을 수 차례 물리치는 등 뛰어난 무력을 과시하기도 한다. 그러나 대현문(待賢門) 전투로 불리는 〈관군〉의 궁궐 공격은 천황이 지시한 작전대로 〈모반〉의 군대를 궁궐로 부터 유인해 내는 일에 일차 목표가 있었다. 따라서 요시히라(義平) 등 의 활약에 의해 〈관군〉이 퇴각하는 것으로 보이는 전투의 양상은 반대로 〈모반〉군 측이 상대방의 전술에 말려들고 있는 셈이었다.

〈관군〉의 퇴각을 뒤쫓아 로쿠하라(六波羅)에 요시토모(義朝) 군대가 쳐들어오자 기요모리(淸盛)도 잠시 당황하는 모습을 보인다. 천황의 지 시가 있었다고는 하지만 수세적인 전투 양상이 부담스러운 것만큼은 분 명한 듯하다. 한편 미나모토 요리마사(源頼政)는 전투의 결과에 회의를 품은 듯 로쿠하라(六波羅) 진격을 머뭇거리다 요시히라(義平)의 공격을 받는 등 겐지(源氏) 내부에서 적전분열의 양상을 보이기도 한다. 이윽고 로쿠하라(六波羅) 전투가 벌어지자 요시히라(義平)의 부하 이에타다(家 忠)와 도모토(遠元) 등이 분전하고 요시히라(義平)와 기요모리(淸盛)가 군대를 이끌고 직접 맞서기도 하지만 대세는 마침내 헤이케(平家)쪽으로 기울어 요시히라(義平)와 요시토모(義朝)가 퇴각을 하기 시작한다. 헤이 지(平治)의 난을 통한 원평(源平 : 미나모토와 다이라 가문)의 전면전은 이 것으로써 승패가 가려지고 결국 〈관군〉이 〈모반〉의 군대를 격퇴하는 전 형을 다시 한 번 보여주고 있는 셈이다.

이후 요시토모(義朝)의 군대는 헤이케(平家)의 추격과 퇴각로를 차단 한 승병(僧兵)의 기습을 받아 교토(京都)를 무사히 빠져나가는 일만으로 도 남은 힘을 모두 소진한다. 그리하여 마침내 〈모반〉을 애초에 주도하 였던 노부요리(信賴)는 투항한 후에 참형을 당하고 요시토모(義朝)는 탈 출을 용이하게 하기 위하여 따르는 부하들을 분산시켜 동국(東國)으로 향하게 한 후 요시히라(義平) 등 세 아들을 포함한 8기의 무사들만이 따로 피신의 길을 재촉한다. 관군의 공격을 받았을 때 싸움에 패한 이후를 상정하였던 요시토모(義朝)의 발언이 곧바로 현실로 다가와 있었던 것이다.

이상에서 살펴본 바와 같이 『헤이지 모노가타리』上권과 中권에서는 〈모반〉의 발단과 전개 및 고조의 단계를 통하여 매우 단선적인 구조를 표면화함으로써 다른 일본 역사군담과 비교될 정도의 전형성을 보여주고 있다. 그러나 이와 같은 전형성의 이면에는 단선적인 구조를 벗어나 있는 표면화되어 있지 않은 숨은 구조가 『헤이지 모노가타리』 텍스트 내부에 잠재해 있다. 다시 말해서 모반의 구조를 표면상으로 단선화시키면서 의도적으로 축소시키거나 문제삼으려 하지 않았던 흔적이 『헤이지 모노가타리』 텍스트에 여전히 남아 있는 것이다. 필자는 그와 같은 숨은 구조를 문제화함으로써 『헤이지 모노가타리』가 표면적으로 취하고 있는 모반의 전형성 이면에는 또한 나름의 한계성이 있음을 지적하고자 한다.

우선 〈모반〉의 발단 단계에서 노부요리(信賴)와 요시토모(義朝)가 계획하였던 내용과 실제 실행모습이 전혀 일치하지 않는 점을 들 수 있다. 노부요리(信賴)와 요시토모(義朝)의 계획은 각자의 라이벌이자 정적인 신제이(信西)와 기요모리(淸盛)를 제거하는 일이었다. 따라서 그들의 계획이 순조롭게 진행되었다면 천황의 안위를 직접 위협하는 〈모반〉에까지 이르지 않아도 될 일이었다. 그러나 실제 실행 과정에서는 제일 먼저 고시라카와(後白河)상황(上皇)의 어소에 쳐들어가 상황(上皇)을 체포하고 어소를 방화하였다. 이어서 궁궐을 장악하고 상황(上皇)과 천황을 감금함으로써 실질적인 〈모반〉 행위를 감행하고 있다. 정작 목표로 삼았던 신제이(信西)에 대해서는 그가 스스로 목숨을 끊는 동안 행방조차 파악하지 못한 것으로 되어 있다. 더구나 〈모반〉의 성공을 좌우한 기요모리(淸盛) 일가의 제압에 있어서는 요시히라(義平)의 기습 제안을 거부한 채 그들의 상경을 수수방관하고 있는 듯이 보인다.

바로 이와 같은 불일치를 통하여 오히려 노부요리(信賴)와 요시토모(義朝)가 실행에 옮겼던 〈모반〉이 그만큼 전격적이고 과격하였다는 것을 확인할 수 있다면 그것이 바로 『헤이지 모노가타리』 텍스트가 담고 있는 〈모반〉에 관한 숨은 구조라 할 수 있다. 텍스트에서는 노부요리(信賴)와 요시토모(義朝)의 계획이라는 것이 각자의 불만을 토로하고 거행 일시를 정하고 무력 동원할 인물을 선정하는 정도에 머물러 있다는 점에서도 그러하다. 또한 기요모리(淸盛)의 제압에 집중하기보다는 스스로 벼슬을 높이는 등 궁궐에서 왕권을 농락하는 노부요리(信賴)의 위협적인 모습과 분위기에서도 『헤이지 모노가타리』가 장치하고 있는 숨은 구조를 찾을 수 있다. 그리고 막상 전투가 시작되었을 때부터 참형당할 때까지 급전직하로 떨어지고 마는 노부요리(信賴)의 인물상은 그 다음 단계의 숨은 구조를 만들고 있는 것이다. 따라서 〈모반〉의 발단 단계와 이후의 단계에서 나타난 노부요리(信賴)라는 인물상의 급격한 변화, 그와는 반비례로 사사로운 원한 때문에 〈모반〉에 가담한 후 〈모반〉의 군대를 이끌게 된 요시토모(義朝)에 대한 평가의 굴절 등이 모반의 전형성과 대비되는 『헤이지 모노가타리』의 한계로 지적할 수 있다.

다음으로 노부요리(信賴)와 고시라카와(後白河)상황(上皇)과의 관계를 뚜렷하게 설명하지 않고 있는 『헤이지 모노가타리』의 숨은 구조를 지적할 수 있다. 노부요리(信賴)는 원래 유력한 가문 출신도 아니고 특출한 능력도 없으면서 단지 고시라카와(後白河)상황(上皇)의 총애만으로 출세한 인물로 되어 있다. 그럼에도 불구하고 대신 겸 대장 자리를 욕심내지만 신제이(信西)의 제동으로 뜻을 이루지 못하자 그를 없앨 작정으로 음모를 꾸민다는 것이다. 아울러 행동을 같이 할 인물로서 기요모리(淸盛)에 접근하지만 헤이케(平家)는 모두 요직에 자리잡고 있는 터라 현

상황에 불만이 없을 뿐더러 그는 이미 신제이(信西)와 사돈 약속을 맺고
있었다. 따라서 일종의 차선책으로 요시토모(義朝)에 접근하여 수월하게
그의 응낙을 받았던 것이다. 그리고 나서 천황의 측신인 쓰네무네(經宗)
와 고레카타(惟方) 및 상황(上皇)의 측신인 나리치카(成親)를 포섭한 것
으로 되어 있다. 그 결과 노부요리(信賴)－요시토모(義朝)－쓰네무네(經
宗)·고레카타(惟方)·나리치카(成親)가 음모를 하여 신제이(信西)－기요
모리(淸盛)를 제거하기로 계획하였던 것이다. 노부요리(信賴)·요시토모
(義朝) 등의 음모에는 신제이(信西)와 기요모리(淸盛) 이상의 타도 대상
이 설정되지 않았다는 것이다. 그러나 그들은 행동 개시 첫 단계로 고
시라카와(後白河)상황(上皇)과 니조(二條)천황을 제압·감금하고 있으니
평소 상황(上皇)과 천황의 총애를 받았던 측신들의 행동이라고는 믿기
어려운 의문점이 남는 것이다.

　이와 관련하여 필자는 『헤이지 모노가타리』의 숨은 구조로서 고시라
카와(後白河)상황(上皇)과 니조(二條)천황과의 관계를 특히 주목하고자
한다. 노부요리(信賴)가 신제이(信西)와 극단적인 대립 양상을 보이기
시작한 시기는 바로 고시라카와(後白河)천황이 양위를 하고 아들 니조
(二條)천황이 즉위한 때였다. 따라서 고시라카와(後白河)천황 재위시에
그의 전폭적인 지지로 막강한 권세를 쥐고 있던 신제이(信西)의 처신이
정권 교체기를 맞아 어떻게 바뀔 것인가가 중요한 변수가 되었을 것이
다. 왜냐하면 『헤이지 모노가타리』 본문은 뚜렷이 설명하고 있지 않지
만 고시라카와(後白河)상황(上皇)이 양위를 한 이후에도 기득권을 놓지
않으려는 원정(院政)파가 존재하고 반면에 새로 즉위한 니조(二條)천황
을 받들려는 천황친정파가 생겨서 그 사이에서 알력이 일어났기 때문이
다. 이와 함께 원정(院政)파는 다시 신제이(信西)와 노부요리(信賴)가 고
시라카와(後白河)상황(上皇)의 총애를 둘러싸고 갈등을 보였고 이때 신

제이(信西)의 벽을 넘지 못한 노부요리(信賴)가 천황친정파인 쓰네무네(經宗)·고레카타(惟方) 등과 일시 제휴한 것으로 보인다.

　그런 점에서 보면 노부요리(信賴)와 요시토모(義朝) 등이 상황(上皇)과 천황을 동시에 감금한 조처는 신제이(信西)와 기요모리(淸盛)를 제거하려는 애초의 의도를 뛰어넘는 것으로서 상황(上皇)과 천황의 측신들의 입장을 곤혹스럽게 하였음에 틀림없다. 따라서 기요모리(淸盛) 일가가 세력을 이끌고 교토(京都)에 돌아온 직후 쓰네무네(經宗)·고레카타(惟方) 등이 기요모리(淸盛)와 내통하여 상황(上皇)과 천황을 피신시킨 것으로 보인다. 그러나 이때 상황(上皇)은 인화사(仁和寺)로 천황은 로쿠하라(六波羅)로 행선지를 달리하고 있는 점 또한 주목된다. 천황은 기요모리(淸盛)의 보호를 받는 한편으로 〈관군〉에 지시를 내리는 입장에 서고 상황(上皇)은 인화사(仁和寺)에서 노부요리(信賴) 이하 〈모반〉에 가담한 예전의 측신들을 맞아들이는 입장으로 갈려 있는 것이다. 그리고 이때 상황(上皇)은 노부요리(信賴) 등 〈모반〉의 무리들의 목숨을 구하려고 두 번에 걸쳐 천황에게 서신을 보내고 있고 반면에 천황은 답장도 보내지 않은 채 병력을 출동시켜 〈모반〉의 무리를 체포한 후 처형해 버린다. 이와 같은 상황(上皇)과 천황의 숨은 대립 구조는 신제이(信西)의 자식들에 대한 유배에서도 나타나는데 이는 죽은 노부요리(信賴)의 넋을 위로하기 위한 고시라카와(後白河)상황(上皇)의 결정이라는 식으로 『헤이지 모노가타리』 본문에서는 당시의 여론을 통해 해석하고 있다. 또한 천황의 측신이었다가 〈모반〉에 가담한 후 다시 천황의 피신을 도운 쓰네무네(經宗)·고레카타(惟方) 등이 유배당하였다가 모두 사면되는 과정에서도 원정(院政)파와 천황친정파 사이의 보이지 않는 알력이 작용한 것으로 보인다. 이와 같은 숨은 구조를 표면화하고 있지 않은 점이 모반의 전형성과 대비되는 『헤이지 모노가타리』의 한계라고 할 수 있는 것이다.

3. 모반의 전이

『헤이지 모노가타리』는 上권과 中권에서 모반의 전형과 한계를 표면
화된 구조와 숨은 구조로써 동시에 설정하고 있는데 반하여 中권의 말
미와 下권에서는 모반의 파국 단계를 요시토모(義朝) 일가의 수난과 재
홍이라는 관점으로 전이시키고 있는 점이 큰 특징을 이루고 있다. 즉
노부요리(信賴)의 투항에 이은 모반인들의 참형과 유배 이후『헤이지 모
노가타리』 후반부는 요시토모(義朝) 일가의 탈출과 최후 또는 구명의 과
정을 위주로 다룸으로써 소위 〈요시토모(義朝) 이야기〉〈요시히라(義平)
이야기〉〈요리토모(賴朝) 이야기〉〈도키와(常葉) 이야기〉로서 짜여져 있
다. 모반 그 자체는 상황이 거의 완료된 상태에서 겐지(源氏) 가문의 홍
망이 주된 관심사로 전이되어져 있는 것이다. 이하 본 절에서는 모반의 전
이된 형태로서의 요시토모(義朝) 일가에 관한 사항들을 고찰하고자 한다.

먼저 요시토모(義朝)의 경우는 〈모반〉에 가담하여 실패한 이후 가문의
리더로서 처음부터 끝까지 가문의 명예를 지키기 위해 가혹한 부정(父
情)을 발휘하는 한편으로 가문의 재기를 최우선의 목표로 삼아 행동하
는 인물로 전이되어져 있다. 그는 관군과의 전투가 있던 날 패배하여
교토(京都)에서 철수하면서 이미 가마다 마사키요(鎌田正淸)를 시켜 자신
의 딸의 목숨을 거두게 하였고 또 다른 딸은 피신시켜 자신의 명복을
기원하도록 할 것을 당부하고 있다. 두 딸을 통하여 가문의 명예와 재
기를 온전한 것으로 만들기 위한 요시토모(義朝)의 고뇌에 찬 선택을 엿
볼 수 있는 대목이다.[13]

뿐만 아니라 교토(京都) 탈출 이후 남은 부하들을 분산시켜 떠나 보내
고 8기의 무사로서 피신길에 오른 끝에 큰 아들 요시히라(義平)는 북국
(北國)으로, 작은 아들 도모나가(朝長)는 시나노(信濃) 쪽으로, 자신은

동국(東國) 쪽으로 나아가 겐지(源氏) 세력을 규합하여 다시 모일 것을 지시한다. 이미 〈모반〉이 진행중일 때 싸움에 패하면 동국(東國)으로 내려가 후일을 기약하리라던 요시토모(義朝)의 발언이 겐지(源氏) 가문의 재기를 위한 구체적인 계획으로 재현되고 있는 셈이다. 그러나 이미 심한 부상을 입었던 도모나가(朝長)가 얼마 가지 못하고 되돌아옴으로써 그의 계획의 일부는 곧 실현 불가능하게 된다. 뿐만 아니라 이미 회복 가망이 없다고 판단한 요시토모(義朝)는 호겐(保元)의 난 당시에 자신의 손으로 아우들을 죽인 것을 후회하면서 이번에는 아들 도모나가(朝長)의 목숨을 거둔 후 추적을 피해 피신길을 재촉한다. 요시토모(義朝)로서는 한 아들의 목숨을 앗았다는 고통과 함께 재기의 가능성이 그만큼 희박해졌음을 통감했을 것임에 틀림없다.

고난의 피신길의 와중에 세 아들과도 차례로 이별한 후 요시토모(義朝)는 끝까지 자기 곁에 남은 가마다 마사키요(鎌田正淸)를 의지하여 그의 도움으로 간신히 마사키요의 장인인 오사다 다다무네(長田忠致)의 집에 당도한다. 그러나 대세가 이미 헤이케(平家) 쪽으로 기운 것으로 판단한 다다무네(忠致)의 변절로 말미암아 지친 몸을 쉬고 있던 요시토모(義朝)는 다다무네의 기습을 받아 마사키요(正淸)와 함께 파란 많은 생애를 마감하고 만다. 그가 그토록 간절히 소망하였던 겐지(源氏) 가문의 재흥은 〈모반〉이라는 무거운 죄를 짊어진 채 요시토모(義朝) 당대에는 실현할 수 없는 꿈이 되고 마는 것이다. 호겐(保元)의 난과 헤이지(平治)의 난을 통하여 자신은 물론이고 부친과 형제 및 자식들의 값비싼 희생을 치르게 된 겐지(源氏) 재흥의 노력은 3대에 걸친 수난과 함께 일단 수포로 돌아가고 있는 것이다.

이에 비하여 요시히라(義平)의 경우는 부친 요시토모(義朝)가 〈모반〉을 일으킨 이후에 참가하였지만 전투 장면에서의 그의 활약상은 부친을 능가한다. 뿐만 아니라 궁궐을 장악하고 있던 노부요리(信賴)에 대해서도 거침없는 행동과 제안을 하는 등 그는 늘 기존 질서의 테두리 바깥에 있는 존재로서의 역할을 하고 있다. 요시히라(義平)는 또한 그런 점때문에 부친을 돕기 위해 나서고는 있지만 가문의 장래를 이끌어갈 장남으로서의 대접을 부친 요시토모(義朝)로부터 충분히 받지 못하고 있는 듯이 보인다.[14] 아울러 그의 실제적인 역할은 헤이케(平家)에 대한 기습 공격 제안이 노부요리(信賴)에 의해 거부되고, 대현문(待賢門) 전투에서 시게모리(重盛)의 공격을 물리치는 일이 상대방의 전술에 이용당하고, 부친 요시토모(義朝)의 사망 후 겐지(源氏) 세력을 규합하기보다는 단독으로 헤이케(平家)를 노리다가 결국 체포되어 처형되기까지 그의 잠재적 가능성이 눈에 띄게 두드러졌을 뿐 전체적인 상황을 주도하는데 이르지 못하고 있다는 점에서 요시히라(義平)의 특색을 찾을 수 있다.

요시히라(義平)는 체포되었을 때도 그를 직접 심문하는 기요모리(清盛)에 대해서 단지 운 없음을 한탄하며 도리어 빨리 죽이라고 대들고 있다. 대낮에 형장에 끌려가 참형을 당하면서도 이런 공개처형은 치욕이라고 헤이케(平家)에 대한 불만을 토로하고 일찍이 자신의 제안을 거부했던 노부요리(信賴)를 원망하고 있다. 최후에 그의 목을 베려는 난바노 쓰네후사(難波恒房)에게는 죽은 지 백일 안에 낙뢰가 되어 복수를 하겠다는 저주의 말을 남긴다. 『헤이지 모노가타리』에서는 요시히라(義平)의 후일담으로서 그의 저주대로 쓰네후사(恒房)가 낙뢰를 맞아 죽고 교토(京都)와 로쿠하라(六波羅)에도 낙뢰 때문에 많은 사람이 죽게 되자 기요모리(清盛)가 크게 놀라 그의 원령을 달래는 불교 의식을 올리도록 하였다는 이야기를 첨부하고 있다. 이와 같이 변방에서 상경하여 기존 질서를 안중에 두지 않고 뛰어난 무력을 과시하였던 요시히라(義平)가 『헤이지 모노가타리』 후반부에서는 가문의 한을 온 몸에 안은 채 죽은 후에도 재앙을 내리는 원령으로 전이되어 있는 것이다.

다음으로 요리토모(賴朝)의 경우는 상황(上皇)과 천황의 탈출 이후 관군의 공격에 대비해 궁궐에서 〈모반〉의 군대가 집합하는 과정에서 가문 대대로 내려오는 보검 등으로 무장한 모습과 투지에 불타 있는 언행이 소개되어 있기는 하지만 아직 열세 살의 소년인 때문인지 정작 전투를 통한 그의 활약은 특기되어 있지 않다. 그러나 요시토모(義朝) 군대가 패퇴하는 과정에서부터 요리토모(賴朝)에 대한 관심이 고조되기 시작하여『헤이지 모노가타리』의 말미가 요리토모(賴朝)의 유배지 도착 소식으로 마감되어 있을 정도로 그의 비중이 크게 확대되어 나타난다. 겐지(源氏) 가문의 후예로서 말대(末代)의 대장이 되리라는 부친 요시토모(義朝)의 희망에 부응하는 기대주로서 가문이 처한 고난의 현실을 극복할 가능성이 요리토모(賴朝)에게 상정되어『헤이지 모노가타리』후반부의 중요한 한 축이 되어 있는 것이다.

피난길에서 일행에 뒤쳐져 길을 잃다가 추적을 물리치고 요리토모(賴朝)가 돌아왔을 때 부친 요시토모(義朝)는 과연 말대(末代)의 대장감이라고 칭찬한다. 두 번째로 요리토모(賴朝)가 뒤처져 찾을 수 없게 되자 낙담한 요시토모(義朝)는 자살하려고까지 한다. 그만큼 요리토모(賴朝)에 대한 기대가 어려운 상황에 빠진 요시토모(義朝)에게는 더욱 절실했던 것으로 보인다. 반면에 헤이케(平家)에 사로잡힌 이후의 요리토모(賴朝)는 기요모리(淸盛)를 직접 상대하여 여러 가지 장점을 발휘하는 것으로 되어 있다. 가문의 보검을 빼앗기지 않기 위하여 기요모리(淸盛)를 속여 가짜를 바치게 한다. 미래의 겐지(源氏) 가문의 가능성에 대한 여지를 확보한다는 의미인 것이다. 또한 요리토모(賴朝)는 참형의 집행을 기다리는 동안에 죽은 부친의 명복을 빈다는 이유로 백 개의 불상을 만들어 자신을 붙잡아 맡고 있던 다이라노 무네키요(平宗淸)의 마음을 움직인

후에 그로 하여금 기요모리(淸盛)의 계모인 이케노젠니(池禪尼)와 시게
모리(重盛)를 설득케 하여 마침내 기요모리(淸盛)로부터 유배로 감형을
받아 자신의 목숨을 보전한다. 이를 두고『헤이지 모노가타리』본문에
서는 사람들의 평판으로서 요리토모(賴朝)의 구차한 연명을 비난하기도
하고 가문의 치욕을 씻기 위한 행동이라고 선의의 해석이 내려지기도
하지만『헤이지 모노가타리』작자로서도 요리토모(賴朝)에 의한 헤이케
(平家) 멸망이라는 미래의 현실을 염두에 두고 그의 가능성을 암시하고
자 한 듯하다. 요리토모(賴朝)는 유배지로 떠나는 첫날 밤 철야기도하면
서 씨신(氏神)인 하치만(八幡)대명신(大明神)에게 훗날 상경할 것을 기원
하여 가문 재흥을 다짐하는 그의 야망을 엿보인다. 뿐만 아니라 그의
유배를 배웅하러 나온 모리야스(守康)라는 부하가 꿈의 계시를 받았다면
서 절대 출가하지 말 것을 요리토모(賴朝)에게 권유한다. 유배지를 향하
는 요리토모(賴朝)에게는 가문의 재흥이 당시의 여론과 자신의 야망과
꿈의 계시를 통하여 예측 가능한 것으로 암시되어 있는 것이다.

마지막으로 도키와(常葉)의 경우는 수난을 당하는 겐지(源氏) 가문의
여인으로서 입수(入水 : 물에 빠져 죽음)나 출가를 선택하지 않고 기요모리
(淸盛)를 상대로 하여 가문을 이을 요시토모(義朝)의 어린 자식들의 목
숨을 구해내는 특이한 존재로 설정되어 있다. 그 자식들 중에 나중에
요리토모(賴朝)를 도와 헤이케(平家)를 멸망케 한 요시쓰네(義經)가 포함
되어 있는 것이다. 남편 요시토모(義朝)의 죽음을 긴오마루(金王丸)의 전
언으로 듣게 된 도키와(常葉)는 어린 세 아들을 데리고 헤이케(平家)의
추적을 피해 기요미즈(淸水)절에서 기도를 드린 후 야마토(大和)의 친척
집으로 피신한다. 이에 기요모리(淸盛)가 도키와(常葉)의 모친을 인질로
삼자 도키와는 모친을 구하기 위해 자진해서 기요모리 앞에 나타난 후
자식들의 구명을 위해 기요모리에게 몸을 허락하는 것으로 되어 있다.

도키와(常葉)는 눈앞에 닥친 고난을 자신의 희생으로 감수함으로써 겐지 (源氏) 가문의 재흥의 가능성을 일정 부분 확보하였던 것이다. 그리하여 요리토모(賴朝)를 뒤이어 살아남은 요시쓰네(義經)가 훗날 헤이케(平家) 멸망의 선봉에 섰음을 『헤이지 모노가타리』 작자는 일련의 〈도키와(常葉) 이야기〉를 통하여 전망케 하고 있는 것이다.

맺음말

모두 12회 사용되고 있는 金刀比羅本 『헤이지 모노가타리』에서의 〈모반〉의 용례는 몇 가지 점에서 특색을 보이고 있다. 우선 난의 발단 단계를 다루고 있는 上권에서는 한 번도 사용되고 있지 않다. 이는 〈모반〉을 주동한 노부요리(信賴)를 절대악의 자리에 위치시키는 반면에 〈모반〉에 적극 가담한 요시토모(義朝) 및 그 일가에 대해서는 노부요리(信賴)와 차별화하려는 『헤이지 모노가타리』 작자의 배려가 작용한 때문으로 해석할 수 있다. 따라서 〈모반〉이 실패로 판명되고 노부요리(信賴)와 요시토모(義朝)가 각자의 연명책을 도모하게 된 이후에 〈모반〉의 용례는 투항 후 참형을 당하는 노부요리(信賴) 쪽에 일방적으로 집중해서 나타나고 있다. 노부요리(信賴)에 대한 부정적 평가로 사용되는 〈모반〉의 용례가 7회에 걸쳐 보이는 것이다. 다음으로 요리토모(賴朝)와 도키와(常葉)와 관련된 용례로서 각각 1회와 4회 나타나고 있는 바 이들의 용례는 노부요리(信賴)의 경우와 달리 〈모반〉에 연루된 위기 상황에서 어떻게 저항하고 대처하였는지를 묘사하기 위한 것으로서 긍정적 평가로 사용되고 있다. 이에 비하여 〈조적〉(朝敵)의 용례는 5회 중 4회가 기요모리(淸盛)의 발화에 의한 것으로 라이벌 요시토모(義朝)에 대한 명분상의 우위를 확보하면서 상대를 철저히 응징하기 위한 의도로 사용되고 있다.

『헤이지 모노가타리』에 나타난 모반의 구조의 특징으로서 다른 일본 역사군담과 비교될 만한 전형성을 지적할 수 있다. 특히 문신과 무신이 결합한 신하간의 대립 갈등이 심화하여 〈모반〉이 발생한다는 단순한 난의 배경도 그러하거니와 난의 실태 또한 매우 신속하고 일관성 있는 양상으로 전개함으로써 〈모반〉의 과정을 〈구조화〉하는 방법상의 기법 또한 상당한 성숙도를 보이고 있다. 아울러 대현문(待賢門) 전투와 로쿠하라(六波羅) 전투를 통하여 〈관군〉이 〈모반〉의 군대를 격퇴하는 과정에 이르기까지 매우 단선적인 구조를 표면화시키고 있다.

이에 반하여 전형성의 이면에는 인물과 사건을 단순화시키면서 의도적으로 축소하거나 문제화하지 않은 숨은 구조가 텍스트 내부에 잠재해 있다. 〈모반〉의 발단 단계에서 노부요리(信賴)와 요시토모(義朝)가 계획하였던 내용과 실재 실행 모습이 일치하지 않는 점이 그 중 하나다. 이로 말미암아 〈모반〉의 발단과 이후 단계에서 나타난 노부요리(信賴)의 인물상이 급격한 변화를 보이고 있는 점이 『헤이지 모노가타리』의 문학 작품으로서의 통일성에 한계를 드러내고 있다. 더욱 중요한 것은 고시라카와(後白河)상황(上皇)과 니조(二條)천황으로 대표되는 원정(院政)파와 천황파 사이의 알력을 본격적으로 다루지 않음으로써 노부요리(信賴)와 요시토모(義朝)의 〈모반〉에 상황(上皇)과 천황의 측신이 일시 제휴한 점, 인화사(仁和寺)에 투항한 요리토모(賴朝)의 구명을 위한 상황(上皇)의 노력이 천황에 의해 받아들여지지 않은 점, 죄없는 신제이(信西)의 아들들이 유배가고 〈모반〉에 가담한 측신들이 모두 사면받는 점 등이 『헤이지 모노가타리』의 숨은 구조가 되어 있다. 이는 〈모반〉의 구조로서의 한계로 지적할 수 있다.

『헤이지 모노가타리』의 中권 말미와 下권은 〈모반〉 그 자체가 거의 종결된 상태에서 겐지(源氏) 가문의 흥망이 주된 관심사로 전이되어, 소위 〈요시토모(義朝) 이야기〉 〈요시히라(義平) 이야기〉 〈요리토모(賴朝) 이야기〉 〈도키와(常葉) 이야기〉를 성립시키고 있다. 요시토모(義朝)는 실패한 가문의 리더로서 처음부터 끝까지 가문의 명예를 지키기 위해 가혹한 부정(父情)을 발휘하고 한편으로 가문의 재기를 최우선의 목표로 삼아 행동하는 인물로 전이되어져 있다. 그러나 그의 죽음과 함께 그의 노력은 3대에 걸친 수난으로서 일단 수포로 돌아가고 있다. 요시히라(義平)는 부친을 능가하는 무용과 함께 기존 질서를 초월하는 사고와 행동을 하는 인물로 설정되어 있으나 후반부에서는 가문의 한을 온 몸에 안은 채 죽은 후에도 재앙을 내리는 원령(怨靈)으로 전이되어져 있다. 요리토모(賴朝)는 겐지(源氏) 가문의 후예로서 말대(末代)의 대장이 되리라는 부친 요시토모(義朝)의 희망에 부응하는 기대주로서 가문이 처한 고난의 현실을 극복할 가능성이 당시의 여론과 자신의 야망과 꿈의 계시를 통하여 상정되어 〈요리토모(賴朝) 이야기〉는 『헤이지 모노가타리』 후반부의 중요한 한 축을 이루고 있다. 도키와(常葉)는 수난을 당하는 겐지(源氏) 가문의 여인으로서 기요모리(淸盛)를 상대로 가문을 이어나갈 어린 자식들의 목숨을 구해내는 특이한 존재로 설정되어 있다. 그리하여 요리토모(賴朝)를 뒤이어 살아남은 요시쓰네(義經)가 훗날 헤이케(平家) 멸망의 선봉에 서는 미래의 역사를 전망케 하고 있다.

■주

1) 『호겐 모노가타리』의 경우는 第一類本 半井本과 第四類本 金刀比羅本의 3부 구성에 큰 차이는 보이지 않는다. 특히 『호겐 모노가타리』의 金刀比羅本과 『헤이지 모노가타리』의 金刀比羅本은 체제 등의 유사성으로 말미암아 동일작자설이 거론되기도 한다. 『헤이케 모노가타리』(平家物語)의 경우는 외부자료의 기록에 의한

원형 3권설과 함께 권두 기사 내용이 이본에서도 공통으로 나타나는 현상을 지적하여 야마다 요시오(山田孝雄) 등에 의해 3권설이 주창된 바 있어 3부 구성의 원형을 뒷받침해주고 있다.

2) 이에 관하여는 安藤淑江「平治物語「源家後日譚」考」─常葉譚の繼承と賴朝報恩.報復譚をめぐって─『軍記物語の生成と表現』 등의 논문이 있다.

3) 須藤敬, 「『平治物語』──類本と四類本の差─對朝敵意識の問題から─」『軍記と語り物』 25호.

4) 安部元雄「第一類本『平治物語』の構成とモチーフ」『軍記と語り物』 7호.

5) 오쓰 유이치(大津雄一)는 「──類本『平治物語』の可能性─構築と解體の自己運動─」『軍記と語り物』 28호에서 왕권에 대한 반역자의 이야기가 『헤이지 모노가타리』 텍스트에서는 소위 〈포섭의 전략〉을 노출시킴으로써 수용자의 자각적인 대응을 가능케 하였다고 언급하고 있다.

6) 구사카 쓰토무(日下力)는 「初期平治物語の一考察─陽·學本の志向─」『軍記と語り物』 7호에서 조정 옹호의 입장이 『헤이지 모노가타리』의 기본 발상인 바 第一類本에서 第四類本으로 갈수록 또는 텍스트 上권에서 下권으로 갈수록 비운의 시대에 죽음을 맞는 인간에 주목하는 입장으로 바뀐다고 보고 있다. 또한 마쓰오 아시에(松尾葦江)는 「歷史語りの系譜─保元物語·平治物語を中心として─」『文學』 1988년 3월호에서 『헤이지 모노가타리』에 나타난 조정 옹호의 예를 적시하고 나아가 제왕의 치정론(治政論)의 언급으로 시작하여 신체제를 계승할 승자에 대한 축언으로 끝나는 서술 양식을 일본 역사군담이 공유하고 있음을 지적하고 있다.

7) さるほどに，平家の軍兵，信賴·義朝の宿所をはじめて，謀叛の輩の家々にをしよせをしよせ火を懸て燒拂ひ，謀叛の輩の妻子所從，にし山·ひがし山片邊にしのびゐて，御方軍にかたせ給へといのるいのりもむなしくて，あとのけぶりを見けるこそ，いとどかなしくおぼえけれ.

8) 이 노인의 행위에 대하여 『헤이지 모노가타리』에서 기요모리(淸盛)가 다시 단죄를 하고 있다. 이는 노부요리(信賴)에 대한 진혼의 의미가 아니라 기요모리(淸盛)상(像)에 대한 거대화의 의미로 해석할 수 있다.

9) 이 장면에서 요시히라(義平) 스스로 호겐(保元)의 난 당시 다메토모(爲朝)가 성급한 벼슬자리 제공을 거부하였던 선례를 밝히고 있다. 『헤이지 모노가타리』의 요시히라(義平)상(像)은 『호겐 모노가타리』의 다메토모(爲朝)상(像)의 재현으로 자리매김되어져 있는 것이다.

10) 『헤이지 모노가타리』에서는 신제이(信西)가 〈모반〉이 일어날 것을 예측하고 또한 자신이 죽음으로써 천황의 목숨을 구할 것으로 판단하는 그의 능력이 천문(天文)에 관한 지식에 의한 것으로 되어 있다. 신제이(信西)의 초월적인 예측력과 헌신적인 충성심이 노부요리(信賴)가 행한 〈모반〉의 전개 과정에서 오히려 두드러지게 대비되어져 있는 것이다.

11) 이후 천황의 로쿠하라(六波羅)로의 피신에는 원래 〈모반〉에 가담했던 고레카타
(惟方)가 동행하고 있다. 미쓰요리(光賴)가 고레카타(惟方)에게 한 훈계가 효력
이 있었던 것으로 보여진다.

12)『헤이지 모노가타리』본문은 상황(上皇)측과 기요모리(淸盛)와의 내통에 대해 직
접 언급하고 있지는 않지만 상황(上皇)의 피난에는 가마다 마사키요(鎌田正淸)의
모습이 보이고 천황의 피난에는 시게모리(重盛) 등이 군사를 이끌고 도중에 마중
한 것으로 되어 있어서 간접적으로는 드러나 있는 것으로 여겨진다.

13) 요시토모(義朝)는 피신 중에 또 다른 딸 야샤고젠(夜叉御前)을 만나 역시 자신의
명복을 빌어줄 것을 당부하고 있다. (中「義朝奧波賀に落ち著く事」) 그러나 나중
에 요리토모(賴朝)가 헤이케(平家)에 붙잡힌 뒤에 야샤고젠(夜叉御前)은 물에 빠
져 죽고 만다.

14) 피난길에 어린 동생 요리토모(賴朝)가 낙오되었다가 일행을 다시 찾아 왔을 때
요시토모(義朝)가 그의 행동을 칭찬하는 것에 대해 요시히라(義平)가 질투심을
나타내는 발언을 하고 있다. (中「義朝奧波賀に落ち著く事」)

제5장

『헤이케 모노가타리』(平家物語)를 통해 본 모반의 행위와 표현

제5장
『헤이케 모노가타리』(平家物語)를 통해 본
모반의 행위와 표현

　일본 역사군담을 대표하는 작품으로 평가받고 있는 『헤이케 모노가타리』(平家物語)는 성립 이후에도 다양한 형태로 성장 발전하면서 수많은 수용층을 확보하였고 그만큼 문학적인 완성도를 더욱 심화시킬 수 있었다.　따라서 일본 역사군담에 관한 연구에 있어서도 이본(異本)을 통한 문헌학적 분야나 〈서사시론〉·〈진혼론〉·〈왕권론〉 등의 문학론적 분야에서나 『헤이케 모노가타리』가 연구 대상의 중심에 항상 위치해 있었다. 그런 의미에서 본서에서도 특히 이번 장에서의 논의에 비중을 두고자 한다.

　모반의 구조라는 관점에서 볼 때 『헤이케 모노가타리』는 앞선 다른 일본 역사군담들이 보였던 구성의 단조로움이나 텍스트 내부에서 나타나는 표현의 혼란 등을 극복하여 하나의 정형을 완성하였고 따라서 나중에 나온 다른 일본 역사군담들의 모델이 될 수 있었던 것으로 여겨진다. 이는 헤이케(平家)의 멸망을 딛고 가마쿠라(鎌倉)막부 정권이 성립함으로써 고대 천황제가 사실상 종결되고 중세일본이 새로 시작되었다고 하는 소재적 측면을 초월하여 『헤이케 모노가타리』의 작자군과 수용자들이 끊임없이 작품에 참여하고 관심을 집중한 결과의 산물이라 할 수 있다. 역사적 사건으로서의 모반이 갖는 의미 이상의 무엇인가를 중세 이후의 『헤이케 모노가타리』의 향수층이 지속적으로 추구하고 있었

다고 상정할 수도 있다.[1]

『헤이케 모노가타리』에 나타난 모반의 구조는 다른 일본 역사군담과 마찬가지로 모반을 일으킨 주체자의 축과 모반을 당하거나 이를 진압하는 반대자의 축으로 양분되어져 있다. 또한 모반을 일으킨 주체자의 축 다시 말해서 헤이케(平家) 일가의 영화와 몰락이 이야기 중심을 차지하고 있다는 점에서도 다른 일본 역사군담의 구조와 동일하다. 그러나 『헤이케 모노가타리』의 가장 큰 특징은 모반의 구조가 텍스트에 나타난 등장인물과 화자의 언술로 볼 때 역설적으로 설정되어져 있다는 것이다. 즉 실질적 모반 행위는 '악행'이라는 표현으로 헤이케(平家)에 의해 이루어지고 있음에도 불구하고 텍스트상의 언술로는 반(反)헤이케에 의한 타도 헤이케의 행위가 '모반'으로 표현되어 있는 것이다. 뿐만 아니라 헤이케(平家)의 몰락과 동시에 반(反)헤이케측 내부에서 다시 모반의 언술 행위를 둘러싸고 새로운 주체자와 반대자의 축이 숨은 구조로서 설정되어져 있다는 점도 큰 특색을 이룬다. 아울러 화자와 〈초점화자〉의 표현법도 일정한 전형을 형성하고 있다.

텍스트의 표면과 이면에 각각 설정된 모반의 구조를 파악함으로써 『헤이케 모노가타리』의 문학적 완성도와 주제적 측면을 새롭게 조명하고자 하는 것이 이번 장의 목표이다. 이하 이번 장의 텍스트는 가쿠이치본(覺一本) 『헤이케 모노가타리』를 위주로 인용 및 논지를 전개하였고 『헤이케 모노가타리』 작품군 전체를 파악하기 위해 필요에 따라 엔교본(延慶本)으로써 이를 보완하였음을 미리 밝힌다.

1. 조적(朝敵)론에서 모반론으로

『헤이케 모노가타리』 전체의 구도를 수용자의 입장에서 어떻게 포착할 것인가에 관한 다양한 논의 중에 〈조적(朝敵)론〉이 제기되어져 있다.[2] 주로 스도 다카시(須藤敬)·사에키 신이치(佐伯眞一) 두 사람의 논점은 일본 역사군담 구도의 하나의 정형으로서 〈선지〉(宣旨 ; 천황의 명령)를 받아 〈장군〉(將軍)이 〈조적〉(朝敵)을 평정한다고 하는 기본틀을 설정하고 있는 것으로 보인다.

두 사람의 논점을 『헤이케 모노가타리』 본문에 입각해서 더욱 면밀히 탐구해 들어가면 다음과 같은 장면에도 적용될 수 있을 것이다. 단노우라(壇浦) 전투에서 패하여 생포의 몸이 되어 가마쿠라(鎌倉)까지 연행되어져 온 몰락한 헤이케(平家)의 대표격이랄 수 있는 다이라노 무네모리(平宗盛)와 대면한 미나모토 요리토모(源賴朝)는

> 헤이케(平家)의 사람들에게 특별한 의도를 마음에 세운 일은 절대로 없다. …… (내가) 유배의 죄로 감형받은 일은 오로지 入道殿(다이라노 기요모리〈平淸盛〉)의 은혜이다. 그러하니 20여 년 동안 줄곧 이와 같이 내려와 지내고 있었지만 (기요모리(淸盛)가) **조적(朝敵)**이 되셔서 토벌해야 한다는 **원선(院宣** ; 상황〈上皇〉의 명령)을 받았으니 일단 한 번 왕지(王地)에 태어나서 소명(詔命)을 어길 수 없는 일이고 보면 힘이 미치지 않는다.[3]   (권十一 「大臣殿被斬」 진한 글자 및 괄호 필자)

라고 말하고 있다. 〈선지〉(宣旨 ; 여기서는 원선〈院宣〉)로써 〈장군〉(요리토모〈賴朝〉)이 〈조적〉(무네모리〈宗盛〉 이하의 헤이케〈平家〉)을 평정하였다고 하는 기본틀을 요리토모(賴朝)의 발언이 여실히 들려주고 있음에 틀림없다. 그렇기는 하지만 이 장면에서의 요리토모(賴朝)의 발언이 뭔가 주위를 의식한 제스쳐가 아닐까 하는 생각이 드는 것도 배제할 수 없다. 왜냐하면 원선(院宣)의 명령에 어쩔 수 없이 따랐다고 하는 요리토모(賴朝)의 발언에 오버랩되어 예를 들면 권五 「福原院宣」에서의 몬가쿠(文覺)

와 요리토모(賴朝)의 대화 장면이 떠오를 수 있기 때문이다.

몬가쿠(文覺)가 처음에 '빨리빨리 **모반**을 일으켜서 일본국을 통솔하십시오'라고 선동하였을 때는 '매일 법화경 일부를 뽑아 읽는 일 외에 다른 일은 없다'고 말하여 반응을 보이지 않았던 요리토모(賴朝)인 것이다. 그러다가 몬가쿠(文覺)가 헤이지(平治)의 난으로 죽은 요리토모(賴朝)의 부친 요시토모(義朝)의 해골을 끄집어내자 요리토모는 눈물을 흘리며 '본디 요리토모에게 내려진 칙감(勅勘 ; 천황의 벌)을 벗지 않고는 어찌 **모반**을 일으킬 수 있겠는가'라면서 속마음을 열어 모반=타도 헤이케(平家)의 행동에 착수한 것으로 되어 있다.[4] 거병을 할 당시의 요리토모(賴朝)의 언동으로부터 겐지(源氏) 가문의 중흥이 우선 먼저 비원(悲願)으로서 요리토모의 가슴 속에 자리잡고 있었고 그것을 달성할 수 있는 현실적 수단으로서 원선(院宣)이 필요하게 되었던 것으로 해석해 읽을 수가 있는 것이다.

그 반면에 헤이케(平家)측으로 보더라도 〈조적〉을 평정해 온 가문의 명예를 드높이는 일에 등한시하고 있지만은 않은 것으로 되어 있다. 무네모리(宗盛)가 야시마(屋島)로 보낸 원선(院宣)을 거부하는 답장 형식의 글에서

> 중시조인 平將軍 사다모리(貞盛)가 相馬의 小次郞 將門(마사카도)를 토벌한 이래로 줄곧 東8개國을 다스리며 자자손손으로 전해 내려와 **조적(朝敵)**의 謀臣을 誅罰하여 대대세세에 이르기까지 朝家의 성운을 지켜 받들었다.[5]   (권十「請文」)

고 하고 있다. 겐지(源氏)측에서 보면 당연히 〈조적〉으로 정해져 있었던 기요모리(淸盛)조차 유언의 말로써

내가 호겐(保元)·헤이지(平治) 때부터 지금까지 수 차례 **조적(朝敵)**
을 평정하여 勸賞이 몸에 넘치고 황송하게도 제왕의 조부에다 太政大臣에
이르러 영화가 자손에 이르렀다.[6]   (권六 「入道死去」)

고 회상하는 바, 기요모리(淸盛)가 발화하는 〈조적〉은 바로 요리토모(賴
朝)의 부친인 요시토모(義朝)를 가리키고 있으므로 요리토모의 유배에까
지 직접 연결되는 셈이 된다.[7]

따라서 〈선지〉를 매개로 한 〈장군〉과 〈조적〉이라고 하는 상대적인 관
계는 『헤이케 모노가타리』 본문 중에도 이야기 현재에 따라서는 각각의
항목에 해당하는 인물이 정반대가 될 수도 있는 것이다. 이와 같은 점
이 〈조적론〉으로서 『헤이케 모노가타리』 전체의 구도를 파악하고자 할
때 함께 고찰되어져야 하지 않을까? 가마쿠라(鎌倉)에 연행되기 전에
무네모리(宗盛)는

右衛門督(장남인 기요무네〈淸宗〉)는 **조적(朝敵)**을 평정하게 될 때는
장군(將軍)이 되게 하고 이 아이(차남인 요시무네〈能宗〉)를 부장군(**副將
軍**)이 되게 하였으면 하여 이름을 副將이라고 지었던 것인데……[8]
              (권十一 「副將被斬」)

라고 한탄하고 있으니 무네모리가 가슴에 품었던 자식들이 〈장군〉이 되
는 꿈은 실현되기는커녕 무네모리 부자 및 헤이케(平家)의 장손인 로쿠
다이(六代)까지 차례차례로 최후를 마감한다.

이와 같이 〈조적〉이라는 용어의 상대적 개념이 『헤이케 모노가타리』
본문의 어디쯤에서 역전되어 있는가를 극명하게 보여주는 장면으로서
승 지쓰겐(實玄)이

조적(朝敵)을 굴복시킬 기도를 하라는 명령을 내리셨다. 當世의 되는
모양을 보건대 헤이케(平家)야말로 **조적(朝敵)**으로 보인다. 따라서 이들
을 굴복시킬 기도를 하자. 무슨 처벌이 따를 리 있으랴.[9]

(권六「橫田河原合戰」)

고 말하며 원래는 요리토모(賴朝)·요시나카(義仲) 등을 조적(朝敵)으로
지목하여 그들을 굴복시키기 위해 기도를 올리기로 하였으나 스스로 판
단하여 굴복시킬 대상을 헤이케(平家) 쪽으로 변경시키고 있지만 이에
대한 처벌은 꼬리를 물고 일어나는 혼란의 와중에서 유야무야되고 있
다. 이러한 상황에서 〈조적〉＝헤이케(平家)는 기정화된 사실로 고착되
어 가는 것으로 볼 수 있다.

따라서 필자는『헤이케 모노가타리』전체 구도를 밑바탕으로 삼고 각
각의 장면에서 보이는 변화의 특이성을 동시에 포착할 수 있는 방법으
로서 〈모반〉이라는 용어에 주목하고자 하는 것이다. 〈모반〉의 용례도 〈조
적〉의 경우와 마찬가지로 회화문 중에서의 사용 빈도가 높고, 게다가
직접화법이라는 형식을 통해 등장인물의 생각을 엿볼 수 있게 하고 있
다. 그뿐 아니라 누가 〈모반〉을 발화(發話)하고 누가 수화(受話)하고 있
는지(언표행위에 해당함), 그 장면에서 〈모반〉이라는 행위는 누가 누구를
향해서 발동한 것인지(언표표현에 해당함) 등으로 세분화해서 보면 각각
의 장면에서 적용되어 있는 용어의 상대성을 보다 명확하게 포착할 수
있는 것이다.[10] 특히『헤이케 모노가타리』본문에 나오고 있는 〈모반〉
의 용례의 횟수(覺一本 53례) 및 분포도는 전체의 구성을 전망하는 데
매우 유효한 것으로 보인다. 나아가서 주요 사건에 연관된 등장인물을
통하여 〈모반〉의 발화가 어떠한 이동(異同)과 변전을 보이는가를 종합
정리함으로써 작품을 읽는 새로운 묘미를 기대할 수 있으리라 여겨진

다. 또한 등장인물과는 별도로 텍스트 내부에 있는 화자라고 하는 존재
는 〈모반〉이라는 일에 대해 어떠한 의미를 부여하고 있는가? 아울러 사
건의 체험이 화자에게 전달되는 과정을 상정하고 있는 것으로 볼 수 있
는 텍스트 내부에 있는 특정 또는 불특정한 사람들[11]은 〈모반〉에 반응
하는 표현법을 어떤 형태로 실현하고 있는가? 이와 같은 점 등을 이번
장에서 주로 살펴보고자 한다.

   다음 절부터는 〈모반〉의 용례로 들어가기 전에 우선 『헤이케 모노가
타리』의 서단(序段)에서 규정하고 있는 기요모리(淸盛) 및 헤이케(平家)
일가의 〈악행〉에 관하여 고찰하고자 한다. 그 이후에 헤이케(平家)의 〈악
행〉에 의해 초래된 것으로 해석해 읽을 수 있는 〈모반〉의 구조를 다루
고자 한다.

2. 헤이케(平家) 일가의 악행＝모반

『헤이케 모노가타리』는 「기원정사」(祇園精舍 ; 延慶本은 「平家先祖之事」)의
단을 통하여 무상관의 주제를 맨 앞에 내세우고 맨 뒤에 「간조노마키」
(灌頂卷)를 따로 설정함으로써 앞과 뒤가 서로 호응하는 형태로 편집된
것이라고 해석되어지기도 한다. 또는 헤이케(平家) 일가의 멸망의 역사
라고 하는 내용에 비중을 두어 「六代被斬」의 단에 있는 '그것에 의해서
헤이케(平家)의 자손은 영원히 끊기고 말았다'는 문장과 앞뒤를 맞춘 것
이라고도 해석되어진다. 양쪽의 해석 차이가 헤이케(平家)비와(琵琶)를
관장한 당도계(當道系) 『헤이케 모노가타리』에서의 가쿠이치본(覺一本)
과 야사카본(八坂本)의 외형상 차이를 이루는 데 상당한 정도로 작용하
였던 것으로 상상할 수 있다.[12]

   「기원정사」(祇園精舍)의 단에서 맨 처음에 나오는 〈제행무상(諸行無

常)·성자필쇠(盛者必衰)〉라는 이념이 바로 그 뒷 문장에 나오는 '교만한 사람·사나운 자'를 각별한 적용의 대상으로 연결시키고 있다고 보여진다. 그 다음에 나오는 '멀리 이조(異朝 : 중국)를 살펴보면 진(秦)의 조고 (趙高)' 이하의 이름들의 열거에는 보이지 않지만 '가까이 본조(本朝 : 일본)를 살펴보니 쇼헤이(承平)의 마사카도(將門)' 이하의 이름들에는 '교만한 마음·사나운 일'이 명시되어져 있다. 즉 마사카도(將門) 이하의 인물들은 '교만한 사람·사나운 자'로 규정되어져 있는 것이다. 그러므로 그 뒤를 잇는 기요모리(淸盛)는 '마음도 말도 이루 형언할 수 없는' '교만한 사람·사나운 자'라고 『헤이케 모노가타리』의 서단은 규정하고 있는 것이다.[13]

이에 반해 권五 「조적 집합」(朝敵揃)의 단에는 구모(蜘蛛)로부터 시작하여 20여 명의 〈조적〉이 열거되는데 그 중 마사카도(將門)·스미토모 (純友)·요시치카(義親)·노부요리(信賴)라는 이름은 「기원정사」의 단에 나오는 마사카도 이하 4명의 이름과도 일치하고 있다. 그렇다고 하면 '교만한 사람·사나운 자'와 〈조적〉과의 사이에는 어느 정도 상관관계가 성립하는 것은 아닌가라고 생각할 수 있다. 그러나 「기원정사」단의 '교만한 사람·사나운 자'가 『헤이케 모노가타리』 전체를 총괄하는 위치에 놓여져 있는 상태에서 기요모리(淸盛)를 이야기 현재로 첫 등장시키고 있는 반면에 「조적 집합」단의 〈조적〉은 요리토모(賴朝)의 거병을 알리는 파발마가 후쿠와라(福原)에 도착한 시점이라는 점에서 요리토모가 〈조적〉에 비견되어 마침내 멸망할 것이라는 헤이케(平家)측의 예단이 반영된 성격을 띠고 있다.[14]

「기원정사」단에서 '교만한 사람·사나운 자'로 규정되어진 기요모리 (淸盛), 그의 시대에 이르러 헤이케(平家) 일가가 영화를 구가하는 과정을 보이는 내용이 바로 다음 단으로 차례차례 연결되어져 있다. 「전상의 암투」(殿上闇討)・「농어」(鱸)의 단은 헤이케(平家) 일가의 영화에도 그럴만한 내력이 있기 때문에 비로소 가능하였다는 사실을 알려주고 있고 「변발」(禿髮)・「가문의 영화」(吾身榮花)・「기오」(祇王)의 단은 '교만한 사람・사나운 자'로서의 기요모리(淸盛)의 모습을 보여주는 데 부족함이 없다. 따라서 이 세 단을 시작으로 헤이케(平家)의 영화의 실상과 함께 기요모리(淸盛)에 대해 화자의 비난하는 어조가 노골화되어 있는 것이다. 그 뒤를 이어서 「2대의 황후」(二代の后)・「편액 분쟁」(額打論)・「기요미즈 불탐 및 동궁 임명」(淸水炎上 付 東宮立)의 세 단은 왕법(王法)・불법(佛法) 쇠멸의 세상 모습을 나타냄과 동시에 이것도 실은 헤이케(平家)의 전횡과 무관하지 않은 구체적인 예로서 해석할 수 있다.[15] 서단부터 시작되었던 기요모리(淸盛)에 대한 의미 규정에 의해 세상의 혼란한 모습이 초래되기에 이르렀다고도 말할 수 있다.

그리하여 결국 그 다음 단 「전하와의 합승」(殿下乘合)에 들어가면, 손자인 스케모리(資盛)의 치욕을 씻는다 하여 기요모리(淸盛)가 당시의 섭정인 후지와라 모토후사(藤原基房)에게 행패를 부리고 있다.[16] '이것이야말로 헤이케(平家)의 악행의 시작이다'라고 화자는 탄식하고 있고, 실제로『헤이케 모노가타리』본문에서 처음으로 보이는 〈악행〉의 용례가 되고 있다. 그것도 '헤이케(平家)의 악행'이라고 하는 표현이『헤이케 모노가타리』에 나오는 이하의 용례에도 일종의 상투어구처럼 사용되어 헤이케(平家)=〈악행〉과 같은 인상을 심어주고 있다. 그러면 〈악행〉의 실태는 '교만한 사람・사나운 자'=기요모리(淸盛)에게 원천적인 책임이 과부족함 없이 짊어지워져 있음에도 불구하고 '기요모리의 악행'이 아니라 '헤이케의 악행'으로 되어진 이유는 무엇일까?『헤이케 모노가타리』에 나오는 〈악행〉의 두 번째 용례는 대명신(大明神)의 목소리로 나타난다.

네가 아느냐, 잊었느냐, 어느 수행승으로 하여금 말하게 한 일을. 오직
악행이 있으면 (영화를) 자손까지는 누리지 못할 것임.[17]

(권三「大塔建立」)

이 신탁(神託)은 기요모리(淸盛)가 이쓰쿠시마(嚴島)신사(神社)의 대명
신(大明神)으로부터 조정을 구할 작은 칼을 수여받으면서 들었던 예언인
데, 비록 가정의 형태이기는 하지만 기요모리(淸盛)의 〈악행〉이 자손에
까지 그 죄를 묻게 된다고 하는 사실이 『헤이케 모노가타리』의 표현으
로서 일찍부터 받아들여져서 '헤이케의 악행'이라는 문구로 고정되어 나
타난 것으로 보여진다.

그렇지만 같은 헤이케(平家) 일가 중에서도 시게모리(重盛)의 존재는
기요모리(淸盛)의 〈악행〉에 대한 제동장치의 역할을 하는 한편, 누구보
다 먼저 헤이케의 멸망을 예지하고 있는 점에서도 주목되어진다.

當家는 호겐(保元) · 헤이지(平治) 이래로 줄곧 수 차례 조적(朝敵)을
진압하여 勸賞이 분수에 넘쳐 황송하게도 一天의 君의 외척으로서, 일족
의 승진이 60여 명. 20여 년이 지나도록 풍족함에 겨워 무어라 말할 것이
없음에도 入道(기요모리〈淸盛〉)의 **악행**이 초과함에 의해 일가의 운명이
이제 끝나려 하는구나.[19]   (권三「無文」)

라고 일가가 한창 영화를 누리고 있을 때 망할 것을 걱정하고, 이를 고
민하던 끝에 갑자기 사망한 것으로 되어 있다.

시게모리(重盛)의 죽음을 기다리고나 있었다는 듯이 〈헤이케의 악행〉은
공경(公卿) 해임 → 고시라카와(後白河)원(院) 유폐 → 후쿠와라(福原) 천
도로 점점 그 정도가 심화하였고 그 때마다 등장인물(모토후사〈基房〉 · 조
켄〈靜憲〉법인〈法印〉) 혹은 화자에 의해 '헤이케의 악행'이 발화되고 있다.

헤이케(平家)의 악행이 없었으면 오늘 이같은 상서로운 징조를 어찌 뵐
수 있었을까.[19]   (권三「大臣流罪」)

어떤 일에도 한계가 있는 법이니 헤이케(平家)가 풍족에 겨워하기를 이
십여 년, 그렇지만 악행이 법에 지나쳐 이제 멸망하려고 한다.[20]
                                                              (권三「法皇被流」)

무릇 헤이케(平家)의 악행에 있어서는 극에 달하였다.[21](권五「都遷」)

이제 〈헤이케의 악행〉은 일가의 영화를 극에 달하게 하는 단계에서
멈추지 않고 귀족이건 법황(法皇)이건 가리지 않고 무시하면서 실질적인
왕권에 준하는 권력을 마음대로 행사하여 일반 서민에게까지 직접적인
피해를 끼치기에 이르렀다. 『헤이케 모노가타리』의 등장인물 혹은 화자
는 정당화될 수 없는 권력 행사에 대해서 그것을 '헤이케의 악행'이라
발화하고 자기 나름의 비판적인 자세를 취하고 있다. 그럼에도 불구하
고 이 단계에서 〈헤이케의 악행〉에 대항할 만한 현실적인 힘은 미약하
여, 판동(坂東 : 일본의 동쪽 지방)에 웅거하고 있던 무사들의 무력에 의지
할 수밖에 없었던 것으로 보여진다.[22]
『헤이케 모노가타리』 12권의 중간쯤에 위치한 기요모리(淸盛)의 죽음
후, 〈헤이케의 악행〉은 헤이케 일가의 전혀 예상치 못했던 급격한 몰락
과 함께 그것을 실행할 방도를 상실한 것으로 보인다. 그렇지만 〈헤이
케의 악행〉은 기요모리(淸盛)의 죽음 후에도 여전히 발화되어지고 있다.
다만 쇠멸하는 헤이케(平家)를 벌하는 죄목으로써 이용된다고 하는 점이
이전과는 다른 양상을 보이고 있다. 화자에 의해(권六「祇園女御」·권八「名
虎」 등), 요시나카(義仲)에 의해(권七「木曾山門牒狀」), 산문(山門)의 대중
(大衆)에 의해(권七「返牒」) 발화되어지는 '헤이케의 악행'은 헤이케의 영
화를 나타내기는커녕 도리어 헤이케의 비운을 재촉하고 헤이케를 멸망

으로 몰아가는 일에 유효성을 확보하게 된다. 〈헤이케의 악행〉을 비판
하는 등장인물에 의해 발화되어진 용례가 기요모리(淸盛)의 죽음 후, 이
윽고 〈헤이케의 악행〉에 대한 처벌에 참가하는 등장인물의 발화로 바뀌
는 것이다.

　여기서 시점을 다시 돌려보면 『헤이케 모노가타리』의 전반부에서 보
여지는 〈헤이케의 악행〉에는 법황(法皇) 유폐·후쿠와라(福原) 천도라는
사건 뒤에 나라(奈良) 방화가 당연히 거론되어져야 하겠지만 권五「나라
불탐」(奈良炎上)의 본문에는 천하 쇠미를 한탄하는 비평문이 붙은 채로 직
접 〈헤이케의 악행〉 운운하는 용례는 보이지 않는다. 그 후 권六「기요
모리의 죽음」(入道死去)의 단에서 기요모리(淸盛)가 심한 열 때문에 죽게
되는 것이 방화에 대한 처벌이라고 기요모리의 처 니이도노(二位殿)가
꾼 꿈의 계시를 통해 간접적으로 설명되어져 있다. 그렇지만 기요모리
(淸盛)의 죽음이 〈헤이케의 악행〉을 완전히 보상하는 것으로는 보이지
않고, 따라서 나라(奈良) 방화의 벌을 받아 죽는다는 것과 직접 연결시
키기에는 상당한 간격이 있는 것으로도 보인다.

　나라(奈良) 방화의 책임을 온몸에 안은 채 처벌당하는 인물은 기요모
리(淸盛)보다는 시게히라(重衡) 쪽에 중점이 주어져서 『헤이케 모노가타
리』 권十의「계문」(戒文)·「바닷길 하향」(海道下)·「센주노마에」(千手前)
세 단은 소위 〈시게히라(重衡) 이야기〉를 성립시키고 있다.[23] 그 속에서
시게히라(重衡) 자신은 '중도(衆徒)의 악행'을 진압하려 했던 결과로 예
상치 못하게 나라(奈良) 방화의 죄를 범하고 말았던 것이라고 호넨(法然)
상인(上人)과 요리토모(賴朝)를 향해 두 번이나 자기 변명을 늘어놓고
있다. 그럼에도 나라(奈良) 대중(大衆)의 처분이라는 형태로 시게히라(重
衡)는 처형되고

생전의 **악행**은 그렇다 하더라도 지금의 모습을 바라봄에 수천 명의 대
중(大衆)과 수호하는 무사들이 모두 눈물을 흘리고 말았다.[24]

(권十一「重衡被斬」)

고 하여 『헤이케 모노가타리』의 화자는 시게히라(重衡)가 저지른 나라
(奈良) 방화의 〈악행〉을 확인시킨 후에 동정의 눈물을 뿌리고 있다.
　한편 헤이케(平家)에 한정되었던 〈악행〉의 용례가 기요모리(淸盛)의
죽음 후 상경한 요시나카(義仲)에게도 적용되어

　　기요모리(淸盛)公은 대단한 **惡行人**이었지만 희대의 **大善根**을 이루었으
　　니 세상을 평온하게 20여 년 지탱하였던 것이다. **악행**만 가지고 세상을
　　지탱할 수는 없는 터이거늘.[25]　　　　　　(권八「法住寺合戰」)

이라고 전(前)섭정인 모토후사(基房)가 요시나카(義仲)를 향하여 대신들
에 대한 해임조치를 훈계하고 있다. 〈헤이케의 악행〉이 현실적인 가능
성을 상실하였던 시점에서 요시나카(義仲)에게 헤이케(平家)를 능가하는
〈악행〉이 이전되어 있는 점이 헤이케의 멸망에 앞서서 요시나카를 멸망
으로 이끄는 사전장치로서 기능하고 있는 것이다.

3. 기요모리(淸盛)가 발화하는 모반의 패러독스

　일반적으로 『헤이케 모노가타리』는 헤이케(平家) 일가의 멸망의 과정
을 묘사한 것으로 일컬어지지만, 그 멸망을 가져온 전제로서 '교만한 사
람·사나운 자' 기요모리(淸盛)로부터 시작하여 〈헤이케의 악행〉이 도를
지나쳤다고 하는 언표표현이 『헤이케 모노가타리』의 거의 전권에 걸쳐
행해지고 있는 점은 앞 절에서 이미 살펴본 바 있다.[26] 또한 〈악행〉이라

고 규정되었기 때문에 결국 왕법(王法)·불법(佛法)을 위반하였다고 하는 일로 해서 그 벌을 받아 헤이케(平家)는 멸망하지 않으면 안 되었던 것이다. 그리고 헤이케(平家)의 〈악행〉과 멸망 사이에는 소위 〈불력(佛力)·신력(神力)〉이 『헤이케 모노가타리』 본문의 도처에서 간절히 염원되고 있고 그 영험이 구현하는 예화(例話)도 많다.[27]

그러나 헤이케(平家)의 〈악행〉에 반발하여 그 무력과 정면대결하여 승리를 거두어 현실적으로 헤이케를 멸망으로 몰고 가는 것은 시시노타니(鹿谷) 음모 → 모치히토(以仁)왕(王)의 거사 → 요리토모(賴朝)의 거병이라고 하는 일련의 사건들을 통해서다. 즉 헤이케(平家)의 〈악행〉을 전제로 한 위에 그것을 멸망으로 귀결하는 과정에 세 개의 사건이 차례차례로 엮어져 간다고 하는 것이 『헤이케 모노가타리』 전반부(권一~권六)의 구성이다. 이러한 세 개의 사건의 성격은 타도 헤이케(平家)를 지향하고 있는 점에서 공통점을 보이고 있고, 『헤이케 모노가타리』의 표현으로서 〈모반〉이라는 말이 헤이케 측에게도 반(反)헤이케 측에게도 구별없이 발화되어 〈모반〉=타도 헤이케를 의미하는 것은 아닌가 할 정도로 두드러져 보이는 특징을 이루고 있다.

헤이케(平家)의 〈악행〉을 '악행'이라고 발화하는 일은 시게모리(重盛)의 경우를 제외하고는 거의가 반(反)헤이케의 입장에서 행동하는 등장인물에 집중되어져 있다.(이는 화자도 포함된다) 또한 그 반면에 헤이케(平家)의 〈악행〉에 대항해서 타도 헤이케를 실행하는 행위를 가리켜 '모반'이라고 말하고, 그것도 기요모리(淸盛)를 비롯한 헤이케 일가에 의해 태연하게 발화되어진다. 그뿐 아니라 타도 헤이케(平家)를 실행하는 반(反)헤이케 측의 인물에 의해서도 '모반'이라는 말이 통용되고 있는 것이다.

이러한 사용법이 그대로 헤이케(平家)=〈악행〉·반(反)헤이케=〈모반〉으로서 2분화될 수는 없다. 그보다는 ① '교만한 사람·사나운 자'=기요모리(淸盛) ②헤이케＝〈악행〉＝멸망을 합성하여 헤이케의 〈악행〉＝〈모반〉으로 되는 것이 헤이케 일가에 적용되어진 『헤이케 모노가타리』의 대전제일 것이다. 그러한 연장선 위에서 『헤이케 모노가타리』의 보기 드문 특징으로서의 반(反)헤이케＝〈모반〉의 구조는 실질적인 왕권을 수중에 넣은 헤이케＝〈악행〉의 구조에 의해 왜곡되어진 이야기 현실이 그대로 『헤이케 모노가타리』의 표현에 반영되어진 결과라고 해석할 수 있는 것이다.

　그 구체적인 예를 살펴보자면, 우선 〈헤이케의 악행〉의 시작으로 규정되었던 「전하와의 합승」(殿下乘合)의 바로 뒤에 「시시노타니」(鹿谷)의 단이 설정되어 타도 헤이케를 지향하는 첫 번째 사건이 일어나게 된다. 시시노타니(鹿谷) 음모의 주모자들의 동정이 자세히 묘사되고 그 중 한 사람인 슌칸(俊寬)을 소개하는 가운데 '성질도 사납고 교만한 사람'이라고 하고 있는 대목이 눈에 띈다.(권一「俊寬沙汰 鵜川軍」)『헤이케 모노가타리』의 서단에서 기요모리(淸盛)에게 붙여졌던 어구와 거의 같은 표현이 반(反)기요모리의 움직임에 발을 내디딘 슌칸(俊寬)에게도 붙여져 일견 서로 모순되는 것으로도 보인다. 슌칸(俊寬) 개인의 사람됨 때문이라면 이는 사건 후 기카이가시마(鬼界島)에 유배당해서도 명신(神明)을 불신하고(권二「康賴祝言」)[28], 사면이 내려져 교토(京都)로 돌아가는 나리쓰네(成經) 등에게 버림을 받아 큰 소란을 피우고(권三「足摺」), 혼자 남겨진 뒤에는 심신이 극도로 쇠약해지고(권三「有王」), 일가의 비참한 소식을 듣고 마침내 단식하여 스스로 생애를 마감해 버리는(권三「僧都死去」) 그의 의지와 행동에 직결될 수도 있다.

　그러나 오로지 슌칸(俊寬) 개인에게 한정되어진 인물 평가가 '성질도 사납고 교만한 사람'이라고 말했다고 하기보다는 슌칸을 포함하여 시시노타니(鹿谷) 음모에 가담한 사람들을 그다지 긍정적으로 평가하고 있지 않은 『헤이케 모노가타리』의 표현의 한 단면이라고 보는 것이 훨씬 타당한 것으로 여겨진다. 헤이케(平家)·반(反)헤이케를 불문하고 '성질도 사납고 교만한 사람'은 〈성자필쇠〉의 이념이 적용되어지는 가장 합당한 대상이 되어 반(反)헤이케 측에 속한 슌칸(俊寬)이라 하더라도 멸망으로 향한 운명은 피할 수 없는 것이다. 그 점은 슌칸(俊寬) 및 시시노타니(鹿谷) 음모자들이 바라고 있던 소기의 목적이 헤이케(平家) 일가에 의해 박탈당했다고 생각하는 출세와 영화를 되찾는 일에 있었다는 사실을 「시시노타니」의 단 이하 「이치교 아자리의 일」(一行阿闍梨之沙汰)의 단 까지의 기사 내용이 두드러지게 보여주고 있다.[29] 다만 헤이케(平家) 일가만큼의 영화를 누릴만한 혜택을 받지 못하였으므로 그들에게 〈악행〉이라는 말이 적용되지 않은 것은 어쩌면 당연하다.

시시노타니(鹿谷) 음모에 가담한 사람들에 대한 부정적 평가와는 별개의 각도에서 살펴보자면, 유키쓰나(行綱)의 밀고에 의해 그 사실을 알게 된 기요모리(淸盛)는

> 當家를 무너뜨리려고 하는 **모반**의 무리가 京中에 득실거린다고 한다. 一門의 사람들에게 알리도록 하라. 무사들을 불러들이라.[30]
>
> (권二「西光被斬」)

고 사다요시(貞能)에게 명령하고 나리치카(成親)·슌칸(俊寬)·사이코(西光) 등을 차례로 체포케 한다. 그리고 기요모리(淸盛) 스스로 사이코(西光)를 심문하면서

> 원래부터 너희들과 같은 하급 관리의 말단을 君이 불러들여 인재로 등용하시어 주지 말아야 될 관직을 주시고 부자가 함께 과분한 처신을 한 것에 더하여 잘못도 하지 않은 天台座主를 流罪로 아뢰어 행하여 천하의 대사

를 만들어 내고, 하물며 우리 일문을 망하게 하려는 **모반**에 한 통속이 되
었다고 하는 놈이다. 있는 대로 아뢰렸다.[31]   (권二「西光被斬」)

고 몰아세운다. 사이코(西光)는 이에 대해 오히려 기요모리(淸盛)의 과
분한 출세를 거론하여 반문하고, 기요모리는 격노하여 사이코를 참살한
다. 그 후 나리치카(成親)의 장남인 나리쓰네(成經)를 구명하려고 하는
아우 노리모리(敎盛)를 향하여 기요모리(淸盛)는

    만약 **모반**이 제대로 성공하였다면 너는 아주 평온하게 있을 수 있었겠
    느냐.[32]   (권二「少將乞請」)

고 말하고 마침내 고시라카와(後白河)원(院)을 유폐할 것을 결의한 시점
에서 시게모리(重盛)와 대면하여

    나리치카(成親)卿의 **모반**은 대수로운 일이 아니다. 바로 법황(法皇)이
    계획하신 일이 아니겠는가.[33]   (권二「敎訓狀」)

라고 단정한다. 시게모리(重盛)의 죽음 후, 고시라카와(後白河)원(院)유
폐를 실행하기 직전에는

    新大納言 나리치카(成親)卿 이하, 시시노타니(鹿谷)에서 서로 만나 **모
    반**의 기도가 있었던 일은 전적으로 사사로운 계략이 아니다. 바로 君의 허
    용하심이 있음에 의해서이다.[34]   (권三「法印問答」)

라고 고시라카와(後白河)원(院)이 파견한 조켄(靜憲)법인(法印)을 몰아붙
이고 있다.

이러한 일련의 기요모리(淸盛)의 발화를 통하여 헤이케(平家)를 무너

뜨리려고 하는 일을 〈모반〉이라 하여 그것을 일가의 자식과 부하들에 한하여 들려주는 데 그치지 않고 시시노타니(鹿谷) 음모의 주동자들을 향해서도 당당히 진술하고 있음을 알 수 있다. 따라서 그들의 처벌은 지극히 당연한 일이 되어 가는 것이다. 더욱이 시시노타니(鹿谷) 음모 =〈모반〉을 기획하였던 원신(院臣)들의 그늘에는 고시라카와(後白河)원 (院)의 묵인 이상의 무언가가 있다고 하여 고시라카와원의 〈모반〉을 또 한 처벌하기에 이르는 것이다.[35]

이와 같이 기요모리(淸盛)로서는 자기 나름의 명분이 세워져 있고 특 히 시시노타니(鹿谷) 사건에 대해서는 〈모반〉의 용례를 전후로 한 그의 발언이 점점 확신과 과격성을 띠는 것으로 되어 있다. 그 결과 법황(法 皇) 유폐·수도 천도를 감행할 정도의 권력을 손에 쥐는 구실로서 고시 라카와(後白河)원(院)의 〈모반〉이 기요모리(淸盛)의 명분을 뒷받침하는 일로 이용당한다. 실질적 왕권을 행사할 수 있는 포스트에 위치한 고시 라카와(後白河)원(院)이 〈모반〉에 연루되어 있다고 하는 것이 시시노타 니(鹿谷) 음모와 그 처리를 둘러싸고 기요모리(淸盛)가 발화하는 〈모반〉 의 패러독스이다. 또한 기요모리(淸盛)의 발화가 역설의 논리라는 이유 때문에 시시노타니(鹿谷) 사건 이후, 『헤이케 모노가타리』에 있어서 〈모 반〉이 속출하는 것은 당연한 이치로서 예상되어지는 것이다.

그러나 기요모리(淸盛)의 패러독스 이전에 시시노타니(鹿谷) 음모를 〈모 반〉이라고 발화했던 인물이 있다. 그 음모에 동참한 후, 변심하는 유키 쓰나(行綱)의 내적 독백으로서[36]

그러나 비밀스런 준비는 여러 가지로 되었다지만, 허세만으로는 이 **모반** 이 감당할 수 있을 것으로 보이지 않으니[37]　　(권二「西光被斬」)

라고 하여 성공의 가능성이 보이지 않는 음모를 〈모반〉으로 판단하여
밀고해 버리는 것이다. 또한 음모자를 색출하는 험한 분위기에 편승하
여 고시라카와(後白河)원(院)의 어소로 쳐들어가려고 하는 기요모리(淸
盛)를 제지하여 시게모리(重盛)는

> 그렇다 하더라도 우리 운이 끝나지 않음에 의해 **모반**이 이미 발각되었
> 습니다. 게다가 (고시라카와〈後白河〉원〈院〉이) 말씀을 함께 하시는 나리
> 치카(成親)를 불러 붙잡아 놓은 이상은 설혹 그 어떠한 불미한 마음을 갖
> 게 되신다 하더라도 하등의 두려움이 있사옵니까.[38]   (권二「敎訓狀」)

라고 말하여 일단은 고시라카와원까지를 〈모반〉의 동참자로 인정하는
한편으로 이미 진압되어가고 있는 상대측의 거동을 〈모반〉으로 추인하
고 있다. 즉 시시노타니(鹿谷) 사건을 〈모반〉시하고 있는 일은 기요모리
(淸盛) 한 사람에 한정되지 않고 헤이케(平家)측에 의한 패러독스로 확
대되고 있는 것이다.

그렇지만 헤이케(平家)측에 의한 〈모반〉의 발화가 패러독스라는 사실
을 알게 해 주는 증거로서 기요모리(淸盛)와 시게모리(重盛) 부자의 두
번에 걸친 대화 장면을 살펴볼 필요가 있다. 나리치카(成親)를 구명하려
고 하는 시게모리(重盛)의 "이는 이렇다 할 조적(朝敵)도 아닙니다. 여러
가지로 신중해야 합니다."(권二「小敎訓」)라고 하는 설득을 기요모리(淸
盛)가 받아들이고 있다. 또 "군(君)과 신(臣)이 함께함에 친소(親疎)를 나
눌 수는 없습니다. 도리와 그릇됨이 서로 다툰다면 어찌 도리에 따르지
않을 수 있습니까."(권二「小敎訓」)라고 하면서 시게모리(重盛)가 간언하
여 고시라카와(後白河)원(院)에게 쳐들어가려는 기요모리(淸盛)의 결의를
누그러뜨리고 있다.[39] 이 장면에서 기요모리(淸盛)와 시게모리(重盛)와
의 사이에는 단순한 부자의 정을 넘어선 논리상의 속셈이 서로 통하고

있는 것으로 보여진다.

따라서 기요모리(清盛)가 발화하는 〈모반〉의 패러독스가 시시노타니
(鹿谷) 사건을 정리하는 단계에서는 아직 그의 실질적인 〈모반〉 행위가
곧바로 실행되고 있지는 않다. 실행의 전(前)단계로서 기요모리(清盛)에
게 이의를 제기하는 시게모리(重盛)의 명분이 있고, 기요모리의 패러독
스가 이에 대해서 일단 침묵하고 있는 것이다. 그러나 오래 지나지 않
아서 기요모리(清盛)의 패러독스=〈악행〉=멸망을 염려하는 시게모리
(重盛)의 죽음이 있고 그 후 기요모리의 패러독스는 이전보다 과격성을
띠면서 행동화하는 것으로『헤이케 모노가타리』는 구성되어져 있다.

4. 슌칸(俊寬)·요리마사(賴政)·요리토모(賴朝)의 모반

시시노타니(鹿谷) 사건을 〈모반〉이라고 발화하는 기요모리(清盛) 이하
헤이케(平家) 측의 패러독스를 그대로 타도 헤이케를 목표로 한 반(反)
헤이케 측의 인물이 자신의 행위를 가리켜 〈모반〉이라고 발화하고 있는
점이『헤이케 모노가타리』전체의 구조가 〈모반〉이라고 하는 키워드로
포착될 수 있는 중요한 요소가 되고 있다. 더욱이 이는 시시노타니(鹿
谷) 사건 → 모치히토(以仁)왕(王)의 거사 → 요리토모(賴朝)의 거병이라고
하는 3대 사건을 통해서 공통으로 보여지는 현상일 뿐만 아니라, 사건
의 주동자격에 해당하는 등장인물의 발화에 의해 행해지고 있는 것이
다. 그 대신에 모치히토(以仁)왕(王)의 거사 이후의 시점에 있어서 헤이
케(平家) 측이 반(反)헤이케 측의 도발을 〈모반〉이라고 발화하는 용례는
이제 보이지 않는다. 반(反)헤이케 측이 스스로 〈모반〉이라고 발화하는
상황이라면 헤이케 측이 무리하게 〈모반〉의 패러독스를 펼칠 이유가 없
기 때문이다.[40]

우선 시시노타니(鹿谷) 사건 당시 기카이가시마(鬼界島)에 유배당한 후 사면에서 홀로 제외되어 크게 소란을 피우는 슌칸(俊寬)이 나리쓰네(成經)에게

> 슌칸(俊寬)이 이렇게 되었다고 하는 것도 자네 부친 故大納言殿의 변변치 못한 **모반** 때문이다.[41]   (권三「足摺」)

고 외치고 있다. 지금은 고인이 되고 만 시시노타니(鹿谷) 음모의 주동자 중 한 사람인 나리치카(成親)를 원망하는 슌칸(俊寬)의 참담한 언동으로부터 새삼스럽게 헤이케(平家)의 〈악행〉을 바로잡으려는 원래의 결의와 같은 것은 전혀 보이지 않는다. 단지 지금까지보다 더 불우한 처지가 되고 만 예상 밖의 고난에 좌절하여 무모하고 보잘 것 없는 〈모반〉에 가담했던 자신의 잘못을 가슴을 쥐어짜며 후회하는 것이다. 나리쓰네(成經)도 이에 대해서는 공허한 말로 슌칸(俊寬)을 위로할 뿐으로 슌칸도 나리쓰네도 〈모반〉의 실패를 어쩔 수 없이 받아들이는 하나의 전형을 보이는 데 그치고 있다.[42]

그 후 걸인과 같은 모습으로 초췌해진 슌칸(俊寬)을 찾아와서 교토(京都)에 남겨져 있던 가족의 소식을 전하는 아리오(有王)의 말로서

> 君(슌칸〈俊寬〉)이 西八條로 나가신 뒤에 오래 되지 않아 붙잡아 갈 官人들이 들어와 댁내의 사람들을 붙잡아들여 **모반**하신 경위를 심문하여 끝내 돌아가시고 말았습니다.[43]   (권三「僧都死去」)

라고 하고 있다. 그 내용은 실패한 〈모반〉의 보복이 얼마나 두려운 것인가를 깨닫기에 충분할 뿐만 아니라 부하인 아리오(有王)가 슌칸(俊寬)을 상대로 〈모반〉이라고 발화하고 있는 말의 사용법으로부터 슌칸 일당

의 〈모반〉이 반(反)헤이케(平家) 측의 발화로서 고착되어 가는 과정을 또한 상상할 수 있게 한다. 즉 기요모리(清盛)의 입장에 편중하여 시작되었던 〈모반〉의 발화가 헤이케(平家) 측의 사람들에게 확대되고 이야기상의 비중이나 신분상의 구별없이 이제는 반(反)헤이케 측에게 전파되어진다고 하는 상황을 『헤이케 모노가타리』의 모반의 구조가 조성해가고 있는 것이다.

타도 헤이케(平家)를 지향한 두 번째 사건인 모치히토(以仁)왕(王)의 거사는 기요모리(清盛)가 고시라카와(後白河)원(院)을 유폐시키고 기요모리의 외손에 해당하는 안토쿠(安德)천황이 즉위한 후에 일어난다. 왕위 계승의 가능성으로부터 한 발 더 멀어졌다고 생각한 모치히토(以仁)왕(王)을 전면에 내세워 헤이케(平家)와 무력 충돌을 결의하는 요리마사(賴政)는 모치히토(以仁)왕(王)을 향하여

當世의 되어 가는 모습을 살피건대, 겉으로는 복종하는 체 하고 있지만 다들 속으로는 헤이케(平家)를 시기하지 않는 사람이 없습니다. **어모반(御謀反)**을 일으키셔서 헤이케를 망하게 하고 법황(法皇)의 기약도 없이 도바(鳥羽)殿에 감금되어져 계신 마음을 또한 편안케 해드리고 君(모치히토〈以仁〉왕〈王〉)도 位에 오르셔야만 합니다.[44]   (권四「源氏揃」)

라 말하여 영지(令旨 ; 여기서는 왕자의 명령)를 내릴 것을 건의하면서 각 지방에 있는 겐지(源氏)를 헤아리는 중에

攝津國에는 多田藏人 行綱가 있기는 합니다만 新大納言 나리치카(成親)卿의 **모반** 때 한 마음을 먹었다가 변절을 하였던 도리를 모르는 사람이오니 말할 필요가 없습니다.[45]   (권四「源氏揃」)

라고도 말하고 있다.

시시노타니(鹿谷) 사건을 나리치카(成親)의 〈모반〉이라고 발화하고 있는 점에서 헤이케(平家) 측의 〈모반〉의 발화가 반(反)헤이케 측의 인물에게도 그대로 받아들여지고 있는 사실을 확인할 수 있다. 그러나 모치히토(以仁)왕(王)을 설득하는 요리마사(賴政)의 말에는 헤이케(平家) 측의 패러독스의 논리를 간파해 버린 안목이 엿보이고 반(反)헤이케 측의 〈모반〉의 이면에는 헤이케 측의 〈악행〉이 전제되어 있고 민심은 이미 헤이케를 떠났다고 지적하고 있다. 따라서 똑같이 타도 헤이케(平家)를 목표로 하였다고는 하지만 사건 후 유배지에서 후회의 눈물을 흘리면서 발화하였던 슌칸(俊寬)의 〈모반〉과 요리마사(賴政)의 〈모반〉은 서로 성격을 달리하고 있다. 사건 전에 성공할 수 있는 가능성을 예상하면서 모치히토(以仁)왕(王)에게 '어모반'(御謀叛)을 일으킬 것을 설득하는 요리마사(賴政)의 〈모반〉의 발화는 어느 쪽이냐 하면 반(反)헤이케(平家) 측의 주체적인 것이다. 상황에 의한 표현은 헤이케(平家) 측의 발화를 받아들이고 있지만, 요리마사(賴政)가 발화하는 〈모반〉의 의미는 이전까지의 헤이케의 논리 체계를 타파하려고 하는 방향성을 싹틔우고 있는 것이다.

그렇다고는 하지만 모치히토(以仁)왕(王)·요리마사(賴政)의 거사는 가능성만을 엿보이게 했을 뿐 현실로는 오래 끌지 못하고 헤이케(平家)의 무력에 진압당하고 만다. 헤이케(平家)의 추격이 모치히토(以仁)왕(王)의 어소에 향하여졌을 때, 요리마사(賴政)로부터의 급보로서

> 君의 御謀反이 이미 발각되셔서 土佐畑으로 유배보내셔야 한다고 하여 官人들이 맞이하러 갑니다.[46]   (권四「信連」)

라고 재차 요리마사(賴政)가 '어모반'을 발화한다. 그렇지만 실패를 목전에 둔 이번의 발화는 이에 앞서 후회의 감정을 섞었던 슌칸(俊寬)의 〈모반〉과 상통하는 느낌을 담고 있다. 요컨대 요리토모(賴朝)가 한 〈모반〉의 발화는 헤이케(平家) 측의 패러독스의 논리와 무력의 현실을 동시에 타파하는 일에는 역부족으로서 가능성과 실패 사이에서 동요하고 있는 것이다.

시시노타니(鹿谷) 음모 → 모치히토(以仁)왕(王)의 거사가 실패로 끝나고 타도 헤이케(平家)를 지향하는 세 번째 사건이 요리토모(賴朝)의 거병으로 발전할 당시에, 반(反)헤이케(平家)를 기치로 내거는 일은 여전히 죽음을 무릅쓴다는 각오가 요구되었을 것이다. 동시에 성공을 보장할 무엇인가가 지금에 와서 더욱 절실하게 되었을 것이다. 그 당시에 판동(坂東)의 겐지(源氏)들에게는 이미 모치히토(以仁)왕(王)이 내린 영지(令旨)가 돌고 있었다. 타도 헤이케(平家)를 기치로 내건 명분으로서는 다시없이 좋은 명령서인 것이다.[47]

그럼에도 불구하고 요리토모(賴朝)가 몬가쿠(文覺)의 권유에 의해 거병을 결의하는 장면에 있어서도 몬가쿠와 요리토모는 자신들이 일으키려고 하는 행위를 가리켜 '모반'이라고 하고 있다. 헤이케(平家) 측의 전횡에 의해 세워졌던 패러독스의 논리가 다시 몬가쿠(文覺)와 요리토모(賴朝)에 의해 수정없이 받아들여진 외형을 보이고 있다. 요리토모(賴朝)가 장군이 될 관상을 가졌다고 하며 요리토모의 부친 요시토모(義朝)의 해골을 제시하면서 요리토모의 거병을 선동하는 몬가쿠(文覺)로서도 사건의 중대성에 비추어 자신이 유배당한 이유인 권진장(勸進帳 : 불사 시주금) 강요 정도의 일이 아님을 숙지하였던 것이다. 이에 대해 요리토모(賴朝)의 '모반'의 발화는 자신이 유배의 몸인 사실을 구실로 앞세우고 있는 것으로 보여진다.

모치히토(以仁)왕(王)의 영지(令旨)가 돌고 있을 때, 타도 헤이케(平家)
의 명분은 충분히 주어진 셈이지만, 이에 호응해서 거병하기까지에는
상당한 준비가 필요함에도 불구하고 모치히토왕의 거사는 오래 버티지
못하고 진압당하고 말았다. 요리토모(賴朝)의 계산으로는 원인무효가 될
지도 모르는 모치히토(以仁)왕(王)의 영지(令旨)의 효력을 재생시킨다는
점과 20년 이상 계속되고 있던 유배의 형벌로부터 사면을 받고 그 위에
겐지(源氏)의 동량으로서 판동(坂東)의 겐지(源氏)를 통솔할 자격을 얻어
낸다고 하는 난점을 일거에 해결할 수 있는 방법으로서 고시라카와(後白
河)원(院)의 원선(院宣)이 연구되어졌다고도 보여진다.[48] 이와 같이 모치
히토(以仁)왕(王)의 영지(令旨) → 몬가쿠(文覺)의 권유 → 고시라카와(後白
河)원(院)의 원선(院宣) → 요리토모(賴朝)의 거병의 과정에서 모치히토왕
의 영지(令旨)와 고시라카와원의 원선(院宣)이 중첩되어져 있다. 그 이유
로는 전성기를 구가하고 있는 헤이케(平家)에 대해 〈모반〉을 일으킨다고
하는 불리한 조건을 해소하고, 나아가 판동(坂東)의 겐지(源氏)들을 이끌
어서 헤이케의 실질적 〈모반〉을 평정한다고 하는 외형 갖추기를 공식화
하기 위한 요리토모(賴朝)의 착상이 기능하였기 때문으로 여겨진다.

거병의 단계에서 보였던 요리토모(賴朝)의 〈모반〉의 발화는 후지가와
(富士川) 전투에서 승리를 거둔 이후, 전국(戰局)을 유리하게 이끌어 가
는 단계에 이르러서는 타도 헤이케(平家)를 의미하는 〈모반〉의 발화가
요리토모의 입을 통해 행해지는 용례는 보이지 않는다. 겐지(源氏) 측으
로서는 요리토모(賴朝)의 뒤를 이어서 거병한 요시나카(義仲)의 발화로
서 요리토모의 거병을 가리켜 '모반'이라고 칭하고 있는 것이 유일한 것
으로 꼽을 수 있다.(권六「廻文」) 그러나 그것은 요시나카(義仲)가 자신
의 거병에 대한 새로운 각오를 나타내는 외에 요시나카의 요리토모(賴
朝)에 대한 라이벌 의식이 그렇게 말하게 하였다고도 보여진다. 요시나

카(義仲)의 거병, 그리고 기요모리(淸盛)의 죽음 이후 '사방에 선지(宣旨)
를 발령하여 각 지방에 원선(院宣)을 내려보내도 원선과 선지를 모두 헤
이케(平家)의 명령으로만 짐작하여 이에 따르려는 자가 없었다'(권六「橫
田河原合戰」)고 하는 상황으로 급변하여 헤이케를 타도해 가는 외형의
과정에서 동시에 요리토모(賴朝)와 요시나카(義仲)와의 주도권 쟁탈이
본격화되는 것이다.

　반(反)헤이케(平家) 측의 교토(京都)로의 진군에 앞서서 요리토모(賴朝)
는 요시나카(義仲)에 대해

　　지금에야말로 이런 식으로 말하지만 틀림없이 요리토모(賴朝)를 치라는 명
　　령, (즉) **모반**의 기도가 있다고 말하는 자가 있다.[49] (권七「淸水冠者」)

고 하여 요시나카에 대하여 기선을 제압하려는 계책을 시도한다. 타도
헤이케(平家)가 아직 실현되기 이전에 요리토모(賴朝)는 지금까지 헤이
케에 향하고 있던 〈모반〉의 풍향이 자신 쪽으로 변할 것을 의심하여 그
가능성을 안고 있던 요시나카(義仲)를 견제하려고 하는 것이다. 이후 상
경한 요시나카(義仲)가 고시라카와(後白河)원(院)과 충돌하는 배경에도
요리토모(賴朝)와 고시라카와원이 서로의 역할분담과 관련해 맺은 암묵
의 동의가 작용하고 있었다고도 보여진다.

　그 틈새에 낀 요시나카(義仲)는 일시적으로 여력을 회복하여 상경의
기회를 노리고 있던 헤이케(平家) 군대와 협력할 것도 서슴지 않지만,
요리토모(賴朝)가 파견한 요시쓰네(義經)에 의해 결국 멸망하고 만다.
그 여세를 몰아 요시쓰네(義經)는 단노우라(壇浦)에서 타도 헤이케(平家)
를 완수하고 고시라카와(後白河)원(院)과도 친밀한 관계를 유지한다. 이
에 가마쿠라(鎌倉)에 머물러 있던 요리토모(賴朝)는 헤이케(平家) 멸망

이후의 사태 진전을 자신의 페이스로 주도하기 위해 재빠른 조치를 강구하게 된다. 고시라카와(後白河) 원(院)의 노회한 정치 수단과 공훈을 세운 요시쓰네(義經)와의 밀착을 두려워한 요리토모(賴朝)는

> 필시 **모반**의 마음도 있을 것이다. 大名 등을 (교토〈京都〉로) 올려 보내면 宇治·勢田의 다리를 거두고 京中에 소란이 일어 (상황이) 몹시 나쁘게 될 것이다.[50]   (권十二 「土佐房被斬」)

고 하여 요시쓰네를 암살할 자객까지 파견한다. 헤이케(平家) 멸망 이후, 이미 요시쓰네(義經)의 운명은 내리막길을 걸을 뿐으로 결국 토벌의 원선(院宣)이 내려지는 신세가 되어 교토(京都)에서의 피신 이후 『헤이케 모노가타리』 본문으로부터 행방을 감추고 마는 것이다.[51]

　이상과 같이 『헤이케 모노가타리』의 전반부에서 기요모리(清盛)의 〈모반〉의 역설에 대항하여 점차로 적극성을 강화해 가는 반(反)헤이케(平家) 측의 타도 헤이케＝〈모반〉의 발화가 후반부에 들어서는 헤이케 대신에 요리토모(賴朝)를 대상으로 하는 〈모반〉의 장치로 변화하는 특징을 확인할 수 있다. 그것도 주로 요리토모(賴朝) 자신에 의해 〈모반〉이 발화되어 헤이케(平家) 이외의 경쟁 상대를 제거하는 일에 사용되어지고 있다. 이와 같은 점으로 해서 요리토모(賴朝)의 발화를 통해 기본틀이 짜여진 또 하나의 〈모반〉의 구조는 헤이케(平家)의 최후의 한 사람인 로쿠다이(六代)에게도 예외없이 적용되어

성장한 로쿠다이(六代)를 구명하려던 몬가쿠(文覺)을 향하여

> (로쿠다이〈六代〉가) **모반**을 일으키면 즉시로 한 편이 되고 말 수행승이다. 다만 요리토모(賴朝)가 죽은 후 무렵에는 누가 (이를) 물리칠 수 있겠는가. 자손의 후일을 알 수 없다.[52]   (권十二 「六代被斬」)

고 하여 요리토모(賴朝)의 '모반'의 발화는 헤이케(平家) 일족을 절멸시
키기까지에 이른다. 이 일에 연루된 몬가쿠(文覺)의 '모반', 그 후에 이
어진 고토바(後鳥羽) 원(院)의 '어모반'(御謀叛)의 후일담도 요리토모(賴朝)
로서는 로쿠다이(六代) 이후의 〈모반〉으로서 예기되어졌던 것으로 보인다.

5. 화자·초점화자의 표현법

이번 장의 3·4절을 통해서는 주로 『헤이케 모노가타리』의 주요 사건
에 연루되어 있던 등장인물이 발화하는 〈모반〉을 고찰함으로써 전체의
구조와 그 다중성의 특징을 포착할 수 있었다. 그 결과

① 기요모리(淸盛)는 시시노타니(鹿谷) 사건을 〈모반〉이라고 규정하여
   고시라카와(後白河) 원(院)으로부터 왕권을 탈취해 가는 명분으로 역
   이용한다.
② 기요모리(淸盛)의 패러독스의 논리가 헤이케(平家) 측으로 확대되
   지만, 시게모리(重盛)와의 대화에서는 기요모리의 속마음이 엿보인다.
③ 반(反)헤이케(平家) 측에도 〈모반〉이 적용되지만 슌칸(俊寬)→요리
   마사(賴政)→요리토모(賴朝)로 갈수록 타도 헤이케의 가능성·적극
   성이 강화된다.
④ 요리토모(賴朝)는 자신에 대한 〈모반〉을 의심하여 〈모반〉의 발화
   를 요시나카(義仲)·요시쓰네(義經)·로쿠다이(六代)를 제거하는 장
   치로서 이용한다.

고 하는 점 등이 명확해졌다. 이번 절에서는 등장인물과 독자(혹은 청자)
와의 매개적 위치에 존재하는 화자가 발화하는 〈모반〉에 관하여 고찰하

고자 한다. 등장인물의 생각이나 명분과는 별도로 화자의 발화에 의해
『헤이케 모노가타리』에 시행되어진 가치판단의 문제가 어느 정도 답해
질 수 있을 것으로 예상되기 때문이다.

　화자에 의한 〈모반〉의 발화에 들어가기 전에 우선 『헤이케 모노가타
리』의 화자는 누구를 〈조적〉으로 규정하고 있는가? 본문에 입각해서 보
자면 기요모리(清盛) 및 헤이케(平家)를 가리켜 〈조적〉이라고 지칭하고
있는 용례는 좀처럼 발견되지 않는다.[53] 그 대신에 이미 사라진 과거의
인물 혹은 가정 하에서의 미래의 인물을 가리켜 〈조적〉이라고 부르고 있
는 용례가 세 군데에서 보여진다. 권五「조적 집합」(朝敵揃)에서 숫자가
헤아려진 20여 명 외에 같은 권「후지가와 전투」(富士川合戰)의 단에

　　옛날에는 **조적(朝敵)**을 멸하려고 하여 교토(京都)를 나서는 將軍은 우
　선 입궐하여 切刀를 하사받는다.[54]

고 되어 있고, 몇 줄 뒤에

　　옛날에 **조적(朝敵)**을 멸하려고 하여 교토(京都)를 나서는 將軍에게는
　세 가지 알아야 할 사항이 있다.[55]

고 덧붙이고 있다.

　이 세 예문의 놓여진 위치가 요리토모(賴朝)의 거병 직후, 헤이케(平
家) 측의 대응과 그에 의한 토벌군의 파견에 앞서서 운위되고 있는 점에
서는 요리토모를 〈조적〉에 비견하고 있음에 틀림없다. 그러나 『헤이케
모노가타리』 전체의 구성으로부터 보아 요리토모(賴朝)에게는 이미 원
선(院宣)이 내려져 있다는 점, 후지가와(富士川) 전투에서 토벌군이 대패
해버리는 점 등을 전후로 추가해서 보자면 이 세 예문은 부분적으로 한

정된 장면에 적용되는 화자의 발화로 보는 것이 타당할 것으로 여겨진
다. 더욱이 헤이케(平家) 측에게는 이미 화자에 의해 '헤이케의 악행'이
수 차례에 걸쳐 발화되어 있기 때문이다.

　『헤이케 모노가타리』의 화자가 '헤이케의 악행'을 발화하는 용례는 권
一「殿下乘合」에서 시작하여 고시라카와(後白河)원(院) 유폐(권五「都遷」·
권六「祇園女御」), 남도(南都) 방화(卷六「祇園女御」), 두 명의 금상(今上)
(권六「名虎」) 등의 죄를 헤이케(平家)에 묻는 비평문 가운데서 보여진
다.[56] 화자의 주된 관심사가 왕실·공경(公卿)·사사(寺社)에 편중되고
있는 사실은 별개로 하더라도 아무튼 세상이 〈헤이케의 악행〉에 의해
혼란스럽게 되었다고 화자는 들려준다. 다시 말해서 헤이케(平家)가 왕
실·공경(公卿)·사사(寺社)에 대해 〈악행〉을 행사하였다고 화자가 반복
해서 비난하기 때문에 『헤이케 모노가타리』의 실질적 〈조적〉(왕실·공경
(公卿)·사사(寺社)에 대한)＝헤이케로 해석해 읽을 수 있게 되는 것이다.

　그러면 등장인물의 발화를 통해서 다중성의 특징을 보인 〈모반〉에 대
해서 『헤이케 모노가타리』의 화자는 어떤 자세를 취하고 있는가? 잠정
적인 결론부터 말하자면 『헤이케 모노가타리』의 화자는 〈조적〉의 경우
와 같이 될 수 있는 한 등장인물에게 그 지칭을 맡기는 방법을 취하지
않고, 또한 〈악행〉의 경우와 같이 헤이케(平家)를 향해 일률적으로 적용
하고 있지도 않다. 다시 말해서 〈모반〉의 용례에 한해서 보자면 『헤이
케 모노가타리』의 화자는 기요모리(淸盛)에 의한 실질적 모반의 행위도
'모반'이라고 발화하고, 반(反)헤이케 측에 의한 타도 헤이케의 행위도
'모반'이라고 발화하는 이중성을 나타내고 있는 것이다.

　그 구체적인 예를 보자면, 우선 시시노타니(鹿谷) 음모가 계획되어지
는 단계에서 이미 슌칸(俊寬)이나 북면(北面)의 무리에 대해서 '변변치
못한 모반'에 가담하였다고 비난의 어조를 발하고 있다.(권一「俊寬の沙汰

鵜川軍」) 그리고 음모의 발각에 의해 처형되었던 나리치카(成親)에 대해서

> 新大納言도 이와 같이 현명한 생각을 도모하지 않고 변변치 못한 **모반**
> 을 일으켜 자기 몸을 망치고 자식과 부하에 이르기까지 이러한 어려운 지
> 경을 만드신 일이야말로 유감스럽다.[57]　　　　　(권二 「德大寺之沙汰」)

고 한탄하고 있다. 요컨대 시시노타니(鹿谷) 음모는 화자에 의하면 '변
변치 못한 모반'으로 규정되어 그 음모에 연루된 원신(院臣)들은 그다지
높이 평가되고 있지 않다.

그럼에도 불구하고 기요모리(淸盛)가 발화하는 〈모반〉에는 고시라카
와(後白河) 원(院)까지를 시시노타니(鹿谷) 음모에 포함하고 있었지만 『헤
이케 모노가타리』의 화자는 기요모리(淸盛)의 패러독스를 초월하고 있
는 듯하여 고시라카와원의 〈모반〉에는 직접적인 언급을 피하고 있는 것
으로 보인다. 오히려 유폐의 어려운 처지에 빠진 고시라카와(後白河) 원
(院)을 동정하는 한편으로 고시라카와원을 공격하려고 하는 기요모리(淸
盛)에 대한 시게모리(重盛)의 심정을 빌려

> 또한 부자가 전쟁을 하려고 하는 것은 아니지만 이렇게 해서 入道相國
> (기요모리〈淸盛〉)의 **모반**의 마음이 있으면 그것을 달래시기 위한 책략이
> 다.[58]　　　　　　　　　　　　　　　　　(권二 「烽火之沙汰」)

고 하여 기요모리의 〈모반〉을 지적하고 있다. 시시노타니(鹿谷) 사건의
와중에서 『헤이케 모노가타리』의 화자는 원신(院臣)들의 〈모반〉과 기요
모리(淸盛)의 〈모반〉과를 혼용하고 있음을 알 수 있다. 그 점은 시시노
타니(鹿谷) 사건에 대한 화자의 판단은 원신(院臣) 측과 기요모리(淸盛)
측에 대한 양비론에 기초하여 쌍방 모두에게 〈모반〉의 발화를 행하고

있는 것으로 여겨진다.

그 후 모치히토(以仁)왕(王)의 거사에 있어서도 그 거사를 일으킨 요리마사(賴政) 스스로 '모반'이라고 발화하고 있지만 화자도 그 발화를 받아들이고 있는 듯이 보인다. 더욱이 모치히토(以仁)왕(王)에 대해서 시시노타니(鹿谷) 사건에서 고시라카와(後白河)원(院)의 연관을 되도록 피하려고 했던 것 같은 노력은 보이지 않고 화자는 모치히토(以仁)왕(王)의 '어모반'을 반복해서 발화하고 있다. 게다가 요리마사(賴政)에 대해서는 원신(院臣)들에게 행해졌던 '변변치 못한 모반'이라는 발화도 보이지만, 요리마사(賴政)를 직접 비난하는 어조를 띠고 있지는 않다.[59] 또한 모치히토(以仁)왕(王)의 거사를 진압하는 헤이케(平家) 측에 대한 〈모반〉의 발화도 직접적으로는 보이지 않는다. 그리고 남도(南都) 방화는 헤이케(平家)의 〈악행〉에 포함되어져 있다.

다음으로 요리토모(賴朝)의 거병에 대해서 화자가 '모반'이라고 발화하는 것은 요리토모·몬가쿠(文覺)의 발화를 그대로 받아들였다고 보여진다. 그러나 그것은 거병의 초기 단계에 한해서이고 기요모리(淸盛)가 죽은 뒤 요리토모(賴朝)에 의해 정국이 주도되는 단계가 되고부터는 화자가 요리토모의 '모반'을 발화하는 일은 보이지 않는다.[60] 이 점은 화자의 가치판단이 작용한 것으로 보여, 성공한 〈모반〉을 '모반'이라고 말하지 않는 것이 화자가 스스로 정한 일종의 규칙으로도 보인다. 헤이케(平家)의 몰락이 거의 눈에 들어올 단계에 이르러서는 지금까지 헤이케를 비난하면서도 할 수 없이 헤이케의 영향 하에 귀속하고 있는 듯이 보였던 화자의 태도가 요리토모(賴朝) 쪽으로 서서히 기울어지는 것이다.[61]

이와 같은 화자의 태도 변화는 『헤이케 모노가타리』의 후반부에서 요리토모(賴朝)가 '모반'을 발화하여 자신의 정적이 될 가능성을 갖고 있었던 요시나카(義仲)·요시쓰네(義經) 등을 차례차례로 제거해 가는 과정

에도 나타난다. 『헤이케 모노가타리』의 화자는 요리토모(賴朝)의 발화에
맡겨 요시나카(義仲) 이하의 몰락을 있는 그대로 묘사한다는 자세를 취
하여 전반부에서 기요모리(淸盛)에게 향했던 정도의 적극적인 비난의 자
세를 보이지 않는다. 요리토모(賴朝)가 발화하는 '모반'에 대해 직접적으
로 언급하지 않음으로써 요리토모에 대한 평가를 가급적 피한다고 하는
것이 화자가 정한 서술 방법으로 여겨진다. 따라서 『헤이케 모노가타
리』 전반부에서 비난을 쏟아 부었던 헤이케(平家)에 대해서도 그 일가의
몰락에는 동정을 노골적으로 드러내는 태도가 〈모반〉을 통한 화자의 자
세 변화와 서로 연관지워져 있는 것이다.

　이상과 같이 『헤이케 모노가타리』의 화자는

① 〈모반〉의 발화를 주로 반(反)헤이케(平家) 측에 의한 타도 헤이케
　의 행위에 대해 행하고 있으면서 한편으로 기요모리(淸盛)의 실질
　적인 〈모반〉 또한 놓치지 않는다.
② 시시노타니(鹿谷) 음모 → 모치히토(以仁)왕(王)의 거사 → 요리토모
　(賴朝)의 거병으로 갈수록 〈모반〉은 긍정적으로 평가된다.
③ 후반부에는 요리토모(賴朝)가 발화하는 〈모반〉에 대해서 언급하지
　않는 방법을 취하여 직접적인 평가를 피한다.

고 하는 특징을 보이고 있다. 『헤이케 모노가타리』의 전체 구조와 관련
하여 화자에 의한 〈모반〉의 발화의 총체를 각각의 등장인물에 의한 발
화와 비교하면, 전반부에서는 기요모리(淸盛)에 대한 비판 의식이 강하고
후반부에서는 요리토모(賴朝)를 잠재적으로 긍정시하면서 헤이케(平家)
몰락의 실상에 대해서는 동정을 노골화하는 화자의 자세가 분명해진다.

　이와 같은 자세를 보다 선명하게 하고 화자의 논점을 신뢰있는 것으

로 만들기 위한 표현법으로서 사건의 현장에 있어서의 직접 체험을 전
달하는 특정·불특정의 사람들의 존재가 텍스트 내부에 따로 설정되어
져 있다. 이야기 현재를 살아가는 주된 등장인물의 주장 혹은 그것에
대한 화자의 입장이나 시각의 한계를 초월하는 생생한 경험자 또는 목
격자로서, 이야기 현재를 증언하고 해석하는 사람들이 소위 〈초점화자〉
인 것이다.[62] 특히『헤이케 모노가타리』에서 보이는 〈초점화자〉라는 존
재는 당시의 여론을 있는 그대로 전달하기도 하고 사건에 관련된 원자
료를 그대로 끄집어 내놓기도 하고, 현실 세계를 초월한 이계(異界)의
징조를 이야기 현재에 연결시키기도 하여 화자의 한계를 보충하는 기능
을 담당하는 특징을 보이고 있다. 아울러 〈초점화자〉를 특정한 인물과
불특정한 사람들로 구분하여 도표화하면 아래와 같다.

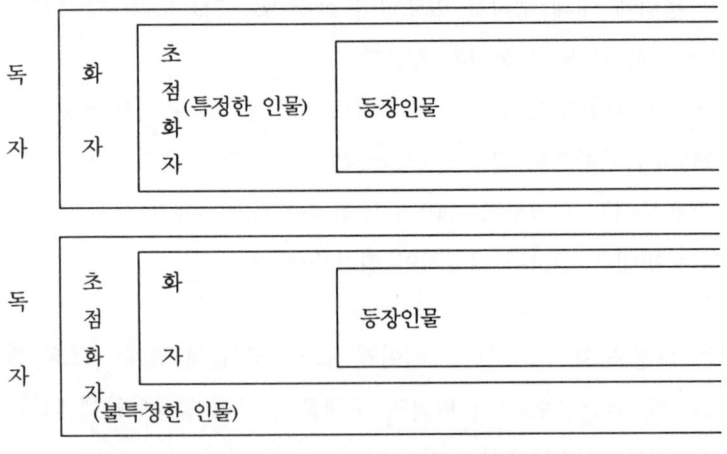

〈표〉 작품 내에서의 <초점화자>의 위치

　　〈초점화자〉의 존재에 관한 구체적인 예는『헤이케 모노가타리』에 있
어서의 수많은 이본(異本)군의 성립과도 깊은 관련이 있겠지만, 모반의

구조와 관련된 〈초점화자〉의 존재와 그 발화를 살펴보자면 우선 '모반'
을 직접 발화하는 용례로서

> 어떤 사람이 이르기로는 '……겉으로는 헤이케(平家)에게 동감을 표하
> 고 속으로는 법황(法皇)을 기약없이 도바(鳥羽)殿에 붙잡아 갇혀 지내시
> 게 하는 入道相國(기요모리〈淸盛〉)의 모반의 마음을 풀어 주십사는 (상
> 황〈上皇〉의) 기원을 위한 것'이라는 말을 들었다.[63] (권四「嚴島御幸」)

고 되어 있다. 여기에서 '어떤 사람'이 다카쿠라(高倉)상황(上皇)의 이쓰
쿠시마(嚴島)신사(神社) 참배가 갖는 의미를 해석하면서 기요모리(淸盛)
의 〈모반〉을 비난하는 것을 알 수 있다. 이 점은 또한 기요모리(淸盛)의
실질적인 〈모반〉을 놓치지 않고 있는 화자의 자세와도 일치하고 있다.
그렇기는 하지만 화자의 발화가 아니고 '어떤 사람'의 발화로 되어 있기
때문에 더욱 객관적인 해석으로 읽힐 수 있도록 되어 있다. '어떤 사람'
의 발화가 당시의 여론을 보증하고 있는 것으로 표현되어 있기 때문이다.
『헤이케 모노가타리』 본문 전체를 통하여 '모반'을 직접 발화하는 〈초
점화자〉의 존재는 그다지 많지 않다. 그러나 헤이케(平家)에 의해 왜곡
되었던 당시의 현실을 비판하는 〈초점화자〉의 존재는 '사람·사람들·
생각이 있는 사람들' 등의 불특정다수의 형태로 본문의 많은 곳에서 발
견된다.
또한 모치히토(以仁)왕(王)이 거사했을 때 이에 호응하였던 미이데라
(三井寺)로부터 고후쿠지(興福寺)에게 보내는 서첩의 형태로

> 왕권은 더욱 이와 같다. 하물며 모반 八逆의 무리에 있어서야.[64]
>   (권四「南都牒狀」)

와 같이 되어 있다. 사건에 관련된 원자료를 끄집어내어서 신빙성의 강화를 노리는 것은 화자이지만 그 깊숙한 곳에 기요모리(淸盛) 일가에 반발하는 일련의 사람들의 구체적인 움직임과 발언이 존재하고 있어서 더욱 그 신빙성이 인정받는다고 하는 점에서 이 경우의 미이데라(三井寺)의 대중(大衆)과 같은 존재도 〈초점화자〉에 준하는 것으로 보아도 될 것이다.[65]

이 외에 예를 들면 기요모리(淸盛)에게 맡겨졌던 대장군의 절도(節刀)가 요리토모(賴朝)에게 넘어간다고 하는 꿈을 꾼 미나모토 마사요리(源雅賴)의 세이시(靑侍)라고 하는 부하는 이적(異蹟)의 경험으로써 앞으로 현실 세계가 되어갈 모양을 예언한다. 또한 기요모리(淸盛)의 아내인 니이도노(二位殿)는 남도(南都) 방화의 죄를 물어서 기요모리(淸盛)가 죽는다고 하는 꿈을 꾸어 기요모리의 죽음의 원인을 다른 등장인물들에게 알리고 있다. 『헤이케 모노가타리』의 모반의 구조로부터 보자면 세이시(靑侍)나 니이도노(二位殿)가 꾼 꿈을 통하여 등장인물 또는 화자의 언설을 초월한 기요모리(淸盛)에 대한 판단의 근거가 제시되는 셈이다. 이와 같이 특정한 인물이 몽상(夢想)을 경험하여 그 내용과 의미가 당시 사람들에게 직접 전달되는 표현법이 『헤이케 모노가타리』에는 발달되어 있다. 이와 같은 이적을 경험하는 특정한 인물은 〈초점화자〉의 존재로서 화자의 체험의 한계를 보완하는 한편으로 일반의 상식을 넘어서는 해석 방법이나 이야기 안에서 미래에의 예측을 가능케 해준다. 요컨대 『헤이케 모노가타리』에 나타난 〈초점화자〉의 존재는 화자와 등장인물과의 경계를 넘나들면서 주로 화자의 가치 판단을 보완·선도하는 특징을 보이고 있는 것이다.[66]

맺음말

『헤이케 모노가타리』에 나타난 〈모반〉의 용례는 53례(覺一本의 경우)에 이르는 바, 그것을 언표행위와 언표표현으로 나누어 살펴보면 주요 등장인물과 화자가 모반에 대해 어떠한 기능을 담당하고 있는지가 명확해진다. 이와 함께 모반을 둘러싼 주체자와 반대자의 양 축이 어떤 구조로 되어 있는지, 그리고 텍스트의 표면과 이면에 설정된 드러난 구조와 숨은 구조를 파악할 수 있다.

『헤이케 모노가타리』는 서단에서 기요모리(淸盛)를 제행무상·성자필쇠의 이념이 각별하게 적용되는 '교만한 사람·사나운 자'로 규정한 이후 줄곧 '헤이케의 악행'을 언급함으로써 공경(公卿) 해임→고시라카와(後白河) 원(院) 유폐→후쿠와라(福原) 천도로 이어지는 왕권 유린 행위를 실질적인 〈모반〉으로 전제하고 있다. 그리고 '헤이케의 악행'은 기요모리(淸盛)의 죽음 후 헤이케(平家)가 몰락의 단계에 들어서면 헤이케의 영화를 나타내기보다는 비운을 재촉하는 쪽으로 의미가 전이되고 있다.

『헤이케 모노가타리』에 보이는 〈모반〉의 발화는 역설적이게도 기요모리(淸盛)가 자신의 가문을 무너뜨리려는 행위를 가리키고 있다는 점에 큰 특색을 보인다. 나아가 기요모리(淸盛)가 발화하는 〈모반〉의 패러독스는 헤이케(平家) 일가는 물론이고 나아가 반(反)헤이케 측에 의해서도 발화됨으로써 당시의 왜곡된 현실을 그대로 반영하고 있다.

그러나 시시노타니(鹿谷) 사건 → 모치히토(以仁)왕(王)의 거사 → 요리토모(賴朝)의 거병에 이르는 과정을 통하여 반(反)헤이케(平家) 측에 의한 모반의 발화가 변화를 보인다. 즉 세 사건의 주요 인물이라 할 수 있는 슌칸(俊寬) → 요리마사(賴政) → 요리토모(賴朝)로 갈수록 타도 헤이케(平家)의 가능성·적극성이 강화된다. 뿐만 아니라 요리토모(賴朝)는 헤이케(平家)를 대상으로 하였던 〈모반〉의 의미를 자신에 대한 반역의 의미로 전이시켜 요시나카(義仲)·요시쓰네(義經)·로쿠다이(六代)를 차례로 제거하는 장치로 이용한다.

이와는 별개로 『헤이케 모노가타리』의 화자는 〈모반〉의 발화로써 반(反)헤이케(平家) 측에 의한 헤이케에 대한 도발 행위를 지칭하는 한편으로 기요모리(淸盛)의 실질적 〈모반〉 또한 지적하고 있다. 그리고 『헤이케 모노가타리』의 화자는 시시노타니(鹿谷) 음모에 대해서는 높이 평가하지 않지만 모치히토(以仁)왕(王)의 거사를 거쳐 요리토모(賴朝)의 거병에 이르면 〈모반〉의 의미를 긍정적으로 발화한다. 특히 요리토모(賴朝)가 발화하는 〈모반〉에 대해서는 직접적인 평가를 회피하여 긍정적 평가를 암시하면서 반면에 헤이케(平家)의 몰락에 대해서는 동정을 노골화하는 이중적인 자세를 분명히 드러내고 있다. 이와 아울러 특정인·불특정다수의 존재가 『헤이케 모노가타리』 본문에 나타나는 바, 당시의 여론을 전달하거나 사건에 관한 원자료를 제시하거나 이적의 경험을 현실세계에 이끌어 옴으로써 화자의 논점과 경험의 한계를 보완하는 〈초점화자〉의 역할이 곳곳에서 확인된다.

■주

1) 그것은 비극적 영웅에 대한 동정, 재앙을 가져올 지도 모르는 두려움에 대한 경외, 내란으로 점철되는 현실을 타파하고자 하는 염원, 공동 사회의 안정 추구, 개인의 영혼에 대한 정화 및 구원 등의 의미가 복합적으로 작용하였을 것이다.

2) 『軍記と語り物』 27호 〔特集〕 軍記と朝敵 중에서 須藤敬의 「朝敵論のための覺書」와 佐伯眞一의 「「將軍」と「朝敵」―『平家物語』を中心に―」 등이 여기에 해당한다.

3) 平家の人々に別の意趣おもひたてまつる事, 努々候はず, ……流罪 になだめられし事,

ひとへに入道殿の御恩也. されば二十餘年までさてこそ罷過候しかども, 朝敵となり
給ひて追討すべき由院宣を給はる間, さのみ王地にはらまれて, 詔命をそむくべきに
あらねば, 力及ばず.

4) 엔교본(延慶本) 권二 中의 끝 부분과 권二 末의 시작 부분에는 요리토모(賴朝)의
   거사에 관한 사전 계획이 가쿠이치본(覺一本)보다 자세하게 여러 장단(章段)에
   걸쳐 묘사되어 있다.

5) 曩祖平將軍貞盛, 相馬小次郎將門を追討せしよりこのかた, 東八ケ國をしづめて子々
   孫々につたへ, 朝敵の謀臣を誅罰して, 代々世々にいたるまで朝家の聖運をまもりた
   てまつる.

6) われ保元·平治より此かた度々の朝敵たいらげ, 勸賞身にあまり, かたじけなくも帝祖
   太政大臣にいたり, 榮花子孫に及ぶ.

7) 기요모리(淸盛)의 발화로서 시시노타니(鹿谷) 사건을 처리하는 단계에서 시게모리
   (重盛)를 앞에 두고 '조적(朝敵)이 되어서는 아무리 후회해도 이득이 없으리라'
   (권二「小敎訓」)고도 말하여 기요모리(淸盛) 스스로 〈조적〉이 될 상황을 만드는
   일은 적극적으로 피하려고 하는 의지가 엿보인다. 또한 호겐(保元)·헤이지(平治)
   의 〈조적〉을 평정하였다고 하는 언급은 권三「無文」에서의 시게모리(重盛)의 발
   화와 권十「千手前」에서의 시게히라(重衡)의 발화에도 나와 있다. 특히 시게히라
   (重衡)의 발화는 생포된 몸임에도 불구하고 요리토모(賴朝)를 상대로 하여 행해
   지고 있는 점에서 주목된다.

8) 右衛門督をば, 朝敵をたいらげん時は大將軍せさせ, これをば副將軍せさせんずれば
   とて, 名を副將とつけたりしかば, ……

9) 朝敵調伏せよと仰下さる. 當世の體を見候に, 平家もっぱら朝敵と見え給へり. よつ
   て是を調伏す. 何のとがや候べき.

10) 나카야마 마사히코(中山眞彦)의『物語構造論』에 설명되어져 있는 '언표행위와 언
    표표현의 상황'에 의하였다.

11) 이번 장에서 말하는 '특정·불특정의 사람들'의 개념은 야마시타 히로아키(山下宏
    明)(『語りとしての平家物語』등)가 제기한 〈映し手〉로부터 배웠다.

12) 엔교본(延慶本)의 경우는「右大將賴朝果報目出事」로 끝나 있어, 소위 〈겐지(源
    氏)의 모노가타리(物語)〉로서의 성격을 명확히 하고 있는 것으로도 해석된다.

13) 나가즈미 야스아키(永積安明)(『平家物語の構想』)는 이 단이 중국의 반역자들과
    일본의 역신(逆臣)들보다 훨씬 굉장한 인물로서 기요모리(淸盛)를 등장시켜 멸망
    되어질 것을 전제로 하고 있다고 해석한다.

14) 〈조적〉의 용례를 전부 모아 보면 이에 해당하는 인물은 마사카도(將門)가 4회 거
    론되고 있고, 기요모리(淸盛)를 〈조적〉이라고 칭하는 용례는 보이지 않는다. 기요
    모리(淸盛)의 죽음 후, 몰락의 양상을 보이는 헤이케(平家) 전체 또는 헤이케의
    한 사람을 〈조적〉이라고 칭하고 있는 용례는 6회에 이른다.

15) 이마나리 모토아키(今成元昭)(『平家物語流傳考』)는 특히 가쿠이치본(覺一本)이 헤이케(平家) 일가에 대한 찬사를 기술하고 있지 않은 점 등에 주목하여 가쿠이치본의 역사적 인식을 높이 평가하고 있다.

16) 사실은 시게모리(重盛)의 지시에 의한 행패인데 『헤이케 모노가타리』는 그것을 기요모리(淸盛)의 악행으로 허구화하였다고 지적된다.

17) 汝しれりや, 忘れりや, ある聖をもっていはせし事は. 但惡行あらば, 子孫まではかなふまじきぞ.

18) 當家は保元平治よりこのかた, 度々の朝敵をたひらげて, 勸賞身にあまり, かたじけなく一天の君の御外戚として, 一族の昇進六十餘人. 二十余年のこのかたは, たのしみさかへ, 申はかりもなかりつるに, 入道の惡行超過せるによって, 一門の運命すでにつきんずるにこそ.

19) 平家の惡行なかりせば, 今此瑞相をいかでか拜むべき.

20) 何事も限りある事で候へば, 平家たのしみさかへて二十餘年, され共惡行法に過て, 旣に亡び候なんず.

21) 凡平家の惡行においてはきはまりぬ.

22) 『헤이케 모노가타리』에 시도된 논리상의 당위성으로서는 무력보다 〈불력(佛力)·신력(神力)〉이 우선한다고도 말할 수 있다.

23) 〈시게히라(重衡) 모노가타리(物語)〉의 재구성 등에 관해서는 야마시타 히로아키(山下宏明)의 『語りとしての平家物語』가 자세하다.

24) 日來の惡行はさる事なれども, いまのありさまを見たてまつるに, 數千人の大衆も守護の武士も, みな涙をぞながしける.

25) 淸盛公はさばかりの惡行人たりしかども, 希代の大善根をせしかば, 世をもをだしう二十余年たもったりしなり. 惡行ばかりで世をたもつ事はなき物を.

26) 권二는 시시노타니(鹿谷) 사건, 권四는 모치히토(以仁) 왕(王)의 거사, 권九는 요시나카(義仲) 최후에서 이치노타니(一谷) 전투까지가 주된 내용으로 되어 있어 〈악행〉의 용례가 보이지 않는 것과 관계가 있을 것이다. 권十二에는 고시라카와(後白河) 원(院)이 도키타다(時忠)에 대한 원념으로서 발화한 〈악행〉의 용례가 보인다.

27) 가쿠이치본(覺一本)보다 엔교본(延慶本) 쪽이 특히 많이 싣고 있어서 그 창도(唱導)성을 짙게 하고 있다.

28) 엔교본(延慶本) 권一 末의 「康賴油黃嶋に熊野を祝奉事」)의 단에는 야스요리(康賴)·나리쓰네(成慶)·슌칸(俊寬) 사이에 토론이 벌어지고 그 과정에서 슌칸이 불교의 교리를 설법하고 있어 가쿠이치본(覺一本)의 '天性不信第一의 사람'의 규정과는 대조를 보이고 있다.

29) 나리치카(成親)가 소망하였던 대장직을 무네모리(宗盛)에게 빼앗겨서 헤이케(平家)를 원망하고 사이코(西光) 부자들은 권세를 휘둘러 엔랴쿠지(延曆寺)와 충돌한다.

30) 當家かたぶけうする謀反の輩, 京中にみちみちたん也. 一門の人々にもふれ申せ. 侍共もよほせ.

31) もとよりをのれらがやうなる下臈のはてを, 君のめしつかはせ給ひて, なさるまじき官職をなしたび, 父子共に過分のふるまひするとみしにあはせて, あやまたぬ天台座主流罪に申おこなひ, 天下の大事引出いて, 剰此一門亡ぼすべき謀反にくみしてんげるやつ也. 有のままに申せ.

32) 若此謀反とげましかば, 御邊とてもおだしうやおはすべきと申せ.

33) 成親卿が謀反は事の數にもあらず. 一向法皇の御結構にて有けるぞや.

34) 新大納言成親卿以下, 鹿谷によりあひて, 謀反の企候し事, まつたく私の計略にあらず. 併君許容あるによって也.

35) 기요모리(清盛)와 고시라카와(後白河)원(院)과의 대결 양상은 시시노타니(鹿谷) 사건 이전에도 보이고(권一「清水寺炎上」 등) 고시라카와원 유폐의 직접적 원인으로서는 시게모리(重盛)의 죽음 후, 원(院)측에 의한 도발적 행위를 지적할 수 있다. 이 점은 가쿠이치본(覺一本)보다 엔교본(延慶本)(권二 本「院より入道の許へ靜憲法印被遣事」 등) 쪽이 자세하다.

36) 엔교본(延慶本) 권一 末「多田藏人行綱仲言の事」에는 단순한 지문(地文)으로서 〈모반〉을 가리켜서 '其事'라고 하고 있다.

37) そも內義支度はさまざまなりしかども, 義勢ばかりでは此謀反かなふべうもみえざりしかば

38) しかれ共, 御運つきぬによって, 謀反既あらはれぬ. 其上仰合らるる成親卿めしをかれぬる上は, 設君いかなるふしぎをおぼしめしたたせ給ふとも, なんのおそれか候べき.

39) 시게모리(重盛)가 고시라카와(後白河)원(院)을 지키기 위해 부친 기요모리(清盛)와 대결할 결의를 보이는 것이 다음의「烽火之沙汰」의 단이다. 특히 엔교본(延慶本) 권一 末「重盛軍兵被集事」에는 '父의 謀叛心' 운운하는 시게모리(重盛)의 병사들을 향한 발화가 있어 기요모리(清盛)를 앞에 두고 한 〈모반〉의 발화와는 반대 의미로 바뀌어 있다.

40) 권十「請文」에서 무네모리(宗盛)가 요리토모(賴朝)의 부친 요시토모(義朝)의 '모반'을 새삼스럽게 거론하고 있는 대목은 오히려 헤이케(平家)가 처한 불리한 상황을 반증하고 있다고 보여진다.

41) 俊寛がかく成といふも, 御へんの父, 故大納言殿のよしなき謀反ゆへ也.

42) 교토(京都)에 귀환한 후, 나리쓰네(成經)는 재차 출세의 길로 들어가고, 야스요리(康賴)는 『寶物集』의 작자가 되어(권三「少將都歸」) 헤이케(平家)에 대한 새로운 〈모반〉과는 무관하게 되어 있다.

43) 君の西八條へ出させ給しかば, やがて追捕の官人まいって, 御內の人々搦取り, 御謀反の次第を尋て, うしなひはて候ぬ.

44) 當世のていを見候に, うへにはしたがいたるやうなれども, 內々は平家をそねまぬ物や

候. 御謀反おこさせ給ひて, 平家をほろぼし, 法皇のいつとなく鳥羽殿におしこめら
れてわたらせ給ふ御心をも, やすめまいらせ, 君も位につかせ給ふべし.

45) 攝津國には多田藏人行綱こそ候へ共, 新大納言成親卿の謀反の時, 同心しながらかゑ
り忠したる不當人で候へば, 申に及はず.

46) 君の御謀反すでにあらはれさせ給ひて, 土佐の畑へながしまいらすべしとて, 官人共
御むかへにまいり候.

47) 엔교본(延慶本)은 권二 中의 「賴政入道宮に謀叛申勸事 付 令旨事」의 단에서 요
리토모(賴朝)에게 보낸 영지(令旨)가 원문의 형태로 실려 그것을 받은 요리토모
(賴朝)가 각 지방의 겐지(源氏)에게 서장(書狀)을 돌리는 것으로 되어 있다. 영
지(令旨)의 본문에는 헤이케(平家)의 행위를 〈모반〉으로 지적하고 그들의 반역을
토벌할 것을 지시하고 있다.

48) 후쿠다 이쿠오(福田以久生)(『武者の世 ― 東と西』)는 모치히토(以仁)왕(王)의 영
지(令旨)의 양식이 격식에 맞지 않은 위조 문서일 가능성을 언급하고 요리토모
(賴朝)가 고시라카와(後白河)원(院)으로부터 원선(院宣)을 받은 이야기도 다른
사료에서 그것을 증명할 편린조차 보이지 않는다고 지적하고 있다. 그러나 사학적
판단은 본고의 범위를 벗어난다.

49) 今こそさ樣にはの給へども, たしかに賴朝討べきよし, 謀反のくはたてありと申者あり.

50) 定謀反の心もあるらん, 大名共さしのぼせば, 宇治・勢田の橋をもひき, 京中のさはぎ
となって, 中々あしかりなん.

51) 비운의 〈요시쓰네(義經) 모노가타리(物語)〉라고도 일컬어지는 기사 내용은 가쿠
이치본(覺一本)에서 권十一 「腰越」, 권十二 「土佐房被斬」・「判官都落」의 단에
실려져 있다.

52) 謀反おこさばやがてかたうどせうずる聖の御房也. 但賴朝一期の程は誰か傾べき. 子
孫のすゑぞしらぬ.

53) 권七 「忠度都落」의 단에 〈조적〉의 신세가 된 다이라노 다다노리(平忠度)를 지적
하고 있지만 이 단의 성격은 가인(歌人) 다다노리에 관한 풍류담의 성격이 짙다.

54) 昔は朝敵をたいらげに外土へむかふ將軍は, まづ參內して切刀を給はる.

55) いにしへ, 朝敵をほろぼさんとて都をいづる將軍は, 三の存知あり.

56) 화자가 발화하는 '악행'의 용례는 이 외에 요시나카(義仲)・시게히라(重衡)・도키
타다(時忠)에게 행해져서 한 차례씩 보인다.

57) 新大納言も, かやうに賢きはからひをばし給はで, よしなき謀反おこいて, 我身も亡,
子息所從に至るまで, かかるうき目をみせ給ふこそうたてけれ.

58) 又父子戰をせんとにはあらねども, かうして入道相國の謀反の心をもや, やはらげ給
ふとの策也.

59) 요리마사(賴政)가 〈모반〉을 일으킨 이유로서 아들 나카쓰나(仲綱)와 무네모리(宗
盛)와의 불화가 거론되고 (권四 「競」) 같은 권에 「鵺」의 段이 설정되어 있는 것

등이 이 점과 관련이 있다.

60) 권十二「紺掻之沙汰」의 단에 보이는 화자의 발화는 모반을 권유하고 모반을 일으
   킨 몬가쿠(文覺)와 요리토모(賴朝)의 거병의 장면을 회상하는 것으로 되어 있다.

61) 특히 엔교본(延慶本)은 이 현상이 두드러지게 나타나 있어 소위 〈요리토모(賴朝)
   의 거병 이야기〉와 같은 기사를 여러 단에 걸쳐 증보시키고 있다. 또한 엔교본(延
   慶本)의 화자는 요리토모(賴朝)의 〈모반〉 대신에 '동국(東國)의 모반' 혹은 '동국
   (東國)겐지(源氏)의 모반'으로 발화하고 있다.

62) 〈초점화자〉의 개념은 슈탄젤(일본 번역서『物語の構造』, 한국 번역서『소설의 이
   론』)의 용어를 받아들인 것으로 그는 '어느 작중 인물의 의식에 소설의 현실을 아
   무런 주석을 가하지 않고 그대로 베껴내는 인물'이라고 설명하여 주로 현대소설에
   보이는 수법으로 하고 있다. 그러나 본고에서 말하는 〈초점화자〉는 슈탄젤의 유형
   원 도표로부터 보아 '국외의 화자에 의한 담화 상황으로부터 작중인물에 반영하는
   담화 상황'으로의 방향을 시계 방향으로 회전하는 부분에 해당한다.

63) 或人の申けるは、「……うへには平家に御同心したには法皇のいつとなう鳥羽殿にをし
   こめられてわたらせ給ふ、入道相國の謀反の心をもやわらげ給へとの御祈念のため」と
   ぞきこえし.

64) 王權猶かくの如し. 何況や謀叛八逆の輩においてをや.

65) 특히 엔교본(延慶本)의 경우는 〈早馬・飛脚・院宣〉 등의 형태로 원자료를 많이
   증보하고 있고, 따라서 〈초점화자〉의 존재도 그만큼 많이 발견된다.

66) 몽상 등의 이적을 경험하는 특정한 인물 외에도『헤이케 모노가타리』에는 다수의
   액자소설이 설치되어 고사 등을 전달하는 특정한 인물로 나타나 있는 바, 그들의
   간접경험도 〈초점화자〉의 가능성으로서 추가할 만하다고 여겨진다.

제6장

『기케이키』(義經記) 2부 구성과 역설의 논리

제6장
『기케이키』(義經記) 2부 구성과 역설의 논리

『기케이키』(義經記)는 『소가 모노가타리』(曾我物語)와 함께 〈준(准)군키(軍記)〉로 분류되어 있다.[1] 선행 연구는 두 작품 모두 요시쓰네(義經)와 소가(曾我) 형제와 같은 특정 개인 또는 가문의 운명을 주된 내용으로 취급하고자 하는 전기(傳記)적 성격이 두드러진다는 점을 그 이유로 들고 있다. 이와는 상대적으로『헤이케 모노가타리』(平家物語)로 대표되는 일반적인 일본 역사군담은 역사적 변혁기에 각축을 이루었던 제 집단의 흥망을 보다 폭넓은 시야에서 포착하고자 하는 경향을 띠고 있다. 따라서 전쟁담을 주된 내용으로 하면서 구송을 매개로 문예화되는 등 다른 〈군키〉(軍記)와 많은 공통점을 갖고 있음에도 불구하고『기케이키』가 엄밀한 의미의 〈준(准)군키〉로 따로 분류되는 이유를 텍스트 자체의 형식과 내용을 대상으로 하는 문학적 관점으로 설명할 수 있음은 당연한 이치이다.[2]

뿐만 아니라『기케이키』의 경우는 주인공 요시쓰네(義經)를 소재로 다룬 다른 장르의 공연물과 함께 이른바 〈호간비이키〉(判官贔屓)[3]라는 현상을 주도하여 크게 유행하였다. 이 점은 특히『기케이키』가 〈준(准)군키〉로 분류되면서도 〈군키〉(軍記)를 능가하는 인물상을 구축하여 폭넓은 수용자층을 확보하였다는 점에서 충분한 검토를 필요로 한다.[4]

반면에『기케이키』의 문학 텍스트로서의 평가는 〈준(准)군키〉로의 분류가 시사하듯이 그리 높지 못하다.[5] 그러나 최근의 연구는『기케이키』

의 문학적 수준의 질적 저하를 단순히 공식화하기보다 『기케이키』 나름의 독자성을 고찰하고자 하는 관점이 자리를 잡아가고 있다. 그 중에서도 특히 주인공 요시쓰네(義經)의 불우한 성장 과정을 다룬 전반부와 비극적 말로를 그린 후반부로 되어 있는 2부 구성이 『기케이키』가 다른 〈군키〉(軍記)와 구별되는 두드러진 외형상의 특징이라 할 때, 이를 구성상의 부정합이라는 평가(『도날드 킨』 日本文學の歷史)와 허구적 세계를 펼쳐 보이는 이 작품의 독자성이라는 평가(『梶原正昭』 日本古典文學大辭典)는 사뭇 대조적이다. 이 점에 관하여 본고에서는 평가에 앞서 텍스트 읽기를 통하여 『기케이키』 2부 구성이 각각 전반부와 후반부에 걸쳐서 내용상 과정과 결과가 불일치하는 구성상의 특징을 보이고 있음을 증명하고자 한다. 그리하여 『기케이키』 구성의 독자성을 인정하면서 동시에 구성 자체에 나름의 편집 의도가 내포되어 있음을 밝히고자 한다.

　나아가서 〈호간비이키〉(判官贔屓)라는 『기케이키』의 단일 주제에 대하여 최근 연구는 이른바 〈요리토모(賴朝) 비이키(贔屓)〉와 같은 관점에서 새로운 논의가 제기되고 있다.[6] 이와 관련하여 본고에서는 요리토모(賴朝)와 요시쓰네(義經)의 대립에서 보이는 텍스트 내부의 종적인 층위와 함께 요시쓰네와 벤케이(弁慶)의 상호 보완 및 주변 인물들의 대칭적 보완으로 이루어지는 횡적인 층위에서 각각 역설의 논리 구조가 설정되어 있음을 드러내 보이고자 한다. 이러한 역설의 논리 구조와 앞에서 언급한 2부 구성이 곧 『기케이키』의 내용과 형식의 근간을 이루고 있음을 밝히고자 하는 것이다.(이하 본 논문의 텍스트는 十二行木活字本을 저본으로 한 大系本 『義經記』임)

1. 2부 구성의 필연성

전8권으로 이루어진 『기케이키』는 주인공 요시쓰네(義經)의 일대기를 주된 내용으로 다룸으로써 전기적인 성격이 두드러진 작품이다. 그렇기는 하지만 요시쓰네가 생애 중에서 가장 눈부신 활약을 펼쳤던 시대는 『헤이케 모노가타리』(平家物語)에서와 같이 비중 있게 다루어지지 않고 불우한 성장기와 몰락의 길을 걷는 비극적인 말로가 집중적으로 다루어지고 있다는 점에서 큰 특색을 보이고 있다.[7]

즉 권一부터 권三까지가 요시쓰네의 성장기, 권四부터 권八까지가 요시쓰네의 몰락기를 다룸으로써 『기케이키』 2부 구성의 근간이 형성되어져 있다.[8] 따라서 일대기라면 당연히 중점적으로 취급되었어야 할 요시쓰네의 활약기(예를 들면 『헤이케 모노가타리』(平家物語)에서 다루고 있는 헤이케(平家)를 멸망시킨 무훈담)가 『기케이키』에는 생략되어져 있는 바 이는 의도적인 편집의 결과로 봄이 타당할 것이다.

그렇다면 왜 『기케이키』에는 요시쓰네의 그 화려한 무훈담을 편집에서 제외하였을까? 이 물음은 곧 『기케이키』 2부 구성에는 과연 어떤 필연성이 존재하는가? 라는 물음으로 대체할 수도 있다. 이에 관하여 본고에서는 요시쓰네가 살았던 시대의 역사 그 자체의 진위보다도 『기케이키』가 그려내고 있는 허구적 장치로서의 편집 의도를 텍스트 본문을 통하여 확인하고자 한다.[9]

『기케이키』가 요시쓰네의 무훈담을 생략한 이유에 대하여 일찍이 기리하라 노리시게(桐原德重)는 당시 청중이 이미 요시쓰네의 활약상을 알고 있다는 전제 위에서 『기케이키』가 편집되었기 때문이라고 설명하였다.[10] 최근에 무라카미 마나부(村上學)는 『기케이키』 2부 구성의 이유를 가타리본(語り本) 『헤이케 모노가타리』(平家物語)와의 상보성 및 동시대

〈호간모노〉(判官物 ; 요시쓰네를 주인공으로 하는 작품들)과의 조응으로 설명하고 있다.[11] 위의 두 이유는 공통적으로 『기케이키』 외부 여건에 의한 불가피성을 지적하고 있는 바 이 또한 당연히 확인이 필요한 사항임에 틀림없다. 그러나 본고에서는 이와는 달리 『기케이키』라는 텍스트 자체에 내부 요인으로서 2부 구성의 필연성이 잠재하고 있음을 밝히고자 하는 것이다.

1) 『기케이키』 전반부 구성(과정의 최대화 결과의 최소화)

『기케이키』의 모두문을 보면

本朝(일본)의 옛일을 살펴건대 田村, 利仁, 마사카도(將門), 純友, 保昌, 賴光, 漢(나라)의 樊噲, 張良은 무용을 말하더라도 이름만 듣고 눈에는 보(이)지 않는다. 바로 눈앞에서 藝를 세상에 떨치고 만사에 눈을 놀라게 하셨던 이는 下野의 左馬頭(인) 요시토모(義朝)의 末子인 九郎 요시쓰네(義經)로서 우리 朝(廷)에 둘도 없는 名將軍이셨다.[12] (괄호는 필자)

라고 하여 요시쓰네의 무용과 예(藝)를 겸비한 명장군상을 『기케이키』의 편집 의도로써 전제하고 있다. 따라서 당연히 『기케이키』는 『헤이케모노가타리』(平家物語)에서 보이는 무상관이나 성자필쇠라는 원리의 구체적 적용 실태보다는 요시쓰네의 명장군으로서의 활약상을 보여줄 것임을 밝히고 있는 것이다.

모두문의 취지를 풀어나가는 수순을 밟아 『기케이키』 전반부 구성은 요시쓰네가 성장기를 거치면서 명장군이 될만한 자격을 갖추어 가는 과정을 여실히 보여주는 데 초점을 맞추고 있다. 즉 권—에서 쇼몬보(田中本 『기케이키』에서는 少進坊)라는 인물을 만나 헤이케(平家)에 대한 모반을

권유받음으로써 어린 요시쓰네가 학문보다는 무예에 뜻을 두게 되고(권
一「しやうもん坊の事」), 이어서 기치지(吉次)라는 상인의 소개 및 안내로
교토(京都)를 떠나 헤이케(平家) 타도의 계획을 세워 오슈(奧州 : 일본의
북동쪽 변방)를 향하게 된다.(권一「吉次が奧州物語の事」 및 「遮那王殿鞍馬出
の事」)[13]

권一~권三에서 요시쓰네는 헤이케(平家) 타도의 큰 뜻을 품고 대장군
이 될 꿈을 키우며 스스로 무예를 익히고 다양한 능력을 갖춘 부하들을
차례로 포섭한 뒤에 든든한 지원 세력을 확보함으로써 마침내 명장군으
로서 눈부신 활약을 펼치게 되어 있다. 그럼에도 불구하고 『기케이키』
는 권四 초반부에 요리토모(賴朝) · 요시쓰네(義經) 형제가 눈물로써 대
면하는 장면을 상세히 묘사하고(권四「賴朝義經對面の事」) 바로 이어서 다
음 몇 줄로 요시쓰네의 무훈담을 요약하고 있다.

> 御曹司(요시쓰네) 壽永3년에 상경하여 헤이케(平家)를 내쫓고 一谷,
> 八嶋, 단노우라(壇浦)등 각처에서 忠을 다하여 선봉에 서서 몸을 돌보지
> 않고 마침내 헤이케(平家)를 쳐서 멸하고 대장군인 前內大臣 무네모리(宗
> 盛) 부자를 생포하여 30명을 데리고 상경하여 院(상황〈上皇〉)과 內(天
> 皇)께 알현한 후 지난 元曆 원년에 檢非違使五位尉가 되셨다.[14]
>
>   (권四「義經平家の討手に上り給ふ事」)

그러므로 요시쓰네의 일대기라는 관점에서 보았을 때 당연히 본격적
으로 다루어졌어야 할 요시쓰네의 무훈담을 위에 인용한 본문 몇 줄이
대신하고 있고 따라서 『기케이키』 전반부는 엄밀하게 보아 권一~권三
및 권四의 위 인용문 부분까지로 한정할 수가 있다.[15] 그 이유는 위 인
용문을 전후로 시간의 경과라고 하는 측면에서도 간격을 보이거니와 무
엇보다도 위 인용문으로 요시쓰네의 무훈담이 요약됨으로써 결정적으로

2부 구성의 형태가 『기케이키』의 기본틀로 고착되었기 때문이다.[16]

지금까지의 『기케이키』 전반부 구성을 놓고 볼 때 요시쓰네의 성장 과정은 그가 명장군이 될 만한 자질과 능력을 여실히 보여주는 것이었다. 그러나 막상 요시쓰네가 명장군으로서 실제로 활약한 구체적 실상은 편집 과정에서 철저히 배제되어 있다. 명장군의 가능성을 보여주는 과정은 최대화되고 명장군으로서 실제로 활약한 결과가 최소화된 특이한 모습의 구성법을 취하고 있다. 이것이 바로 『기케이키』 2부 구성의 실체인 것이다.

결과가 없는(또는 최소화된) 것을 전제로 요시쓰네의 성장 과정을 되짚어보면 요시쓰네에 관한 무력의 신화화는 단지 소세력의 무장(武裝)을 과장한 것에 지나지 않게 된다. 요시쓰네가 익혔던 무예는 개인 호신술의 경지로 격하되고 그의 부하들은 정규전에는 크게 도움이 안 되는 악당의 무리들로 전락하고 오슈(奧州)라는 배후 세력은 그의 은신처를 제공한 것에 불과하게 된다. 『기케이키』 전반부 구성의 특징은 바로 이와 같은 과정과 결과의 불일치라는 내부 모순으로 말미암아 요시쓰네의 성장의 의미가 모호해질 수밖에 없는 취약점을 안고 있다.[17]

2) 『기케이키』 후반부 구성(과정의 성공 결과의 실패)

권四(「賴朝義經對面の事」 및 「義經平家の討手に上り給ふ事」의 도입부 제외)~권八까지의 『기케이키』 후반부는 요리토모(賴朝)와 요시쓰네(義經) 사이에서 벌어지는 〈형제 불화〉가 키워드라 할 수 있다. 그리하여 가마쿠라(鎌倉)막부를 형성하여 가는 권력자 요리토모(賴朝)에 의하여 모반인으로 지목된 요시쓰네가 일방적으로 수세에 몰려 도망을 거듭하다가 결국 일행과 함께 비참한 최후를 맞는 것으로 되어 있다. 그러나 이번 절에서

주목하고자 하는 바는『기케이키』후반부 구성이 요시쓰네의 멸망이라
는 비극적 결과를 도출하고 있기는 하지만 그 과정에 그려져 있는 요시
쓰네 일행의 행동 및 개별 장면들은 결과와는 반대로 상당히 낙관적이
고 희극적인 경향을 띠고 있다는 것이다. 요시쓰네 일행이 맞이하는 하
나하나의 난관들은 모두 치명적인 결과를 초래할 수 있는 위기의 연속
이지만 요시쓰네 일행은 차례차례로 위기를 돌파해 나가는 과정에서는
예외 없이 성공을 거두고 있다.

　요컨대『기케이키』후반부 구성 역시 전반부와 마찬가지로 과정과 결
과의 불일치라는 특이한 방법으로 이루어져 있는 것이다. 다만 전반부
구성이 요시쓰네의 성장 과정만을 확대 발전시키고 요시쓰네의 무훈담
을 의도적으로 생략한 것과는 달리『기케이키』후반부 구성은 권四~권
八에서 다루고 있는 요시쓰네의 몰락기라는 단일한 시기 내에서 내부적
으로 과정에서의 성공과 결과로서의 실패라는 논리적인 불일치를 편집
방법으로 채택하고 있다는 점에 가장 두드러진 특색이 있다.[18]

　그리고 이와 같은『기케이키』후반부 구성의 특징은 〈형제 불화〉를
가장 큰 이슈로 지정함과 동시에 요시쓰네의 역경을 부각시킴으로써 그
책임을 은연중에 요리토모(賴朝) 쪽에 묻고자 하는 편집 의도와 연결되
어 있음을 텍스트 곳곳에서 확인할 수 있다. 다만『기케이키』는 〈형제
불화〉 사실 자체를 윤리나 종교의 잣대로 재단하기보다는 요시쓰네의 〈불
운〉＝요리토모(賴朝)의 〈果報〉(행운의 인과응보)로써 그 결말을 수습하려
는 자세를 취하고 있다.[19]

　구체적으로『기케이키』후반부 내용을 권별로 살펴보자면 우선 권四
에서 요시쓰네는 요리토모(賴朝)에 의해 가마쿠라(鎌倉) 입성이 금지되
자 자신의 무고함을 탄원하는 이른바「고시고에조」(腰越狀)를 올린 후
할 수 없이 교토(京都)로 돌아간다. 이에 요리토모(賴朝)는 토벌군을 파

견하고 그러자 요시쓰네는 교토(京都)에서 쫓겨나 표류 끝에 겨우 출항
지로 되돌아온다. 권四는 요시쓰네 몰락기의 첫 과정을 그리고 있고 비
록 토벌의 대상으로 쫓기고는 있지만 무사귀환이라는 점에서는 일단 성
공하고 있다.

권五는 요시쓰네 일행이 요시노산(吉野山)으로 피신해 들어갔다가 산
사(山寺)의 중들에게 쫓겨 간신히 이들을 따돌린 후 각자 교토(京都)로
잠입하게 된다. 권五는 요시쓰네의 〈요시노(吉野) 탈출기〉라는 단일한
소재로서 비록 일방적으로 겨울 산 속을 쫓겨다니지만 일단 탈출에 성
공했다는 점에서 성공의 맥을 잇고 있다.

권六은 사토 다다노부(佐藤忠信)·간주보(勸修坊)·시즈카(静) 이야기
가 연속적으로 이어지는 특색을 보인다. 권六에 설정된 세 이야기의 주
인공들은 모두 요시쓰네에 대한 각별한 애정과 충성을 끝까지 실천한
공통점과 함께 그들의 시련이 직접 요리토모(賴朝)의 권력과 의지에 기
인한다는 점에서 시사하는 바가 크다. 권六의 세 이야기는 표면적으로
요시쓰네 수난기의 또 다른 형태를 띠고 있지만 실제로는 요리토모(賴
朝)가 보이는 권력 의지의 실상을 증명하고자 하는 편집 의도가 숨겨져
있다고 보아야 할 것이다. 그런 의미에서 권六 역시 현실적으로는 요리
토모(賴朝)의 힘 앞에 굴복할 수밖에 없는 세 사람이지만 저항의 의지는
목숨을 걸고 관철시켰다는 점에서 과정으로서의 성공을 거두고 있다고
평가할 수 있다.

권七은 요시쓰네 일행이 교토(京都)에서 북륙도(北陸道)라는 길을 따
라 오슈(奧州)까지 가는 도정(道程)이 상세히 묘사되고 있어 이른바 〈북
륙도행기〉(北陸道行記)라 할 만하다. 특히 권七에서의 요시쓰네는 무장
으로서의 활약이나 일행의 리더로서의 역할이 거의 보이지 않는 반면에
자신과 연고가 있는 장소에서 빠짐없이 공양(供養)의 의식을 독자적 판

단으로 행함으로써 일종의 진혼의 순례자로서의 역할을 보여주고 있다. 따라서 권七은 이세 참궁(伊勢參宮 : 이세신사 참배)이라는 요시쓰네 일행의 관문 통과를 위한 속임수가 실질적인 성지 순례의 외형으로 자리를 잡아 요리토모(賴朝)의 감시 체제를 차례차례로 돌파해 나가는 장면을 통하여 독자로 하여금 심정적으로 동조하게 함으로써 세속적(나아가서 오락적) 쾌감을 제공하는 한편으로 자신의 역경 속에서도 죽은 자들의 넋을 위로하는 모습을 거듭 보여줌으로써 머지않아 다가올 요시쓰네의 죽음까지도 더불어 진혼하고자 하는 독자를 향한 신앙적 카타르시스를 아울러 시도하고 있다고 말할 수 있다.[20]

권八은 요리토모(賴朝)의 압력을 받은 후지와라 야스히라(藤原泰衡)가 변심하여 요시쓰네를 공격함으로써 마침내 요시쓰네 일가 및 가신들이 최후를 맞게 되고 야스히라(泰衡) 또한 요리토모(賴朝)의 토벌군에 의해 멸망하는 것으로 끝을 맺는다. 이로써 가마쿠라(鎌倉) 막부를 열었던 요리토모(賴朝)는 강력한 저항 세력을 모두 진압하게 되지만 〈형제 불화〉를 끝내 무력으로 해결함으로써 요시쓰네를 최후까지 핍박하였던 행위의 정당성을 확보하는 데는 실패했다고 보여진다. 그런 점에서 투항이나 변절의 길을 선택하지 않고 스스로 일가의 목숨을 끊고 자결을 단행한 요시쓰네와 마지막까지 주군을 도와 장렬히 전사한 벤케이(弁慶)를 위시한 가신들의 죽음은 비록 요시쓰네의 〈불운〉=요리토모(賴朝)의 〈과보〉(果報)에 의한 어쩔 수 없는 선택이라 할지라도 과정의 마지막 단계로서 의지와 행동의 일치를 이루는 데는 성공하였음을 『기케이키』는 죽음의 미학으로서 묘사하고 있는 것이다.

이상에서 살펴본 바와 같이 『기케이키』 후반부 구성은 권四 ; 요시쓰네의 교토(京都) 탈출 → 권五 ; 요시노산(吉野山) 탈출 → 권六 ; 요리토모(賴朝)에 저항 → 권七 ; 북륙도(北陸道) 돌파 → 권八 ; 죽음의 선택이라는

일련의 과정에서 나름의 독특한 성공을 거둠으로써 독자(또는 청중)로
하여금 심정적 동조와 함께 세속과 신앙의 측면에서 일종의 카타르시스
를 제공하고 있다. 그러나 결과에 있어서는 요시쓰네(義經)의 〈불운〉=
요리토모(賴朝)의 〈과보〉라는 테두리를 벗어나지 못하고 있다. 따라서
『기케이키』후반부 구성 역시 과정과 결과의 불일치라는 비논리적 방법
에 의해 편집되어 있다고 할 수 있다.

2. 역설의 논리구조

요시쓰네(義經)의 〈불운〉=요리토모(賴朝)의 〈과보〉로 귀결되는 『기케
이키』의 표면적 언설은 가마쿠라(鎌倉) 정권의 성립이라는 새로운 질서
체제에 대해 순기능으로 작용한다고 볼 수 있다. 그러나 요리토모(賴朝)
의 〈과보〉보다는 요시쓰네의 〈불운〉 쪽에 관심을 집중하여 그 전 과정
을 다루고 있는 만큼 『기케이키』의 내면적 편집 의도는 텍스트 행간에
숨겨져 있다고도 말할 수 있다. 더욱이 요시쓰네의 경우는 다른 역사군
담의 주인공들(『쇼몬키』의 마사카도〈將門〉, 『헤이케 모노가타리』의 기요모리〈淸
盛〉 등)이 대체로 왕권에 직접 도전하였다가 실패하는 반(反)영웅적인
속성을 공유하고 있는 점과 비교해 볼 때 훨씬 덜 위험스런 존재라 할
수 있다. 오히려 막부 체제에 왕권을 위협당하는 천황 측의 입장에서는
요시쓰네가 충분한 이용 가치가 있는 존재였을 것이다. 다만 요리토모
(賴朝)의 입장에서 볼 때 요시쓰네와 그를 후원하는 오슈(奧州) 후지와
라(藤原)의 존재가 몹시 부담스러웠던 것이다.

따라서 왕권의 실질적인 집행자의 위치를 확보해 나가는 요리토모(賴
朝)를 기존체제에 위협을 가하는 절대악(惡)의 존재로 설정할 개연성이
존재함에도 불구하고 『기케이키』의 편집 자세는 이에 대해 애매모호함

을 표면적 방침으로 내세우고 있는 듯이 보인다. 반면에 요리토모(賴朝)
에 대한 도전의 잠재적 가능성을 획득하였다는 이유 때문에 모반인으로
몰려 몰락의 길을 걸어야 했던 요시쓰네를 『기케이키』에서 기존체제를
온전히 지켜가는 절대선(善)의 존재로 설정하고 있는 것도 아니다. 단지
『기케이키』의 기본 방향은 요시쓰네의 영웅(＝명장군)으로서의 가능성과
함께 역경을 헤쳐·나가려는 요시쓰네 일행의 행동성과 의지를 집중적으
로 부각시키는 점에 있다.[21]

　그런 점에서 볼 때 『기케이키』에 나타난 요시쓰네(義經) 상(像)과 요리
토모(賴朝) 상(像)은 각각의 인물됨과 행동 및 논리 구사에 있어 텍스트
전체에 걸쳐 종적으로 대결하는 층위를 형성하고 있다. 뿐만 아니라 요
리토모(賴朝)가 절대악의 존재가 아니고 요시쓰네가 절대선의 존재로 설
정되어 있지 않은 만큼 각자의 입장에서 정당성을 확보하고자 노력하는
논리의 대립은 상대적일 수밖에 없고 실제로 다른 어느 역사군담보다 뚜
렷한 각축의 양상을 보이고 있다. 더욱이 『기케이키』의 편집 자세가 애
매모호함을 표면적 방침으로 삼고 있는 이상 각각의 장면에서 나타나는
요시쓰네와 요리토모(賴朝)의 논리 구사 및 인물상은 일관성을 결여하고
있는 점에서 사뭇 역설적이다. 나아가서 요시쓰네와 요리토모(賴朝)의
입장 및 인물상을 대변하거나 보완하고자 설정된 주변 인물들에 의한 논
리 구사 및 의지와 행동성이 텍스트 전체에 걸쳐 횡적인 층위를 구성하
고 있다. 이하 이번 절에서는 『기케이키』에 나타난 역설의 논리 구조를
논의의 준거틀로 삼아 종적 층위와 횡적 층위로 나누어 고찰하고자 한다.

1) 종적 층위(요시쓰네〈義經〉 대 요리토모〈賴朝〉)

　『기케이키』에서 요시쓰네와 요리토모(賴朝)가 직접 대면하는 장면은

요리토모가 헤이케(平家) 타도를 위해 거병한 직후 요시쓰네가 소수의
병력을 이끌고 요리토모를 찾아갔을 때 한 번뿐이다. 그 이전에는 요시
쓰네가 일방적으로 요리토모(賴朝)에게 연락을 취하는 한편 사촌 형 요
시나카(義仲)와의 협력 체제를 꾀하는 것으로 되어 있다. 적어도『기케
이키』전반부에서는 어린 요시쓰네가 요리토모(賴朝)-요시나카(義仲)-
요시쓰네의 삼각 체제 정립에 주도적으로 활동하는 것이다.[22)]

이와 같이『기케이키』가 크게 다루고 있지는 않지만 요시쓰네는 요리
토모(賴朝)를 가문의 동량으로 인정하는 자세를 취하는 한편으로 요시나
카(義仲)와도 긴밀한 협력 관계를 유지하고 있다. 그러나 막상 헤이케
(平家) 타도를 둘러싸고 요리토모(賴朝)와 요시나카(義仲)가 서로 경쟁하
는 관계로 사태가 전개되었을 때 요시쓰네는 이미 요리토모에 합세하고
자 오슈(奧州)를 출발한 뒤였다. 그리하여 원래 요시쓰네가 구상하였던
헤이케(平家) 타도의 계획은 실행 단계에서 요리토모(賴朝)의 대리자로
서의 수동적 역할로 바뀌게 된다. 따라서 자신의 본래 의도와는 달리
먼저 교토(京都)를 장악하였던 요시나카(義仲)를 요리토모(賴朝)의 명을
받아 제거하게 된 요시쓰네의 행동은 다분히 역설적이라 할 수 있다.
그리고 이 점에 관해『기케이키』는 이미 살펴본 대로 요시쓰네의 무훈
담을 생략하고 있으므로 특별한 의미를 부여하고 있지 않는 듯이 보인
다. 그러나『기케이키』의 가장 큰 이슈인〈형제 불화〉라는 측면에서 같
은 가문의 일족을 멸한 요시쓰네의 불리한 입장을 고려한 결과로 해석
할 수 있는 여지를 남기고 있다.[23)]

요시쓰네가 가지와라 가게토키(梶原景時)의 모함을 받아 고시고에(腰
越)에서 요리토모(賴朝)에게 올린 탄원서의 내용을 보면 자신의 불우한
어린 시절을 회고하고 요시나카(義仲)와 헤이케(平家)를 물리친 무훈과
함께 스스로 야심이 없음을 신을 두고 맹세하면서 가문의 영화를 위해

노여움을 풀어줄 것을 간청하고 있다.(권四「腰越の申狀の事」) 이치를 들어 요리토모(賴朝)를 설득하려 하기보다는 형제간의 정에 호소하려는 것이 요시쓰네의 태도인 것이다.[24]

이후 요시쓰네에게서 자신이 처한 불리한 상황을 타개하고자 하는 적극적 의지나 행동성을 찾아볼 수는 없다. 『기케이키』 모두문에서 제시한 〈무용〉을 뽐내는 요시쓰네는 최소화되고 오직 〈예〉를 과시하는 요시쓰네만이 부각될 뿐이다. 그 예로서 요시쓰네는 교토(京都)를 떠날 때 11명의 여인들을 동반하고 사정이 여의치 않자 그들과 아쉽게 이별한다. 북륙도(北陸道)를 따라 오슈(奧州)로 탈출할 때도 아내인 구가 히메기미(久我姬君)를 남장시켜 동행한다. 가는 도중에 감흥이 일면 부부가 와카(和歌)를 주고받기도 하고 상황에 따라서는 악기를 타는 등 요시쓰네는 중세무사라기보다 왕조귀족의 모습으로 예능 취미를 발휘한다.[25] 또한 연고가 있는 곳마다 들러 참배와 공양을 반복한다.

『기케이키』 후반부에서 요시쓰네의 의지를 확인할 수 있는 곳은 두 장면이다. 하나는 요시노산(吉野山)에서 탈출한 후 간주보(勸修坊)에게서 출가를 권유받았을 때 요시쓰네는 이를 거절하면서 세상의 돌아가는 모양을 살피겠다고 한다. 그 후 간주보(勸修坊)가 구체적 안을 제시하며 거병을 권유하자 이번에는 세상 사람의 마음을 알기 어렵다는 이유 등을 들어 이 또한 거부한다. 요시쓰네는 이제 자신감도 의욕도 결여된 수동적인 모반인의 입장에 머물러 있는 것이다. 또 하나는 후지와라 야스히라(藤原泰衡)가 변심한 것을 알고 규슈(九州) 등에 격문을 보내지만 이 사실이 발각되어 후지와라 모토나리(藤原基成)로부터 오슈(奧州)를 탈출하라는 전갈을 받았을 때 요시쓰네는 재기의 의지를 꺾은 채 자결을 각오할 뿐이다. 이와 같은 정세 판단과 자기 평가가 요시쓰네로 하여금 자신의 〈불운〉을 감수케 하고 있는 것이다.

반면에 요리토모(賴朝)의 경우는 주어진 상황과 주변 인물들을 교묘히 이용하여 요시쓰네와 오슈(奧州) 후지와라(藤原)를 동시에 제거함으로써 자신의 〈과보〉를 확고히 한다. 그 예로서 요시쓰네의 부하 사토 다다노부(佐藤忠信)의 수급이 바쳐지자 그의 충성심을 칭찬하고 공양케 함으로써 자신의 부하들로 하여금 경각심을 일깨운다. 간주보(勸修坊)를 연행하여 직접 심문하였을 때는 그의 웅변에 탄복하면서 가마쿠라(鎌倉)에서 포교 활동을 하게 함으로써 그의 포용력을 나타낸다. 요시쓰네의 애첩 시즈카(靜)가 남자 아이를 출산하자 이를 살해케 하고 나아가서 자신 앞에서 시즈카로 하여금 춤을 추게 함으로써 자신의 정치적 안정을 과시한다. 뿐만 아니라 오슈(奧州)에서 내부 분열로 요시쓰네가 격문을 돌리자 이를 토벌군을 파견하는 빌미로 이용한다. 마지막으로 후지와라 야스히라(藤原泰衡)가 요시쓰네의 수급을 바치자 도리어 자신의 아우를 죽인 죄를 물어 오슈(奧州)에 토벌군을 보내 멸망시킨다.

이상에서 살펴본 바와 같이 『기케이키』에 나타난 요시쓰네와 요리토모(賴朝)의 갈등 구조는 텍스트 전체에 걸쳐서 주체자와 반대자로서의 두 축을 형성하고 있다. 그러나 무엇에 대한 주체와 반대인가 하는 점에서 『기케이키』는 애매모호하다. 따라서 이번 절에서는 〈형제 불화〉를 그 무엇에 대입하여 고찰하였고 그 결과 『기케이키』에 나타난 요시쓰네 대 요리토모(賴朝)의 갈등 구조가 이야기 현실에서는 요리토모의 승리로 마감되지만 독자의 가치 판단은 오히려 요시쓰네 쪽으로 기울어진다고 하는 역설의 구조로써 이루어져 있음을 확인하였다. 나아가서 『기케이키』 전반부와 후반부에 나타난 요시쓰네 상(像)이 텍스트 모두문에서 제시한 〈무용〉과 〈예〉의 적용으로 2분화됨으로써 분열의 양상을 띠고 있는 점은 요시쓰네에 대한 독자의 가치 판단을 다각화시키는 요소가 되고 있는 것으로 보인다.[26]

2) 횡적 층위(명분론 대 현실론)

『기케이키』에 나타난 요시쓰네(義經)와 요리토모(賴朝) 사이의 대립은
〈형제 불화〉라고 하는 일견 가치 판단이 결여된 투쟁의 양상을 보이고
있어 단순한 선악의 대립 구도로 파악하기는 그리 간단치 않다. 그러나
양측에 속한 인물들이 구사하는 논리 구조는 일정한 방향성을 띠고 있
는 바 이는 명분론 대 현실론으로서 파악함이 유효할 것으로 보인다.
즉 요시쓰네 쪽의 입장은 비록 일방적으로 열세에 처해 있지만 그것은
모함에 의한 일시적인 현상으로 판단한다. 그리고 여론은 〈형제 불화〉
의 원인을 요리토모(賴朝)의 박정함에 있다고 봄으로써 명분론상 우위에
있음을 암시한다. 반면에 요리토모(賴朝) 쪽의 입장은 요시쓰네가 교토
(京都)에 머물면서 천황 측과 내통하고 병사들을 회유하는 등 정치적 야
심이 있으므로 조기에 제거할 필요성이 있음을 주장한다. 이를 위해 천
황 측에 압력을 가하고 요시쓰네를 모반인으로 지목하여 전국에 수배하
는 등의 조처를 취한다. 따라서 가마쿠라(鎌倉)막부의 안정적 지배체제
를 확보하기 위한 현실론적 힘의 우위를 바탕에 깔고 있다.

더욱이 요시쓰네 쪽의 명분론과 요리토모(賴朝) 쪽의 현실론이 『기케
이키』에서 직접 요시쓰네와 요리토모의 언행으로써 제시되고 있지 않는
점 또한 주목할 필요가 있다. 요시쓰네의 경우 〈고시고에조〉(腰越狀)를
제외하면 스스로 자신의 논리를 주장하거나 요리토모(賴朝)에 대해 직접
어떤 행동을 취하지 않는다. 요리토모(賴朝)의 경우는 이와 달리 요시쓰
네를 제거하기 위한 일련의 조처들을 직접 명령하고 있지만 자신의 논
리를 자신의 입으로 발설하지 않는 이중적 태도를 취하고 있다.

결국 양측의 논리는 중심축을 이루는 요시쓰네와 요리토모(賴朝)가 아
니라 주변 인물들에 의해 주장되는 바 그 양상에 의해 『기케이키』에 나

타난 갈등과 대립이 명분론과 현실론을 둘러싼 투쟁임이 드러나고 있는 셈이다. 아울러 요시쓰네와 요리토모(賴朝) 두 사람의 대립 구조를 보다 폭넓은 역사의 현장 또는 흥미를 유발하는 허구의 세계로 이끌어 가는 기능을 이와 같은 주변 인물이 담당하고 있고 이번 절에서는 이를 『기케이키』에서의 횡적 층위로서 파악하고자 한다.

요시쓰네 쪽의 주변 인물로서 자신의 논리를 분명하게 내세우는 등장 인물로 사토 다다노부(佐藤忠信)와 간주보(勸修坊)를 들 수 있다. 먼저 다다노부(忠信)는 요시노산(吉野山)과 교토(京都)에서 맞게 된 전투에 앞서 〈형제 불화〉가 모함에 의해 생겼으니 이는 요시쓰네로서 무고하고 따라서 요리토모(賴朝)가 생각을 바꿀 수도 있으리라는 점과 나아가서 이 싸움은 공적인 전투가 아닌 사적인 싸움이라는 점을 강조하고 있다.[27] 더욱이 다다노부(忠信)는 위기의 순간에도 충효를 다하고자 노력하고 자신의 무용으로써 요시쓰네의 목숨을 구하고 끝까지 주군인 요시쓰네의 명예를 지키고자 장렬한 최후를 마감하는 등 무사의 이상형을 보임으로써 행동으로 자신의 논리를 뒷받침하고 있다.

다음으로 간주보(勸修坊)는 요시쓰네에게 출가와 거병을 권유한 죄로 가마쿠라(鎌倉)로 연행되어 가서 요리토모(賴朝)의 심문을 받는 중에 자신의 논리를 설파한다. 즉 〈형제 불화〉는 요리토모(賴朝)의 박정함 때문이라는 것이 교토(京都)의 여론이라는 점과 형제가 함께 국가를 경영하는 것이 자신의 본래 소망이라는 점을 거리낌없이 밝히고 있다.[28] 이에 대한 요리토모(賴朝)의 반론은 보이지 않고 단지 간주보(勸修坊)의 당당한 태도에 요리토모 스스로 감복할 뿐이다. 나아가서 간주보(勸修坊)는 그 후 수 차례에 걸쳐 형제가 화해할 것을 권유하지만 받아들여지지 않고 마침내 요시쓰네가 죽임을 당하자 교토(京都)로 돌아와 요시쓰네를 위해 226부의 불경을 써서 공양한 후 왕생한 것으로 되어 있다. 요시쓰네의 생사 여부와 관계없이 그를 옹호하고자 하는 〈호간비이키〉(判官晶屓)의 모범을 간주보(勸修坊)가 실천하는 것이다.

한편 시즈카(靜)의 경우는 위의 두 사람과 같이 논리를 내세우지는 않지만 의지와 행동으로써 자신의 입장을 분명하게 드러내고 있다. 시즈카(靜)는 비록 미천한 신분이지만 요시쓰네의 애첩으로서 그와 이별한 후 갖은 고초를 겪으면서도 끝까지 그에 대한 애정을 포기하지 않는다. 요시노산(吉野山)과 가마쿠라(鎌倉)에서 신불(神佛) 앞에 바치는 두 번의 춤은 비록 자의에 의한 것은 아니었지만 오직 요시쓰네의 성공을 기원하는 마음이 시즈카(靜)로 하여금 스스로 정성을 쏟게 하고 있다. 특히 요리토모(賴朝) 앞에서 요시쓰네의 재기를 기원하는 노래를 부름으로써 자신의 의지를 만인 공개리에 밝히고 있다. 그 후 교토(京都)로 돌아간 시즈카(靜)는 출가 후 왕생함으로써 자신과 요시쓰네의 〈불운〉에 대한 보상을 종교적 해결로 증명해 보이고 있다.

한편 위의 세 인물과는 달리 요시쓰네와 생사고락을 같이 하면서 논리를 내세우기보다는 요시쓰네의 인간적 약점과 능력을 보완하는 인물로 벤케이(弁慶)를 거론하지 않을 수 없다. 그의 존재는 벤케이(弁慶)가 없는 요시쓰네를 무미건조하게 만들 정도로 『기케이키』에서 차지하는 비중이 크다. 『기케이키』 권三은 전체가 벤케이(弁慶)의 출생부터 요시쓰네와의 만남까지의 과정으로 채워져 있다. 이후 요시쓰네(義經)와 함께 최후를 맞기까지 항상 요시쓰네 곁에서 무용과 기지로써 위기 국면을 돌파해 나가는 수호신과 같은 역할을 한다. 특히 『기케이키』 권七에서 벤케이(弁慶)는 주군 요시쓰네와 그 일행을 성공적으로 리드하는 인상적인 장면을 연출하고 있다.[29]

뿐만 아니라 싸움의 와중에서도 벤케이(弁慶)는 요시쓰네와 짝을 이루어 여유로운 대화를 주고받는 등 싸움의 승패에 전전긍긍하기보다 싸움 그 자체를 즐기는 듯한 모습을 보여주고 있는 점 또한 이채를 띤다. 특히 벤케이(弁慶)는 다른 등장인물과는 달리 요시쓰네의 인간적 약점을 지적하여 농담을 던지거나 직언을 하기도 하고 요시쓰네의 능력으로는 해결하기 어려운 위기 상황에서 순발력 있는 기지를 발휘하여 국면을 타개해 나가는 등의 행위를 반복함으로써 텍스트 전체의 무거운 분위기를 반전시키는 역할을 도맡고 있다. 요컨대『기케이키』에서의 벤케이(弁慶)는 무력과 충성심으로써 주군 요시쓰네를 돕는 단순한 역할에 머물지 않고 그의 악행과 직언과 술책과 해학으로써 자신의 논리를 대신하고 있다. 그리하여 인간적 측면에서 요시쓰네 상(像)을 보완하는 역할을 겸하고 있다. 나아가서 요리토모(賴朝)의 지배 체제를 비록 일시적이기는 하지만 마음껏 농락하는 모습을 보임으로써 정당성이 결여된 지배자에 대한 도전의 의미를 고취시키고자 하는 역설의 논리를 내포하고 있다고 보여진다.[30]

이와는 달리 요리토모(賴朝) 쪽의 주변 인물로서 자신의 논리를 내세우는 대표적인 등장인물로 가지와라 가게토키(梶原景時)와 하타케야마 시게타다(畠山重忠)를 들 수 있다. 두 사람 모두 요리토모(賴朝)가 신망하는 측신으로서 중요한 결정 사항이 발생할 때마다 방책을 건의하는 형식으로 각자의 입장을 밝히고 있다. 가지와라(梶原)는 본래 요시쓰네와의 사이가 나빴던 만큼 시종일관 강경론자의 입장을 고수한다. 반면에 하타케야마(畠山)는 상대적으로 온건한 입장에서 요리토모(賴朝)의 악행을 견제하는 인물로『기케이키』에 그려져 있다. 따라서 가지와라(梶原)와 하타케야마(畠山)는 요리토모(賴朝)가 직접 발설하지 않는 현실론의 논리를 강경과 온건의 대칭적인 양상으로 구사함으로써 요리토모의 최종 선택을 합리화시키는 역할을 담당하고 있다.

특히 가지와라(梶原)는『기케이키』후반부 시작 부분에서 요리토모(賴

朝)에게 큰 공을 세우고 돌아오는 요시쓰네를 모함함으로써 〈형제 불화〉
의 원인을 제공한 장본인으로 되어 있다. 그의 논리에 의하면 요시쓰네
가 또 다른 형 노리요리(範賴)와 불화하고 자신과 전술 문제로 다투는
등 스스로 야심을 품어 병사들을 추종케 하고 있으니 요리토모(賴朝)의
사후는 물론 지금 당장 위험하므로 어떤 조처를 취해야 한다는 것이다.
(권四「義經平家の討手に上り給ふ事」) 이는 곧 요시쓰네의 장점을 도리어
치명적 약점으로 만들어 버리는 가지와라(梶原)의 역설이라 할 수 있다.
이는 또한 요시쓰네의 존재를 두려워한 요리토모(賴朝)의 내심을 파악한
가지와라(梶原)가 요리토모를 대신하여 요시쓰네를 제거할 논리를 주장
한 것으로 보인다. 왜냐하면 이 주장을 듣고 요리토모(賴朝)가 곧바로
하타케야마(畠山)에게 요시쓰네 제거를 지시하기 때문이다. 그러나 이에
대해 하타케야마(畠山)는 〈형제 불화〉의 부당함을 적시하여 가지와라(梶
原)의 모함을 받아들이지 말 것을 건의한다. 그리고 요리토모(賴朝)는
표면적으로나마 이를 일단 수용하는 것으로 되어 있다.

그 뒤로도 가지와라(梶原)는 요시쓰네에 대한 모함을 거듭하였을 뿐만
아니라 요시쓰네 편에 가담한 간주보(勸修坊)와 시즈카(靜)를 연행할 때
도 〈선지(宣旨)・원선(院宣) : 천황과 상황(上皇)의 명령)〉을 미리 얻어낼 것
을 건의하거나 요시쓰네를 치기 위해서 먼저 오슈(奧州)의 후지와라 야
스히라(藤原泰衡)를 유인할 것을 도모하는 등 가마쿠라(鎌倉)막부 체제를
확립해 나가는 데 주도적 일익을 담당하고 있다.[31]

이와 같이 『기케이키』에서 가지와라(梶原)는 요리토모(賴朝)를 대신해
서 〈형제 불화〉의 불가피성을 극력 주장하는 한편 요리토모에게 향할
부정적 평가를 상당 부분 떠맡는 역할을 담당하고 있다. 요리토모(賴朝)
는 이와 같은 가지와라(梶原)의 강경한 논리와 역할을 적절히 이용하면
서 한편으로는 하타케야마(畠山)와 같은 온건론자를 동시에 수용하는 모

습을 취하고 있다.[32]

요컨대 『기케이키』에 그려진 요리토모(賴朝) 쪽의 주변 인물 대부분은 심정적으로는 〈형제 불화〉의 불가피성에 동조하지 않으면서 하타케야마(畠山)와 같은 온건한 현실론의 입장을 따르고 있는 듯이 보인다. 그런 점에서 가지와라(梶原)의 강경한 현실론은 여론의 동의를 구하는 데 실패함으로써 악역을 자처한 듯 하고 또한 그 배후에 요리토모(賴朝)의 야심과 강력한 현실 지배가 숨겨져 있음을 『기케이키』에 장치된 역설의 논리 구조로서 파악할 수 있는 것이다.

맺음말

『기케이키』의 형식상 특징은 전반부와 후반부가 유기적인 인과관계를 맺지 못하는 2부 구성으로 되어 있다는 점이다. 이는 정작 중점적으로 다루어져야 할 원평(源平) 합전(合戰)에서의 무훈담을 『헤이케 모노가타리』(平家物語)의 경우와는 달리 의도적으로 생략한 『기케이키』의 편집에 크게 기인한다.

『기케이키』 전반부 구성은 텍스트 모두문에서 제시한 요시쓰네(義經)의 명장군상을 전제로 그의 성장 과정이 최대한 확장되어 있다. 반면에 그 결과 실제로 명장군으로서 활약한 실상은 단 몇 줄로 요약됨으로써 과정은 최대화되고 결과는 최소화되는 특이한 구성을 갖추고 있다. 또한 『기케이키』 후반부 구성은 요리토모(賴朝)와 요시쓰네(義經) 사이에서 벌어지는 〈형제 불화〉가 주된 원인이 되어 요시쓰네의 〈불운〉＝요리토모의 〈과보〉(果報)로서 결말지어져 있다. 그 과정에서 요시쓰네(義經)는 교토(京都) 탈출 → 요시노산(吉野山) 탈출 → 북륙도(北陸道) 돌파 → 죽음의 선택이라는 일련의 단계를 통하여 각각의 장면에서 나름의 독특한 성공을 거두는 것처럼 되어 있지만 그 결과는 비참한 최후를 맞음으로써 실패로 끝나고 있다. 과정에서의 성공이 결과로서의 실패로 이어지는 논리적 모순이 『기케이키』 후반부에서 반복되고 있는 것이다.

이와 같은 『기케이키』 2부 구성의 논리적 모순은 요시쓰네(義經)에 대한 〈호간비이키〉(判官贔屓)와 요리토모(賴朝)에 대한 〈과보〉 수용이라는 양자택일 사이에서 가치판단을 유보한 『기케이키』의 편집자세가 가장 주된 원인이다. 따라서 요시쓰네와 요리토모(賴朝)를 각각의 축으로 하는 등장인물의 논리와 독자의 가치 판단 사이에 괴리를 가져오는 장치가 『기케이키』에 나타난 역설의 논리구조인 것이다. 『기케이키』에 나타난 역설이라는 관점에서의 논리구조를 정리하면 다음과 같다.

첫째, 『기케이키』 전체를 통하여 요시쓰네와 요리토모(賴朝)의 논리 구사 및 인물상은 일관성을 결여하고 있다. 요시쓰네의 경우 전반부에서는 헤이케(平家) 타도를 위하여 적극적 의지와 행동성을 보이면서 〈무용〉을 뽐내지만 후반부에서는 중세무사라기보다 왕조귀족의 모습으로 〈예〉를 과시하는 쪽으로 바뀌어 간다. 요리토모(賴朝)의 경우는 요시쓰네 제거를 위한 일련의 조처들을 직접 지시하지만 결코 자신의 논리를 자신의 입으로 발설하지 않는 이중적 태도를 취하고 있다.

둘째, 『기케이키』에 나타난 요시쓰네(義經) 대 요리토모(賴朝)의 갈등구조가 양대 축을 형성하고 있지만 양측 주변 인물들에 의한 상호 보완이 텍스트 전체에서 상당한 비중을 차지한다. 그리하여 벤케이(弁慶)를 위시한 요시쓰네 쪽의 인물들은 〈형제 불화〉의 원인을 요리토모(賴朝)의 박정함에 둠으로써 여론을 등에 업고 명분론상 우위에 있음을 주장한다. 반면에 요리토모(賴朝) 쪽은 가지와라(梶原)와 하타케야마(畠山)의 강경론과 온건론으로 나누어지기는 하지만 막부체제 확립에 필요한 걸림돌 제거를 시행해가는 현실론의 입장에서 요리토모에 의한 힘의 지배를 합리화시키고 있다.

셋째, 『기케이키』의 편집 자세는 표면상 애매모호하다. 요시쓰네(義經)=절대선, 요리토모(賴朝)=절대악의 도식화는 결코 성립하지 않는다. 그럼에도 불구하고 요시쓰네의 〈불운〉=요리토모의 〈과보〉라는 표면적 결과는 『기케이키』 전체를 통하여 요시쓰네의 〈무용〉과 〈예〉라는 과정에 초점이 맞추어짐으로써 〈호간비이키〉(判官贔屓)라는 편집 의도를 암묵리에 동조하는 쪽으로 작용하고 있다.

▮주

1) 이하 〈准軍記〉 및 〈室町軍記〉 등의 용어는 『日本古典文學大辭典』 참조.
2) 한편 『기케이키』가 〈准軍記〉로 분류되는 또 다른 이유는 무로마치(室町)시대로 추정되는 성립 시기와도 밀접한 관련이 있다. 그러나 『메이토쿠키』(明德記)와 같은 동시대의 작품군은 〈室町軍記〉로 따로 분류된다. 〈室町軍記〉는 정통 한문체에 연대기적 서술양식을 바탕으로 공적인 입장에서 단순한 토벌기의 내용을 담고 있다. 그런 점에서 『기케이키』는 〈室町軍記〉와 구별된다.
3) 호간(判官)은 요시쓰네의 벼슬자리로서 요시쓰네를 지칭하고 히이키(贔屓)는 후원 또는 편을 들어 준다는 뜻. 따라서 요새말로 하면 〈요시쓰네 신드롬〉이라고도 할 수 있다.
4) 이와 관련하여 『기케이키』 주제에 관한 선행 연구는 오리구치 시노부(折口信夫)의 〈귀종유리담〉(貴種流離譚)에서 비롯된 민속학적 관점이 큰 비중을 차지해 왔다. 요컨대 「몰락 또는 범죄→유리(流離 : 고난)→전생(轉生) 또는 죽음」의 단계를 거치는 〈귀종유리담〉의 형식이 『기케이키』에 나타난 요시쓰네의 비운의 일생에 그대로 적용되고 있다는 해석이다. 한편 〈진혼론〉의 관점에서 야마오리 데쓰오(山折哲雄)는 "본래 원령이 될 운명을 강요당했음에도 불구하고 그렇게 되지 않은 국민적 영웅이 요시쓰네이고, …… 이른바 〈호간비이키〉(判官贔屓) 또한 원령에 대한 진혼·위무의 심리가 본래적으로 포함되어져 있다."고 설명하였다. 또한 후쿠다 아키라(福田晃)는 『기케이키』를 〈영웅횡사담〉으로 규정하면서 〈호간비이키〉의 근저에는 '원령을 받들고 제사지내 온 상민(常民)들의 마음이 있다'고 지적하고 있다.

5) 주로 인물상의 설정에 일관성이 없는 점, 스토리 전개에 필연적인 맥락이 종종 결여되어 있는 점, 비슷한 상황 설정이 반복되어 나타나는 점 등의 평가가 공통적으로 언급된다.

6) 山下宏明「『義經記』の『平家物語』受容」『日本文學』1993년 3월호 및 柳田洋一郎「『義經記』の名のり―祟りなす供儀―」『同志社文學』26 1986년 3월 등

7) 구체적으로 권一부터 권八까지의 내용을 요시쓰네를 중심으로 살펴보면 다음과 같이 요약된다. 권一 : 어린 요시쓰네의 성장, 권二 : 요시쓰네 오슈(奧州)(오슈)行, 권三 : 벤케이(弁慶)의 성장과 요시쓰네와의 만남, 권四 : 요리토모(賴朝)와 요시쓰네와의 불화, 권五 : 요시쓰네의 吉野(요시노) 탈출, 권六 : 사토 다다노부(佐藤忠信)·간주보(勸修坊)·시즈카(靜) 이야기, 권七 : 요시쓰네 북국(北國) 돌파, 권八 : 요시쓰네의 멸망

8) 대부분의 연구가 『기케이키』를 2부구성으로 설명하고 있지만 가마다 기자부로(釜田喜三郎)는 『日本文學史 中世』에서 전기(권一~권四), 후기의 1(권四~권六), 후기의 2(권七~권八)의 3부구성으로 나누고 있다. 그러나 이 역시 후기를 둘로 나누는 특별한 이유가 없다면 전기, 후기의 2부구성에 포함할 수 있는 것으로 보인다.

9) 역사 기록은 대체로 역사에서 승리한 편의 입장을 수렴하기 마련이고 그런 의미에서 역사에서 패배한 요시쓰네 및 그 시대의 진실은 『기케이키』 쪽에 오히려 더 많이 함축되어 있을 지도 모르는 일이라 할 것이다. 이는 또한 역사 기록과 대비되는 〈모노가타리〉(物語)의 일반적 특질이라 할 수 있다.

10) 釜田喜三郎『日本文學史 中世』제7장 軍記物語 539~540면에서 재인용.

11) 村上學『日本文學新史〈中世〉』389~390면 참조

12) 本朝のむかしをたづぬれば、田村、利仁、將門、純友、保昌、賴光、漢の樊噲、張良は武勇といへども名のみ聞きて目には見ず、目のあたりに藝を世にほどこし、萬事の、目をおどろかし給ひしは、下野の左馬頭義朝のすゑの子、九郎義經とて、わが朝にならびなき名將軍にておはしけり.

13) 권二에서는 가는 도중에 도적을 물리쳐 처음으로 무명(武名)을 떨치고(권二「鏡の宿吉次が宿强盜の入る事」), 스스로 성인식을 치르고 동시에 요시쓰네(義經)라 개명(이전에는「牛若」「遮那王」)하고(권二「遮那王殿元服の事」), 대장군이 될 것을 기원하고(권二「阿濃の禪師に御對面の事」), 어릴 때 도와줄 것을 약속한 자가 이를 번복하자 집을 불태우기도 하고(권二「義經陵が館燒き給ふ事」), 평생을 따르는 부하 이세 요시모리(伊勢義盛)를 얻기도 하고(권二「伊勢三郎義經の臣下にはじめて成る事」), 마침내 오슈(奧州)에 들어가 큰 세력을 이루고 있는 후지와라 히데히라(藤原秀衡)의 환대를 받는다.(권二「義經秀衡にはじめて對面の事」) 뿐만 아니라 얼마 지나지 않아 다시 교토(京都)로 돌아와 오니이치(鬼一)라는 중이 비장하고 있던 병서를 우여곡절 끝에 손에 넣어 일종의 도술을 익히기까지 한다.(권

二「義經鬼一法眼が所へ御出の事」)

　권三에서는 특별한 사연과 능력을 지닌 벤케이(弁慶)와 대결하여 그를 굴복시킴으로써 요시쓰네는 마침내 가장 유능한 부하를 얻은 후에 재차 오슈(奧州)로 들어가고(권三「弁慶義經に君臣の契約申す事」) 요리토모(賴朝)가 헤이케(平家) 타도를 위해 모반을 일으켰다는 소식을 접하자 급거 오슈(奧州)를 출발하여 요리토모(賴朝)를 돕기 위해 떠난다.(권三「賴朝謀反により義經奧州より出で給ふ事」)

14) 御曹司壽永三年に上洛して平家を追ひ落し, 一谷, 八嶋, 壇浦, 所々の忠を致し, 先駆け身をくだき, 終に平家を攻め亡ぼして, 大將軍前の內大臣宗盛父子を生け捕り, 三十人具足して上洛し, 院內の見參に入(つ)て後, 去ぬる元曆元年に檢非違使五位尉になり給ふ.

15) 기존의『기케이키』연구는 권三까지를 전반부로 보거나 권四 내에서 전반부와 후반부가 겹치는 것으로 막연하게 구분하고 있다.

16) 일반적으로 일본 역사군담의 구성은 발단 및 전개→본격적 전투담→사후처리담의 3부 구성으로 정형화되어 있다. 그러나『기케이키』의 경우는 본격적 전투담(요시쓰네의 무훈담)이 생략된 2부 구성의 형태가 된 것이다.

17) 또한 다음 절에서 다룰『기케이키』후반부에서 더욱 두드러지는 요시쓰네의 전체적인 불운 및 이에 대한 개별 장면에서의 부분적인 갈등 해소가 과정과 결과의 불일치라는 구성법으로써 거듭 반복되고 있다. 아울러 이와 같은『기케이키』2부 구성이 과정과 결과의 불일치에서 기인하는 의미의 애매모호함은 내용의 측면에서 보이는 역설의 논리구조와 밀접한 상관 관계를 갖는다. 이에 관해서는 다음 절에서 다루고자 한다.

18)『기케이키』에 보이는 과정과 결과의 불일치에서 오는 비논리적 편집 방법은『쇼몬키』(將門記)에서 보이는 〈사투〉(私鬪)와 〈모반〉 단계로 나누어지는 마사카도(將門)에 대한 이중적 서술 태도, 『다이헤이키』(太平記)에서 보이는 북조(北朝)의 내부 분열상에 대한 서술 태도 및 미완의 결말 등의 편집 방법과 맥을 같이하는 것으로 볼 수 있다.

19)『기케이키』서두에 치정론(治政論) 같은 언급이 없는 점, 말미를 야스히라(泰衡)의 불효를 비난하는 평어(評語)로 채우고 있는 점 등이 이와 관련된다.

20) 이와 관련하여 대개의 군키(軍記)는 주요 등장인물의 죽음을 진혼하기 위한 의도로서 후일담 등을 덧붙이고 있다.『기케이키』의 경우 요시쓰네의 후일담은『요시쓰네 모노가타리』(義經物語)에 설정된 〈含狀說話〉를 제외하면 따로 보이지 않는다. 따라서『기케이키』권七에 나타난 요시쓰네의 공양의 모습에서 진혼의 의도를 확인코자 하는 것이다.

21) 다시 말해서 텍스트 모두문에서 밝히고 있듯이 불우한 성장 과정을 딛고 〈무용〉을 떨칠 수 있게 되었던 어린 요시쓰네(義經)와, 일행과 함께 온갖 난관을 극복하면서 〈예〉를 과시하였던 젊은 요시쓰네가 참으로 〈명장군〉이 (될 수 있)었다는

점과 헤이케(平家) 타도라는 빛나는 무훈을 세웠음에도 권력자인 형과 불화하여 끝내 비참한 최후를 맞이하는 요시쓰네와 그 일행의 생애가 〈불운〉하였다는 점을 부각시키고 있는 것이다.

22) 구체적으로 살펴보면 16세의 요시쓰네(義經)가 스스로 헤이케(平家) 타도의 계획을 세우는 중에 10만 기의 병사를 각각 요리토모(賴朝)와 요시나카(義仲)에게 바치고 자신도 10만 기를 이끌고 헤이케를 칠 것을 전체적인 구상으로 설정하고 있다.(권一「遮那王殿鞍馬出の事」) 이에 따라 처음 오슈(奧州)로 가는 길에 친형 아노(阿濃)선사(禪師)를 만났을 때 그의 권유를 받아 가까운 유배지에 있던 요리토모(賴朝)에게 보낼 서신을 맡기는 것이 요시쓰네가 요리토모에게 보낸 첫 신호이다.(권二「阿濃禪師に御對面の事」) 그리고 오슈(奧州)에서 다시 상경하는 길에 이번에는 요시나카(義仲)를 직접 만나 모반에 관해 상의한다.(권二「義經秀衡にはじめて對面の事」) 또한 재차 오슈(奧州)로 갈 때 요시나카(義仲)를 또 만나 거병을 권유하면서 요리토모(賴朝)에게 연락을 취할 것을 부탁하고 있다.(권三「弁慶義經に君臣の契約申す事」)

23) 이와 관련하여 요리토모(賴朝)가 처음 거병하여 패전한 후 八幡(하치만)대명신(大明神)에게 기도를 올렸을 때 신으로부터 겐지(源氏) 가문의 명예를 드높일 것을 계시받고 요리토모 또한 이에 응답하고 있다. 이는 신력(神力)의 효험으로써 요리토모(賴朝)가 헤이케(平家) 타도에 성공하여 가문의 중흥을 이룰 것임을 예언하는 뜻으로도 해석되지만 다른 한편으로 요리토모로 하여금 〈형제 불화〉와 같은 가문 내부의 분란을 경계하는 뜻으로도 해석이 가능하다. 후자의 해석으로 보자면 요리토모(賴朝)가 요시나카(義仲)와 요시쓰네(義經)를 차례차례로 제거한 행위가 정당하지 못함을 밝히는 가늠자로서의 의미가 있는 것이다.

24) 이에 대한 요리토모(賴朝)의 반응은 세간의 여론을 의식하여 요시쓰네를 일단 교토(京都)로 되돌려 보내지만 곧바로 은밀히 도사보(土佐坊)를 파견하여 요시쓰네를 제거하려 함으로써 본심을 드러낸다. 뿐만 아니라 요시쓰네가 도사보(土佐坊)를 붙잡아 처형하자 요리토모(賴朝)는 이를 빌미로 삼아 본격적으로 군대를 파견하여 요시쓰네를 토벌케 한다. 이로써 요시쓰네의 몰락이 기정사실화되기에 이른다.

25) 스기모토 게이자부로(杉本圭三郎)는 『軍記物語の世界』 277면에서 요시쓰네 상(像)이 후반에서는 완전히 귀공자로 변하고 말았다고 언급하고 있다.

26) 그럼에도 불구하고 〈호간비이키〉(判官贔屓)로써 역설의 논리 구조가 수습되는 이유는 요시쓰네라는 주체자를 보완하는 주변 인물의 기능에 상당 부분 의존하고 있는 것으로 판단된다.

27) 「……人の讒言に依つて鎌倉殿御中當時不和におはしますとも, 兔なれば, などか思召し直し給はざらん, ……」(권五「忠信吉野山の合戰の事」)
「……謀と御邊とは私軍にてこそあれ, 鎌倉殿も左馬頭殿の御君達, われ等も殿も御兄弟ぞかし. 例へば人の讒言によりて, 御中不和になり給ふとも, これぞ讒言兔なれば,

思召し直したらん時は，あはれ一つの煩ひかな」(권六「忠信最期の事」)

28) 「……都にて聞きしには，國の將軍となりて，斯かる果報にも生まれけり，情もおはす
ると聞きしに，果報は生まれつきの物なり，殿の爲にもいやいやの弟，九郎判官には遙
に劣り給ひたる人にてありけるや． ……我朝を御兄弟手に握り給へてとこそ祈り參ら
せしに，判官は生れつきふえの人なれば，終に世にも立ち給はず，日本國殘るところな
く，殿一人して知行し給ふ事，これは得業が祈の感應するところにあらずや．……」(권
六「關東より勸修坊を召さるる事」)

29) 『기케이키』에서 벤케이(弁慶)가 위기에 처한 요시쓰네를 구하는 장면은 수 차례
에 걸쳐서 이어진다. 즉 도사보(土佐坊)에게 야간 기습을 당했을 때, 교토(京都)
탈출 시 해상에서 헤이케(平家)의 사령(死靈)이 나타났을 때, 요시노산(吉野山)
에서 중들의 추격을 받았을 때, 북륙도(北陸道)를 거쳐 오슈(奧州)로 탈출 시 거
듭되는 난관에 봉착했을 때, 오슈에서 후지와라 야스히라(藤原泰衡)의 공격을 받
아 최후의 순간을 맞을 때까지 벤케이(弁慶)는 항상 선두에 서서 적과 대결을 펼
치고 있다.

30) 이밖에도 伊勢義盛, 片岡經春, 常陸坊 및 喜三太, 十郎權頭兼房 등 요시쓰네에
속한 가신들의 활약 또한 명분론의 관점에서 크고 작은 역할을 담당하고 있다.

31) 심지어 요리토모(賴朝)조차 간주보(勸修坊)가 형제 화해를 건의하였을 때 가지와
라(梶原) 부자의 위세를 두려워하여 뜻을 이루지 못한 것으로 『기케이키』는 설명
하고 있다.(권六「關東より勸修坊を召さるる事」)

32) 그 한 예로서 『기케이키』 권八의 마지막 단에서 후지와라 야스히라(藤原泰衡)를
칠 때 가지와라(梶原) 등이 선봉장이 될 것을 신청하지만 요리토모(賴朝)는 이를
묵살하고 신의 계시를 얻었다 하여 하타케야마(畠山)를 파견한다.(권八「秀衡が子
供御追討の事」)

『소가 모노가타리』(曾我物語)에 나타난 공(公)과 사(私)의 갈등

제7장

『소가 모노가타리』(曾我物語)에 나타난
공(公)과 사(私)의 갈등

『소가 모노가타리』(曾我物語)의 작품론에 관한 연구는 크게 두 갈래로 나뉜다. 하나는 1193년 5월 28일 밤 소가 주로(曾我十郞) 스케나리(祐成)와 고로(五郞) 도키무네(時致) 형제가 아버지를 죽인 원수인 구도 스케쓰네(工藤祐經)를 암살한 복수담에 초점이 맞추어진다. 또 하나는 이제 막 가마쿠라(鎌倉)막부의 기반을 잡기 시작한 미나모토 요리토모(源賴朝)를 중심으로 하는 일련의 이야기가 작품 전체 구조에서 어떤 위치를 차지하느냐는 논의이다.

일찍이 다니 히로시(谷宏)는 『소가 모노가타리』가 개개의 장면과 인물의 형상을 너무 서정적으로 그려냈다고 하여 부정적 평가를 내린 바 있다.[1] 이는 또한 『소가 모노가타리』를 『기케이키』(義經記)와 더불어 문학적 성과가 다른 일본 역사군담과 비교하여 뒤떨어진다는 점 등을 들어 준(准)군키(軍記)로 취급하고 있는 일반적 평가와 맥을 같이한다.

그러나 순문학적인 평가와는 달리 『소가 모노가타리』가 『기케이키』와 함께 무로마치(室町)시대 이래로 고와카마이(幸若舞)·요쿄쿠(謠曲)·가부키(歌舞伎) 등의 장르와 교류하면서 대중적인 인기를 확보하였다는 점에서 보면 이는 나름의 독특한 세계가 작품 속에 구현되었기 때문으로 해석되어진다. 따라서 본고에서는 세간의 주목을 끌만한 『소가 모노가타리』의 논란거리가 무엇인지를 근본에서부터 따져 보고자 한다. 아울러 일본 역사군담의 일정한 흐름 속에서 『소가 모노가타리』가 차지하는 위상을 자리매김하는 기회를 갖고자 한다.

『소가 모노가타리』의 작품 세계에 관한 보다 적극적인 해석은 모리야마 시게오(森山重雄)로부터 출발한다. 그는 『소가 모노가타리』가 일본 민족의 심층 사상으로서 소가(曾我) 형제의 복수담을 표출하고 있다고 언급하고 있다. 이어서 오쓰 유이치(大津雄一)는 복수 사건이 요리토모(賴朝) 체제에 대해 갖고 있는 의미를 작품 내부를 통해 해석함으로써 『소가 모노가타리』가 명시적으로는 요리토모를 긍정하면서 암시적으로는 요리토모를 부정하는 중층 구조로 이루어졌음을 지적하였다. 이를 이어받아 다카기 마코토(高木信)는 『소가 모노가타리』 안의 요리토모(賴朝) 이야기가 본지물(本地物:일종의 지방 설화)적 중세신화의 성격을 띠고 있고, 요리토모=〈신〉(神)의 탄생/소가(曾我) 형제=〈죄〉(罪)의 발생이라는 해석을 내놓은 바 있다.[2]

요컨대 『소가 모노가타리』에 관한 작품론은 정작 사건 당사자인 소가(曾我) 형제보다는 요리토모(賴朝) 이야기에서 작품 해석의 실마리를 찾는 것이 최근의 연구 동향이다. 그러나 본고에서는 소가(曾我) 형제와 요리토모(賴朝)를 각각 한 축의 주체로 보고 양 축의 내부와 양 축 사이에서 벌어지고 있는 갈등 구조를 공(公)과 사(私)라는 기준을 두고 분석해 가고자 한다.[3]

1. 소가(曾我) 형제를 둘러싼 충효의 실상

소가(曾我) 형제는 『소가 모노가타리』 본문을 통하여 다음과 같이 첫 소개가 이루어지고 있다.[4]

여기에 이즈(伊豆)國에 사는 伊東二郎 스케치카(祐親)의 손자인 소가
(曾我)十郎 스케나리(祐成), 동 五郎 도키무네(時致)라는 자가 있어 將
軍(미나모토 요리토모〈源賴朝〉)의 陣內를 꺼리지 않고 부친의 적을 쳐서
藝를 전장에 과시하고 이름을 후대에 남겼다.[5]

(권一 「伊東を調伏する事」 괄호 안은 필자)

마치 『기케이키』(義經記)의 서문에서 요시쓰네(義經)를 영웅화시키고
있는 것처럼 『소가 모노가타리』 또한 소가 형제의 무예를 높이 평가하
고 공적을 기리는 듯한 단정을 전제하고 있다. 뿐만 아니라 요리토모(賴
朝)의 권위에 과감히 도전하였다는 점을 명시하고 있음 또한 『소가 모
노가타리』 전체 구상에 중요한 단서를 제공하고 있다.

위 인용문에 바로 이어서 상속 문제를 둘러싸고 내분에 휩싸이는 소
가 형제의 가계사가 상세히 다루어지고 있다.[6] 즉 소가 형제의 조부인
스케치카(祐親)는 영지 상속에 불만을 품고 배다른 형인 스케쓰구(祐繼)
와 분쟁을 일으킨 뒤 하코네(箱根)신사의 신관(神官)에게 청하여 형의
죽음을 빌도록 한다. 이에 하코네(箱根) 신관은 몇 가지 이유를 들어 거
절한다. 그 이유는 형을 죽이는 일이 조정의 판결에 거스르는 일이요
부친의 결정을 배신하는 일이요 불가의 법도에 어긋나는 일이라는 것이
다. 다시 말해서 불충과 불효와 파계를 저지르는 일이라는 것이다. 이
에 대해 스케치카(祐親)는 신관에게 만일 이 사실이 스케쓰구(祐繼)에게
알려지면 더욱 큰 일이 날 것이라며 거듭 간청하여 결국 스케쓰구를 죽
음에 이르게 한다.

스케치카(祐親)는 스케쓰구(祐繼)의 아들인 스케쓰네(祐經)의 양육을
미끼로 영지를 가로챈 후 재산을 횡령한다. 그 후 장성한 스케쓰네(祐
經)는 두 번에 걸쳐 소송을 제기하지만 스케치카(祐親)의 뇌물 공세와
판결 불이행으로 스케쓰네는 영지 반환에 실패한다. 심지어 스케치카

(祐親)는 스케쓰네(祐經)의 아내가 되어 있던 딸마저 다른 곳으로 재가시켜 버린다. 이에 불만을 품은 스케쓰네(祐經)는 결국 스케치카(祐親)의 암살을 계획한다.

이 단계에 이르기까지 가문 내부의 분쟁은 순전히 스케치카(祐親)의 악행에 의해 일가의 비극을 초래한 것으로 되어 있다.[7] 그러나 소가 형제에게 재앙을 가져온 직접적인 이유는 다음 두 가지로 요약할 수 있다.

우선 하나는 스케쓰네(祐經)에 의한 스케치카(祐親)의 암살 계획이 실행 단계에서 방향이 빗나가서 스케치카의 큰 아들인 스케시게(祐重)를 무고하게 죽였다는 것이다. 스케시게(祐重)는 유언으로서 스케쓰네(祐經)에 대해 복수할 것을 남기게 되니 이는 곧 그의 두 아들인 소가 형제에게 효의 문제로서 고스란히 부담지워지게 되는 것이다.[8]

또 하나는 소가 형제의 조부인 스케치카(祐親)와 유배인(流配人)의 몸으로 거병한 후 가마쿠라(鎌倉)정권을 수립하게 되는 미나모토 요리토모(源賴朝)와의 거듭된 악연에 기인한다. 즉 스케치카(祐親)의 딸 중 하나가 요리토모(賴朝)와 관계를 맺은 후 아들을 낳게 되나 스케치카는 당시 조정을 두려워하여 그 아들을 죽이고 딸을 다른 곳에 재가시켜 버린다.[9] 이로 말미암아 요리토모(賴朝)는 다른 누구보다도(헤이케〈平家〉 일가보다도) 스케치카(祐親)에게 복수할 것을 결심한다. 그리하여 마침내 스케치카(祐親)는 요리토모(賴朝)의 거병시에 그에 대항하다가 붙잡혀 처형되고 만다. 그 후 요리토모(賴朝)는 동국(東國)의 패권을 장악하게 되고 한편 스케쓰네(祐經)는 요리토모의 측근이 되어 영지를 되찾음은 물론이고 승승장구한다. 결국 소가 형제는 영지 상속은 말할 것도 없고 출세의 길도 원천봉쇄 당하는 처지에 놓이게 된다. 소가 형제에게는 충의 기회가 박탈되고 오로지 복수를 통한 효의 실천이라는 선택밖에 남지 않게 되는 것이다.

이후 『소가 모노가타리』 본문은 충과 효라는 문제를 두고 소가 형제와 모친과의 갈등, 다른 동국(東國) 무사들과의 대립 또는 협조 등에 의해 기본틀이 짜여져 간다. 그 구체적 실상은 다음과 같다.

1) 소가(曾我) 형제와 모친과의 갈등 및 화해

소가 형제와 모친과의 갈등은 전적으로 모친의 현실 인식에 대한 변화에 기인한다. 애초에 모친은 남편인 스케시게(祐重)의 뜻하지 않은 죽음을 맞이하였을 때 어린 두 아들에게 10년 뒤 부친의 원수를 갚으라고 말한다.[10] 그러나 시아버지 스케치카(祐親)의 권고로 소가 스케노부(曾我祐信)에게 두 아들을 데리고 재가하게 된 후 두 아들이 아직 어리지만 생부인 스케시게(祐重)를 그리워하며 원수를 갚겠다는 각오를 보이자 모친은 눈물을 흘리며 이를 만류한다. 정권을 장악한 요리토모(賴朝)가 이들의 존재를 알게 되면 목숨마저 위태로울 것이라는 것이 모친의 판단인 것이다. 모친의 입장에서 보자면 남편의 죽음에 대한 원한의 집념이 모성애의 본능으로 바뀌는 순간이었고 그 배경에는 요리토모(賴朝)의 집권이라는 엄청난 현실 변화가 있었다.[11]

그리하여 모친은 형인 스케나리(祐成)는 소가(曾我)의 가문을 잇게 하고 동생인 도키무네(時致)는 중이 되어 부친의 명복을 빌게 하도록 한다. 그러나 도키무네(時致)는 원수인 스케쓰네(祐經)와의 대면을 계기로 중이 되기를 포기하고 산에서 내려와 형인 스케나리(祐成)와 함께 원수갚는 일을 도모하게 된다. 이로 말미암아 모친은 일방적으로 도키무네(時致)와의 절연을 선언함으로써 심각한 모자간의 갈등을 보이게 된다. 두 아들의 목숨을 살리고 죽은 남편의 명복을 빌게 하기 위하여 모친은 소가 형제의 원수갚는 일을 도저히 허락할 수 없었던 것이다.[12]

그 후 소가 형제는 두 차례에 걸쳐 스케쓰네(祐經) 암살을 시도하지만 경험 부족으로 미수에 그친 뒤 마침내 결정적 기회를 앞두고 모친과 마지막 작별을 하면서 모친과의 화해를 시도한다. 도키무네(時致)는 불경에 나오는 세 가지 설화를 인용하면서 모친의 용서를 호소하지만 모친은 쉽사리 이를 받아들이지 않는다. 결국 스케나리(祐成)가 나서서 더 이상 살 필요가 없는 동생 도키무네(時致)를 죽이겠다고 거짓 위협하자 마지못해 모친은 도키무네의 불효를 용서하겠다고 말한다.

이와 같은 모친과 소가 형제와의 갈등 및 화해는 효를 어떻게 실천할 것인가에 대한 방법상의 차이에서 비롯된 것으로 보인다. 즉 모친은 가난하고 힘든 상황 속에서 목숨을 어떻게든 유지하면서 죽은 부친과 나아가서 자신의 명복을 비는 일이 소가 형제에게 주어진 효의 실천이라고 보았다. 반면에 소가 형제는 살아 있는 모친을 잠시 속여서라도 죽은 부친의 원수를 갚는 일이 궁극적인 효의 실천이라고 보았던 것이다. 따라서 모친과 소가 형제의 갈등은 논리상으로 평행선을 그을 수밖에 없었다. 그러므로 마지막 작별을 앞두고 이루어진 화해는 논리를 초월한 모친의 본능적 모성애와 오직 행동으로 모든 것을 증명하려는 소가 형제의 맹목적 효의 의지가 접점을 이룬 결과로 해석할 수 있다.[13]

이상에서 살펴본 바와 같이 소가 형제와 모친과의 갈등은 현실 인식의 차이에서 비롯된 충과 효의 실천 방법에 기인하고 있다. 모친은 현실 인식에서 몇 번의 변화를 보이면서 엄혹한 현실에 적응하려는 모성애의 한 전형을 이루고 있다. 모친과 대비되는 소가 형제의 맹목적 효의 의지는 현실에 대한 적응보다는 절망적인 현실에 대한 저항의 표현으로서 다른 한편으로는 충의 실현 불가능성을 자신들의 죽음으로써 증명하고자 한 의지의 또 다른 돌파구였다고 정리할 수 있다.

2) 소가(曾我) 형제와의 대립 인물

소가 형제가 원수인 스케쓰네(祐經)와 직접 대면한 것은 『소가 모노가타리』에서 두 번에 걸쳐 이루어진다. 첫 번째는 도키무네(時致)가 14세로 하코네(箱根) 절에 있을 때 요리토모(賴朝)의 행차를 수행한 스케쓰네(祐經)와 대면한 때이다. 이 때 스케쓰네(祐經)는 도키무네(時致)에게 중의 길을 착실히 가면 뒤를 돌보아 주겠노라고 회유한다. 그러나 어린 도키무네(時致)는 원수를 눈앞에 두고도 속수무책인 것을 한스럽게 여기다 그로부터 3년 뒤 출가를 앞두고 산에서 도망쳐 나온다.(권四「箱王, 祐經にあひし事」및「箱王, 曾我へくだりし事」) 두 번째는 스케쓰네(祐經) 암살 당일 저녁 사전 정찰에 나선 스케나리(祐成)가 스케쓰네의 눈에 띄어 막사로 불려 들어간 때이다. 이 자리에서 스케쓰네(祐經)는 자신이 소가 형제의 부친인 스케시게(祐重)를 살해하지 않았음을 변명하고 형편을 보아 요리토모(賴朝)에게 진언하여 출세와 영지를 얻어 주겠다고 회유하는 한편으로 소가 형제의 복수는 이루어질 수 없는 일이라고 호언장담한다.(권八「屋形まはりの事」)[14]

이와 같이 소가 형제와 스케쓰네(祐經)는 네 차례에 걸친 암살 기회를 제외하고 각각 일생에 단 한 번씩 대면의 기회를 갖고 있고 두 번 모두 스케쓰네의 일방적 회유와 이에 대한 반론은 펴지 못하고 오히려 복수의 집념을 강화하는 계기로 삼는 소가 형제의 반응이 있을 뿐이다. 소가 형제와 스케쓰네(祐經)의 갈등은 그 직접적인 원인이 당사자들간에 있지 않고 가문의 분규와 외부 환경의 엄청난 변화에 있었기 때문이라는 것을 이를 통하여 확인할 수 있다.

오히려 소가 형제와 관련된 충과 효의 갈등은 논리상으로는 소가 형제의 배다른 형인 고지로(小二郎)와의 논쟁을 통해 확연히 드러난다. 고

지로(小二郎)는 복수에 가담하라는 소가 형제를 향해 ① 지금 세상에는
복수보다는 요리토모(賴朝)의 뜻을 받들 것 ② 억울하면 소송을 펼칠 것
③ 주군(요리토모〈賴朝〉)의 적이 될 수는 없는 일 ④ 운이 좋은 스케쓰네
(祐經)를 소가 형제와 같은 처지로서 없앨 수는 없는 일이라는 등의 논
리를 들어 이를 거절한다.(권四「小二郎かたらひえざる事」) 적어도 당시로
서는 교토(京都)에 거주하고 있던 고지로(小二郎)의 논리가 보다 현실적
인 대안이 될 수도 있었을 것이다. 그러나 한창 권력을 강화해 가는 요
리토모(賴朝)의 세력권 밑에서 영락의 생활을 강요당하고 있던 소가 형
제는 현실을 고지로(小二郎)와 같은 논리로는 해결할 수 없을 만큼 절박
한 상황으로 인식하였던 듯하다. 소가 형제는 현실과 타협하기보다 오
직 행동으로써 자신들의 효를 다하고 가능성이 없는 충을 처음부터 포
기하였던 것이다.[15]

나아가서 『소가 모노가타리』에서 소가 형제와 가장 빈번하게 갈등 관
계를 보이는 인물은 요리토모(賴朝)의 최측근으로 설정되어 있는 가지와
라 가게스에(梶原景季)이다.[16] 가게스에(景季)는 장성한 소가 형제가 스
케쓰네(祐經) 암살을 노리는 장면에서 항상 이들의 행동을 의심하거나
방해한다. 이는 스케쓰네(祐經)가 요리토모(賴朝)의 측근으로서 그의 주
위를 항상 떠나지 않고 있고 또 다른 측근인 가게스에(景季)는 항상 요
리토모의 안전을 지켜야 하는 역할을 했기 때문이라 할 수 있다. 게다
가 도키무네(時致)와는 게쇼자카(化粧坂)의 유녀를 사이에 두고 다툼이
있었기 때문에 갈등이 더욱 노골화되었다고 보여진다.

그러나 소가 형제와 가게스에(景季)와의 갈등은 곧 소가 형제의 스케
쓰네(祐經) 암살을 뛰어넘어 요리토모(賴朝)에 대한 우회적인 도전이라
는 의미로도 해석할 수 있다. 그 이유로서 두 번에 걸쳐 스케쓰네(祐經)
암살에 실패한 소가 형제가 새로운 계획을 세우는 장면에서 도키무네

(時致)가

　　곰곰이 일을 헤아리건대 틈을 구하고 편의를 살폈기 때문에 지금까지 본

뜻을 이루지 못했소. 이번에는 오로지 작정을 하여 사정이 좋으면 (요리토

모〈賴朝〉의) 안전이라고 겁내지 말고 (요리토모의) 막사라고 꺼리지 말고

밤이 되었든 낮이 되었든 가리지 말고 멀면 (활로) 쏘아 떨어뜨리고 가까

우면 맞붙어서 승부를 봅시다.……[17]　　(권五 「三浦與一をたのみし事」)

라고 제안하고 있다. 스케쓰네(祐經) 암살에 방해가 된다면 요리토모(賴

朝)의 권위조차 문제될 수 없다는 것이 소가 형제의 보다 과감한 계획이

었고 그 실행 단계에 구체적으로 갈등을 보이는 것이 가게스에(景季)의

의심과 방해였다.

　　실제로 소가 형제의 거사 당일 밤 가게스에(景季)는 다른 유력 무사인

하타케야마 시게타다(畠山重忠)와 와다 요시모리(和田義盛)의 소가 형제

에 대한 은밀한 지원을 의심하여 이를 요리토모(賴朝)에게 보고하고 곧

이어 소가 형제를 급습하여 체포하려 한다. 비록 소가 형제의 복수를

막아내지는 못했지만 가게스에(景季)의 존재는 소가 형제에게 줄곧 피해

야 할 감시의 눈초리였다.

3) 동국(東國) 무사들의 관점

『소가 모노가타리』에서 소가 형제는 부친의 죽음을 맞아 재가한 모친

밑에서 어렵게 성장하여 우여곡절 끝에 마침내 부친의 원수를 갚게 되

지만 그 과정에는 음으로 양으로 그들을 도운 사람들의 역할이 있었음

또한 사실이다.[18] 그 중에서 누구보다도 소가 형제를 도운 사람들은 다

름 아닌 동국(東國)의 무사들이다. 애초에 어린 소가 형제의 구명에 가

지와라 가게토키(梶原景時) 등의 무사들이 나섰고 도키무네(時致)가 출가를 거부하고 성인식을 치르러 간 곳은 요리토모(賴朝) 거병시 근거지가 되어 준 호조 도키마사(北條時政)의 집이었다.[19]

동국(東國)의 무사들 중 특히 소가 형제의 복수를 도운 하타케야마 시게타다(畠山重忠)의 지원은 일관된 것이면서 동시에 결정적이었다. 어린 소가 형제의 구명을 위해 나름의 논리로 요리토모(賴朝)를 설득하는 데 성공하였을 뿐만 아니라 장성한 소가 형제가 스케쓰네(祐經) 암살을 시도할 때 현장에서 암암리에 이들을 돕는다. 결국 암살의 기회가 그날 밤뿐이라는 것을 암시해 주고 암살에 성공한 소가 형제가 공개적인 죽음을 맞이하도록 자신의 부하들의 출동을 제지한 것도 하타케야마 시게타다(畠山重忠)의 중요한 역할이다. 아울러 생포된 도키무네(時致)가 부당한 방법으로 처형되었음을 요리토모(賴朝)에게 진언하여 처형자를 유배보내게 한 것도 하타케야마 시게타다(畠山重忠)이다.

이와 함께 소가 형제를 도운 동국(東國)의 또 다른 무사는 와다 요시모리(和田義盛)이다. 그 또한 어린 소가 형제의 구명에 나선 이래로 장성한 소가 형제를 거듭해서 돕는다. 소가 형제가 가지와라 가게스에(梶原景季)와 첫 충돌을 일으켰을 때 이들을 비호하고(권五「五郎と源太と喧嘩の事」) 소가 형제의 암살 계획을 요리토모(賴朝)에게 밀고하려는 미우라 요이치(三浦與一)를 설복시킨다.(권五「三浦與一をたのみし事」) 또한 소가 형제의 거사 당일 밤에도 이들을 만나 격려와 함께 지지를 표시한다.(권九「和田の屋形へ行し事」)[20]

이와 같이 『소가 모노가타리』에서 동국(東國)의 무사들에게는 소가 형제의 스케쓰네(祐經)에 대한 복수를 일정 부분 당연한 것으로 여기고 또한 실제로 그러한 일이 일어나기를 기다리는 듯한 분위기가 있었다. 더욱이 암암리에 이들을 도운 하타케야마 시게타다(畠山重忠)와 와다 요시모리(和田義盛)와 같은 존재도 있었다. 그 이유가 소가 형제의 가문과 연계되거나 소가 형제의 복수를 인정한 것인지 아니면 스케쓰네(祐經)의 출세에 상대적으로 반감을 가졌기 때문인지 혹은 당시의 실권자 요리토모(賴朝)에 대한 잠재적인 반발인지는 『소가 모노가타리』에 분명히 나타나 있지 않다. 다만 동국(東國) 무사들의 관점에서 볼 때 소가 형제의 복수 사건은 절대적인 가치의 충과 절대적인 가치의 효가 서로 갈등을 일으키는 단순한 구조가 아니라고 할 수 있다. 그보다는 문제가 있는 공(公)(소가 형제의 경우에는 가능성 없는 충)과 문제가 있는 사(私)(소가 형제의 맹목적인 효)가 서로 얽혀 있어서 신중한 판단과 대처를 필요로 했다는 점은 분명하다.

2. 소가(曾我) 형제의 상보성(相補性)

『소가 모노가타리』에 나타난 소가 형제의 모습은 오로지 부친의 원수를 갚기 위해 죽기를 각오한 무시무시한 복수의 화신으로 설정되어 있지는 않다. 그보다는 절대 권력의 비호를 받고 있는 원수를 처단하기 위해 결과적으로 절대 권력에 도전할 수밖에 없었던 직접·간접적인 이유가 소가 형제의 성장과 함께 차례차례로 제시되고 있는 것이 『소가 모노가타리』의 주된 구상이다. 아울러 그 과정에서 소가 형제는 인간적 고뇌와 약점을 노출하면서도 형과 아우가 서로 상대방의 약점을 보완해 주고 각자 스스로의 장점을 강화시켜 나감으로써 마침내 공동의 목적을 이루어낸다는 것이 『소가 모노가타리』의 주된 줄거리이다. 따라서 소가 형제가 보여주는 맹목적 효의 의지와 그에 따른 복수의 실천 과정은 선악의 기준으로 절대적 우위를 확보했다고 단정짓기 어려움에도 불구하고 오히려 인간적 측면을 두드러지게 나타냄으로써 소가 형제로 하여금

상대적 우위의 정당성을 확보하고 나름의 호소력을 발휘하게 하고 있는
것이『소가 모노가타리』의 일관된 표현법이라고 할 수 있다.

소가 형제의 상보성의 실상은 다음과 같다. 우선 어린 소가 형제는
모친의 재가 후에도 여전히 죽은 생부를 그리워하며 원수를 갚자고 맹
세하는데 모친이 이를 말리자 두 형제는 남의 눈을 피해 가면서 서로를
위로하고 결의를 다진다.(권三「九月明月にいでて, 一萬・箱王, 父の事なげく
事」 및「兄弟を母の制せし事」) 비록 나이는 어리지만 세상과 단절된 듯한
고립감 속에서 형제는 서로의 약속을 키워 가는 것이다[21]

그 후 17세로 성장한 동생 도키무네(時致)가 출가를 앞두고 하산하여
형 스케나리(祐成)와 복수를 다시 결의함으로써 본격적으로 소가 형제의
어릴 때부터의 약속이 실행에 옮겨지게 된다. 이 때 도키무네(時致)는
모친으로부터 절연을 당하게 되고 형제는 동국(東國)을 전전하게 되지만
이는 또한 두 형제에게 서로를 돌보고 일깨워줌으로써 형제애를 더욱
두텁게 쌓아 가는 기회로도 작용하고 있다.

이후『소가 모노가타리』에서 소가 형제는 장성하면서 서로 확연히 구
별되는 성격의 소유자로 설정되어 있다. 형인 스케나리(祐成)는 신중한
반면에 우유부단한 편이고 동생인 도키무네(時致)는 용감한 반면에 성급
한 편이다. 따라서 성격 차이로 다툼이 생길 법도 하지만『소가 모노가
타리』의 소가 형제는 서로의 약점을 보완하고 장점을 키우는 것으로만
나타나 있다.

형인 스케나리(祐成)가 연적 관계인 미우라 요시무라(三浦義村)의 도발
을 받게 되었을 때 도키무네(時致)가 형을 호위함으로써 충돌을 면하게
된다.(권四「平六兵衛が喧嘩の事」) 그리고 이와 유사한 장면이 재연되어
스케나리(祐成)가 도라(虎)라는 유녀를 사이에 두고 와다 요시모리(和田
義盛)와 충돌을 벌일 때도 도키무네(時致)가 급히 달려와 줌으로써 무력

충돌을 막아낸다.(권六「辯才天の事」) 도키무네(時致)의 당당한 외모와 기상이 상대방을 위협함으로써 형을 위기에서 구해내고 있는 것이다.

반면에 도키무네(時致)는 성미가 불과 같아서 아사마(淺間) 사냥터에서 가지와라 가게스에(梶原景季)로부터 검색을 받게 되자 이를 참지 못하고 칼을 빼들고 대드는 바람에 위기를 자초하기도 한다. 와다 요시모리(和田義盛)의 도움으로 위기를 모면하지만 형인 스케나리(祐成)는 동생의 성급함을 나무라고 신중할 것을 당부한다.(권五「五郎と源太と喧嘩の事」) 작은 일에 얽매이지 말고 큰 일을 이루자는 것이 형의 뜻이고 동생 또한 이를 순순히 받아들이고 있는 것이다.[22]

또한 소가 형제는 실천 계획을 세우고 각오를 다지는 데에 있어서도 상호 보완성을 보이고 있다. 우선 처음으로 요리토모(賴朝)의 대대적인 사냥 행사정보를 알게 된 도키무네(時致)가 형에게 스케쓰네(祐經) 암살의 기회를 엿보자고 제안하자 스케나리(祐成)는 타고 갈 말이 없음을 들어 주저한다. 이에 도키무네(時致)는 그렇다면 하인으로 변장하여 기회를 엿보자고 다시 제안한다.(권五「淺間の御狩の事」)

경험 부족으로 일차 실패한 후 다시 요리토모(賴朝)의 사냥 행사가 후지노(富士野)에서 열리는 것을 알게 된 도키무네(時致)의 암살 제안이 있자 스케나리(祐成)가 이번에는 가까운 곳이니 말을 타고 공개적으로 모습을 드러내자는 계획을 세운다. 이에 도키무네(時致)가 요리토모(賴朝)의 앞이든 밤낮이든 가리지 말고 기회를 엿보자며 만약 실패하면 악령이 되어서라도 원수를 갚자고 말한다.(권五「三浦與一をたのみし事」)[23] 두 번 모두 도키무네(時致)의 정보 입수 → 스케나리(祐成)의 판단 및 계획 → 도키무네의 계획 보강 및 각오의 절차를 밟아 소가(曾我) 형제의 거사가 실행에 옮겨지고 있음을 알 수 있다.[24]

결국 스케쓰네(祐經) 암살에 성공한 소가 형제는 다시 한 번 이후의

행동에 대해 의견을 교환한다. 스케나리(祐成)는 피신할 것을 제안하지
만 이에 대해 도키무네(時致)는 그렇게 하면 죄없는 모친에게 피해를 주
고 명예를 손상하는 일이며 사실 도망칠 곳도 없다면서 끝까지 싸우자
고 말한다.(권九「祐經にとどめさす事」) 그리하여 요리토모(賴朝)를 지키는
무사들과 차례차례로 싸운 끝에 스케나리(祐成)는 전사하고 도키무네(時
致)는 생포된다. 이 때 스케나리(祐成)는 도키무네(時致)에게 요리토모
(賴朝) 앞에 나아가 어렸을 때부터의 일을 하나하나 말해서 밝히라는 유
언을 남긴다.(권九「十郎が打死の事」) 스케나리(祐成)의 유언이 도키무네
(時致)로 하여금 복수의 뒷마무리를 어떻게 할 것인지를 제시해 주고 있
는 것이다.[25]

　이상에서 살펴본 바와 같이 『소가 모노가타리』의 소가 형제는 무서운
복수의 화신도 아니고 그렇다고 선악의 관점에서 절대적 우위를 확보한
존재도 아니다. 어려운 난관을 타개하는 과정에서 고뇌와 실패를 반복
하는 평범한 인물일 뿐이다. 그럼에도 불구하고 복수를 통한 효의 실천
이라는 공동 목표를 향해 서로의 약점을 보완하면서 의지를 불태운 소가
형제의 끝없는 도전의 모습에서 영웅으로서의 가능성을 확인하고 있는
것이 『소가 모노가타리』의 내면적 구조라고 말할 수 있다.

3. 요리토모(賴朝)의 2중상(二重像)

　『소가 모노가타리』에서 소가(曾我) 형제가 일으킨 복수담이 사(私)적
인 차원에서 공(公)적인 차원으로 비화하는 데 있어서는 요리토모(賴朝)
라는 존재가 있음으로써 가능하였다. 아울러 『소가 모노가타리』에 나타
난 요리토모(賴朝)상(像)은 새로운 시대를 이끄는 현왕으로서의 존재로
서만이 아니라 정국의 주도권을 쟁취한 동국(東國)의 패왕으로 군림하는

이중적인 성격을 보여줌으로써 소가 형제를 둘러싼 충효의 문제를 보다
심층화시켰다고 해석할 수 있다.

　요리토모(賴朝)의 현왕상은 『소가 모노가타리』의 시작 부분인 권一의
두 단(「神代のはじまりの事」와 「惟喬·惟仁の位あらそひの事」)에서부터 비롯
된다. 즉 일본의 역사를 신대(神代) → 인대(人代) → 중간 시대(中ごろ) →
최근 시대(ちかごろ)로 구분하여 최근 시대에 들어 요리토모(賴朝)가 사
해를 평정하여 천하를 석권함으로써 사사로운 싸움을 수습하여 평화의
시대가 도래하였음을 언급하고 있다.

　나아가서 권二의 대부분을 차지하고 있는 일련의 〈요리토모(賴朝) 이
야기〉는 유배의 몸으로 있던 요리토모가 거병 후 동국(東國)을 장악하기
까지의 과정을 자세하게 그려냄으로써 요리토모의 패왕상을 보여주고
있다. 아울러 스케치카(祐親)와의 악연을 보여주고 있는 바 스케치카의
습격을 받게 된 요리토모(賴朝)가 피신 도중에 동국(東國)의 패자가 될
것을 기원하고(권二 「賴朝, 北條へいでたまふ事」) 호조 도키마사(北條時政)
에게 의탁한 후 측근으로부터 왕위 즉위의 꿈을 보고받고(권二 「盛長が夢
見の事」) 그 후 거병하여 실제로 동국(東國)의 패자가 되어 번영하게 된
다는 일련의 내용이 그것이다.

　그 과정에서 요리토모(賴朝)는 스케치카(祐親)에게 복수하게 됨은 물
론이거니와 각 지방의 무사 50여 명을 죽였고 원래 자신의 편에 가담했
던 요시쓰네(義經) 등 무사 28명을 포함해 180여 명을 죽인 것으로 『소
가 모노가타리』는 기록하고 있다.(권二 「鎌倉の家の事」) 그러나 요리토모
(賴朝) 스스로 무고하게 죽은 자는 3명뿐이고 나머지는 자업자득이라고
언급하고 있다. 나아가서 『소가 모노가타리』 화자는 현왕(＝요리토모)과
현신(賢臣)이 출현한 세상이 되었음을 축복하고 있다. 요리토모(賴朝)의
현왕상과 패왕상이 중첩되는 예가 되고 있는 것이다.

이후 정권을 장악한 요리토모(賴朝)는 고즈케(上野)의 아사마(淺間),
시모쓰케(下野)의 나스노(那須野), 후지(富士)의 스소노(裾野) 등지에서
최대 10만 명을 동원하는 대대적인 사냥 행사를 벌임으로써 동국(東國)
의 패왕임을 과시하고 있다.[26] 이는 유람의 형식을 빌어 각 지방을 순시
하면서 무사들의 복속을 확인하려는 요리토모(賴朝)의 정치적 계산이 깔
린 것이다.[27] 나아가서 이 행사 중에 요리토모(賴朝)는 가지와라 가게스
에(梶原景季) 등이 와카(和歌)를 잘 지었다고 포상을 주기도 하고 고사에
따라 사냥 금지를 지시하는 등 선행을 베풀기도 한다.(권五「三原野の御狩
の事」 및「朝妻狩座の事」)[28] 이를 통하여 풍류를 즐기고 고사를 존중하는
요리토모(賴朝)의 현왕상이 부각되고 있는 것이다. 뿐만 아니라 사냥터
에서 벌어지는 무사들의 다툼 등은 요리토모(賴朝)의 통제하에 철저히
관리됨으로써 그의 동국(東國)에서의 패왕상 또한 부각되고 있다.[29] 요
리토모(賴朝)의 2중상(二重像)은『소가 모노가타리』권五부터 권十에 걸
쳐 거듭 벌어지는 사냥 행사를 통해서도 확인할 수 있는 것이다.

이와 같이 요리토모(賴朝)의 2중상은『소가 모노가타리』의 여러 곳에
서 확인할 수 있다. 더욱이 소가 형제와 요리토모(賴朝)와의 관계를 통
해 확인할 수 있다는 점에서 그 의미는 더욱 증폭되고 있다.

스케쓰네(祐經)의 밀고로 어린 소가 형제가 생존하고 있음을 알게 된
요리토모(賴朝)는 즉시 이들을 잡아들여 처형하려 한다.(권三「源太, 兄弟
めしの御つかひにゆきし事」) 장래의 적을 미리 제거하려는 요리토모(賴朝)
의 계산이 작용한 것이다. 이에 동국(東國)의 무사들은 소가 형제에게
인정을 베풀 것을 간언하지만 요리토모(賴朝)는 받아들이지 않는다.(권
三「人々, 君へまいりて, こひ申さるる事」) 마지막으로 하타케야마 시게타다
(畠山重忠)가 인정(仁政)을 펼 것을 주장하는 등 여러 가지 논리로 요리
토모(賴朝)를 설득하고 요리토모는 나름대로 신상필벌의 명분과 무사들

에 대한 경계심 자극 등을 노려 논쟁을 거듭한 끝에 소가 형제의 처형을 면하게 한다.(권三「臣下ちやうしが事」) 결국 어린 소가 형제는 패왕 요리토모(賴朝)에 의해 처형될 위기에서 현왕 요리토모에 의해 구원받는 것으로 일단락 지어진 셈이다.

이러한 요리토모(賴朝)의 상호 모순적인 2중상에 대하여 그 실체를 분명하게 지적한 인물이 바로 도키무네(時致)라 할 수 있다. 도키무네(時致)는 후지노(富士野)를 향해 떠나는 마지막 길에

> 우리가 가야할 길, 소가(曾我)를 떠남은 곧 사바세계와 헤어짐입니다. 이 강(鞠子川)은 (저승갈 때 건너는) 三途川, 湯坂(유자카) 고개는 저승으로 가는 산, <u>가마쿠라(鎌倉)殿(=요리토모〈賴朝〉)은 閻魔王, 그 앞을 호위하는 무사들은 獄卒阿防羅刹, 左衛門尉(=스케쓰네〈祐經〉)는 善知識, ……</u>[30]
> (권七「鞠子川の事」밑줄 및 괄호 필자)

라고 언급하고 있다. 즉 자신들의 복수극은 죽음에 이르는 길인 바 요리토모(賴朝)는 지옥을 관장하는 염라대왕이요 그에 딸린 무사들은 죄인을 벌주는 귀신들이요 원수인 스케쓰네(祐經)는 역설적으로 자신들을 극락왕생으로 이끄는 안내자라는 것이다. 비록 비유적 표현이기는 하지만 죽음의 길을 떠나는 순례자로서의 안목으로 볼 때 요리토모(賴朝)＝염마왕(閻魔王)이라는 지적은 정곡을 찌르는 평가라고 할 수 있다. 이는 또한 『소가 모노가타리』에서 소가 형제의 의식을 관통하는 기본 구도라 할 수 있다.

요리토모(賴朝)＝염마왕(閻魔王)이라는 인식이 있음으로 해서 도키무네(時致)는 생포된 뒤에도 요리토모와의 문답을 통해 원수 처단은 물론이고 요리토모의 목숨까지 노렸다고 진술할 수 있게 된다. 따라서 소가 형제의 복수극은 사(私)적인 차원에서 출발하여 효를 실천하는 데 근본

목적이 있었지만 그 실천 과정에서 동국(東國)의 패왕인 요리토모(賴朝)＝염마왕(閻魔王)이라는 인식을 통하여 왕에 대한 도전이라는 공(公)적인 차원으로까지 비화하게 된 것이라고 해석할 수 있다.

그럼에도 불구하고 『소가 모노가타리』의 서술 태도는 소가 형제의 의지와 용기를 높이 평가하고 그들의 죽음을 동정하면서도 한편으로는 요리토모(賴朝)의 패왕과 현왕이라는 2중상을 끝까지 견지하고 있다. 즉 요리토모(賴朝)는 자신의 목숨까지 노렸다고 진술하는 도키무네(時致)의 용기를 칭찬하며 눈물을 보이면서도 결국 그를 처형한다. 여기서 그치지 않고 소가 형제의 하나 남은 동생인 젠지(禪師)법사(法師)마저 불러들여 처단한 후 눈물을 보인다. 요리토모(賴朝)는 자신에게 위협적인 존재는 철저히 제거하는 패왕이면서 동시에 그들의 죽음을 슬퍼하는 현왕의 모습을 보이는 2중상을 나타내고 있는 것이다.

4. 출가 · 왕생 · 진혼의 의미

소가(曾我) 형제는 결국 부친의 원수인 스케쓰네(祐經)를 암살함으로써 18년 간에 걸쳐 염원하였던 복수에는 성공하지만 그 복수를 위해 다른 모든 것을 희생할 수밖에 없었던 비극적 존재들이다. 또한 소가 형제와 가까운 주변 인물들 역시 자신들의 의지와 상관없는 역경을 겪어야만 했다. 그러나 『소가 모노가타리』에서 그들의 희생과 역경은 세속적 의미에서의 불행을 초월한 종교적 승리자로서 자리매김하고 있다는 점에서 나름의 독특한 세계를 구현하고 있다.

우선 소가 형제의 부친인 스케시게(祐重)가 죽음을 맞이하였을 때 모친은 남편의 공양을 위해 출가를 희망하지만 어린 형제의 양육을 바라는 시아버지 스케치카(祐親)의 권고로 재가를 할 수밖에 없었다. 모친에게 있어 출가는 좌절된 희망이었던 것이다.

이후 모친은 망부의 공양과 자식의 안전을 위해 둘째인 도키무네(時致)를 출가시키려고 노력하지만 도키무네는 원수인 스케쓰네(祐經)를 대면하게 된 후 뜻을 바꿔 세속인의 길을 선택한다. 도키무네(時致)의 출가 좌절 역시 자신의 의지로 선택한 길이기는 하지만 그에 앞서 어찌할 수 없는 운명이 선택을 강요한 결과로도 보여진다.

소가 형제는 복수를 실행에 옮기기 위해 정상적인 결혼까지도 스스로 포기한다. 그리하여 스케나리(祐成)는 도라(虎), 도키무네(時致)는 게쇼자카(化粧坂)의 유녀와 비극적 사랑을 나누지만 두 여인은 각각 시차를 두고 출가의 길을 걷게 된다.[31] 두 여인의 출가는 비록 소가 형제의 세속적인 불행에 기인한 것이지만 그와 동시에 소가 형제로 하여금 현실의 실상을 확실하게 인식시킴으로써 불행의 근본 원인과 맞서 싸우고자 하는 의지를 더욱 강화시키는 의미를 담고 있다.[32]

이와 더불어 소가 형제는 원수를 암살한 후 죽음을 맞이한 뒤에도 혼령으로 나타나 재앙을 일으키고 이에 요리토모(賴朝)는 이들 원혼을 달래기 위해 신사(神社)를 세우기에 이른다.[33] 원수와 죽음을 맞바꾼 소가 형제의 좌절이 당시의 집권자에 의해 신격화되는 장면이 연출된 것이다. 나아가서 죽은 소가 형제의 영혼은 집권자를 비롯한 세속에서의 진혼의 결과 새로운 의미를 부여받는다. 즉

> 그리하여 지금에 이르기까지도 원수를 치려고 생각하는 자는 이 神(소가 형제)을 찾아 와 기도하면 마음먹은 대로 된다고 하여 먼 곳 가까운 곳의 무리들이 발걸음을 옮겼다 한다. 상하만민 우러르지 않는 이가 없었다.[34]   (권十一 「兄弟, 神にいはるる事」)

뿐만 아니라 소가 형제의 복수담에 직간접으로 관련되었던 두 여인

도라(虎)와 데고에 쇼조(手越少將)는 형제의 공양을 위해 출가 후 전국을 돌며 수행한 후 조용히 은거하여 오로지 형제의 영혼을 위하여 염불과 독경에 전념한다.[35] 그리하여 두 여인의 왕생 전에 소가 형제가 꿈에 나타나 그들 은공으로 서방정토에 환생하였음을 알린다. 이로써 소가 형제의 세속적 좌절이 극복되었음을 확인하게 된다. 마지막으로 도라(虎)는 다음과 같이 기원하고 있다.

> 이 길은 헤매이면 더불어 惡道의 윤회를 끊기 어렵고 깨달으면 모두 成等보리의 인연이 되는 법. 偕老同穴의 약속, 정성이 있으면 九品蓮臺 위에서 본래 약속을 잊지 않고 한 연꽃에 나란히 자리하여 해탈의 눈물로 옷소매를 적시는 법.[36]   (권十二 「母, 二宮ゆきわかれし事」)

살아남아 출가를 통해 죽은 소가 형제의 왕생을 기원하였던 도라(虎) 역시 극락 왕생을 갈망하고 또한 실제로 왕생함으로써 세속에서의 불행이 종교적인 해결로 마무리되고 있는 것이다. 도라(虎)의 출가 및 왕생은 곧 죽은 소가 형제의 왕생과 연결되어 있다는 점에서 그 의미는 매우 크다고 할 수 있다. 소가 형제의 왕생은 비극적 삶에 대한 세속적 보상을 초월하는 영혼에 대한 진혼의 의미가 담겨져 있기 때문이다.[37]

이상에서 살펴본 바와 같이 소가 형제와 주변 인물들은 출가·왕생을 통하여 세속적 불행을 초월하고 진혼의 참 의미를 구현하는 존재로『소가 모노가타리』는 설정하고 있다. 더 구체적으로 말하자면 소가 형제는 비극적인 삶을 치열하게 살다 마감하였고 죽은 후에도 원혼이 되어 세속에 재앙을 내리는 존재가 되었지만 요리토모(賴朝)를 비롯한 세속의 진혼으로 보상을 받게 된다. 나아가서 도라(虎) 등의 출가와 공양을 통하여 소가 형제와 주변 인물들이 왕생을 이룸으로써 영혼의 진혼이 가능하게 되었다는 것이『소가 모노가타리』의 주제와 관련된 기본 구조가 되고 있다.

맺음말

『소가 모노가타리』에 나타난 갈등 구조는 소가(曾我) 형제의 충과 효를 통하여 비롯되고 있다. 그러나 부친의 원수를 갚고자 하는 맹목적인 효의 실천 의지는 모든 희생을 감수해야 하는 현실 앞에서 모친 등과의 갈등을 초래한다. 뿐만 아니라 원수가 당시 실권자인 요리토모(賴朝)의 비호를 받고 있는 데다 요리토모와 소가 형제 가문과의 악연까지 겹쳐 충의 기회마저 원천적으로 봉쇄된 상황이었다. 더욱이 요리토모(賴朝)는 새로운 시대를 연 현왕으로서만이 아니라 동국(東國)의 패왕으로서의 면모를 과시하는 2중상(二重像)의 존재였다.

그러므로 『소가 모노가타리』에서의 공(公)의 의미는 전통적 체제로서의 천황이나 조정이 아니라 현왕과 패왕의 이미지가 중첩된 요리토모(賴朝) 개인에 대한 충의 다른 표현이었다. 따라서 원수를 비호하는 패왕 요리토모(賴朝)에 대한 소가 형제의 도전은 곧 사(私)적인 차원을 넘어서서 정당성이 결여된 공(公)에 대한 저항의 표시로 받아들여지게 된다. 암암리에 소가 형제의 복수를 지원한 하타케야마 시게타다(畠山重忠) 등 동국(東國) 무사들의 관점 또한 이를 뒷받침한다. 『소가 모노가타리』에 나타난 공(公)과 사(私)의 갈등 구조는 소가 형제와 요리토모(賴朝)를 각각 한 축으로 하여 내부와 외부에서 상호 작용하고 있는 것이다.

아울러 『소가 모노가타리』에 그려진 소가 형제는 고뇌와 실패를 반복하면서 성장하는 평범한 인물이지만 끝내 자신들의 의지를 실천함으로써 공(公)과 사(私)의 갈등을 적나라하게 보여주고 있다. 그리고 갈등에 대한 해결로서 소가 형제의 원혼을 달래기 위해 요리토모(賴朝)를 위시한 세속의 보상이 뒤따르고 도라(虎)를 비롯한 주변 인물들의 진혼의 결과 왕생에 이르게 된다는 것이 『소가 모노가타리』의 주된 구상이다.

『소가 모노가타리』는 다른 일본 역사군담과 구별되게 소가 형제의 복수담이라는 사(私)적인 소재를 다루면서도 요리토모(賴朝)라는 존재를 매개로 하여 공(公)적인 차원으로까지 문제를 비화시키고 있다는 점에서 나름의 독특한 세계를 구현하고 있다. 그러나 다시 공(公)적인 차원에서 역사적으로 큰 흐름을 포착하거나 집단간의 대대적인 투쟁을 다루고 있지는 않다. 이 점이 『소가 모노가타리』의 한계이면서 동시에 준(准)군키(軍記)로 구별되는 이유 중 하나라 할 수 있다.

주

1) 谷宏「「曾我物語」覺書」聖心女子大學論叢 1952년. 村上學編『義經記·曾我物語』 해설 참조.

2) 『소가 모노가타리』의 작품론에 관한 선행 연구는 『軍記と語り物』1992년 3월호 會田實〔硏究展望〕, 『義經記·曾我物語』 1993년 村上學 해설, 『曾我·義經記の世界』1997년 會田實「『曾我物語』硏究の軌跡と課題」, 國文學 2000년 6월호 小井土守敏「曾我物語」 등 참조.

3) 『소가 모노가타리』를 해독함에 있어 유효한「공」(公)의 개념은 천황이나 조정을 가리키는 것이 아니라 요리토모(賴朝)로 대표되는 절대적 권위 질서이다. 아울러「사」(私)는 소가 형제의 충효 문제와 같이 개인적인 사건과 그로 비롯되는 개인적인 자아 실현 등을 가리킨다.

4) 본고에서는 假名本의 일종인 十行活字本을 저본으로 한 大系本을 텍스트로 삼았다.

5) ここに, 伊豆國の住人, 伊東二郎祐親が孫, 曾我十郎祐成, をなじく五郎時致といふ者ありて, 將軍の陣內もはばからず, 親の敵をうちとり, 藝を戰場にほどこし, 名を後代にとどめけり.

6) 이는 일본 역사군담의 효시라 할 수 있는 『將門記』(쇼몬키)의 첫 단계에서 마사카도(將門)가 숙부를 상대로 사적인 싸움을 펼치는 것과 비슷한 발단의 양상을 띠고 있다.

7) 이는 『헤이케 모노가타리』(平家物語)에 설정된 기요모리(淸盛)의 역할에 비견할 만하다.

8) 스케시게(祐重)가 소가 형제에게 직접적으로 복수를 언명하고 있지는 않다. 스케쓰네(祐經)의 소행임을 알리고 그의 존재가 부친의 장래에 방해가 될 것임을 단정하고 어린 자식들을 부탁하고 있다. 따라서 문맥상 스케시게(祐重)의 유언이 스케쓰네(祐經)에 대한 복수를 언급한 것으로 해석할 수 있다는 것이고 이는 바로 뒤에 그의 아내인 소가 형제의 모친이 소가 형제에게 부친의 원수를 갚으라고 말하고 어린 스케나리(祐成)가 이를 맹세함으로써 기정사실화하고 있다.

9) 뿐만 아니라 스케치카(祐親)는 요리토모(賴朝)를 죽이려고까지 하였다. 이 때 스케치카(祐親)의 아들 스케키요(祐淸)의 밀고로 이를 알게 된 요리토모(賴朝)는 호조 도키마사(北條時政)에게 피신한다.(권一 「賴朝, 伊東をいでたまふ事」)

10) 그리고 유복자를 낳은 후 이 아이를 시동생인 스케키요(祐淸)에게 맡기고 죽은 남편의 명복을 빌기 위해 스스로 출가를 결심한다. 오직 남편의 억울한 죽음에 대한 복수와 명복을 비는 일이 모친의 절실한 소망이었던 것이다.

11) 실제로 두 아들은 원수인 스케쓰네(祐經)의 밀고로 요리토모(賴朝)에게 붙잡혀 갔다가 간신히 처형을 면하고 돌아오게 되니 모친 입장에서의 현실 인식은 타당한 근거를 갖고 있는 셈이다.

12) 모친은 이런 판단하에 복수를 도모하는 소가 형제에게 ① 죽은 부친만 부모가 아니라 살아 있는 나도 부모이다 ② 부친 사망시 내가 했던 말을 이제 잊어라 ③ 지금은 옛날과 달리 죄를 엄하게 다스리는 세상이다 ④ 너희 목숨을 구해준 사람(하타케야마 시게타다〈畠山重忠〉)들을 잊었느냐 ⑤ 결혼해서 잡념을 버리라는 등의 논리로 설득을 시도한다.(권四「小二郎かたらひえざる事」) 그러나 소가 형제는 모친에게 복수의 뜻이 없다는 듯 얼버무리고 그 대신 결혼하지 말 것을 함께 결의하는 것으로 일단락을 짓는다.

13) 모친은 끝내 소가 형제를 떠나 보내면서도 원수를 갚기 위해 떠나는 마지막 작별인 줄은 모른 채 요리토모(賴朝)의 허락을 얻어 빼앗긴 영지를 되돌려 받기를 꿈꾸고 있는 점은 또한 충의 가능성을 소망하는 모친의 소박한 희망으로 볼 수 있다. 반면에 소가 형제의 맹목적인 효의 실천 의지는 충을 통한 출세의 불가능성을 철저히 인식한 결과로도 보여진다.

14) 스케나리(祐成)는 이에 대해 아무런 대꾸도 하지 않고 일방적으로 이루어진 술자리까지 마친 후 물러난다. 그리고 스케나리(祐成)는 본인 스스로 스케시게(祐重) 살해를 지시하였으며 자신에 대한 소가 형제의 복수는 가당치 않다는 스케쓰네(祐經)의 본심을 엿듣게 된다.

15) 이와 비슷한 논쟁은 소가(曾我) 형제가 사촌인 미우라 요이치(三浦與一)를 암살 계획에 가담시키려는 장면에서도 재연된다. 이 때 요이치(與一)는 요리토모(賴朝)가 있는 곳을 피해서 사적인 장소에서 스케쓰네(祐經)를 노릴 것과 그보다는 요

리토모에게 봉공하여 영지 소유를 인정받을 것을 제안하지만 소가 형제는 이를 받아들이지 않는다.(권五「三浦與一をたのみし事」)16) 가게스에(景季)는 스케쓰네(祐經)의 밀고 후 어린 소가 형제를 요리토모(賴朝)의 명령을 받아 붙잡아가는 역할로 첫 인연을 맺는 바 이 때는 소가 형제에게 동정심을 보이기도 한다.

17) つらつら事を案ずるに、隙をもとめて、便宜をうかがい候へばこそ、今まで本意をばとげざれ. 今度にをゐては、一筋におもひきり、便宜よくは、御前をもをそるべからず、御屋形をもはばかるべからず、夜ともいはず、晝ともきらあはず、とをくはいおとし、きかくはくみて、勝負せん.……

18) 우선 계부인 스케노부(祐信)가 요리토모(賴朝)에게 붙잡혀간 어린 소가 형제를 사지에서 구하는 데 일조하였다. 다만 스케노부(祐信)는 소가 형제의 암살 계획이나 실천과는 무관한 것으로 되어 있는 점을 지적할 만하다. 다음으로 도키무네(時致)의 스승인 하코네(箱根) 벳토(別當 ; 절의 책임자)는 작별 인사차 온 소가 형제에게 마음에 품은 속마음을 인정한다고 말하고 각각 내력이 있는 칼을 수여한다.(권八「箱根にて暇乞の事」) 소가 형제의 복수를 암시하고 은연중 그들의 성공을 기원하고 있는 셈이다.

19) 이후 소가 형제와 호조 도키마사(北條時政)와의 관계는 『소가 모노가타리』에서 찾아볼 수 없으나 요리토모(賴朝)가 죽은 뒤 호조 도키마사의 실권 장악이라는 역사적 사실을 고려하면 어떤 연계의 가능성을 상정할 수 있으리라는 해석도 있다.

20) 이와는 달리 권六「大磯の盃論の事」에서는 스케나리(祐成)와 와다 요시모리(和田義盛)가 도라(虎)라는 유녀를 두고 충돌할 뻔하지만 결국 화해한다. 眞名本에 없는 기사로서 와다 요시모리(和田義盛)와 소가 형제와의 사이의 일관성을 해치는 모순된 내용으로 보이기도 하는데 이는 일종의 일탈된 증보로 보인다.

21) 그리고 3년 후 아직 어린 소가 형제가 요리토모(賴朝)에게 붙잡혀갈 때 모친이 오열 속에서도 기죽은 모습을 보이면 안된다고 용기를 북돋우자 오히려 형제는 모친을 위로한다.(권三「母なげきし事」) 뿐만 아니라 문전성시를 이룬 처형장에 임해서도 모친을 생각 말고 조부의 손자임을 생각해서 의연히 행동하라는 형의 말에 동생은 눈물을 훔치고 일부러 웃음까지 지어 보인다.(권三「由比のみぎはへひきいだされし事」) 이런 형제의 모습이 결국 동국(東國) 무사들의 마음을 움직여 구명운동에 나서게 한 것이라고도 말할 수 있다. 어린 형제는 가문의 명예를 자신들의 목숨보다 소중히 여겨야 함을 일찍이 체득하고 있다고도 보여진다.

22) 비슷한 일례로서 형인 스케나리(祐成)가 이복 형제인 고지로(小二郎)를 계획에 가담시키려 하자 동생인 도키무네(時致)는 이를 만류한다. 결국 고지로(小二郎)가 가담을 거부하자 도키무네(時致)는 고지로(小二郎)를 죽이려 하고 스케나리(祐成)가 이를 만류한다.(권四「小二郎かたらひえざる事」) 이와 같이 소가 형제는 구체적인 실천 방법을 두고 의견을 달리 하기도 하지만 결과에 있어서는 서로 승복하는 자세를 보임으로써 공동의 난관을 타개해 나가는 모습을 보인다.

23) 제2장 2절 인용문이 그 일부에 해당함.

24) 그리하여 소가 형제는 사냥터에서 스케쓰네(祐經)를 발견하여 활을 쏘려는 찰나
에 스케나리(祐成)의 낙마로 기회를 놓치게 된다. 이에 크게 낙담한 도키무네(時
致)가 스스로 목숨을 끊으려 하자 스케나리(祐成)가 이를 만류한다.(권八「富士
野の狩場の事」) 마침내 스케나리(祐成)의 사전 정찰로 스케쓰네(祐經)의 막사 위
치를 확인한 소가 형제는 마지막으로 작별 인사를 나눈다. 이 때 스케나리(祐成)
가 도키무네(時致)에게 여자는 함부로 살상하여 죄를 짓지 말라고 충고한다.(권九
「悉達太子の事」) 그리고 야음을 틈타 스케쓰네(祐經)의 막사로 가는 도중에 몇
번의 검문을 받게 되는데 스케나리(祐成)가 기지를 발휘하여 무사히 통과한다.(권
九「屋形屋形にてとがめられし事」) 스케나리(祐成)의 장점이 발휘되는 대목이다.

25) 따라서 생포된 도키무네(時致)는 요리토모(賴朝) 앞에 끌려가서 심문을 받으면서
도 의연한 모습을 잃지 않는다. 오히려 당당하게 자신의 소신을 밝히면서 정당한
충의 기회를 박탈한 요리토모(賴朝)를 노리고 싶었다고 까지 말한다.(권十「五郎
御前へめしいだされきこしめしとはるる事」) 그리하여 절대 권력과 죽음 앞에서도
끝까지 당당하였던 도키무네(時致)의 용기와 기상은 요리토모(賴朝)조차 감탄하
게 만든다. 그리고 처형을 앞두고 도키무네(時致)는 부모를 위해 목숨을 바침으로
써 효를 이루었노라는 말을 남기고 최후를 맞이한다.(권十「五郎がきらるる事」)

26) 권八「富士野の狩場への事」에 보이는 참가 무사들의 상세한 열거, 요리토모(賴
朝)의 화려한 복장 묘사 등을 통하여 그 면모를 엿보게 한다. 또한 요리토모(賴
朝)를 가리키는 호칭에 있어서도 권一・二에서는「賴朝・兵衛佐殿・佐殿」, 권三
부터는「鎌倉殿・君・御寮」등이 사용되고 있다.

27) 실제로 요리토모(賴朝)는 卷五「三浦與一をたのみし事」에서 "무사들에게 틈을 주
어서는 안 된다……"는 등 사냥 행사의 숨은 목적을 스스로 언급하고 있다.

28) 여기에 권五「帝釋・修羅王たたかひの事」와 같이 요리토모(賴朝)의 선행을 찬양
하기 위해 불교 설화담을 덧붙이고 있다.

29) 반면에 요리토모(賴朝)가 유배의 몸일 때 오쿠노(奧野) 사냥터에서 벌어진 동국
(東國) 무사들의 다툼은 오바 가게모부(大庭景信)의 중재로 무마되고 있다.(권一
「おなじく相撲の事」)

30) 我らが行べき道, 曾我を出は, 娑婆を別るるにて候. 此川は, 三途川, 湯坂峠は, 死
出の山, 鎌倉殿は, 閻魔王, 御前祇候の侍共は, 獄卒阿防羅刹, 左衛門尉は, 善知
識, ……

31) 게쇼자카(化粧坂)의 유녀는 『소가 모노가타리』의 중간 부분인 卷五「五郎が情か
けし女出家の事」에서 16세에 출가하여 전국을 수행한 후 80여 세에 왕생한 것으
로 되어 있다. 그리고 도라(虎)의 출가 및 왕생은 『소가 모노가타리』 끝 부분인
卷十一과 卷十二의 주된 내용으로 되어 있다.

32) 이와 관련하여 스케나리(祐成)는 도라(虎)와의 마지막 작별을 앞두고 차마 자신

의 죽음을 입에 담지 못하여 돌아오면 출가하겠다고 말한다. 영문을 모르는 도라
(虎)는 그렇다면 함께 출가하자고 애원하고 이에 스케나리(祐成)는 할 수 없이 자
신의 거사 계획을 고백한다.(권六「曾我にて虎が名殘おしみし事」) 결국 스케나리
(祐成)는 자신의 계획을 실행에 옮겨 원수를 갚은 후 전사하고 도라(虎)는 스케
나리의 명복을 빌기 위해 출가를 하게 된다. 도라(虎)의 출가는 세속에서의 불행
끝에 죽은 스케나리(祐成)와 도키무네(時致)의 영혼을 달래기 위한 오직 유일한
선택과도 같은 것이다.

33) 이에 앞서 요리토모(賴朝)는 소가 형제를 처형한 후 영지를 하사하여 부모로 하
여금 공양을 하도록한다.(권十「五郎がきらるる事」) 그러나 이것만으로 소가 형제
의 원혼을 달래기에는 부족한 듯하다. 요리토모(賴朝) 스스로의 공양을 필요로 하
였던 것으로 해석할 수 있다.

34) されば, 今にいたるまでも, 敵うたんと思ふ者は, 此神にまいり, 祈誓すれば, 思ひに
ままなりとて, 遠國・近國の輩, あゆみをはこびけり. 上下萬民, あふがぬはなかりけり.

35) 특히 권十二 후반부에서 소가 형제의 모친이 도라(虎)를 찾아가 대화를 나누는
장면은 『헤이케 모노가타리』(平家物語)의 「간조노마키」(灌頂卷)와의 유사성이 지
적되고 있다.

36) この道は, まよはばともに惡道の輪廻たちがたし, さとらば, みな成等菩提因緣なり
ぬべし. 偕老同穴のちぎり, 誠あらば, 九品蓮臺の上にては, もんのちぎりをうしなは
ず, 一蓮に座をならべ, 解脫の袂をしぼるべし.

37) 아울러 소가 형제의 최후를 고향에 전한 후 출가한 도사부로(道三郎)와 오니오
(鬼王)의 경우 역시 소가 형제에 대한 진혼의 의미를 갖는다.(권十「鬼王・道三
郎が曾我へ歸りし事」및「おなじくかの者ども遁世の事」) 반면에 소가 형제에 협력
하지 않았던 미우라 요이치(三浦與一)의 출가는 고지로(小二郎)의 죽음과 같은
성격으로 소가(曾我) 가문의 철저한 몰락을 의미한다.(권十「京の小二郎が死事」
및「三浦與一が出家の事」)

『조큐키』(承久記)에 나타난 모반의 구조

제8장
『조큐키』(承久記)에 나타난 모반의 구조

『조큐키』(承久記)는 조큐(承久)3년(1221년) 고토바(後鳥羽)상황(上皇)을 중심으로 한 교토(京都)의 왕조 세력이 가마쿠라(鎌倉)막부를 상대로 무력 도발을 일으켰으나 실패로 끝난 조큐의 난을 소재로 한 일본 역사군담이다. 당시 가마쿠라에서는 막부를 세운 미나모토 요리토모(源賴朝)의 죽음 후 2대 쇼군(將軍)인 요리이에(賴家)가 호조(北條) 가문과의 권력투쟁의 와중에 죽임을 당하고 3대 쇼군인 사네토모(實朝)가 다시 요리이에(賴家)의 아들인 구교(公曉)에 의해 암살 당함으로써 막부 권력이 위기를 맞고 있었다. 그러나 권력의 공백기를 틈타 주도권을 장악한 호조 요시토키(北條義時)는 왕정복고를 시도한 고토바(後鳥羽)상황(上皇)과 무력 충돌을 벌여 승리를 거둠으로써 이후 호조(北條) 가문이 싯켄(執權)정치를 통해 가마쿠라(鎌倉)막부를 이끌어 가면서 교토(京都)의 천황보다도 우월적인 권력을 확보하기에 이른다.

『조큐키』는 이와 같이 고대 일본에서 중세 일본으로 전환하는 과정에서 일어난 역사적 사건을 비교적 상세히 다루고 있어 일찍부터 『호겐 모노가타리』(保元物語)『헤이지 모노가타리』(平治物語)『헤이케 모노가타리』(平家物語)와 함께 「4부합전장」(四部合戰狀)으로 불려왔다.[1] 특히 『조큐키』는 싸움에 패한 상황(上皇)의 거병이 모반의 행위로 규정되고 천황의 폐위에 더하여 세 명의 상황이 동시에 유배를 당하게 되는, 일본 역사상 그 유례를 찾을 수 없는 사건을 내용의 근간으로 하고 있다는 점에 큰 특색이 있다.

뿐만 아니라 작자·연대 미상이라는 점은 다른 일본 역사군담과 일치하지만 현존하는 이본(異本)이 뚜렷이 두 갈래로 나누어지고 있는 점도 『조큐키』의 특색이라 할 수 있다. 즉 가장 오래된 형태를 전하는 것으로 알려진 慈光寺本과 그 이후 나온 것으로 추정되는 前田家本 및 流布本과의 사이에는 서술 내용과 태도에 있어 현저한 차이가 있다는 것이 지금까지의 연구 결과이다.[2] 일찍이 도미쿠라 도쿠지로(富倉德次郎)는 慈光寺本『조큐키』가『호겐 모노가타리』(保元物語)『헤이지 모노가타리』(平治物語)『헤이케 모노가타리』(平家物語)의 근본 형태를 상상하게 하는 무엇인가를 갖고 있다고 언급하였다.(『國語·國文』, 1943) 반면에 구보타 준(久保田淳)에 의하면 후출본(後出本;前田家本·流布本·承久軍物語 등)은 많은 기록과 전승을 흡수하여 성장하는 과정에서 외형을 다듬고 내용의 충실을 도모하였지만 도리어 慈光寺本이 원래 갖고 있던 고졸한 미덕을 잃고 만 것으로 평가받고 있다.(『承久記』解說, 1992)

따라서 본고에서는 가장 오래된 이본(異本)이면서 동시에 지금까지 주로 많이 연구되고 있는 慈光寺本『조큐키』를 텍스트로 하여 작품론을 위주로 논지를 전개하고자 한다. 이는『조큐키』의 작품 분석을 통하여 다른 일본 역사군담과의 공통점 및 차이점을 도출해 내기 위함이다.

『조큐키』에 대한 문학적 논의는 다른 일본 역사군담에 비해 아직 본격화되지 않았지만 또한 대체로 높은 평가를 받지 못하고 있는 것도 사실이다. 그러나 다른 역사물(예를 들어『增鏡』·『梅松論』)과 비교하여 '고대의 비판에 의한 부분적인 정신사적 극복'이라는 평가를 스기모토 게이자부로(杉本圭三郎)는 내리고 있다.(『軍記物語の世界』, 1965) 반면에 구보

타 준(久保田淳)은 특히 慈光寺本의 경우 '현실을 비교적 냉정히 바라보는 눈과 현실 순응주의와 함께 한편으로는 비판정신이 혼재하여 병존하고 있고 그 시대인식은 굴절되어 있다'고 논하였다.(「慈光寺本『承久記』とその周辺」, 1979) 그런가 하면 오쓰 유이치(大津雄一)는 왕권의 지고성(至高性)을 위기에 몰아 넣으면서도 낙관적인 언설로 서두와 말미를 매듭지음으로써 정통적인 일본 역사군담으로부터 일탈하고 있다며 오히려 이점을 높이 평가하고 있다.(「『承久記』の成立と方法」, 1999)

예시한 바와 같이 『조큐키』의 문학적 성과에 관한 기존 평가는 전면적인 지지는 유보하면서도 부분적으로 비판정신을 높이 평가하거나 판에 박은 듯한 정형으로부터의 일탈을 오히려 하나의 가능성으로 읽고 있다. 바로 이런 점에서 다른 일본 역사군담에 대한 『조큐키』의 차별성이 엿보인다는 것이 필자의 생각이다.

이러한 점을 보다 자세히 고찰하기 위하여 이하 제1절에서는 『조큐키』 본문에 나타난 모반의 용례를 중심으로 사건의 내용을 정리하여 서두와 말미의 서술이 이야기 전개 과정과 어떠한 간격을 보이고 있는지를 분석하고자 한다.[3] 제2절에서는 이야기의 중심축을 이루고 있는 상황(上皇)과 막부 사이에서 벌어지고 있는 논리와 무력 대결의 양상을 살펴보고자 한다. 마지막으로 제3절에서는 『조큐키』에 진혼이 없는 이유를 몇 가지 관점에서 고찰해 보고자 한다. 본고의 텍스트로는 慈光寺本을 저본으로 한 新大系本 『조큐키』를 사용하였다.

1. 서두/전개/말미의 서술 방식

慈光寺本 『조큐키』는 서두에 불교에 의한 세계관을 상당히 자세히 피력하고 있다.[4]

사바세계에 중생의 이익을 위하여 부처가 세상에 나오신 일은 대체로 말
하자면 시작도 없고 끝도 없어서 한도가 있을 수 없다.[5]   (上)

로 시작하여 과거·현재·미래 3세에 3천불(三千佛)이 출현하였는데 그
중에 석가모니 부처가 출현하였고

2천여 년의 세월은 꿈같이 흘렀지만 오늘날 부처의 가르침이 융성하여
世間(속세인)도 出世(출가자)도 명확하게 쬁學하는 사람은 과거·미래까
지 모두 깨친다.[6]   (上 괄호 안은 필자)

고 하여 석가 사후 2001년째인 1052년부터 말법(未法)시대에 들어간다
고 하는 당시 일본을 풍미한 말법 사상과는 사뭇 다른 낙관적 세계관을
제시하고 있다.[7] 그 뒤를 이어

불법(佛法)·왕법(王法)이 시작하여 경하할만한 곳을 찾으니 인도·중
국·鬼界(일본 서남해섬)·고려·거란, 우리 일본에도 初劫의 당초부터
지금에 이르기까지 불법(佛法)에 막힘이 없었다.[8]   (上 밑줄 필자)

고 하여 일본의 당시 불교 상황을 긍정적으로 평가해 놓고 있다.
바로 이어서 인도와 중국의 왕들을 간략히 예시한 후 일본 역사에 관
한 본격적인 언급이 시작된다. 천신(天神) 7대 지신(地神) 5대 이후 인
왕(人王) 100대로 이어진다고 하면서

人王의 시작은 神武天皇이라고 한다. 후키아에즈 미코토(葺不合尊)의
네 번째 왕자이셨다. 그 이래로 지난 承久 3년까지는 85 대의 천황이라고
전해진다. 그 사이에 國王兵亂이 이번까지 모두 합쳐 이미 12회가 된다.[9]
                                        (上)

고 하여 일본 역사상 천황 또는 천황가가 병란에 휘말린 사건을 구체적
으로 열거하고 있다.(『조큐키』본문에서는 9회의 국왕병란을 열거함)

이후 『조큐키』 본문은 겐지(源氏) 쇼군(將軍) 3대에 걸친 죽음에 관하
여 언급하고 바로 다음에 호조 요시토키(北條義時)의 야망과 고토바(後鳥
羽)상황(上皇)의 악정(惡政)을 연이어 개괄적으로 서술한 후에

　十善의 君(열 가지 공덕으로 천황의 자리에 오른 고토바〈後鳥羽〉상황〈上
　皇〉)이 갑자기 兵亂을 일으키시어 마침내 유배를 당하신 것이야말로 비참
　한 일이다.
　그 유래를 살펴보니 ……[10]
　　　　　　　　　　　　　　　　　　　　　　　　　　　　　　（上）

라고 하여 본격적으로 이야기가 전개되는 서술 방식을 취하고 있다.

그러나 『조큐키』 본문은 본격적인 이야기 전개 과정에서는 〈국왕병란〉
(國王兵亂)이라는 관점에서 사건을 취급하기보다는 고토바(後鳥羽)상황
(上皇)을 포함한 왕조세력이 호조 요시토키(北條義時)를 타도하기 위해 〈모
반〉을 일으켰다는 관점에서 이야기를 전개시키고 있다. 그리하여 그 모
반은 비록 상황(上皇)(천황도 포함)이 직접 일으킨 사건인데다 막부를 상
대로 한 싸움이라고는 하지만 모반으로 규정된 이상 실패로 끝날 수밖
에 없음을 확인하는 절차로 서술되게 되는 것이다. 다시 말해서 『조큐
키』 서두에서 열거하고 있는 역대의 〈국왕병란〉은 그 결과가 어느 편인
가의 국왕의 승리로 귀결됨에 반하여 조큐(承久)의 난이라고 하는 〈국왕
병란〉은 막부의 승리로 귀결됨에 따라 〈모반〉의 관점에서 사건이 전개
될 수밖에 없었다는 것으로 되어 있다.

그 구체적 실상을 확인하기 위하여 『조큐키』 본문에 나타난 모반의
용례를 정리하면 다음 표1과 같다.

표1. 『조큐키』 본문에 나타난 모반의 용례

전후의 본문	발화자	수화자	모반의 주체	모반의 대상	나오는 장면
① 崇德院이 마침내 (鳥羽上皇의) 中陰 중에 御謀叛을 일으키시어 주상(主上)과 상황(上皇)간에 전투가 있었다.	화자	독자	崇德院	고시라카와 (後白河)천황	上 上代의 國王兵亂
② 「…그러하니 胤義가 수도에 올라와 院(고토바<後鳥羽>院의 부름을 받아 모반을 일으켜 가마쿠라(鎌倉)를 향해 좋은 화살 하나를 쏘아 아내의 마음을 위로해야지 하고…」	三浦胤義	藤原秀康	三浦胤義	北條時氏	上 호조(北條) 타도를 계획함
③ 「…그 글에 胤義가 수도에 올라와 院에 부름받아 모반을 일으켜 가마쿠라(鎌倉)를 향해 좋은 화살을 하나 쏘아…」	〃	〃	〃	〃	〃
④ 「…權大夫(義時)는 많은 세력을 모아 수도에 상경시켜 구중궁궐을 일곱 겹 여덟 겹 둘러싸고 모반의 무리를 치실 것이다.…」	〃	〃	상황(上皇) 측	〃	〃
⑤ 「…權大夫는 많은 세력을 모아 처 올라와 당신들 모반의 무리를 처내고 처내서 목이 잘릴 때는 어찌하려고 이같은 일을 꾀하려고 마음 먹는가, 判官」	伊賀光季	三浦胤義	〃	〃	上 光季가 상황(上皇)측의 공격을 받음
⑥ 「…수년 전 和田左衛門이 일으킨 모반보다 훨씬 엄청나다…」	三浦義村	三浦義村	和田義盛	〃	上 義村가 胤義로부터 편지를 받음
⑦ 「…수년 전 和田左衛門의 모반때 귀하(義時)에게 義村가 내통했다고 하여 다른 이들의 비방이 있었지만…」	〃	호조 요시토키 (北條義時)	〃	〃	上 義村・義時 편에 가담함
⑧ 「…宇治・勢田을 처서 함락하고 수도에 올라가 五條에서 아래쪽에 불을 지르고 모반의 무리를 처내고 처내서 목을 자르고 十善의 君(고토바<後鳥羽>院)에게 알현을 드려라…」	호조 요시토키 (北條義時)	가마쿠라 (鎌倉)의 무사들	상황(上皇) 측	〃	上 義時의 작전지시
⑨ 「…이와 같은 君(고토바<後鳥羽>院)에게 설득을 당하여 모반을 일으킨 胤義야말로 가련하구나…」	三浦胤義	翔左衛門・山田重忠	三浦胤義	〃	下 胤義가 고토바 (後鳥羽)院에게 물리침을 당함

전후의 본문	발화자	수화자	모반의 주체	모반의 대상	나오는 장면
⑩「…그냥 가마쿠라(鎌倉)에서 세월을 보냈어야 할 것을 귀하(義村)가 원망스럽게 대하신 억울함 때문에 수도에 올라와 院(고토바<後鳥羽>院)에게 부름을 받아 모반을 일으킨 것입니다.…」	〃	三浦義村	〃	〃	下 胤義가 義村에게 마지막 하소연 함
⑪「어떻게 宣旨(천황의 명령)를 내리신 겁니까. 아직 모반의 무리를 끌어 두고 계신 겁니까…」	北條時氏	고토바(後鳥羽)院	상황(上皇)측	〃	下 고토바(後鳥羽)院의 연행
⑫「지금 나의 과보로써 어찌 모반자를 끌어 둘 수 있겠는가…」	고토바(後鳥羽)院	北條時氏	〃	〃	〃
⑬ 그 후 尊長法印은 행방을 모른다. 세월이 지나 모반을 일으키려고 수도에 숨어 들어와 로쿠하라(六波羅)에 알려져서…	화자	독자	尊長法印	〃	상황(上皇)측의 잔당 후일담

위 표의 내용 중 가장 두드러지게 나타난 특색으로서 13개의 용례 중 과거의 사건을 언급한 용례 ①을 제외한 12개의 용례가 모두 모반의 대상으로 호조 요시토키(北條義時)가 설정되어 있다는 점을 들 수 있다. 이는 바로 『조큐키』의 관심이 호조 요시토키(北條義時)에 대한 모반의 진행과 그 결과 여부로 집중되어 있다는 것을 의미한다.

또한 모반이라는 말을 사용하는 발화자를 살펴보면 호조(北條) 타도를 계획하는 단계에서 상황(上皇) 측에 가담하여 거병을 주도하는 미우라 다네요시(三浦胤義)에 의해 거듭 세 차례 자신들의 행위를 가리켜 모반으로 표현하고 있다.[11] (용례 ②③④) 이를 어어받아 교토(京都)에 상경해 있던 이가 미쓰스에(伊賀光季)가 상황(上皇) 측의 공격을 맞아 싸우면서 상대방의 행위를 모반으로 규정하고 아울러 호조 요시토키(北條義時)에 의한 응징을 경고하고 있다. (용례 ⑤)

한편 미우라 요시무라(三浦義村)는 동생 다네요시(胤義)로부터 상황(上皇) 측에 가담하라는 밀서를 받고 수년 전의 와다 요시모리(和田義盛)의 모반보다 엄청난 일로 판단하여 직접 호조 요시토키(北條義時)를 찾아가

이 사실을 보고한다.(용례 ⑥⑦) 이를 어어받아 호조 요시토키(北條義時)
는 가마쿠라(鎌倉)의 무사들을 상대로 작전 명령을 내리면서 교토(京都)
에 올라가 모반의 무리를 칠 것을 직접 지시한다.(용례 ⑧)

전투에서 패한 후 미우라 다네요시(三浦胤義)는 다시 두 차례 자신의
행위를 후회하면서 모반을 발화한다.(용례 ⑨⑩) 뿐만 아니라 고토바(後
鳥羽)상황(上皇)이 호조(北條) 측에 의해 연행되는 과정에서 주고받는 대
화를 통해 모반의 용례가 보인다.(용례 ⑪⑫) 특히 고토바(後鳥羽)상황(上
皇) 스스로 자신을 따르는 무리들을 모반자라고 발화하고 있는 점이 특
이하다. 나아가서 『조큐키』 화자는 후일담을 소개하는 과정에서 상황(上
皇) 측의 잔당인 손초(尊長)법인(法印)의 행위를 모반으로 규정하고 있
다.(용례 ⑬)

이와 같이 『조큐키』 본문에서 모반의 발화자는 미우라 다네요시(三浦
胤義)→이가 미쓰스에(伊賀光季)→미우라 요시무라(三浦義村)→호조 요
시토키(北條義時)→호조 도키우지(北條時氏 ; 요시토키〈義時〉의 손자)→고토
바(後鳥羽)상황(上皇)→화자에 이르기까지 사건이 진행됨에 따라서 주변
적 인물에서 핵심적 인물로 사용 범위가 확산되고 있음을 알 수 있다.
아울러 사건의 궁극적 당사자인 호조 요시토키(北條義時)와 고토바(後鳥
羽)상황(上皇) 두 사람이 다 모반의 대상을 요시토키(義時)로 보고 있다
는 점에서 일치한다.

그럼에도 불구하고 모반의 주체에 고토바(後鳥羽)상황(上皇)이 포함되
어 있는지는 명확하지 않다. 호조 요시토키(北條義時)의 발화에도 모반
의 무리를 치고 고토바(後鳥羽)상황(上皇)에게 알현하라고 되어 있어 모
반의 무리와 고토바 상황을 따로 구분하는 외형을 취하고 있다. 고토바
(後鳥羽)상황(上皇)의 발화 역시 모반자들과 스스로 구별하는 표현법을
사용하여 자신을 제외시키고 있다. 그러나 다른 한편으로는 미우라 다

네요시(三浦胤義)의 거듭된 발화를 통하여 고토바(後鳥羽)상황(上皇)이 모반을 주도하였음을 암시하고 있는 점 또한 분명하다. 아울러 『조큐키』 화자의 경우 손초(尊長)법인(法印)의 후일담을 통하여 모반을 언급하고 있을 뿐으로 명확한 표현을 회피하고 있는 것으로 보인다.

이상에서 살펴본 바와 같이 『조큐키』 본문은 모반의 용례를 통해 볼 때 고토바(後鳥羽)상황(上皇)을 중심으로 한 막부에 대한 불만 세력이 호조 요시토키(北條義時) 제거를 위해 무력충돌을 일으키고 이에 요시토키(義時)를 위시한 동국(東國)의 무사들이 반격하여 일방적으로 진압한 사건임을 보여주고 있다. 『조큐키』 본문은 호조 요시토키(北條義時)에 의해 진압된 고토바(後鳥羽)상황(上皇)의 모반 이야기인 것이다.

그러나 다시 『조큐키』 말미에서의 서술은

　　지금의 太上天皇(고토바〈後鳥羽〉상황〈上皇〉)과 右京權大夫 義時와의 싸움은 겨우 3개월 정도로 종결되었다. 權大夫(義時)는 천하를 진정시키고 영화를 누렸다. 漢家(중국)·本朝(일본)에도 이런 전례는 없을 것으로 여겨진다.[12]　　　　　　　　　　　　　　　　　　　　　　　　　　　　(下)

고 짧막하게 싸움의 성격을 정리하는 것으로 이야기 전개를 마감하고 나서[13]

　　이전 세상도 이제는 완전히 바뀌었으니 그 대신 또한 <u>경하할만한 일들</u>이 많았다.[14]　　　　　　　　　　　　　　　　　　　　　　　　　　　　(下)

고 하면서 막부에 관한 이야기는 완전히 배제한 채 교토(京都)에서의 상황 변화를 서술하면서 경하할만한 일들(『조큐키』 본문 표기로는 目出度事)을 열거하고 있다. 즉 고토바(後鳥羽)상황(上皇)에 의해 행해지던 원정

(院政 ; 상황〈上皇〉에 의한 정치)을 고타카쿠라(後高倉)원(院)이 대신하게 되
고[15] 친막파로서 고토바(後鳥羽)상황(上皇)에 의해 박해를 받던 후지와라
긴쓰네(藤原公經)를 위시한 사이온지(西園寺) 가문이 번영하게 되었고 마
지막으로 고호리카와(後堀河)천황의 즉위식이 있었음을 알리면서 거듭 7
번에 걸쳐 경하할만한 일로 언급하고 있다.[16]

이와 같은 『조큐키』 말미의 서술 태도는 이야기 전개 과정에서 보였
던 막부 중심주의와는 달리 왕조 중심주의로 변환되었다는 점에서 특색
을 보이고 있다. 그리고 이러한 결말 방식은 또한 『조큐키』 서두에서
제시되었던 불법(佛法) · 왕법(王法)의 영속성이라는 전체 구상 속에 포
함되어지는 것으로 해석할 수 있다. 특히 거듭된 「경하할만한 일」로서
의 마감은 서두에서 표현된 「경하할만한 곳＝일본」으로서의 상황 인식
과 일치하고 있는 바, 이는 『조큐키』 서두와 말미의 서술 태도가 낙관
적 세계관에서 출발하고 있음을 보여주고 있다. 이는 또한 『조큐키』 본
문이 서두와 말미를 제외한 이야기 전개 과정에서 뚜렷이 나타내고 있
는 가마쿠라(鎌倉)막부 체제에 대한 현실 인정 태도와는 구별되는 것임
을 확인할 수 있다.

2. 논리와 무력을 통한 대결 양상

『조큐키』에서의 대결 양상은 고토바(後鳥羽)상황(上皇)과 호조 요시토
키(北條義時)를 정점으로 한 양 축을 중심으로 전개되고 있다. 아울러
양 축의 대결은 각자 처한 입장에 따라 자신들의 입장을 정리하여 내부
적으로 결속을 다진 후 서로 상대방에게 이를 알리는 외형을 통하여 논
리적 각축을 벌이는 양상을 띠고 있다. 그런 다음 무력 대결로써 승부
가 갈리는 순서를 밟고 있다.

이에 앞서 『조큐키』 본문은 겐지(源氏) 쇼군(將軍)이 3대로 마감한 권력의 공백기를 맞아 발생한 양 축의 대결 원인을 호조 요시토키(北條義時)의 야망과 고토바(後鳥羽)상황(上皇)의 악정에서 찾고 있음은 분명하다.[17] 즉

이에 右京權大夫 義時朝臣이 생각하기를 「조정을 수호해 온 겐지(源氏)는 이제 망해 버렸다. 이제 누가 日本國을 다스릴 수 있겠는가. 義時 한 사람으로서 전국을 제압하여 천하를 갖는 일에 누가 다툴 수 있겠는가.」[18]   (上)

라고 하여 요시토키(義時) 개인의 야망을 크게 부각시키고 있다. 또한 고토바(後鳥羽)상황(上皇)에 대하여

이에 太上天皇(고토바〈後鳥羽〉상황〈上皇〉)이 심려하시게 된 일이 있었다. 겐지(源氏)는 일본국을 어지럽힌 헤이케(平家)를 물리쳤으니 그 공훈으로 地頭의 직책도 하사하셨다. 요시토키(義時)는 이렇다 할 공적도 없이 일본국을 마음대로 집행하여 걸핏하면 勅定(천황의 명령)을 위배하는 일이야말로 괘씸하다고 생각하시는 심려가 쌓여갔다. …… 늘 노여움이 많으셔서 조금이라도 마음에 들지 않는 사람은 직접 가리지 않고 벌을 내리셨다. 대신과 공경의 숙소와 별장을 보시고 눈에 드시는 곳을 명하여 어소로 삼으셨다. 수도 안에도 6곳이 있었다. 먼 시골에도 여러 곳이 있었다. ……[19]   (上)

라고 하여 호조 요시토키(北條義時)의 권력 행사에 대한 상황(上皇)으로서의 불만과 함께 상황 스스로의 문란한 정치를 상세히 거론하고 있다.

이와 같이 『조큐키』 본문은 고토바(後鳥羽)상황(上皇)과 호조 요시토키(北條義時)의 본격적인 대결에 앞서 그 원인으로서 두 사람 모두에 대

하여 개인적 약점을 전제함으로써 결과와는 상관없이 비판의 균형을 취하는 듯한 자세를 보이고 있다. 그러나 대결의 과정을 서술하는 단계에서부터는 비판의 무게가 고토바(後鳥羽)상황(上皇) 쪽으로 쏠리고 반면에 호조 요시토키(北條義時) 측의 승리를 당연한 결과로 이끌어 가는 듯한 양상으로 사건이 전개되고 있다. 그 양상을 살펴보기로 하자.

상황(上皇)과 요시토키(義時)의 충돌은 상황이 친왕(親王)쇼군(將軍 ; 왕실의 왕자가 장군이 됨)의 요구를 거절하고 후지와라(藤原)쇼군(將軍 ; 귀족인 후지와라 가문에서 장군이 됨)을 임명함으로써 비롯되었지만 慈光寺本『조큐키』는 이를 분명히 밝히지 않고 있다.[20] 그 대신에 상황(上皇)이 애첩에게 하사한 영지를 요시토키(義時)가 기존의 연고권을 주장하여 내주지 않음으로써 사건이 직접 발단한 것으로 되어 있다.[21] 이 때 요시토키(義時)는 상황(上皇)의 명령에 대하여

> 어찌하여 十善의 君이 이같은 宣旨를 내리시는 것인가. 다른 곳이라면 백 개든 천 개든 빼앗길지라도 나가에(長江)庄은 故右大將(源實朝)으로부터 요시토키(義時)가 은혜를 입어 처음으로 하사받은 곳이니 앉아서 목이 잘릴지라도 결코 들어줄 수 없다.[22]　　　　　　　　　　(上)

면서 세 번씩이나 거절한다. 요시토키(義時)는 상황(上皇)의 권위에 맞서 막부의 정통성을 관철하려는 의지를 강하게 표명하는 것이다. 이에 대하여『조큐키』본문은

> 院(고토바〈後鳥羽〉상황〈上皇〉)은 이 말을 들으시고 마침내 심기가 불편하여 괘씸하다고 생각하심도 이치에 맞을 만하다.[23]　　　　　　(上)

고 하여 상황(上皇) 쪽에 편을 드는 듯한 언급을 하고 있다.[24]

이로 말미암아 고토바(後鳥羽)상황(上皇)이 공경(公卿)들을 상대로 논의를 벌이는 바 이 자리에서 후지와라 모토미치(藤原基通)가 요시토키(義時)를 일단 설득하자는 유화책을 개진한다. 이에 대해 상황(上皇)의 신임을 받고 있던 궁녀 후지와라 가네코(藤原兼子)가 요시토키(義時)를 쳐서 국정을 주도하자는 강경책을 내놓는다. 고토바(後鳥羽)상황(上皇)은 강경책을 받아들여 후지와라 히데야스(藤原秀康)와 미우라 다네요시(三浦胤義)로 하여금 요시토키(義時) 제거를 위한 계획을 추진하도록 하고 각 지방에 있는 무사들을 소집한다.

일단 거병을 한 고토바(後鳥羽)상황(上皇)은 길흉을 점치게 하여 거사를 연기하는 것이 좋겠다는 점괘가 나오자 잠시 주저한다. 이 때 다시 후지와라 가네코(藤原兼子)가 반론을 제기하여 천황의 과보(果報 ; 업보에 의한 행운)에 요시토키(義時)의 과보가 견줄 수 없다는 점과 이 사실이 요시토키에게 알려지면 사태가 어렵게 된다는 점을 들어 거사를 즉시 실행에 옮길 것을 건의한다. 상황(上皇)은 또한 이를 받아들여 요시토키(義時)의 지시를 받아 교토(京都)에 올라와 있는 이가 미쓰스에(伊賀光季)를 치게 함으로써 거병을 실행에 옮기게 된다.[25]

이와 같이 고토바(後鳥羽)상황(上皇)의 거병을 둘러싸고 유화책과 강경책이 대립하였으나 결국 상황(上皇)의 주도로 일방적인 거사가 실행된다. 그러나 그 과정에는 후지와라 가네코(藤原兼子)와 같은 비정상적인 절차를 통한 강경파의 참여와 상황(上皇)의 지시를 받아 모색되는 후지와라 히데야스(藤原秀康)와 미우라 다네요시(三浦胤義)의 단순한 계획(다네요시의 형인 미우라 요시무라〈三浦義村〉를 포섭하려는 계획) 및 13개 지방에서 동원된 1,000여 기의 무사 동원이 움직임의 전부로 보여진다. 요시토키(義時)를 제거하려는 상황(上皇)의 의욕이 성공을 담보할 만한 객관적 상황 인식을 앞선 결과라 할 수 있다.

이가 미쓰스에(伊賀光季)의 분전에도 불구하고 일단 교토(京都)에 있던 막부 세력을 몰아내는 데 성공한 고토바(後鳥羽)상황(上皇)은 동국(東國)의 무사들을 상대로 선지(宣旨)를 전달할 하인(오시마쓰(押松))을 파견한다. 그 중에서도 요시토키(義時)의 아우인 요시후사(義房)와 유력한 호족 세력인 미우라 요시무라(三浦義村)를 특별히 설득할 것을 지시한다. 선지(宣旨)의 내용은 지금 이후로 요시토키(義時)의 봉공(奉公 : 천황을 모시는 일)을 금지하니 이를 따르지 않고 반역을 꾀하는 자는 엄한 벌을 받으리라는 것이다. 요컨대 천황의 권위를 앞세워 동국(東國)의 무사들로 하여금 요시토키(義時)를 배반하고 조정에 공을 세우라는 것이다. 다시 말하자면 상황(上皇)의 선지(宣旨)는 동국(東國)의 분열을 조장하기 위한 정보를 내용으로 담고 있었다.

그러나 상황(上皇)의 선지(宣旨)와 동시에 교토(京都)에서는 이가 미쓰스에(伊賀光季)가 죽음을 앞두고 보낸 급보를 전할 하인과 미우라 다네요시(三浦胤義)가 형인 요시무라(義村)에게 동참을 권유하는 밀서를 전달할 하인이 각각 출발하였다. 각자의 논리를 담은 선지(宣旨)와 급보와 밀서가 가마쿠라(鎌倉)에 어떻게 누구에게 전달되느냐에 따라 앞으로 있을 무력 대결의 향배가 결정되는 상황을 설정하고 있다는 점에서 매우 흥미로운 각축 양상을 보이고 있다.

그 결과 이가 미쓰스에(伊賀光季)의 급보는 미나모토 요리토모(源賴朝)의 미망인이며 호조 요시토키(北條義時)의 누나인 마사코(政子)에게 전달되어 동국(東國)의 무사들이 급히 소집된다. 이 자리에서 호조 마사코(北條政子)는 동국(東國)의 무사들을 상대로 그들의 정서에 호소하는 한편으로 박력있는 기세로 분위기를 압도하는 명연설을 행한 것으로 되어 있다. 그 내용은 겐지(源氏) 3대에 걸쳐 자신이 겪은 고난을 술회하면서 그 은혜를 상기시키며 동국(東國)의 무사들에게 앞으로의 태도를 분명히

할 것을 요구하는 것이다. 다시 말해서 호조 마사코(北條政子)의 논리는 겐지(源氏) 3대와 자신을 동일시하고 나아가서 자신과 요시토키(義時)의 동일성을 암시함으로써 동국(東國)의 무사들로 하여금 변함없는 충성을 보여줄 것을 촉구하는 것이다.[26] 이에 동국(東國)의 무사들은 설복당한 것이다.

아울러 같은 시각 아우의 밀서를 받은 미우라 요시무라(三浦義村)는 호조 요시토키(北條義時)에게 이 사실을 보고하고 선지(宣旨)를 가진 하인을 사전에 체포할 것을 건의한다. 미우라 요시무라(三浦義村)가 교토(京都)의 기대와는 달리 요시토키(義時)의 편을 듦으로써 상황(上皇) 측의 계획은 중대한 차질을 빚게 되는 것이다.

여기서 그치지 않고 선지(宣旨)를 갖고 온 하인을 체포한 호조 요시토키(北條義時)는 도리어 그로 하여금 막부의 답변을 전달케 함으로써 상황(上皇) 측에 충격을 주고 있다. 답변의 내용은 천황의 부름에 응하여 세 개의 길로 군대를 올려 보내니 서국(西國)의 무사들과의 전투 상황을 지켜보시라는 것이다. 이는 곧 고토바(後鳥羽)상황(上皇)을 직접 지칭하지 않으면서 교토(京都) 측에 압박을 가하려는 의도를 드러내는 것이다. 동시에 상황(上皇) 측의 선지(宣旨) 내용에 요시토키(義時)를 타도할 명분이 충분히 제시되지 않은 점을 역이용하여 동국(東國)의 무사들이 천황의 명령에 따른다는 외형을 갖춘 것으로 되어 있다.

이와 같이 가마쿠라(鎌倉)에서의 반응은 교토(京都)로부터 촉발된 내부 분열의 위기 상황 속에서 신속한 대처로 입장을 단일화하고 나아가서 상대방에게 역습을 가하는 논리의 전개 과정을 보여주고 있다. 이러한 논리의 바탕 위에서 19만 명의 군대가 교토(京都)로 진격해 들어가 천황의 군대를 진압하는 무력 대결이 벌어지게 되는 것이다.[27]

이에 앞서 전초전의 성격을 띠고 교토(京都)에서 벌어진 이가 미쓰스에(伊賀光季)에 대한 상황(上皇) 측의 기습 공격은 비록 성공은 하였지만 동국(東國) 무사들의 명예와 경계심을 자극하였다는 측면에서는 이미 실패한 도발이었다. 즉 죽기를 각오하고 대항하는 이가 미쓰스에(伊賀光季)의 기세에 밀려 미우라 다네요시(三浦胤義)와 사사키 히로쓰나(佐佐木廣綱) 등이 차례로 물러서고 만다. 그러나 중과부적으로 이가 미쓰스에(伊賀光季)는 결국 집에 불을 지르고 손수 아들을 죽인 후 스스로 목숨을 끊는다. 이가 미쓰스에(伊賀光季)의 분전과 비참한 죽음은 고토바(後鳥羽)상황(上皇)조차 애석해 할 정도로 동국(東國) 무사의 기상을 여실히 보여주고 있다.

이후 『조큐키』에 나타난 무력 대결의 양상은 동국(東國) 무사들의 수적 우세 속에 상황(上皇)의 군대가 일방적으로 패퇴당하는 과정을 보여주고 있다. 그 과정 속에는 원래 상황(上皇)의 군대를 지휘할 것처럼 보였던 후지와라 히데야스(藤原秀康)와 미우라 다네요시(三浦胤義)가 이렇다 할만한 역할을 전혀 보이지 못하고 있는 점이 주목된다. 후지와라 히데야스(藤原秀康)를 대신해서 그 동생인 후지와라 히데스미(藤原秀澄)가 상황(上皇)군의 방어 일선을 지휘하고 있지만 절대적으로 열세인 군대를 12곳으로 분산 배치하는 등 무능함을 보일 뿐이다. 반면에 우에다 시게타다(上田重忠 : 慈光寺本에서는 重定으로 표기됨)는 열세 극복을 위해 병력을 집중시켜 기습 공격을 펼 것을 제안하는 등 상황(上皇) 측 장수 중 가장 뛰어난 능력의 소유자로 설정되어 있다.[28] 그러나 우에다 시게타다(上田重忠) 등의 분전에도 불구하고 상황(上皇)의 군대는 차례차례로 방어선이 무너져서 교토(京都)로 퇴각하는 모습이 반복되고 있다.[29]

한편 막부측의 무사들은 호조 요시토키(北條義時)의 작전 명령에 따라 3군으로 나뉘어 진격해 들어가 상황(上皇) 측의 방어선을 속속 돌파한다. 가히 파죽지세라 할 만하다. 그러나 3군 중 하나를 이끄는 다케다

노부미쓰(武田信光)와 오가사와라 나가키요(小笠原長淸)가 싸움을 앞두고
나누는 대화에는

　　"사바세계는 무상한 곳이지요. 어떻게 할겁니까, 다케다(武田)님."
　　"이보시오, 오가사와라(小笠原)님. 정말 중요한 일이지요. 가마쿠라(鎌
　倉)(막부측)이 이기면 가마쿠라에 붙을까, 京方(상황〈上皇〉측)이 이기면
　京方에 붙을까. 활 화살을 잡는 자(즉 무사)의 관습이 아닌가요, 小笠原
　님"[30]　　　　　　　　　　　　　　　　　　　　　　　　　　(下)

라고 하여 관망의 자세를 보이기도 한다.[31] 싸움의 승패에 따라 주군을
바꾸기도 하는 동국(東國) 무사들의 속성을 엿볼 수 있는 대목이다. 뿐
만 아니라 형식상일지라도 천황이 동원한 군대를 상대로 싸워야 하는 막
부군의 심적 부담감이 두 사람의 대화 속에 담겨져 있는 것으로도 보인다.
　이와 같은 상황을 예측이라도 한 듯 선봉장인 호조 도키후사(北條時
房)로부터 논공행상을 약속하는 전갈이 오자 두 장수는 서로 선공을 다
투는 듯 싸움에 임하고 있다. 이후 동국(東國)의 무사들은 강물이 얕은
곳을 찾아 건너기도 하고 뗏목을 엮어 강을 건너기도 하여 상황(上皇)
측의 방어선을 돌파하면서 결정적인 승기를 잡는다.[32]
　막부군에 패한 상황(上皇) 측의 장수들은 하나 둘씩 교토(京都)로 후퇴
하여 마지막 일전을 준비하지만 이미 전의를 상실한 고토바(後鳥羽)상황
(上皇)의 지시로 군대는 해산하고 만다. 무사들은 각기 흩어져 도망치고
그 와중에 미우라 다네요시(三浦胤義)가 자결로써 최후를 마감하는 것으
로 『조큐키』에서의 무력 대결은 끝나고 있다.
　이상에서 살펴본 바와 같이 『조큐키』는 천황측과 막부측의 충돌 원인
을 고토바(後鳥羽)상황(上皇)과 호조 요시토키(北條義時) 두 개인의 권력
욕에 기인한 것으로 전제하고 있다. 그러나 양측의 논리와 무력을 통한

대결 양상에서는 막부측이 일방적으로 우세한 것으로 나타나 있다. 이는 물론 역사적 사실을 일정 부분 반영한 결과로도 볼 수 있다. 거기에 더하여 호조(北條) 가문에 의한 싯켄(執權)정치의 확립 및 가마쿠라(鎌倉)막부의 연속성을 긍정적으로 평가한『조큐키』의 편집 의도가 막부측의 우세를 더욱 강화시킨 결과로 봄이 타당할 것이다.

이와 같은 관점에서 볼 때『조큐키』는 구보타 준(久保田淳)이 지적한 대로 현실 순응주의와 비판 정신이 혼재되어 있다고 말할 수 있다. 뿐만 아니라 호조(北條) 권력의 탄생 과정을 주된 내용으로 담고 있으면서 앞 절에서 살펴본『조큐키』서두 및 말미의 서술 태도와 같이 불교 세계의 지속을 낙관하고 새로운 왕조 체제로의 복귀를 축하하는 태도를 표방하고 있다는 점에서 자기 모순성을 내포하고 있다.

3.『조큐키』(承久記)에 진혼이 없는 이유

『조큐키』에는 다른 일본 역사군담과는 달리 진혼이 보이지 않는다. 본디 일본 역사군담은 역사적 과도기에 필연적으로 나타나는 새로운 권력의 탄생을 주된 내용으로 삼으면서도 오히려 투쟁에서 패배하여 몰락해 가는 집단이나 인물의 비극성에 초점을 맞추고 있는 점에 큰 특색이 있다. 그리하여 역사의 화려한 무대 밖으로 사라져간 집단이나 인물의 죽음에 대하여 아낌없는 동정을 표시하고 나아가서 죽은 영혼의 넋을 달래기 위한 진혼의 의도를 작품 내에서 드러내고 있는 것이 일반적이다.『조큐키』의 경우에는 천황과 세 명의 상황(上皇)이 (그것도) 막부와의 무력충돌에서 패하여 한꺼번에 몰락해버린 엄청난 이야기를 담고 있음에도 불구하고 본격적인 진혼으로까지는 나아가지 않고 있다. 그 이유를 몇 가지 관점에서 고찰해 보고자 한다.

우선 무엇보다도 『조큐키』에서 다루고 있는 고토바(後鳥羽)상황(上皇)이 〈국왕병란〉(國王兵亂)에 휘말린 장본인임에도 불구하고 철저하게 부정적인 인물로 설정되었다는 점을 그 이유로 들 수 있다.[33] 『조큐키』는 서두에서 이미 고토바(後鳥羽)상황(上皇)의 원정(院政)이 악정이었음을 전제하고 있고 호조 요시토키(北條義時)를 제거하기 위한 상황(上皇)의 거병 역시 그 연장선 위에서 출발한 것으로 풀이하고 있다.(영지에 대한 과도한 소유권 주장 등) 나아가서 무리하게 거병을 실행에 옮긴 후에는 가마쿠라(鎌倉)에 선지(宣旨)를 보낸 것 이외에 특별한 움직임을 볼 수 없다.[34] 뿐만 아니라 가마쿠라(鎌倉)의 군대에게 패하여 아군이 속속 교토(京都)로 퇴각해 들어오자 당황하여 우왕좌왕하다가 결국 마지막 일전을 각오한 장수들에게 각기 흩어질 것을 지시하고 만다. 『조큐키』에서의 고토바(後鳥羽)상황(上皇)은 모반의 주도자였음에도 불구하고 상황인식과 사전 대비에 소홀하여 사태 진전을 감당하지 못한 무능한 존재로 나타나 있는 것이다.

이와는 달리 호조 요시토키(北條義時)는 『조큐키』 서두에 그의 야망이 비판적으로 전제되었지만 사태 이후에는 동국(東國)의 리더로서의 면모를 보여주고 있다. 특히 교토(京都)로의 진격을 앞두고 동국(東國)의 무사들에게 주도면밀하게 작전 명령을 내리는 요시토키(義時)는 확실히 고토바(後鳥羽)상황(上皇)과 대비된다. 더욱이 교토(京都)로 진격해 들어간 아들 야스토키(泰時)로부터 승전보를 받은 후

「……이제 요시토키(義時)는 여한이 없다. 요시토키의 果報는 王의 果報보다 오히려 나은 것 같구나. 요시토키의 과거 공덕이 이제 하나 부족하여 하급 신분의 응보로 태어난 것이구나.」[35]   (下)

라고 하여 왕(고토바〈後鳥羽〉상황〈上皇〉)보다 우월한 자신의 현재 행운을 과시하는 한편 과거 공덕이 하나만 더 쌓였더라면 왕(=十善의 君)이 될 수도 있었음을 아쉬워하고 있다.[36] 뿐만 아니라 천황을 새로 지명하고 상황(上皇)들을 유배시키고 모반에 가담한 신하들은 각기 처형 또는 사면을 시키는 등 사후처리 단계에서 요시토키(義時)는 실질적인 왕권을 행사하고 있다. 동국(東國)의 리더가 승리를 발판으로 정국의 주도권을 장악한 모습을 여실히 보여주고 있다.

이와 같이『조큐키』는 호조 요시토키(北條義時)에 대하여 일종의 영웅화를 시도하는 데 반하여 고토바(後鳥羽)상황(上皇)에 대해서는 부정적인 이미지로 일관하고 있다.[37] 따라서『조큐키』는 고토바(後鳥羽)상황(上皇)의 유배→죽음→진혼 대신에 새로운 원정(院政)의 시작을 축하하는 것으로 마감하는 외형을 취한 것이다.[38] 이는 또한 기존 천황 세력의 비참한 몰락을 딛고 성립한 호조(北條)의 실질적 왕권 획득을 새로운 왕조주의 체제에 환원시킴으로써 비극의 책임이 희석되기를 의도한 것으로도 보인다.

『조큐키』는 고토바(後鳥羽)상황(上皇)이 호조(北條) 측에 연행된 후 출가의 몸이 되었을 때 처음으로 주위 사람들(호조 도키우지〈北條時氏〉포함)이 모두 눈물을 흘렸다고 하여 동정을 표시하고 있다. 아울러 유배지에 도착한 고토바(後鳥羽)상황(上皇)과 교토(京都)에 남은 신하(요시시게〈能茂〉) 및 생모(七條院)가 주고받은 와카(和歌)를 통해 그들의 비참한 심정을 전하고 있다. 이어서 즈치미카도(土御門)상황(上皇)과 준토쿠(順德)상황(上皇)이 차례로 유배당하고 준토쿠상황은 교토(京都)에 남은 후지와라 미치이에(藤原道家)와 장가(長歌)를 통하여 아픈 마음을 서로 달랜다. 그리고 고토바(後鳥羽)상황(上皇)의 남은 두 아들(六條宮・冷泉宮)도 유배당한다. 그 다음으로 거병에 가담하였던 신하와 무사들이 차례차례로 처형

당한다. 신하들은 임종을 앞두고 절명시(絶命詩)를 남기기도 한다.[39]

아울러 『조큐키』는 상황(上皇) 측의 애절한 후일담으로서 지주(侍從 : 후지와라 노리시게〈藤原範茂〉의 아들)와 세이타카(勢多賀 : 사사키 히로쓰나〈佐佐木廣綱〉의 아들)에 관한 이야기를 마지막으로 전하고 있다. 지주(侍從) 와 세이타카(勢多賀)는 둘 다 어린 나이로 호조(北條) 측에 연행된 후 호조 야스토키(北條泰時)가 온정을 베풀어 죽임을 면할 수 있었으나 세이타카는 숙부인 사사키 노부쓰나(佐佐木信綱)의 강력한 반발로 결국 처형당함으로써 이를 지켜본 모든 사람들이 눈물을 흘렸다는 이야기이다.

결국 『조큐키』는 모반의 실질적 주모자인 고토바(後鳥羽)상황(上皇)의 유배 및 주위 사람들의 몰락까지를 서술의 범위로 삼은 반면에 상황(上皇)의 죽음을 다루지 않음으로써 진혼에 관한 필요조건을 의도적으로 생략한 것으로 보인다. 이는 특히 『호겐 모노가타리』(保元物語)에 보이는 스토쿠(崇德)상황(上皇)의 조정에 대한 저주와 죽음, 『헤이케 모노가타리』(平家物語)에서 헤이케(平家) 일가의 죽음과 함께 이루어지는 극락왕생을 위한 기원, 『다이헤이키』(太平記)에 보이는 고다이고(後醍醐) 천황의 죽음 이후의 영혼담 등과 뚜렷이 대비된다고 할 수 있다. 뿐만 아니라 『조큐키』에서는 다루고 있지 않지만 고토바(後鳥羽)상황(上皇)이 유배당한 후 훗날 자기 자손이 정권을 잡는다면 바로 자신의 도움인 줄 알라고 말했다는 기록(「後鳥羽院御置文案」)이나 유배지에서 죽은 고토바(後鳥羽)상황(上皇)의 영혼이 고호리카와(後堀河)원(院)과 시조(四條) 천황을 연이어 요절케 하는 등 「천마」(天魔)＝고토바(後鳥羽)상황(上皇)에 대한 공포가 대단하였다는 기록(『五代帝王物語』) 등이 있다.[40]

이런 점에서 볼 때 『조큐키』에 진혼이 없는 이유는 고토바(後鳥羽)상황(上皇)의 생존시 활동에 대한 부정적 평가와 함께 그의 죽음과 이후 상황(上皇)의 영혼에 얽힌 훗날의 상황 전개를 생략하고자 한 의도의 반영으로 풀이할 수 있다.[41] 그런 이유로『조큐키』는 고토바(後鳥羽)상황 (上皇)의 와카(和歌), 신하들의 절명시(絶命詩), 어린 세이타카(勢多賀)의 가련한 죽음 이야기 등으로 진혼의 외형을 대신하고 있는 것이다.

　이와 같은 진혼의 생략 또는 최소화는 또한 다른 일본 역사군담이 대체로 사건의 발단 및 전개→본격적 전투담→사후처리담의 3부 구성인 데 반하여 사후처리담 또는 후일담이 최소화된 2부 구성으로 되어 있다는 점과도 관련이 있는 것으로 보인다.(실제로『조큐키』는 上下 2권으로 되어 있음) 이런 구성상의 특색은 본격적으로 다루어졌어야 할 전투담의 생략(慈光寺本의 교토〈京都〉전투담 생략)과도 관련이 있을 것이다. 뿐만 아니라 다른 일본 역사군담에 많이 발달되어 나타나는 고사담·예언담 등을『조큐키』에서는 거의 찾아볼 수 없다는 점과도 무관하지 않을 것이다.[42] 나아가서 진혼의 생략 또는 최소화는『조큐키』서두와 말미를 통해 구상된 낙관적 세계관 및 새로운 왕조체제(호조〈北條〉의 막부체제 포함)에 대한 승인과 밀접하게 연결되어 있는 것으로 보인다.

맺음말

　『조큐키』는 고토바(後鳥羽)상황(上皇)이 일으킨 모반 사건을 주된 내용으로 하고 있다. 따라서『조큐키』본문에 나타난 모반의 용례(총 13례)를 통하여 사건의 전체틀을 확인할 수 있다. 주요 등장인물의 대사로써 모반이 발화되고 있기 때문이다. 그리하여『조큐키』본문은 모반을 진압한 가마쿠라(鎌倉)막부 체제의 확립을 기정사실화하는 태도로 일관하고 있다.

　그러나『조큐키』는 서두에 불교교리에 의한 낙관적 세계관→국왕병란 (國王兵亂)의 역사를 전제한 후 본격적인 모반 이야기를 서술하고 있다.

이는 고토바(後鳥羽)상황(上皇)에 의한 모반의 성공 여부에 상관없이 〈불법(佛法)·왕법(王法)〉이 영원히 지속된다는 점을 강조하기 위함이다. 또한 『조큐키』는 말미에서 모반이 진압된 후 교토(京都)에서의 상황 변화(원정〈院政〉의 교체, 사이온지〈西園寺〉 가문의 복권)를 경하하면서 새로운 왕조 중심주의를 표방하고 있다. 결국 『조큐키』 서두와 말미 서술은 본문의 주된 서술과는 상이한 태도를 보이고 있는 것이다.

『조큐키』에서의 갈등 양상은 고토바(後鳥羽)상황(上皇)과 호조 요시토키(北條義時)를 양 축의 중심으로 하여 논리와 무력을 통한 대결로 나타나고 있다. 『조큐키』는 양 측의 충돌 원인을 두 개인의 권력욕에 기인한 것으로 전제하고 있지만 본격적인 대결 국면에서는 막부측의 일방적 우세로 일관하고 있다. 이는 『조큐키』의 편집 의도가 막부측 우세를 더욱 강화시킨 결과로서 비판정신과 현실 순응주의가 혼재되었음을 보여준다. 나아가서 호조(北條) 권력의 탄생을 내용으로 하면서 불법(佛法)·왕법(王法)의 지속을 낙관하는 태도를 표방함으로써 자기 모순성을 드러내고 있다.

『조큐키』에는 진혼의 의도가 두드러져 보이지 않는 특색이 있다. 『조큐키』는 고토바(後鳥羽)상황(上皇)의 유배 및 주변 인물들의 몰락까지를 서술의 범위로 삼고 상황(上皇)의 죽음을 다루지 않음으로써 진혼의 필요조건을 생략하고 있는 것이다. 그 이유로서 모반을 일으킨 고토바(後鳥羽)상황(上皇)이 철저하게 부정적인 인물로 설정되고 반면에 호조 요시토키(北條義時)에 대해서는 일종의 영웅화가 시도되어 있는 점을 들 수 있다. 또한 사후처리담 혹은 후일담이 최소화하여 『조큐키』가 2부 구성으로 되어 있는 점과도 관련이 있는 것으로 보인다. 아울러 진혼의 생략 또는 최소화는 『조큐키』 서두와 말미의 낙관적 세계관·새로운 정치체제 승인이라는 서술 방식과도 연결되어 있는 것으로 보인다. 다만

이와 같은『조큐키』의 특색이 일본 역사군담의 원형을 보여주는 것인지
아니면 정형으로부터의 일탈로 보아야 할 것인지는 앞으로 이에 관한
논의가 진행되어야 할 것으로 판단된다.

▌주

1) 무로마치(室町) 시대의 자료인『蕉軒日錄』『平家勘文錄』 등에서 그 기록을 볼 수
   있다.
2) 益田宗(「承久記—回顧と展望—」, 1960)은 慈光寺本과 前田家本 및 流布本의 祖
   本은 본래 별개의 것으로 보고 있다. 杉山次子(「承久記諸本と吾妻鏡」, 1974)는
   慈光寺本에『아즈마 가가미』(吾妻鏡)의 영향이 더하여진 것이 前田家本 및 流布
   本이라고 하였다. 兵藤裕己(「承久記改竄本系の成立と保元物語」, 1978)는 慈光
   寺本의 고태(古態)를 전면적으로 재구성하여 남북조(南北朝) 시대 이후『호겐 모
   노가타리』(保元物語)의 구상·기사 배치·서승(書承)의 규범 등의 영향을 받아
   前田家本 및 流布本이 성립한 것으로 보았다.
3) 이와 관련하여 나가즈미 야스아키(永積安明)는 권두에 서술된 불설(佛說)과 백왕
   설(百王說)의 사상이 전체 구상이나 본문에 설정된 개개 인물의 행동이나 사상에
   거의 내면화되어 있지 않다고 언급하였다.(『日本文學史 中世』, 1981)
4) 이에 반하여 前田家本과 流布本은 고토바(後鳥羽)상황(上皇)을 비판적으로 소개
   하는 것으로 시작하고 있다. 따라서 慈光寺本의 서두 부분에서『조큐키』의 구상을
   찾는 일은『조큐키』해석상 중요한 의의를 갖는다.
5) 娑婆世界に衆生利益の爲にとて, 佛は世に出給ふ事, 總じて申さば, 無始無終にして,
   際限有るべからず. (이하 원문은 가타카나(片假名) 표기의 화한(和漢) 혼합문으로
   되어 있으나 필자가 이를 히라가나(平假名)로 풀어서 표기함)
6) 二千余年の春秋は夢の如くにして過ぎぬれど, 今敎法盛りにして, 世間も出世も, 明
   らかに習學する人は, 過去·未來まで皆悟る.
7) 이에 관하여 구사카 쓰토무(日下力)는 도겐(道元)에 의한 선종(禪宗)의 영향이
   慈光寺本『조큐키』성립에 관여한 것으로 보고 있다.(「道元說法の力—慈光寺本『承
   久記』誕生の背景—」, 2000)
8) 佛法·王法始まりて, 目出度所を尋ぬれば, 天竺·震旦·鬼界·高麗·景旦國, 我朝
   日本日域にも, 劫初の當初より今に至るまで, 佛法にかくれぞ無かりける.

9) 人王の始をば, 神武天皇とぞ申しける. 葺不合尊の四郎の王子にてましましける. 其よりして去ぬる承久三年までは, 八十五代の御門と承る. 其間に國王兵亂, 今度まで具にして, 已に十二ケ度に成る.

10) 十善君忽ちに兵亂を起し給ひ, 終に流罪せられ玉ひけるこそ淺增しけれ. 其由來を尋ぬれば, ……

11) 다네요시(胤義)는 원래 동국(東國) 출신이라는 점에서 보자면 모반은 곧 호조 요시토키(北條義時)에 대한 배신 행위로 해석할 수 있다.

12) 今の太上天皇と右京權大夫義時と御合戰, 纔に, 三月が程にして事切るる. 權大夫は天下を打鎭めて樂しみ榮ふ. 漢家・本朝にもかかる樣はあらじとぞ覺えたる.

13) 바로 이어서는 상황(上皇)측 잔당인 손초(尊長) 법인(法印)과 오우치 고레노부(大內惟信) 두 사람의 후일담이 간략히 삽입되어 있다.

14) 先の世の中も, 替りはてねれば, 引かへまた目出度事ども多かりけり.

15) 『조큐키』본문은 "이 원(院;後高倉院)이 이렇게 번영하시기 위해 세상이 어지럽기 시작하였던 것으로 여겨진다."고까지 표현하고 있다.

16) 반면에 流布本(그 중 古活字本)의 말미는 "본조(本朝;일본)가 어떠한 곳이길래 은혜를 아는 신하도 없고 염치를 아는 병사도 없는 것일까.……현왕(賢王)이 역신(逆臣)을 써도 지키기 어렵고 현신(賢臣)이 악왕(惡王)을 받들어도 다스리기 어렵다." 면서 惡王＝고토바(後鳥羽)상황(上皇)을 암시하여 그의 뜻을 하늘도 받아들이지 않고 백성도 따르지 않아 결국 동국(東國) 무사들에 의해 진압되었다는 평가로 마감하고 있다. 이는 慈光寺本의 낙관적 세계관과는 분명히 다른 태도로서 예를 들어 『다이헤이키』(太平記) 서두의 군신론(君臣論)과의 유사성을 보이고 있다.

17) 사토 이즈미(佐藤泉)는 고토바(後鳥羽)상황(上皇)의 「악왕」(惡王) 상(像)이 요시토키(義時)의 야망과 대립함으로써 무가측과 조정측 어느 쪽에도 치우치지 않는 객관적 시점으로 사건을 취급하였다고 평가하였다. 그러나 필자는 이를 『조큐키』본문의 아래 인용 부분에 한하는 것으로 보고자 한다.

18) 爰に, 右京權大夫義時の朝臣思樣, 「朝の護り源氏は失終りぬ. 誰かは日本國をば知行すべき. 義時一人して, 萬方をなびかし, 一天下を取らん事, 誰かは謗ふべき.」

19) 爰に, 太上天皇叡慮動きましします事あり. 源氏は日本國を亂りし平家を打平らげしかば, 動功に地頭職をも下されしなり. 義時が仕出たる事も無くて, 日本國を心の儘に執行して, 動もすれば, 勅定を違反するこそ奇怪なれと, 思食さるる叡慮積りにけり.……御腹惡くて, 少しも御氣色に違ふ者をば, 親り亂罪に行はる. 大臣・公卿の宿所・山莊を御覽じては, 御目留る所をば召して, 御所と號せらる. 都の中にも六所あり. 片井中にもあまたあり.……

20) 반면에 前田家本 등은 상황(上皇)에 의한 막부측에 대한 도발 행위가 수 차례 있었음을 밝히고 있다.(미나모토 요리시게(源賴茂)를 침, 절에 명하여 요시토키(義時)를 저주하게 함) 그만큼 상황(上皇)의 막부 제압 의지가 즉흥적이지 않고 집

요한 것으로서 양 측의 충돌 역시 필연적인 것이었다고 해석할 수 있다.

21) 크게 보면 황실과 막부의 영지를 둘러싼 권력 다툼이고 작게 보면 상황(上皇)의 문란한 정치의 한 단면이 결국 사건을 부르고 말았다고 해석할 수 있다. 慈光寺本은 후자에 비중을 두고 사건을 전개시키고 있다.

22) 如何に, 十善の君は加様の宣旨をば下され候やらん. 余所においては, 百所も千所も召上げられ候共, 長江庄は故右大將よりも義時が御恩を蒙る始に給ひて候所なれば, 居乍頸を召さるとも, 努力叶ひ候まじ.

23) 院は此由聞食し, 彌安からず奇怪也と思食しけるも, 御理なるべし.

24) 이는 앞 뒤 문맥상 『조큐키』의 구상이 부분적인 표현과 불일치를 보이는 대목으로 볼 수 있다. 또한 〈국왕병란〉에 대한 원인을 양쪽 개인 모두에게서 확인하고자 하는 앞서의 전제가 여기까지 작용하고 있다고도 보여진다.

25) 이 와중에 유화책을 개진했던 후지와라 모토미치(藤原基通)와 후지와라 요리자네(藤原賴實 ; 가네코(兼子)의 부친)는 상황(上皇)의 계획에 따르지 않는다. 또한 후지와라 긴쓰네(藤原公經)와 그 아들은 막부와 내통한 혐의로 감금당한다. 상황(上皇)측 내부에 친막파의 적전 이탈이 발생하고 있는 것이다.

26) 이후 동국(東國)의 무사들이 호조 요시토키(北條義時)를 대면한 자리에서 시치죠지로뵤에(七條次郎兵衛)라는 인물이 겐지(源氏)에 대한 변함없는 충성을 맹세하면서 大夫殿(요시토키〈義時〉)이 곧 大臣殿(미나모토 사네토모〈源實朝〉)이요 大臣殿이 곧 大夫殿이라고 발언하고 있음이 이를 뒷받침한다.

27) 양측의 논리 대결은 전쟁터에서도 이어지고 있다. 상황(上皇)측 무사가 '조복(調伏 ; 조적〈朝敵〉을 물리침)의 선지(宣旨)를 받았음'을 과시하자 막부측 무사가 '누군들 옛날에 왕손(王孫)이 아니었느냐'고 대꾸한다. 상황(上皇)과 막부측의 무사가 대등한 입장에서 무력 대결을 벌이는 장면이다.

28) 우에다 시게타다(上田重忠)의 최후에 관하여 慈光寺本은 교토(京都) 퇴각 후 한냐지산(般若寺山)으로 도망친 것으로 되어 있는 반면에 流布本(그 중 古活字本)은 그곳에서 자결한 것으로 되어 있다. 어느 쪽이 그의 이미지에 어울리는 최후인지는 해석상의 차이에 따라 다를 것이다.

29) 이밖에도 하치야(蜂屋) 부자의 자결과 전사 등 상황(上皇)측 무사 중에 예외적으로 보이는 활약상이 없지 않지만 대부분의 경우 패전 후 퇴각이라는 양상을 거듭하고 있고 고즈치(神土)의 투항이나 가토 미쓰사다(加藤光定)의 어이없는 퇴각 등이 특기되어 있다.

30) 「娑婆世界は無常の所なり. 如何有るべき, 武田殿」
「や給へ, 小笠原殿. 本の儀ぞかし. 鎌倉勝たば鎌倉に付きなんず. 京方勝たば京方に付きなんず. 弓箭取る身の習ひぞかし, 小笠原殿」

31) 특히 다케다 노부미쓰(武田信光)는 호조 마사코(北條政子)가 동국(東國)의 무사들을 상대로 한 연설에 대한 대답으로 "옛날부터 48인의 大名・高家는 겐지(源

氏) 7대까지 지키겠다고 맹세하였으니 지금 누가 번복할 수 있으리요……"라고 충
성을 맹세하였다.

32) 이후 교토(京都)에서의 전투 기사를 慈光寺本은 싣지 않고 있다. 반면에 前田家
本에는 勢多合戰事·宇治橋合戰事·信綱兼吉渡宇治河事·關東大勢溺水事·宇治
手敗事 등의 단을 따로 두고 있다.

33) 부정적 인물이라는 점에서는 『헤이케 모노가타리』(平家物語)에 설정된 다이라노
기요모리(平淸盛)의 경우가 대표적이다. 그리고 『헤이케 모노가타리』에서는 「간
조노마키」(灌頂卷) 등을 통하여 헤이케(平家) 일가에 대한 진혼을 적극적으로
시도하고 있다. 생전의 악행조차 오히려 진혼의 대상으로 삼고자 하는 점에서 『헤
이케 모노가타리』의 특색과 미덕이 발휘되는 것이다.

34) 『마스카가미』(增鏡)에는 호조 요시토키(北條義時)의 지시로 교토(京都)를 향한
출병을 앞두고 아들 야스토키(泰時)가 묻기를 만약 고토바(後鳥羽)상황(上皇)이
직접 군대를 이끌고 나온다면 어떻게 해야 되느냐고 하자 요시토키(義時)가 그
때에는 투항하여 몸을 맡기는 수밖에 없다고 대답한 것으로 되어 있다. 이상 杉本
圭三郎 『軍記物語の世界』 참조

35) 今は義時思ふ事なし. 義時が果報は, 王の果報には猶まさりまいらせたりける. 義時
が昔の報行, 今一つ足らずして, 下 の報と生れたりける.

36) 스도 다카시(須藤敬)는 이같은 요시토키(義時)의 언급을 통해 그의 야심이 합리
화되고 있다고 보았다.(「慈光寺本『承久記』― 一つの歷史敍述の試み ―」, 1997)

37) 후대의 평가는 이와 사뭇 다른 면이 있다. 예를 들어 後嵯峨(고사가)천황은 고토
바(後鳥羽)상황(上皇)의 추선(追善)에 힘쓰고 그 시대를 선례로 의식하여 모방하
였으며 후시미(伏見)천황은 막부 권력 아래서 고토바(後鳥羽)상황(上皇)의 폭넓
은 왕의 덕(和歌·비파 및 원정(院政) 등)을 계승하려고 노력했다고 한다. 이상
伊藤伸江 「伏見院歌と帝王意識―抱え込む後鳥羽院の影―」, 2000. 참조.

38) 『조큐키』와 매우 유사한 소재를 작품으로 한 『호겐 모노가타리』(保元物語)의 경
우 스토쿠(崇德)상황(上皇)의 유배→죽음→진혼의 형식을 갖추고 있다.

39) 반면에 前田家本은 무사 및 신하들의 처형 다음에 상황(上皇)들의 유배를 배치하
고 있다. 그리고 나서 세이타카(勢多賀) 및 미우라 다네요시(三浦胤義)의 어린
아들들이 처형당하고 츠치미카도(土御門)상황(上皇)의 아들인 고사가(後嵯峨)천
황이 왕위를 계승한 내용으로 마감하고 있다.

40) 樋口大祐 「『五代帝王物語』の成立背景 ―王權的秩序と外部の間で―」, 1996. 참조.
이 논문에는 松林靖明 「『五代帝王物語』の怪異譚 ―後鳥羽院の影―」 등이 소개되
어 있다.

41) 이와 관련하여 『조큐키』가 죽은 자의 영혼에 관해 전혀 무관심하지는 않다. 즉
『조큐키』본문 앞부분에서 미나모토 요리토모(源賴朝)의 죽음이 '水神에게 들려서'
라고 하여 그에 의해 죽임을 당한 요시쓰네(義經) 또는 안토쿠(安德)천황의 혼령

이 재앙을 내렸음을 암시하고 있다. 또한 이와는 별개로 조큐(承久)의 난이 있은
지 3년 후 호조 요시토키(北條義時)가 급사하지만 『조큐키』는 이를 서술 범위에
넣지 않음으로써 그의 죽음을 둘러싼 논란의 여지를 배제하고 있다.

42) 스도 다카시(須藤敬)는 그 이유를 「조적」(朝敵)이 승리했다고 하는 과거의 사례
또는 그런 내용을 다룬 텍스트가 없기 때문으로 보고 있다.(「慈光寺本『承久
記』──一つの歷史敍述の試み ─」, 1997)

제9장

『다이헤이키』(太平記) 3부 구성과 모반의 구조

제9장
『다이헤이키』(太平記) 3부 구성과 모반의 구조

　가마쿠라(鎌倉)막부 말기에 고다이고(後醍醐)천황이 즉위한 해(1318년)로부터 무로마치(室町)막부의 3대 쇼군(將軍) 요시미쓰(義滿)를 보좌할 호소카와 요리유키(細川賴之)가 집사(執事)직에 보임된 해(1367년)까지 50년 동안의 역사를 다루고 있는 『다이헤이키』(太平記)는 『헤이케 모노가타리』(平家物語)를 뒤이은 일본 역사군담의 대표적 작품이다. 작자와 성립연대에 관하여 많은 학설이 제기된 바 있으나, 다른 일본 역사군담과 마찬가지로 정설은 여전히 모색의 단계에 있다. 통설에 따르자면 『다이헤이키』는 1371년 전후에 성립된 작품으로 당시의 승려와 무사 또는 귀족 집단에 의한 제작 및 편집의 과정을 거쳐 읽히거나 구연되었을 것으로 추정되고 있다.

　이와 관련된 외부자료로서, 『洞院公定日記』의 기록과 1402년에 이마가와 료슌(今川了俊)이 쓴 『난타이헤이키』(難太平記)에 나타난 서술 내용 등은 『다이헤이키』의 성립 및 수용과정에 관하여 시사해주는 점이 많다. 이에 의하면 『다이헤이키』가 일본의 남북조(南北朝)시대 말기 또는 무로마치(室町)시대 초기에 제작·수정되어 궁중이나 사원, 무가의 사저, 서민이 많이 모이는 곳 등 다양한 장소에서 많은 계층에게 읽히고 들려졌다고 한다. 아울러 제작 단계에서 이미 『다이헤이키』의 내용이나

작자의 입장에 대하여 정정이 요구되고 또한 이 요구가 실제로 작품에
반영되기도 하였다고 한다.

에도(江戸)시대에 들어와서는 1602년『다이헤이키』고활자판의 간행
을 비롯하여『太平記賢愚抄』『太平記抄』등의 주석서가 서민층에까지
널리 유포되고, 작품의 기사 내용에 관한 관심의 폭이 더욱 확대되어
『太平記評判秘傳理盡抄』,『太平記大全』,『太平記綱目』등과 같은 종합
평론서 성격의 저작물이 간행되었다. 또한 이와 같은『다이헤이키』에
대한 관심의 확대는 에도(江戸)시대 일세를 풍미한 가부키(歌舞伎)·조
루리(淨瑠璃)에도 많은 영향을 끼치고 있다.[1]

메이지(明治)유신(維新) 이후『다이헤이키』에 대한 평가는 근대천황제
정착이라는 당시의 시대 상황과 맞물려서 〈충군애국〉이라는 이념적 도
구화에 관심의 초점이 맞추어졌다. 따라서 주로『다이헤이키』에 대한
사료적 가치가 논란의 대상이 되었던 바, 민중을 천황에 직접 연결시킴
으로써 막부 타도의 대의명분을 취하고자 했던 막부 말기의『다이헤이
키』해석 방식이 국가가(또는 천황이) 대중을 직접적 무매개적으로 통치
한다고 하는 해석 방식으로 더욱 이념화하여『대일본사료』(大日本史料)
편찬에 수용되었다.[2]

전후(戰後)의『다이헤이키』연구는 성립 및 이본(異本)이나 출전에 관
한 문헌학적 방법이 여전히 주류를 이루는 한편으로 군키(軍記)문학으로
서의 자리매김과 함께 인물론·구상론·표현론 등 작품 내용을 순문학
적 차원에서 다루는 다양한 접근이 시도되고 있다. 특히 지금까지의 연
구 성과로서『다이헤이키』를 3부 구성으로 보는 견해는 거의 정설화되
어 있다. 아울러 이를 바탕으로『다이헤이키』본문에 나타난 주제와 인
물상에 대한 작품 내부의 통일성 또는 불일치성을 적시하고자 하는 시
도가 거듭되고 있는 것으로 보인다.

총 40권으로 되어 있는 『다이헤이키』의 3부 구성에 관한 연구를 구체적으로 살펴보면 우선 호조 다카토키(北條高時)를 정점으로 한 가마쿠라(鎌倉)막부의 멸망을 다룬 부분을 제1부로 구분하는 데는 이론의 여지가 없다. 다만 권十二가 다루고 있는 고다이고(後醍醐)천황에 의해 주도된 〈겐무(建武)의 신정(新政)〉을 제1부에 포함시킬 것인가 아니면 제2부의 시작으로 볼 것인가에 관하여 논쟁의 여지를 남기고 있다.[3)]

이는 또한 『다이헤이키』 제2부가 고다이고(後醍醐)천황과 아시카가 다카우지(足利尊氏)를 대표로 하는 남북조(南北朝)의 양립 과정을 주관심사로 설정하고 있다고 보고 권一에서 이미 나타나고 있는 고다이고(後醍醐)천황에 대한 평가의 이중성(긍정론과 부정론)과 연관지워야 할 것인가 하는 점에서 해석상 중요한 의미를 갖는다. 아니면 『다이헤이키』의 제2부를 아시카가 다카우지(足利尊氏) 대 닛타 요시사다(新田義貞)라고 하는 양대 무가의 권력투쟁을 주관심사로 보고 〈겐무(建武)의 신정(新政)〉의 실패를 이에 대한 원인 제공으로 볼 것인가 하는 점이다.[4)] 아울러 제2부가 고다이고(後醍醐)천황의 죽음과 그 직후를 다룬 권二十一에서 끝나고 있다는 점에서도 『다이헤이키』의 구성과 주제의 연관성은 밀접한 관계를 갖고 있는 것으로 보인다.

『다이헤이키』의 작품성에 대한 평가와 관련된 연구 성과로서, 특히 제3부에 나타난 주제와 인물상이 거듭되는 고사담 등과 뒤섞여서 혼란을 보임으로써 일본 역사군담으로서의 침체를 초래하였다는 것이 일반적 견해이다. 그러나 이에 대한 반론으로서 『다이헤이키』 제3부에서도 여전히 제1부와 제2부에서 시도되고 있는 『다이헤이키』 나름의 역사 읽기가 일관되어져 있다고 보는 시각도 있다. 제3부는 제1부와 제2부의 연장선 위에서 남조(南朝)보다는 북조(北朝)에 의한 상부 무사층의 내부 분란이 수습되는 과정을 그림으로써 그 결과 무로마치(室町) 막부가 확립되었음을 인정하고자 하는 방향성이 설정되었다는 것이다.[5] 이에 따르자면『다이헤이키』는 제1부에서 제3부에 이르기까지 작품 내부의 통일성을 나름대로 갖추었다고 평가할 수 있다. 다만 남북조(南北朝)시대가 실질적으로 마감하는 동안의 역사까지를『다이헤이키』의 본문이 담지 못한 미완의 결말에 관하여는 별도의 논의가 필요할 것으로 보인다.

따라서 필자는『다이헤이키』3부 구성과 주제 및 인물상 등에 관한 문제를 해결할 수 있는 실마리로서『다이헤이키』본문에 나타난 모반의 구조를 고찰해 보고자 한다. 이에 대한 사전 점검으로서『다이헤이키』본문에서 주제와 직접 관련이 있는 언급을 정리하고자 한다. 그리고 제1부에서는 호조(北條) 타도를 향하고 있는 고다이고(後醍醐)천황과 이를 따르는 무가들의 〈모반〉이 어떻게 긍정적으로 전개되고 있는지, 제2부에서는 아시카가 다카우지(足利尊氏)와 닛타 요시사다(新田義貞)의 투쟁 과정에 초점이 맞추어진 남북조(南北朝)의 대립 갈등이 〈관군〉 대 〈조적〉(朝敵)의 싸움으로 어떻게 고착되어 가는지, 제3부에서는 북조(北朝) 측의 끊임없는 내분이 막부 권력에 대한 변절과 하극상으로서 그려짐으로써 어떻게 부정적 〈모반〉으로 전이되어 있는지를 살펴보겠다. 이를 통하여『다이헤이키』작품 내부의 통일성을 3부 구성의 틀 안에서 확인하고자 한다. 아울러 이와 같은 고찰 과정에서『다이헤이키』에 나타난 모반의 구조로서의 특색을 파악할 수 있으리라 여겨진다. 본고의 텍스트는 고활자본을 저본으로 한 대계본(大系本)으로 하였고 본문은 논지의 필요에 따라 필자가 역문하였다.

1. 명분론 대 현실론

『다이헤이키』의 성립 경위에 관하여 이마가와 료슌(今川了俊)이 쓴

『난타이헤이키』(難太平記)에서는 홋쇼지(法勝寺)의 에친(惠鎭)상인(上人)
이 30여 권으로 된『다이헤이키』원본을 지참해 온 것을 당시의 실력자
아시카가 다다요시(足利直義)가 읽어 본 후에 측근인 겐에(玄惠)법인(法
印)에게 개정케 하였다고 전하고 있다. 그러나『다이헤이키』의 현존본
은 권二十七에 다다요시(直義)의 정치적 실각과 겐에(玄惠)의 죽음이 실
려 있으므로 개정된『다이헤이키』원본은 최대한으로 보더라도 권二十
六 이전까지의 내용을 수록하였으리라 추정된다. 또한『다이헤이키』제
2부가 고다이고(後醍醐)천황의 죽음을 다룬 권二十一에서 끝이 나고 권
二十二는 원래 결권이었다는 점 등을 감안하면 이 원본은『다이헤이키』
현존본의 제1부와 제2부의 내용을 위주로 하였으리라고 짐작할 수 있
다. 그런데『난타이헤이키』(難太平記)의 평가대로 에친(惠鎭)이 지참한
『다이헤이키』원본이 남조(南朝)에 치우친 시각의 기사 내용으로 되어
있었다면 그런 내용이 현존본에는 얼마만한 분량으로 남아 있으며 또한
다다요시(直義)·겐에(玄惠)에 의한『다이헤이키』개정본은 얼마나 북조
(北朝)에 치우친 기사로 바뀌어졌을까?

이에 대한 해답을『다이헤이키』로부터 직접 구하기는 어려운 일이지
만 적어도『다이헤이키』제1부와 제2부에서 남조(南朝) 또는 북조(北
朝), 고다이고(後醍醐)천황 또는 아시카가 다카우지(足利尊氏)를 옹호하
고자 하는 의도가 기사화되었을 가능성은 충분하다 하겠다. 이것은 작
품 성립 과정에서부터 작품 해석에 이르기까지『다이헤이키』를 둘러싼
논란의 시작이자 끝이라고도 할 수 있다.

이와 함께『洞院公定日記』1374년 5월 3일자 기록에는『다이헤이키』
작자가 고시마(小島)법사(法師)라는 풍문을 전하고 있고『興福寺年代記』
도 이를 뒷받침하고 있다. 또한 근세(近世) 초기에 집대성된『太平記評
判秘傳理盡抄』에는 여러 명의『다이헤이키』작자가 거론되는 중에 고시

마 다카노리(兒島高德)가 아시카가 다카우지(足利尊氏)·다다요시(直義)의
일대(一代) 악행을 기록하였는데 나중에 실력자 호소카와 요리유키(細川
賴之)가 이를 없앴다고 전하고 있다.[6] 고시마(小島)법사와 고시마 다카
노리(兒島高德)가 동일 인물이라는 주장도 있고, 고시마(小島)법사가 『다
이헤이키』를 구연(口演)하는 창도승(唱導僧)이었으리라는 여러 선행 연
구도 나온 바 있다.[7] 여기서 역시 확인할 수 있는 점은 『다이헤이키』가
제3부도 제1부·제2부의 경우와 마찬가지로 고시마 다카노리(兒島高德)
와 같은 북조(北朝)에 비판적인 작자의 시각이 작품에 제시되고 이를 호
소카와 요리우지(細川賴氏)에 의해 상징되는 북조의 권력이 개정하는데
관여하였을 가능성이다. 그렇게 본다면 『다이헤이키』는 전체에 걸쳐서
고다이고(後醍醐)천황으로 대표되는 남조(南朝)와 아시카가 다카우지(足
利尊氏)→요시아키라(義詮)→요시미쓰(義滿)로 이어지는 무로마치(室町)
막부에 대한 옹호와 반격의 시각이 점철되었을 것이라는 추정 또한 가
능하리라 여겨진다.

이와 관련하여 『다이헤이키』의 주제에 관한 주요 선행 연구를 정리해
보면 다음과 같다. 나가즈미 야스아키(永積安明)는 『다이헤이키』 제1부
가 유교적 정도관(政道觀)에 의해 구상되었고 제2부 이하에서 불교적 인
과관으로써 보완되었으나 제3부에서는 그러한 합리적 이념이 난세의 진
실 속에서 허물어졌다고 보았다.[8] 야마시타 히로아키(山下宏明)는 겐무
(建武)신정(新政)에 대한 비판과 함께 난세를 고발하는 방관의 문체로
이루어진 『다이헤이키』가 패자의 행방을 끝까지 확인하고자 하는 일본
역사군담의 전통적 방법을 취하고 있다고 말하였다.[9] 나카니시 다쓰지
(中西達治)는 『다이헤이키』가 가마쿠라(鎌倉)막부 체제를 이상적으로 여
기는 입장과 당시의 위정자에 대한 사대주의로 일관하고 있다고 지적하
였다. 또한 왕도의 논리와 무가 정권의 확립을 긍정하는 태도에서 상류

무사계급과 지방의 신흥 세력간의 항쟁을 단죄하고 있다고 보았다.[10] 오모리 기타요시(大森北義)는 서(序)의 방법과 불가사의(不可思議)의 방법으로 『다이헤이키』를 설명하였다. 서(序)의 방법이란 서문에서 비롯된 호조 다카토키(北條高時)에 대한 비판과 고다이고(後醍醐)천황에 대한 이중적 평가가 『다이헤이키』 전체를 규제하고 있는데, 제3부에서는 초자연적인 원령·덴구(天狗) 등의 예고·출현에 의해 이를 보완하고 있는 것이 불가사의(不可思議)의 방법이라는 것이다.[11] 효도 히로미(兵藤裕己)는 원평(源平) 교체의 논리 위에서 무로마치(室町)막부의 정사(正史)로 삼고자 하는 데 『다이헤이키』의 성립 동기를 보고 있고 이상적인 무가사회를 규범하는 『헤이케 모노가타리』(平家物語)에 대한 패러디화를 『다이헤이키』의 특징으로 꼽고 있다.[12]

그렇다면 과연 『다이헤이키』 본문에는 주제와 관련된 어떤 기사 내용들이 있을까? 우선 가장 많이 언급되고 있는 『다이헤이키』의 서문은 다음과 같이 시작하고 있다.

> 내 삼가 고금의 변화를 취하여 안위의 유래를 살피건대 덮어서 모자람이 없음은 하늘의 덕이다. 명군은 그것을 體(得)하여 국가를 유지한다. 받들어 버림이 없음은 땅의 도이다. 良臣은 그것을 본받아 사직을 지킨다.[13]
>
> (원문 풀어 쓰기 및 괄호는 필자)

이하 생략된 서문의 나머지 6문(文)은 중국의 선례를 들어 하(夏)의 걸(桀)왕과 은(殷)의 주(紂)왕은 군(君)의 덕이 모자라고 조고(趙高)와 안록산(安祿山)은 신(臣)의 도를 지키지 않아 망하였으니 법(法)과 계(誡)의 교훈을 얻을 일임을 서술하고 있다.

이 서문에 대한 평가로서, 단지 표면적인 세계관에 불과하다는 견해도 있고 작품 전체를 통해 적극적이고 자각화된 역사 인식의 방법으로

보는 견해도 있다. 나아가서 작자의 주체성과 집필 자세의 직접적 표출
이라는 견해와 작자의 정치사상의 중핵을 이룬다고 보는 적극적인 견해
도 있다.[14]

위 서문을 바로 이어서 『다이헤이키』 본문은 고다이고(後醍醐)천황 즉
위시에 호조 다카토키(北條高時)(『다이헤이키』 원문은 平高時)를 등장시켜

> 이 때 위로는 君의 德에 거역하고 아래로는 臣의 禮를 잃음에 사해가
> 크게 어지러워 하루도 편한 날이 없이 봉화가 하늘을 가리고 전쟁의 함성
> 이 땅을 흔들어 지금에 이르기를 40여 년. 一人이 춘추를 다 이루지 못함
> 으로써 만민이 수족을 어디에 둘 지 모른다.[15]
>
> (권一 「後醍醐天皇御治世事 付 武家繁昌事)

하여 호조 다카토키가 난세의 근원임을 밝히고 있다.[16]

바로 뒤에는 3대 쇼군(將軍)의 뒤를 이어 조큐(承久)의 난을 통해 고
토바(後鳥羽)원(院)의 관군을 물리치고 천하를 장악한 호조(北條) 가문이
7대에 이르도록 선정을 베풀어 무가가 날로 번창하였음을 회고한 후에
다시 호조 다카토키(北條高時)의 악행으로 '천지가 명(命)을 새로 바꿀
(혁명의) 위기가 나타났다' 하면서 반면에 고다이고(後醍醐)천황은 성덕
을 베풀어 하늘이 내린 명군(明君)으로 칭송받고 있음을 적고 있다. 이
어서 고다이고(後醍醐)천황의 선정 사례를 열거하고 있다.(권一 「關所停止
事」) 그리고 선정 사례 말미에

> 단지 한스러움은 濟의 桓공이 패도를 행하고 楚人이 활 잃은 옛일에 천
> 황의 마음씀이 사뭇 닮았던 일이런가. 이것은 곧 草創은 一天을 합한다
> 해도 守文은 三載를 넘기지 못하는 때문이라.[17]

고 덧붙여 고다이고(後醍醐)천황의 치세가 호조 다카토키(北條高時)에 의해 일시 중단되었음을 애석해하고 있다.[18]

여기까지를 보면 서문에서 제기하고 있는 명군(明君)・양신(良臣)론이 본문에 들어서자마자 명군(明君)＝고다이고(後醍醐)천황, 양신(良臣)≠호조 다카토키(北條高時)의 형태로 적용되고 있음을 알 수 있다. 다시 말하자면 유교적 군신론으로서의 명분론이 고다이고(後醍醐)천황에게 주어져 있는 반면에 호조 다카토키(北條高時)는 마땅히 타도되어야 할 대상으로 규정지워져 있는 셈이다. 따라서 호조 다카토키(北條高時)를 제거하기 위한 고다이고(後醍醐)천황의 은밀한 기도(권一「中宮御産御祈之事 付 俊基僞籠居事」및「無禮講事 付 玄惠文談事」) 또한 결과와는 상관없이 절대적인 당위성을 확보한 것으로 보인다. 천황의 호조(北條) 타도의 1차 시도라 할 수 있는 〈쇼추(正中)의 변(變)〉은 이와 같은 맥락에서 정당화되고 있는 것이다.

그러나 『다이헤이키』 본문에는 고다이고(後醍醐)천황의 선정과 〈쇼추(正中)의 변(變)〉 사이에 천황이 후궁에 대한 편애 때문에 왕실 내부에 분란을 가져왔음을 알리는 기사가 끼워져 있다.(권一「立后事 付 三位殿御局事」) 고다이고(後醍醐)천황에 주어졌던 명군상(明君像)과 이에 따른 천황 친정(親政)의 명분론과는 사뭇 성격이 달라 고다이고(後醍醐)천황 치세에 대한 부정적 평가를 구하는 서술 태도를 보이고 있다.[19] 후일 호조(北條) 타도에는 일단 성공하지만 〈겐무(建武)의 신정(親政)〉에는 실패하였던 원인 중에는 왕실의 관여에 의한 논공행상의 혼란과 천황 승계의 가능성이 희박한 모리나가(護良)친왕(親王)의 돌출 행동을 들 수 있는데, 그 원인 제공이 고다이고(後醍醐)천황 쪽에 있었다고 해석할 여지를 남기고 있는 것이다.

이와 같이 『다이헤이키』 서문에서 비롯되고 있는 명분론은 군신의 도리를 표방하여, 명군상을 부각시킨 고다이고(後醍醐)천황에게 절대적인 선의 가치를 부여하고 반면에 악행을 일삼는 호조 다카토키(北條高時)에게 절대적인 악의 평가를 내리고 있다. 그러나 여기서 끝나는 것이 아니라 바로 그 뒤를 이어서 고다이고(後醍醐)천황에게도 군주로서의 약점이 없지 않았다는 점을 부언함으로써 긍정론의 절대성을 희석시켜 놓는다. 요컨대『다이헤이키』세계에서 보이는 혼란의 연속은 절대적인 악에 맞설 절대적인 선의 부재에 있다고 말할 수 있거니와 이는 일본 역사군담의 공통적 현상이기도 하다. 나아가서『다이헤이키』의 두드러진 특징 중 하나는 유교적인 명분론이 또 다른 가치 논리로 대체되는 과정을 보이고 있다는 점이다. 그 중 하나가 불교적 인과론이요 또 하나는 작품의 성립과 동기에 내재되어 작품의 곳곳에서 돌출되어 나타나 명분론과 대립되는 양상을 보이는 현실론이다.

『다이헤이키』가 구상하고 있는 불교적 인과론은 예를 들어『헤이케모노가타리』(平家物語)가 그 서문에서 요체를 표방하여 작품 전체에 구현시키고 있는 무상관과는 사뭇 다른 차원에서 전개된다. 제1부 말미에서 호조(北條) 일가가 집단으로 비극적인 최후를 맞이하고 제2부에서 구스노키 마사시게(楠正成), 닛타 요시사다(新田義貞), 고다이고(後醍醐)천황이 차례차례로 파란 많은 생애를 마감할 때도『다이헤이키』는 죽음의 미학을 무상관으로 승화시키려는 의도를 내비치지 않고 있다.[20] 그보다는 그들의 죽음이 초래할 역사적 사실 변화에 더욱 집중된 관심을 보이고 있는 듯이 보인다. 그런 점에서 고다이고(後醍醐)천황 죽음 후 남북조(南北朝)의 항쟁이 한창 진행중인 제3부의 후반부 권三十五에 보이는 소위 〈기타노(北野) 철야(通夜) 이야기〉는『다이헤이키』의 불교적 인과론을 극명하게 드러내 준다는 점에서 관심을 끈다.[21] 〈기타노(北野) 철야(通夜) 이야기〉에서는 은둔자와 유학자와 법사가 등장하여 무가의 세상이 된 원인과 앞으로의 전망을 차례로 이야기한다. 먼저 은둔자는 가마쿠라(鎌倉)막부 시대의 호조(北條)에 의한 싯켄(執權)정치에 대한 동경을 회상한 후에 명군 양신(明君良臣)론에 의거 남조(南朝)에 의한 치세의 기대를 피력한다. 이를 들은 유학자가 중국 고사에 나오는 현군과 충신의 예를 들어 남조(南朝)에 기대할 수 없다고 반박한다. 마지막으로 법사가 인과론을 담은 불교 설화를 장황히 들려준 후에 지금의 난세가 모두 과거 인연에 의한 것이라고 끝을 맺자 세 사람은 껄껄 웃으면서 홀연히 사라지는 것으로 되어 있다.[22]

　여기서 주목하고자 하는 점은 우선 명분론에 의거해서 남조(南朝) 기대론이 제기되지만 그것이 반박을 받고 마치 불교적 인과론이 결론인 것처럼 되어 있는 외형의 모습이다. 이는 서문에서 제기되었던 명분론이 제3부에 이르는 동안에 유일한 논리로써 텍스트 전체를 규제할 구속력을 상실하게 되었음을 나타낸다고 할 수 있고, 또한 주제 의식이 명분론에서 인과론으로 대체되었음을 『다이헤이키』 텍스트 내부에서 세 사람의 토론 과정으로 형상화했다고도 볼 수 있다.

　다음으로 주목하고자 하는 점은 이 불교적 인과론이 의미하는 내용이다. 명분론의 경우에는 명군·충신에 대한 절대적 가치를 인정하였기 때문에 다소 미흡하더라도 고다이고(後醍醐)천황 또는 남조(南朝)에 대하여 긍정적 평가를 내릴 수 있었다. 그러나 불교적 인과론은 전생에서의 인연이 불가지하기 때문에 난세의 현실을 그대로 수긍하거나 열세에 놓인 남조(南朝)의 전생에서의 악업을 유추할 뿐으로 특히 무로마치(室町)막부 또는 북조(北朝)에 대한 가치 판단은 유보될 수밖에 없다. 오히려 명분론이 불교적 인과론으로 대체됨으로써 북조(北朝)의 현실적 힘의 우위를 인정하는 결과를 낳았다고 할 수 있다. 그렇다면 세 사람의 토론은 의도적이든 그렇지 않든 다분히 북조(北朝) 측의 현실 지배 현상을 정당화하는데 기여했다고 판단할 수 있다. 따라서 〈기타노(北野) 철야 (通夜) 이야기〉에서 세 사람은 껄껄 웃고 떠나고 이 광경을 지켜본 라이 이(賴意)라는 중은 막연한 낙관론을 품고 돌아가는 것으로 마감하고 있 는 것이다.

이와 같은 『다이헤이키』의 정세 판단은 명분보다는 현실에 보다 큰 비중을 두는 듯이 보이는 등장인물의 언행을 통해서도 나타난다. 그리 고 그들에 의해 제기되는 현실론은 불교적 인과론의 범주와는 상관없이 서문에서 비롯된 명분론과 대립하여 줄곧 우위를 점하는 특색을 보이고 있다. 그리고 그 특색은 제1부에서 제2부에 이르는 동안에 더욱 강화되 는 경향을 보이고 있다.

제1부에 보이는 명분론과 현실론의 대립은 고다이고(後醍醐) 천황에 의한 호조(北條) 타도의 2차 시도라 할 수 있는 〈겐코(元弘)의 변(變)〉을 대처하는 과정에서 도온(道蘊)과 나가사키 다카스케(長崎高資)의 논쟁을 통해서도 나타난다.(권二「長崎新左衛門慰意見事 付 阿新殿事」) 도온(道蘊) 은 명분론의 연장선 위에서 '군(君)이 비록 군(君)답지 않더라도 신(臣) 되는 자 신(臣)답지 않으면 안된다'면서 유화책을 펼 것을 건의한다.[23] 이에 대하여 나가사키 다카스케(長崎高資)는 '군(君)이 신(臣) 보기를 초 개와 같을진대 신(臣)이 군(君) 보기를 원수와 같이 한다'면서 속히 강경 한 조처를 취할 것을 건의한다. 이에 호조 다카토키(北條高時)는 나가사 키 다카스케(長崎高資)의 강경책을 받아들여 고다이고(後醍醐) 천황을 폐 위하고 유배 보낼 것을 결정하고 이를 실행에 옮긴다. 나중에 그 화가 결국 자신에 돌아와 호조 다카토키(北條高時) 이하 가마쿠라(鎌倉) 막부는 망하고 말지만 논쟁 당시의 상황에서는 명목상의 군주를 받드는 명분론 보다는 실질적 힘의 우위를 바탕으로 막부의 주도권을 내세운 현실론이 당면한 사건의 추이를 결정짓고 있다고 볼 수 있다. 다만 이 상황에서

의 현실 판단이 과연 정확하였는가 하는 판단은 별개의 문제로 파악되어야 할 것이다.

　제2부에서는 고다이고(後醍醐)천황에 의한 〈겐무(建武)의 신정(新政)〉이 난맥상을 보이고 있을 때 진귀한 명마가 진상된 일을 두고 모든 신하가 이를 길조라고 축하해 마지 않는 중에 마데노코지 후지후사(萬里小路藤房)가 혼자 나서 〈겐무(建武)의 신정(新政)〉의 잘못으로 무사들의 불만이 고조되어 대란이 일어날 흉조이니 속히 인정(仁政)을 펼칠 것을 간언한다.(권十三「龍馬進奏事」) 고다이고(後醍醐)천황으로 하여금 명군(明君)으로 복귀할 것을 요청하고 있는 후지후사(藤房)의 충언은 서문 이하 제1부에서 주로 고다이고 천황을 위해 초점이 맞추어졌던 명분론이 제2부에 들어서 변화를 보이고 있음을 의미한다. 이후 수 차례에 걸친 후지후사(藤房)의 거듭된 간언이 끝내 받아들여지지 않고 후지후사는 결국 출가의 길로 들어서게 되는데 이는 곧 서문에서 제기되었던 명군(明君)과 충신의 부재를 의미하게 되는 것이다. 그 후로도 줄곧 고다이고(後醍醐)천황 편에서 아시카가 다카우지(足利尊氏)군과 맞서 싸웠던 닛타 요시사다(新田義貞)와 구스노키 마사시게(楠正成)와 같은 존재는 후지후사(藤房)의 부재가 의미하는 바와는 성격을 달리한다고 보아야 할 것이다. 왜냐하면 닛타 요시사다(新田義貞)는 아시카가 다카우지(足利尊氏)와의 주도권 싸움에 휘말리고 구스노키 마사시게(楠正成)는 자신의 능력 한계를 미리 설정하여 수세적 입장을 벗어나지 못한 무장이기 때문이다. 또한 수 차례의 공방 끝에 아시카가(足利)군에 밀려 요시노(吉野)에 들어가 남조(南朝)를 열 수밖에 없었던 고다이고(後醍醐)천황에게서 왕실의 정통성을 부인할 수는 없다 하더라도 명분론으로서의 정당성은 상당 부분 희석되고 말았다는 점을 제1부와 다른 제2부의 변화로 평가할 수 있는 것이다.

고다이고(後醍醐)천황의 죽음 후 제3부에서는 주로 북조(北朝) 내부의 권력 분산과 재편성 과정이 관심의 초점이 되고 있는데 그 과정에서 명분론은 거의 자취를 감추고 현실론에 입각한 인물상과 사건의 추이가 다루어진다는 점에서 뚜렷한 변화를 보이고 있다. 예를 들어 권二十四에서는 덴류지(天龍寺) 건립을 둘러싸고 산문(山門)과 선문(禪門)이 크게 대립하는 중에 니조 요시모토(二條良基)가 이 일을 무가에 위임할 것을 건의하여 사건이 수습된다.(「依山門嗷訴公卿僉議事」) 당시의 실권이 무가에 있고 무가의 결정에 따르지 않을 수 없는 현실 상황을 그대로 반영하고 있는 북조(北朝)의 현실론자들의 모습을 보여주고 있다. 또한 권二十五에는 진상된 보검의 진위 여부를 놓고 당시의 실력자 아시카가 다다요시(足利直義)가 꾼 꿈의 계시를 근거로 보검으로 채택하였다가 꿈이 사실 여부를 가리는 근거가 될 수 없다는 주장이 제기되어 다시·번복되는 일이 일어난다.(「自伊勢進寶劍事 付 黃梁夢事」) 신탁(神託)이나 몽상(夢想)이 그 예언력으로서 상당한 현실적 위력을 발휘하고 있던 『다이헤이키』 당시의 인물들로서는 파격적으로 보이는 현실론적인 해석이라 할 수 있다. 더구나 아시카가 다다요시(足利直義)라는 막강한 실력자가 꾼 꿈의 신빙성을 인정하지 않았다는 점에서 북조(北朝)의 시각이 얼마나 철저한 현실론에 입각하고 있는지를 보여주는 한 단면으로 여겨진다.[24]

이밖에도 권二十七에는 운케이(雲景)라는 수도승이 계시를 받아 적었다는 미래기에 관한 이야기가 나온다.(「雲景未來記事」) 이 미래기에 의하면 고다이고(後醍醐)천황은 어느 정도 현왕의 정치를 행했지만 인덕(仁德)이 없어서 호조 다카토키(北條高時)만 못한 아시카가(足利)에게 세상을 빼앗겼고, 쇼군(將軍) 형제가 군주를 가벼이 여기니 집사(執事) 이하 가인(家人)들 또한 무장(武將)을 가벼이 여기는 것이 인과의 도리라면서 이제 하극상의 세상이 되었으니 부자 형제가 서로 원수가 되어 조

용한 날이 없으리라는 것이다. 이 미래기가 『다이헤이키』에서 구속력을
갖는 사건 전개의 범위는 우선적으로 〈간오(觀應)의 요란(擾亂)〉으로 일
컬어지는 아시카가 다다요시(足利直義)와 고노 모로나오(高師直)와의 충
돌 및 아시카가 다카우지(足利尊氏)와 다다요시(直義) 형제의 불화에 있
다. 그러나 이미 고인이 된 고다이고(後醍醐) 천황의 명군상(明君像)을 일
부만 인정하면서 불교적 인과론이 아닌 현세의 인과론으로써 하극상의
난세를 진단하고 있다는 점에서 미래기는 단순한 미래의 예측에만 몰두
하고 있지는 않은 것으로 보인다. 현실에 대한 정세 판단에 입각한 미
래에의 예측이 미래기라는 〈불가사의의 방법〉(오모리 기타요시〈大森北義〉의
용어)으로 시도되고 있고 거기에는 제3부에서 공통적으로 보이는 북조
(北朝)에 대한 관심의 우세라는 현실론자의 시각이 담겨져 있는 것이다.
  마지막으로 권三十九의 권두에는 말세에 이르러 인의(仁義)를 모르는
무사들을 비난하는 글을 싣고 있는 바

> 우선 활 화살을 갖는 자 (무사)라면 죽음으로써 옳은 길을 지키고 이름
> 을 義를 위해 잃지 않을 생각을 해야 하거늘 사사로이 욕심을 품고 있으니
> 아군이 되는 것도 빠르고 다소라도 원한이 있으면 적이 되는 것도 쉽다.
> 그러니 지금 누구를 변치 않을 아군으로 믿을 수 있겠는가. 변하기 쉬운
> 마음은 대붕의 터럭보다 가볍고 꺾이지 않는 뜻은 기린의 뿔보다 귀하다.
> 변변치 않은 소인들 중에 어쩌다 한 번도 마음을 뒤집지 않는 사람이 한두
> 명 있더라도 그들도 만약 봉록을 주고 이익을 붙여 불러내는 쪽이 있으면
> 하루도 발길을 머물지 않는다. 마치 오십 보에 멈춘 자가 백 보 달리기를
> 비웃는 것과 같다.[25]   (「大內介降參事」)

고 한다. 이것은 물론 정세 판단에 따라 쉽게 변절을 일삼는 당시 무사
들의 일반적 행태를 비난하고 있는 것으로 보이지만 그 중에서도 특히

북조(北朝)에 속한 무사들이 사욕에 의해 차례차례로 북조에 등을 돌렸던 사례들에 초점이 맞추어져 있음은 분명하다. 왜냐하면 제3부도 막바지에 다다른 권三十九를 전후해서 북조(北朝)에 변절했던 무장(武將)들이 대부분 전사하거나 투항해 와서 북조 내부의 분란이 수습되는 단계에 이르렀기 때문이다. 이제 와서 북조(北朝)에 변절한 무장(武將)들에 의해 남북조(南北朝)의 우열이 바뀔 염려도 없거니와 그들에 대한 비난에는 바로 북조(北朝) 정권에 대한 옹호의 의도가 담겨지게 되는 것이다. 따라서 현실적 판단에 따른 것처럼 보이지만 기실은 무로마치(室町) 막부가 변절한 무장들에 의한 내분을 딛고 정권 재편성에 성공하였음을 알리고자 하는 보다 근원적인 제3부 작자의 현실론이 깊숙이 자리잡고 있는 것이다. 다시 말해서 지금까지 제3부에서 보여왔던 현실론은 무로마치(室町)막부 성립에 대한 정당성을 인정하고자 하는 의도로 준비되어져 있고 이는 제1부에서 비롯된 명분론과 대립하여 종국에는 그것을 극복할 수 있는 가능성을 상정하고 있다. 『다이헤이키』 제3부가 아시카가(足利) 3대 쇼군(將軍) 요시미쓰(義滿)와 집사(執事) 호소카와 요리유키(細川賴之)의 보임으로 마감하고 있는 미완의 결말의 의미 또한 그 희망을 담보하고 있는 것이다.

2. 천황의 모반과 타도 호조(北條) : 제1부(권一~十一)

『다이헤이키』 본문을 통해 54례가 있는 〈모반〉의 용례는 제1부에 해당하는 권一부터 권十一에 걸쳐 24례를 보이고 있다. 반면에 제2부에 해당하는 권十二부터 권二十一에서는 4례에 불과하고 다시 제3부에 해당하는 권二十二부터 권四十에 걸쳐 26례를 보이고 있다. 이와 같은 제1부와 제3부에서 나타나고 있는 〈모반〉의 용례의 집중 현상은 무엇을

말하고 있는가? 그리고 제2부의 상대적인 격감은 무엇 때문일까? 또한
제2부의 간격을 두고 사용된 제1부와 제3부에서의 〈모반〉은 어떠한 변
화를 보이고 있는가?『다이헤이키』에서의 3부 구성은 〈모반〉의 용례와
구조 변화를 통하여 그 특색을 파악할 좋은 기회를 제공하고 있다.

　제1부에서 특히 권一은 고다이고(後醍醐) 천황에 의해 일어난 타도 호
조(北條)의 1차 시도인 〈쇼추(正中)의 변(變)〉을 다루고 있는 바 〈모반〉
의 용례가 10례나 있어 높은 집중도를 보이고 있다. 우선 고다이고(後
醍醐) 천황이 중궁(中宮)의 안산(安産)을 구실로 실제로는 '관동 조복'(關東
調伏 : 관동에 있는 적을 굴복시킴)을 비는 법회를 개최하면서 암암리에 호
조(北條)를 타도할 측신들을 규합한다. 이를 따르는 히노노 도시모토(日
野俊基)라는 신하가 '모반'의 계략을 실행에 옮기기 위해 조정에서 행방
을 감추는 꾀를 내어 전국을 순회하며 준비에 착수한다. (권一「中宮御産
御祈之事 付 俊基僞籠居事」)26)『다이헤이키』에서 보이는 〈모반〉의 첫 용례
는 이와 같이 고다이고(後醍醐) 천황의 기획→도시모토(俊基)의 착수 단
계에 나타남으로써 천황의 〈모반〉이라는 역사의 아이러니를 성공의 불
가능성을 예측하면서 최초의 사건으로 기록하고 있다.27)

　아울러 〈모반〉의 발화자가 누구인가 하는 점에 주목하자면 〈모반〉의
근본적인 주체자라 할 수 있는 고다이고(後醍醐) 천황 스스로는 자신의
행위를 〈모반〉이라 지칭하지 않고 있으며 이 태도는『다이헤이키』전체
를 통해 견지되고 있다. 그렇기는 하지만 천황 편에 서서 실제로 준비
에 착수하고 있는 도시모토(俊基)의 행위를 가리켜 '모반'이라고 텍스트
내부에서 처음으로 발화하고 있는 사람은 바로 도시모토 본인이라 볼
수도 있고 도시모토의 생각을 자신의 말과 동일화하여 전달하고 있는
텍스트 내부의 화자라 볼 수도 있다. 도시모토(俊基) 본인의 발화로 볼
경우에 〈모반〉의 의미는 당시에 실권이 호조(北條)의 가마쿠라(鎌倉) 막

부 측에 있음을 인정하는 위에 이에 대한 고다이고(後醍醐)천황의 도발 행위를 스스로 위험시하고 있는 시각의 반영으로 해석할 수 있다. 또한 내부화자의 발화로 볼 경우에는 여기에 〈모반〉 행위 자체에 대한 부정 적인 시각이 더해져 있는 것으로 해석할 수 있다. 왜냐하면 비록 고다 이고(後醍醐)천황의 〈모반〉에 상당한 명분이 주어져 있다고는 하지만 그 성공 여부는 대단히 불투명한 것으로 보고 있는 것이 초기 단계에서의 『다이헤이키』화자의 어조이기 때문이다. 따라서 『다이헤이키』에 보이 는 〈모반〉의 첫 용례는 가마쿠라(鎌倉)막부가 갖춘 힘의 위세와 이에 대 한 고다이고(後醍醐)천황의 무모해 보이는 시도의 실천을 대조해 드러내 는 의미를 담고 있다고 볼 수 있는 것이다.[28]

이에 이어서 겐에(玄惠)법인(法印)의 강의를 구실로 고다이고(後醍醐) 천황과 그 측신들이 갖는 모임을 '모반'의 기도라고 재차 규정함으로써 『다이헤이키』의 화자는 〈모반〉의 성립을 기정사실화하고 있다.(권一「無 禮講事 付 玄惠文談事」)[29] 그리고 바로 다음 단에 '모반인'의 한 사람인 도 키 요리카즈(土岐賴員)라는 인물이 소개되고 그는

> 내가 뜻밖에 칙명을 받자와 주상의 부름을 받았으니 감히 사양할 도리가
> 없고 **御謀叛**에 가담한 이상 천에 하나라도 목숨을 부지키 어렵다.[30]
>   (권一「賴員回忠事」진한 글자는 필자)

고 하여 천황의 '어모반'(御謀叛)을 자기 아내에게 밝히자, 그 아내는 '군 (君)의 어모반'이 여의치 않으면 남편 목숨이 달아날 것을 염려하여 호 조(北條)의 로쿠하라(六波羅) 단다이(探題) 밑에서 일하는 친정 아비에게 밀고하는 것으로 되어 있다. 도키 요리카즈(土岐賴員)와 그의 아내의 발 화를 통하여 이제 〈모반〉도 단순한 〈모반〉이 아니라 고다이고(後醍醐)천

황의 '어모반'(御謀叛)이라는 중대 사건으로 비화하는 것이다. 동시에 천황의 〈모반〉 사건이 가담자와 밀고자의 발화로부터 상대편 호조(北條) 측의 발화로 전달되는 과정을 보여주는 장면으로도 보여진다.[31]

〈모반〉을 당하는 입장에 있는 호조(北條) 측에서 볼 때, 〈모반〉을 〈모반〉으로 규정하는 일은 논리로 보나 그 대처 방법에 있어서나 그렇게 간단한 일이 아닐 것임이 분명하다. 그런 점에서 밀고를 받은 호조(北條) 로쿠하라(六波羅) 측이 지방의 죄인을 붙잡는다는 구실로 장안의 무사를 소집하여 '모반'의 무리를 놓치지 않을 계책을 쓰고 있음은 나름의 타당성을 확보하기 위한 반응으로 보인다. 〈모반〉에 대한 대처는 그만큼 신중할 수밖에 없는 것이다.

이에 반하여 〈모반〉이 발각되어 로쿠하라(六波羅) 군사에 기습을 당하는 중에 오가사와라 마고로쿠(小笠原孫六)라는 무사는 '(천황의) 어모반'(御謀叛)이 이미 알려지고 말았다고 모시고 있는 다지미(多治見)에게 보고하고 있는 힘껏 맞서 싸운 후에 "일본 제일의 강자(剛者)가 **모반**에 가담하여 자해(自害)하는 모습을 보아 두었다가 다른 사람들에게 말하라"고 외치고 장렬한 죽음을 맞는다. (권一 同)천황이 연루되었으니 내부적으로는 '어모반(御謀叛)'이라 하면서 상대방에게는 일단 발각된 이상 〈모반〉을 드러내놓고 '모반'이라고 하고 있는 마고로쿠(孫六)의 발화에서 그의 굽히지 않는 무사로서의 용기와 함께 '모반'과 '어모반'(御謀叛)을 정확히 가려서 구사하고 있는 용어 사용의 분별력을 감지할 수 있다. 또한 명분 있는 〈모반〉에 가담한 입장에서는 그만큼 당당한 자세를 취할 수 있음을 마고로쿠(孫六)의 언행이 보여주고 있다.

도키 요리카즈(土岐賴員)와 다지미 구니나가(多治見國長)가 처형된 후에 '군(君)의 어모반(御謀叛)'이 차차로 알려짐에 따라[32] 호조(北條) 측은 히노노 스케토모(日野資朝)와 도시모토(俊基)를 관동(關東)에 연행하고 두 사람은 스스로 '모반'의 장본인이라 여겨 죽을 작정을 하고 있을 때 고다이고(後醍醐)천황이 유례가 없는 '고문'(告文)을 호조 다카토키(北條高時)에 보내고 이를 읽던 신하가 피를 토하며 죽는 이변이 일어나 도시모토(俊基)는 사면을 받고 스케토모(資朝)는 유배를 당하는 것으로 일단 〈쇼추(正中)의 변(變)〉은 마감된다.(권一「資朝俊基關東下向事 付 御告文事」) 스케토모(資朝)와 도시모토(俊基)로부터 천황의 〈모반〉을 자백받지 못했으니 더 이상 일을 확대하지 않겠다고 하는 호조(北條) 측의 입장이 드러나 있기도 하거니와 고다이고(後醍醐)천황의 '고문'(告文)의 내용을 『다이헤이키』가 밝히고 있지는 않지만 적어도 천황이 자신의 〈모반〉을 시인하지 않았으리라는 점만은 분명하다 하겠다.

　몇 년 지나지 않아 고다이고(後醍醐)천황이 도다이지(東大寺)·고후쿠지(興福寺)·엔랴쿠지(延曆寺)에 참배하면서 승병의 도움을 얻어 동이(東夷) 정벌을 위한 '어모반'(御謀叛)을 도모한다는 소문이 들린다.(권二「南都北嶺行幸事」) 이에 크게 노한 호조 다카토키(北條高時)는 몬칸(文觀)승정(僧正) 등을 고문하여 자백을 받은 후 〈쇼추(正中)의 변(變)〉 때 사면한 도시모토(俊基)를 다시 잡아들인다. 한편 금왕(今王)의 '어모반'(御謀叛)이 발각된 후 왕위 계승을 노리는 지묘인(持明院)계에서는 관동(關東)에 사신을 보내 금왕(今王)의 '어모반'(御謀叛)의 진상을 속히 규명할 것을 재촉한다.(권二「長崎新左衛門慰意見事 付 阿新殿事」) 이미 소문을 들었을 때 고다이고(後醍醐)천황을 유배보낼 작정을 하고 있던 호조 다카토키(北條高時)로서는 더할 나위 없이 좋은 구실을 얻게 되었다고 볼 수 있다. 그리하여 호조(北條)의 신하들에게 토의를 부치자 유교적 명분론을 내세우는 도온(道蘊)이 "**어모반(御謀叛)**의 일은 군(君)이 비록 마음먹으셨더라도 무위(武威)가 한창인 동안에는 이에 따를 자 있을 리 없다"면서 유화책을 내놓지만 나가사키 다카스케(長崎高資)의 현실론에 입

각한 강경책에 밀려 '군(君)의 어모반(御謀叛)'을 밑에서 권고한 도시모
토(俊基)・스케아키라(資明) 등을 죽음에 처하기로 결정이 난다.(권二 同)
그 결과 연행돼 있던 도시모토(俊基)는 '모반'의 장본인이라 하여 가마쿠
라(鎌倉)에서 처형되고(권二「俊基誅せらるる事 幷 助光事」) 고다이고(後醍
醐)천황은 가사기산(笠置山)에 피신하여 아들 모리나가(護良)친왕(親王)
과 함께 무력으로써 호조(北條)군에 직접 대항하기에 이른다. 고다이고
(後醍醐)천황에 의한 타도 호조(北條)의 2차 시도가 〈겐코(元弘)의 난〉으
로 이어지는 것이다.

　호조(北條)군과 대항 중에 고다이고(後醍醐)천황은 구스노키 마사시게
(楠正成)를 꿈의 계시로 불러들이게 되지만 오래 버티지 못하고 고다이
고천황은 붙잡혀 폐위당하고 거병한 구스노키 마사시게도 아카사카성
(赤坂城)을 함락당한다. 그 와중에서 천황 편에 가담 후 일족이 불타 죽
는 사쿠라야마(櫻山)의 비참한 죽음의 동기가 '모반'에 참여함으로써 중
창 불사(佛寺)의 소원을 이룩하기 위함이었다는 화자의 비평문에는 고다
이고(後醍醐)천황의 타도 호조(北條)라는 거창한 시도와는 거리가 먼 하
급 무사의 개인적 사정이 설명되어 있기는 하지만 이와 함께 고다이고
천황이 직접 참여한 호조에 대한 무력 행위를 역시 〈모반〉으로 발화하
고 있는 화자의 존재를 확인할 수 있다.

　천황 편에 섰다가 가사기산(笠置山)에서 붙잡힌 신하들을 심문하면서
로쿠하라(六波羅)단다이(探題)인 호조 나카토키(北條仲時)는 '천하의 군주
도 감당치 못한 **어모반(御謀叛)**을 너희 따위가 마음먹은 일이 두렵고
경망스럽다'면서 실토할 것을 추궁한다.(권四「笠置囚人死罪流刑事 付 藤房
卿事」) 이제 고다이고(後醍醐)천황은 붙잡혀 폐위되고 새 천황(고곤〈光嚴〉
천황)이 등극한 마당이니 〈겐코(元弘)의 난〉은 이미 진정된 것으로 보고
있는 나카토키(仲時)의 호언은 곧 호조(北條) 측의 판단을 그대로 드러

내고 있다고 보여진다. 그러한 판단의 연장선 위에서 고다이고(後醍醐) 천황의 오키(隱岐)섬 유배는 행해지고 있었다.[33]

그러나 실제 상황은 여기서 멈추지 않고 모리나가(護良)친왕(親王)이 암약하면서 반(反)호조(北條) 세력을 규합해가고 구스노키 마사시게(楠正成)가 재차 군대를 일으켜 로쿠하라(六波羅)를 위협하니 막부측에서는 군대를 출병시켜 이를 제어하려 하지만 구스노키 마사시게가 뛰어난 용병술로 끈질긴 농성을 이끌어간다. 그러는 동안에 호조(北條)막부의 약점을 간파한 기내(畿內)와 서국(西國) 및 시코쿠(四國)의 무사들이 속속 천황 편에 가담하기에 이른다. 바로 이 때 오키(隱岐)섬에서는 유배당한 고다이고(後醍醐)천황을 감시하던 사사키 요시쓰나(佐佐木義綱)가 '이 군주를 받들어 모반을 일으켜야겠다'는 변심을 일으킨다.(권七「先帝船上臨行事」) 이는 지금까지 천황 편에 의해 타도 호조(北條)를 겨냥하고 있던 〈모반〉 행위가 마침내 호조 측의 인물에게 전이되고 있는 대목이다. 또한 대세가 이미 천황 쪽으로 기울었음을 나타내는 바로미터라고도 할 수 있는 〈모반〉의 발화이다. 그의 권유를 받은 고다이고(後醍醐)천황은 위기를 뚫고 오키(隱岐)섬 탈출에 성공하게 되니 이후 상황은 급변하여 호조(北條)는 속수무책의 몰락의 내리막길로 빠져들기에 이른다.

수도 교토(京都)를 둘러싼 수 차례의 공방 끝에 결국 패하여 사방의 천황 군대에 쫓기게 되는 로쿠하라(六波羅)단다이(探題) 호조 나카토키(北條仲時)에게 그의 부하 가스야노 무네아키(糟谷宗秋)가 대책을 건의하는 중에 도키(土岐) 일족은 애초에 '모반'의 장본인이니 시세에 편승하여 우리를 통과시키지 않을 것이라는 등의 말을 한다.(권九「越後守仲時已下自害事」) 그리고 믿었던 우군이 항복하여 더 이상 버티지 못하게 되자 나카토키(仲時)는 할복하고 무네아키(宗秋)는 순사(殉死)하고 이를 따라 나머지 수백 명의 병사들 역시 동시에 스스로 목숨을 끊는다. 불과 일

이년 전까지만 해도 천황의 〈모반〉을 비웃었던 호조 나카토키(北條仲時)
등이 바로 그 〈모반〉에 가담한 세력들에 의해 퇴로조차 막혀 비참한 최
후를 맞이함으로써 타도 호조의 기치를 내걸었던 고다이고(後醍醐)천황
의 〈모반〉이 로쿠하라(六波羅)단다이(探題)의 죽음으로 절반의 성공을
이루고 있는 대목이다. 그러나 죽음을 눈앞에 두고서도 〈모반〉의 장본
인 운운하고 있는 호조 나카토키(北條仲時) 등의 발화를 통해 여전히 호
조(北條)막부의 건재함을 상정하고 있는 그들의 기존 인식과 상황 판단
을 엿볼 수 있다.

 타도 호조(北條)의 나머지 절반의 성공은 고다이고(後醍醐)천황의 〈모
반〉에 추가로 가담한 호조 측 유력 무가들의 또 다른 〈모반〉에 의해 이
루어지고 있다는 점이 『다이헤이키』 제1부의 특징적인 사항이다. 로쿠
하라(六波羅) 세력의 몰살에 바로 이어지는 가마쿠라(鎌倉)막부의 갑작
스런 몰락은 바로 호조 다카토키(北條高時)에 반기를 든 아시카가 다카
우지(足利尊氏)와 닛타 요시사다(新田義貞)에 의해 결정적인 것이 되고
마는데 『다이헤이키』에서는 아시카가(足利)와 닛타(新田)로 대표되는 미
나모토(源) 가문이 호조(北條)가 계승하고 있는 다이라(平) 가문을 대체
하는 것으로 사태의 큰 줄거리를 파악하고 있다. 그리고 그 과정에서
아시카가 다카우지(足利尊氏)와 닛타 요시사다(新田義貞)에 의해 이루어
지는 호조 다카토키(北條高時)에 대한 도발 행위를 〈반역〉과 〈모반〉으로
지칭하고 있다.

 아시카가 다카우지(足利尊氏)의 첫 등장은 고다이고(後醍醐)천황의 오
키(隱岐)섬 탈출 이후 교토(京都)가 포위되었다는 소식에 접한 호조 다
카토키(北條高時)가 구원군을 소집하는 장면에서 이루어진다. 그러나 다
카우지(尊氏)는 병을 이유로 응하지 않고 이에 다카토키(高時)가 거듭
재촉하니 다카우지는 마음 속으로 겐지(源氏) 가문의 후예가 헤이케(平

家)의 휘하에 머물러 있음을 한탄하며 일가를 모두 데리고 상경하여 고다이고(後醍醐)천황 편에 가담할 '반역'을 결심한다.(권九「足利殿御上洛事」) 식솔을 동반한 다카우지(尊氏)의 행동을 수상히 여긴 다카토키(高時)는 다카우지의 아들을 인질로 삼고 서약문을 쓰게 한다. 호조(北條) 측으로서는 다카우지(尊氏)의 〈반역〉에 대한 제동장치를 나름으로는 확보하였다 할 수 있고 반면에 다카우지는 이에 대한 대비책을 아우 다다요시(直義)와 검토한 후에 〈반역〉의 결심을 실행으로 더욱 구체화한다.

이후 교토(京都)에 상경한 다카우지(尊氏)는 고다이고(後醍醐)천황에게 밀사를 파견하여 〈조적〉(朝敵)을 토벌하라는 칙서를 하사받은 후 전쟁의 와중에 이탈하여 천황편에 가담한다.[34] 이로 말미암아 천황의 군대와 교토(京都)를 지키던 로쿠하라(六波羅) 군대 사이에 갑자기 세력 불균형이 생기게 되어 호조 나카토키(北條仲時) 이하의 몰살로 이어지게 된다. 따라서 아시카가 다카우지(足利尊氏)의 〈반역〉은 곧 고다이고(後醍醐)천황의 〈모반〉이 시도하고 있던 타도 호조(北條)를 결정적으로 가능케 하였던 것이다. 그런 점에서 볼 때 아시카가 다카우지(足利尊氏)의 〈반역〉은 고다이고(後醍醐)천황의 〈모반〉과 궁극적인 당면 목표를 같이 하고 있다. 그렇지만 아시카가 다카우지(足利尊氏)의 〈반역〉은 호조(北條)에 속했던 인물의 변절이라는 점과 아시카가 다카우지의 호조 다카토키(北條高時)에 대한 하극상의 행위라는 점에서 고다이고(後醍醐)천황의 〈모반〉과는 구별된다. 그리고 〈반역〉이라는 다카우지(尊氏) 스스로에게도 부정적인 출발시의 약점은 고다이고(後醍醐)천황이 내린 칙서에 의해 공식적으로 사면을 받았다고 볼 수 있다. 고다이고(後醍醐)천황의 〈모반〉은 아시카가 다카우지(足利尊氏)의 〈반역〉에 의해 타도 호조(北條)를 성공시킬 힘을 얻고, 아시카가 다카우지의 〈반역〉은 고다이고 천황의 〈모반〉에 가담함으로써 나름의 명분과 정치적 입지를 보장받게 되었던 것이다.

닛타 요시사다(新田義貞)의 경우는 아시카가 다카우지(足利尊氏)보다 앞서서 이미 구스노키 마사시게(楠正成)가 다시 군대를 일으켰을 때 원군으로 파견되었으나 겐지(源氏) 가문을 부흥시킬 생각으로 당시 호조(北條)에 대항해 암약하던 모리나가(護良) 친왕(親王)에게 밀사를 보내 관동(關東) 정벌의 칙서를 하사받은 후 칭병하여 본국에 회군해 있었다. 그런 차에 로쿠하라(六波羅)가 함락되자 '모반'의 계략을 추진하고 있던 요시사다(義貞)는 아우 요시스케(義助)와 일족의 동의를 얻어 거병한다. (권十「新田義貞謀叛事 付 天狗越後勢を催す事」) 그리고 파죽지세로 가마쿠라(鎌倉)에 진격해 들어가서 결국 다카토키(高時) 이하 호조(北條)막부를 멸망케 한다. 이로써 고다이고(後醍醐)천황의 〈모반〉은 일단 성공을 마무리짓는 것이다.

아시카가 다카우지(足利尊氏)의 〈반역〉과 달리 닛타 요시사다(新田義貞)의 호조(北條)막부에 대한 도발 행위가 〈모반〉으로 되어 있는 이유는 모리나가(護良) 친왕(親王)의 칙서가 닛타 요시사다의 거병에 앞섰던 때문으로 설명할 수 있다. 또한 아시카가 다카우지(足利尊氏)의 〈반역〉이 인질과 서약문의 보장 장치를 파기하면서 이루어진 것임에 반하여 닛타 요시사다(新田義貞)의 〈모반〉은 호조 다카토키(北條高時)가 보낸 사신의 목을 베는 등 보다 분명한 태도로 행동에 돌입하고 있다는 점에서도 비교가 가능하다. 아울러 닛타 요시사다(新田義貞)의 〈모반〉 쪽이 아시카가 다카우지(足利尊氏)의 〈반역〉보다 구체적 행동은 늦게 일어났지만 고다이고(後醍醐)천황의 〈모반〉과의 연계가 먼저 이루어져 있었다는 점, 닛타 요시사다는 모리나가(護良) 친왕(親王)으로부터 그리고 아시카가 다카우지는 고다이고 천황으로부터 각각 칙서를 하사받은 점, 닛타 요시사다는 가마쿠라(鎌倉)막부의 본거지를 함락하였고 아시카가 다카우지는 천황군과 연합하여 교토(京都)의 로쿠하라(六波羅)를 패망케 한 점,

닛타 가문이 겐지(源氏)의 적통이고 아시카가는 겐지 대대의 일족으로 되어 있지만 가마쿠라막부 당시 닛타 요시사다의 지위가 아시카가 다카우지보다 낮은 것으로 보이는 점 등이 고다이고 천황의 〈모반〉 성공 이후의 사태 전개에 변수로 작용하고 있음을 간과할 수 없을 듯하다.

고다이고(後醍醐) 천황의 〈모반〉에 가담하는 호조(北條) 측의 〈모반〉은 여기서 끝나지 않고 닛타 요시사다(新田義貞)에 의한 가마쿠라(鎌倉) 함락 이후에도 나머지 지역에서 이루어짐으로써 『다이헤이키』 제1부는 막을 내린다. 호조(北條)의 잔당세력으로 남은 규슈(九州) 단다이(探題)에 대한 쇼니(小貳)·오토모(大友)·기쿠치(菊地)의 〈모반〉이 그것으로 그들은 서로 '모반'의 기도를 통해 속고 속이는 우여곡절을 겪고(권十一 「筑紫合戰」) 그 결과로 호조(北條)의 잔당은 소멸해 간다. 아시카가 다카우지(足利尊氏)의 〈반역〉과 닛타 요시사다(新田義貞)의 〈모반〉이 미치는 행동반경 밖에서 보다 작은 규모의 〈모반〉들이 고다이고(後醍醐) 천황의 〈모반〉에 수렴되어 타도 호조(北條)를 완성하였음을 『다이헤이키』 제1부에 나타난 〈모반〉의 구조를 통하여 확인할 수 있다. 이러한 과정을 거쳐 애초에 실패를 전제로 설정되었던 고다이고(後醍醐) 천황의 〈모반〉은 마침내 극히 이례적으로 성공한 〈모반〉이 될 수 있었던 것이다.

3. 흔들리는 '조적'(朝敵)의 향방 : 제2부(권十二~二十一)

『다이헤이키』 본문에는 〈모반〉과 함께 〈조적〉(朝敵)의 용례가 75례를 보이고 있다. 제1부에 9례, 제2부에 47례, 제3부에 19례를 보이고 있어서 특히 제2부에서 〈모반〉의 용례(4례)의 현저한 감소에 반비례하여 〈조적〉의 용례가 집중되어 있다. 뿐만 아니라 제1부에서는 〈조적〉의 가리키는 대상이 호조 다카토키(北條高時), 제3부에서는 아시카가 다카우

지(足利尊氏)로 고정되어 있는데 반하여 제2부에서는 호조 다카토키→
아시카가 다카우지→닛타 요시사다(新田義貞)→아시카가 다카우지와 같
이 〈조적〉의 대상이 일정한 간격을 두고 변화를 보이고 있다. 따라서
『다이헤이키』 제2부의 특색을 파악하는 방법으로서는 〈모반〉의 용례보
다 〈조적〉의 용례를 고찰하는 편이 훨씬 효과적이라 할 수 있다. 이하
본 절에서는 『다이헤이키』 제2부에 나타난 〈조적〉의 용례 및 구조를 중
심으로 놓고 제1부와 제3부를 전후 대비시키는 방법으로 고찰을 진행
하고자 한다.

『다이헤이키』 제1부에 나오는 〈조적〉의 첫 용례는 〈겐코(元弘)의 난〉
을 맞아 구마노(熊野) 산중으로 피신하는 모리나가(護良)친왕(親王)을 호
위하는 무라카미 요시테루(村上義光)라는 무사가 앞길을 가로막고 사령
기를 빼앗는 무리들을 향하여

　　이게 대체 무슨 일인가. 황송스럽게도 사해의 주인이신 천자의 아드님께
　서 **조적(朝敵)**을 토벌키 위해 친히 나서신 길을 가로 막고 너희 따위의
　미천한 녀석들이 감히 이런 일을 어찌 한단 말인가.[35]

　　　　　　　　　　　　　　　　　　　　　(권五 「大塔宮熊野落事」)

라고 하여 사령기를 다시 찾고 이들을 물리치는 대목에 있다. 호조 다
카토키(北條高時)를 직접 지명하고 있지는 않지만 몸으로 이들과 맞서
싸움을 벌이는 현장에서 적의 무리를 향해 호령하는 무라카미 요시테루
(村上義光)가 발화하는 〈조적〉은 호조 다카토키 쪽을 향하고 있음이 분
명하다. 그 〈조적〉 토벌을 천황의 아들인 모리나가(護良)친왕(親王)이
친히 나섰다고 선포함으로써 상대방의 위세를 제압하는 것이다. 원래 〈조
적〉 토벌을 명하는 일은 원칙적으로 조정을 대표하는 천황의 권한인
바, 『다이헤이키』에서는 천황의 아들인 모리나가(護良)친왕(親王)이 〈조

적〉 토벌에 나선 일을 싸움의 현장에서 등장인물을 통하여 발화케 함으로써 〈조적〉 지명의 정당성이 나름의 근거를 확보한 것으로 되어 있다.

이를 발판으로 하여 자가 발전된 〈조적〉 토벌의 명령을 모리나가(護良)친왕(親王)이 호조(北條) 타도의 세력을 규합하는 과정에서 전파시키고 있으니 그 증거로써 "당장 의병을 일으켜 군세를 이끌어 **조적(朝敵)**을 주벌(誅罰)하라. 그 공에 의해 은상(恩賞)은 청하는 대로 주리라."고 모리나가 친왕은 아카마쓰 엔신(赤松圓心)에게 영지(令旨)를 내리고 있다.(권六「赤松入道圓心大塔令旨を賜ふ事」) 그리하여 그 파급 효과는 즉시 기내(畿內)와 시코쿠(四國)에 이르고 이에 대항하여 호조(北條) 측은 관동(關東)의 구원군을 상경시키게 되는 것이다.

고다이고(後醍醐)천황 또한 오키(隱岐)섬 탈출 이후에 아시카가 다카우지(足利尊氏)가 보낸 밀사를 통하여 '제국(諸國)의 관군을 소집하여 **조적(朝敵)**을 주벌(誅罰)하라'는 칙서를 하사한다.(권九「山崎攻事 付 久我畷合戰事」) 호조(北條)에 〈반역〉할 작정을 하였던 아시카가 다카우지(足利尊氏)에게 천황이 직접 밀명을 내림으로써 〈조적〉 토벌은 이제 정당성의 온전한 외형을 갖추게 된 것이다. 다만 아시카가 다카우지(足利尊氏)의 제안에 의해 비공식적인 채널로 명령이 하달되었다는 점에서 보면 그보다 앞선 모리나가(護良)친왕(親王)의 영지(令旨)와 마찬가지로 천황의 칙서 또한 공권력 수행의 측면에서 자격 미달이라고도 시비할 수 있다. 그럼에도 불구하고 『다이헤이키』에서의 사태 추이는 고다이고(後醍醐)천황의 칙서의 효력을 충분히 인정한 쪽으로 나타나고 있다. 천황의 칙서를 받은 아시카가 다카우지(足利尊氏)는 〈조적〉 토벌을 결행하기 직전에 시노무라(篠村)의 하치만궁(八幡宮)에서 호조(北條)가 '조적'의 으뜸이라면서 '조적'을 퇴치할 힘을 달라는 기도문을 바친다.(권九「高氏願書を篠村八幡宮に籠らるる事」) 이에 산비둘기 한 쌍이 신의 계시로 나타나고 따르는 군사가 5만에 이르게 되어 마침내 호조(北條) 로쿠하라(六波羅)를 함락하니 천황의 칙서는 다카우지(尊氏)의 기도문과 함께 〈조적〉 토벌을 가능케 했던 왕법(王法)과 신법(神法)의 발원으로서 기능하고 있다.

이후 가마쿠라(鎌倉)가 함락된 뒤에 호조 구니토키(北條邦時)가 '조적'의 장남이라 하여 참수당하고(권十一 「五大院右衛門宗繁相摸太郎を賺す事」), 미쓰모리(光守)라는 신하는 고다이고(後醍醐)천황에게 지하야성(千劍破城)을 포위한 '조적'들이 기내(畿內)에 득실거리니 속히 상경할 것을 간언하고(권十一 「諸將早馬を船上へ進せらるる事」), 기쿠치(菊池)·쇼니(小貳)·오토모(大伴) 등이 규슈(九州)의 '조적'을 소탕하였다는 파발을 보내고(권十一 「筑紫合戰事」), 니카이도 도온(二階堂道蘊)은 '조적'의 으뜸이지만 그 재능을 아껴 사죄(死罪)를 면하였다(권十一 「金剛山寄手等誅せらるる事 付 佐介貞俊事」)는 등 호조(北條)의 잔당 세력을 가리켜 〈조적〉으로 지칭하는 용례가 나온다. 이상과 같이 『다이헤이키』 제1부에서는 예외없이 호조 다카토키(北條高時) 및 가마쿠라(鎌倉) 막부에 속한 인물을 가리켜 〈조적〉이라 부르고 있으며 그 발화의 주체자는 모리나가(護良)친왕(親王), 고다이고(後醍醐)천황, 아시카가 다카우지(足利尊氏) 등 주로 타도 호조(北條)에 가담한 등장인물들임을 확인할 수 있다.

『다이헤이키』 제2부에 들어서면 권十二, 十三에서는 제1부와 마찬가지로 호조 다카토키(北條高時) 및 그 잔당을 〈조적〉으로 지칭하는 용례가 이어지고 있다.[36] 그렇기는 하지만 그 용례들은 호조(北條)에 대한 사후 처리와 함께 〈겐무(建武)의 신정(新政)〉이 문란하게 실행되었음을 드러내는 식으로 바뀌어간다. 즉 고다이고(後醍醐)천황의 실정으로 말미암아 이에 불만을 품은 세력들이 호조(北條)에 대체하여 새로운 〈조적〉이 되는 것이다. 그러나 그 새로운 〈조적〉들 역시 제1부에서의 호조(北條)와 마찬가지로 스스로 〈조적〉으로 지칭되기를 원하지는 않는다. 오히려 〈겐무(建武)의 신정(新政)〉에 대한 불만 세력들을 규합한 아시카가 다카우지(足利尊氏)가 관동(關東)에 남아 있던 호조(北條) 잔당인 옛 〈조적〉들을 소탕하기 위해 파견된 것을 기회로 삼아 천황의 명령에 불응함으로써 새로운 〈조적〉으로 지명되는 것으로 되어 있다.

이에 앞서서 아시카가 다카우지(足利尊氏)는 정이대장군(征夷大將軍)의 자리를 놓고 모리나가(護良) 친왕(親王)과 알력을 벌여 뜻을 이루지 못하다가 모리나가 친왕의 계모인 가도코(廉子)준후(准后)와 야합하여 모리나가 친왕이 왕위 찬탈을 도모한다고 모함한 끝에 모리나가친왕을 유배시킨다. 아시카가 다카우지(足利尊氏)와 모리나가(護良)친왕(親王)과의 알력은 곧 가마쿠라(鎌倉)막부 멸망 이후 공백이 생긴 무력의 주도권을 확보하기 위한 세력 다툼이었으니 이 과정에서 모리나가 친왕은 아시카가 다카우지에 의해 제거되고 있는 셈이다. 바로 이어 관동(關東)에서 호조(北條)의 잔당세력이 거병하자 조정에서는 아시카가 다카우지(足利尊氏)를 파견하여 이를 진압하기로 결정한다. 아시카가 다카우지(足利尊氏)는 자신을 관동(關東) 8개국을 다스리는 관령(管領)과 정이대장군(征夷大將軍)으로 임명할 것을 조건으로 '조적' 퇴치에 나서지만 정이대장군직 임명은 진압 후로 미루어진다.(권十三「足利殿東國下向事 付 時行滅亡事」)

아시카가 다카우지(足利尊氏)는 호조(北條) 잔당을 진압하여 무운을 떨친 후 그곳에 머물러 스스로 정이대장군(征夷大將軍)으로 칭하며 관동(關東) 세력을 장악하려 든다. 이에 역시 관동에 기반을 둔 닛타 요시사다(新田義貞)가 크게 반발하고 나서 이번에는 겐지(源氏)의 양대 가문 출신인 아시카가 다카우지(足利尊氏)와 닛타 요시사다 사이에 세력 다툼이 벌어진다. 양자간의 세력 다툼 역시 어느 쪽이 고다이고(後醍醐)천황에 의해 손이 들어질 것인가에 의해 가문의 운명이 결정될 처지에 있었다. 따라서 아시카가 다카우지(足利尊氏)와 닛타 요시사다(新田義貞)는 각각 천황에게 상대의 잘못을 지적하는 내용의 서장(書狀)을 주상(奏上)한다.

관동(關東)에 파견된 후 '음모의 기도'를 의심받고 있던 아시카가 다카우지(足利尊氏)는 요시사다(義貞)에 관하여 이르기를 조그마한 탐심으로 피치 못하여 군대를 일으켰으며 '조적'(=호조〈北條〉)을 물리쳤다고 하나 기실은 다카우지(尊氏)의 아들인 요시아키라(義詮)를 따른 군사들이 세운 공이었는데도 큰 상을 탐내고 모함을 일삼으니 속히 요시사다(義貞)를 처벌하라는 것이다.(권十四「新田足利確執奏狀事」) 거의 동시에 닛타요시사다(新田義貞)가 올린 상소에 의하면 자신이 '조적'(=호조〈北條〉) 토벌의 칙서를 일찍이 받았고 다카우지(尊氏)가 관군에 가담해 로쿠하라(六波羅)를 친 바로 다음날 그 소식이 전달되기 전에 이미 자신이 거병하였으니 탐심 없음이 분명한 점과 다카우지가 죄없는 모리나가(護良)친왕(親王)을 모함한 후에 제멋대로 처형하기까지 하는 등 8역(八逆)의 죄를 범하였으니 속히 다카우지·다다요시(直義) 이하 역당(逆黨)들을 처벌하라고 하고 있다.(권十四「同」) 두 사람 모두 '조적'(=호조〈北條〉)을 물리친 전공에 대해 시비를 벌임으로써 상대적인 우위를 천황으로부터 인정받으려는 노력을 아끼지 않고 있다. 아울러 관동(關東) 지방에서의 대표성이 자신에게 있음을 입증하기 위해 각기 과거의 사실을 제시하고 있다. 두 사람의 서장(書狀)만으로 보자면 옛 〈조적〉을 물리친 공적의 과다를 서로 다툴지언정 새로운 〈조적〉이 되겠다는 의지는 전혀 찾아볼수 없다. 그럼에도 불구하고 두 사람은 서로 상대방의 처벌을 강하게 원하고 있다. 결국 두 사람 중 하나는 천황의 판단에 의해 처벌당하거나 이에 불복하여 새로운 〈조적〉이 될 수밖에 없는 운명의 기로에 서있었던 셈이다.

『다이헤이키』에서의 사태 진전은 모리나가(護良)친왕(親王)이 아시카가 다카우지(足利尊氏)에 의해 처형당할 당시에 현장에 있었던 궁녀가 상경하여 진상을 보고함에 따라 이미 닛타 요시사다(新田義貞) 쪽에 기울어 있었던 공경(公卿)들의 여론과 함께 아시카가 다카우지·다다요시(直義)의 반역이 틀림없는 것으로 결정이 난다. 이와 함께 시코쿠(四國)·서국(西國)으로부터 아시카가 다카우지(足利尊氏)가 거병을 촉구하는 교서(敎書)가 증거로써 제출된다. 이에 따라 닛타 요시사다(新田義貞)는 '조적 추벌(追罰)'의 선지(宣旨)를 하사받고 군대를 이끌고 관동(關東)으로 향한다.(권十四「節度使下向事」) 서로 상대방을 새로운 '조적'으로 만들려던 두 사람 중 아시카가 다카우지(足利尊氏)는 〈조적〉으로 지명되고 닛타 요시사다(新田義貞)는 이를 토벌하는 장군이 되어 역사의 갈림길에 서게 된 것이다.[37]

이하 『다이헤이키』 제2부에서의 〈조적〉의 용례는 호조 다카토키(北條高時)에서 아시카가 다카우지(足利尊氏)로 그 대상이 바뀌어 나타나고 이에 따라 아시카가 다카우지 편에 가담한 '시코쿠(四國)의 조적'·'산음도(山陰道)의 조적' 등의 용례가 보인다.(권十四「諸國朝敵蜂起事」·同「將軍御進發大渡·山崎等合戰事」) 나아가 〈조적〉의 용례가 아시카가(足利) 측에 의해 사용된 것은 닛타 요시사다(新田義貞)군의 토벌을 물리친 후 그 여세를 몰아 교토(京都)까지 진격한 아시카가 다카우지(足利尊氏)가 압도적인 숫적 우세에도 불구하고 패전을 당하면서 '우리들이 **조적**이어서인가 산문(山門)에 저주를 받아서인가'라고 의아해 한다는 대목에서이다.(권十五「五月二十七日合戰事」) 패전의 이유를 〈조적〉에서 찾는 아시카가(足利) 군대의 사고 방식에서 〈조적〉으로서의 운명에 대한 거부감과 당혹감을 동시에 확인할 수 있다. 이러한 여론이 반영되어서인지 마침내 천황의 군대를 당하지 못하고 교토(京都)에서 퇴각하는 아시카가 다카우지(足利尊氏) 스스로 "이번 교토 싸움에 아군이 매번 패한 일은 결코 싸움의 잘못이 아니다. 곰곰이 생각건대 단지 다카우지(尊氏)가 오로지 **조적**인 때

문이다"고 말하고 있다.(권十五「將軍都落事 付 藥師丸歸京都」) 여기에 이르
면 아시카가 다카우지(足利尊氏) 스스로 〈조적〉을 자임하고 그 책임을 통
감하고 있으니 〈조적〉으로서의 운명의 한계를 느낀 듯이 보인다.

  그렇기는 하지만 바로 이어서 〈조적〉 지명을 회피하기 위하여 아시카
가 다카우지(足利尊氏)는 폐위된 고곤(光嚴)상황(上皇)으로 하여금 칙령
을 발하게 하여 이번 싸움을 천황과 천황의 싸움으로 변모시킬 것을 꾀
하고 있다. 물론 싸움은 여전히 아시카가 다카우지(足利尊氏) 자신과 고
다이고(後醍醐)천황과의 싸움이지만 상황(上皇)의 칙령을 이용하여 자신
의 〈조적〉 지명을 모면함으로써 전쟁의 결과까지 뒤바꾸려는 시도를 하
는 것이다. 그만큼 아시카가(足利) 측으로서도 고다이고(後醍醐)천황에 직
접 대항한 〈조적〉으로서의 부담감을 의식하지 않을 수 없었다고 보인다.

  규슈(九州)로 퇴각한 아시카가 다카우지(足利尊氏)가 전열을 정비하여
재차 교토(京都)에 진격해 돌아올 때까지 〈조적〉을 일소하기 위한 기대
는 닛타 요시사다(新田義貞)에 집중되어 있는 듯하다. 그러나 닛타 요시
사다(新田義貞)의 활약은 두드러진 것이 되지 못하고 반 년이 채 지나지
않아 아시카가(足利)군이 진격해 들어오자 호조(北條) 타도시 눈부신 전
술을 자랑하였던 구스노키 마사시게(楠正成)마저 대세가 이미 기울었음
을 알고 있었다. 죽음을 예견하고 전장에 나선 구스노키 마사시게(楠正
成)와 아우 마사스에(正季)는 '7생(七生)까지 오직 같은 인간으로 태어나
서 조적을 멸망시키자'면서 서로 목숨을 끊는다.(권十六「正成兄弟討死
事」) 이는 곧 변함없이 고다이고(後醍醐)천황을 도와 목숨을 바친 구스
노키 마사시게(楠正成)의 가없는 충절을 드러내는 언행이기도 하거니와 반
면에 그들이 일곱 번 윤회하여 거듭 세상에 태어나도록 세상은 〈조적〉=
아시카가(足利)의 수중에 놓여 있을지 모른다는 우려를 담고 있는 듯이
보인다. 그리고 이와 같은 구스노키 마사시게(楠正成)의 유언은 그의 자

손들에게 받들어져서 아들인 마사쓰라(正行)와 마사노리(正儀)가 차례로
〈조적〉 퇴치에 앞장선 것으로 『다이헤이키』의 기사는 제3부에서 일정
부분 이들의 활약에 초점이 맞추어져 전개되고 있다.[38] 따라서 구스노
키(楠)라는 충신 가문이 대를 이어 〈조적〉 아시카가(足利) 가문에 맞서
싸운 이야기를 『다이헤이키』가 중요한 한 축으로 삼고 있는 증거로 해
석할 수 있다.

아시카가 다카우지(足利尊氏)의 재진격에 당할 수 없어 교토(京都) 외
곽에 위치한 히에이잔(比叡山)으로 피신하면서도 고다이고(後醍醐) 천황
이하 공가(公家)와 무가(武家)들은 지난 번처럼 〈조적〉이 퇴치될 것이라
는 기대를 여전히 버리지 않는다. 일본 개국 이래 96대 천황에 이르도
록 수많은 '조적'들이 생겨났지만 망하지 않은 선례가 없었으니 호조 다
카토키(北條高時)의 경우가 그랬던 것처럼 지난 봄에 아시카가 다카우지
(足利尊氏) 또한 '조적'이 되어 규슈(九州)로 도망갔음을 그들은 회고하는
것이다.(권十六「日本朝敵事」) 그러나 이번에는 이를 우려한 아시카가 다
카우지(足利尊氏)가 한 쪽의 왕통을 앞세워 칙령을 하사받은 위세로 맞
서고 있으니 〈조적〉에 대한 시비와 함께 싸움의 결과가 자못 의심스럽
게 되었음을 그들은 한편으로 걱정하고 있다. 〈조적〉을 둘러싼 해석이
민감하게 당시의 여론에 반영되고 이에 따라 사태의 진전이 급변한다는
것이 『다이헤이키』 작자의 안목인 것이다.

수 차례의 공방을 통하여 닛타 요시사다(新田義貞)가 이끈 천황군이
거듭 패하여 나와 나가토시(名和長年)와 같은 무장도 전사하는 등 궁지
에 몰리자 고다이고(後醍醐) 천황은 아시카가 다카우지(足利尊氏)가 보낸
거짓 제의를 받아들여 스스로 투항을 결정한다. 이 소문을 들은 닛타
요시사다(新田義貞)의 부하 호리구치 사다미치(堀口貞滿)가 천황 앞에 나
아가 '지금 장안의 수 차례 싸움에 **조적**의 세가 왕성하여 관군이 거듭

이득을 얻지 못함은 전혀 전쟁의 잘못이 아니라 오직 제덕(帝德)의 부족함이 아닙니까'라며 따진다.(권十七 「山門より還幸事」) 잠시 뒤 천황은 닛타 요시사다(新田義貞)·요시스케(義助) 등을 불러 사태가 여의치 않으니 거짓 투항할 것임을 통보하고 이제부터는 오히려 요시사다가 '조적'으로 몰릴 것을 염려하여 왕자인 쓰네요시(恒良)친왕(親王)을 받들어 북국(北國)으로 피신할 것을 지시한다.(권十七 「儲君を立て義貞に著らるる事」) 이에 닛타 요시사다(新田義貞)는 히요시(日吉)신사(神社)에서 '재차 대군을 이끌어 **조적**을 멸망시킬 힘을 주소서'라고 기원한 후 북국(北國)을 향한다.(권十七同)

일찍이 고다이고(後醍醐)천황으로부터 〈조적〉을 토벌할 장군으로 임명되었던 닛타 요시사다(新田義貞)가 상황이 역전되어 천황이 〈조적〉에 투항함에 따라 〈조적〉 아시카가 다카우지(足利尊氏)에 의해 닛타 요시사다가 〈조적〉으로 몰리는 극단적인 변화가 일어나게 됨을 보여주는 대목이다. 그것을 고다이고(後醍醐)천황이 예견하고 있다는 점에서 더욱 눈길을 끈다. 그러나 바로 뒤 닛타 요시사다(新田義貞)는 여전히 아시카가 다카우지(足利尊氏)를 가리켜 〈조적〉이라 말하고 있다. 따라서 고다이고(後醍醐)천황의 투항과 그 후 천황이 요시노(吉野)에 피신하여 남북조(南北朝)가 양립하면서부터 〈조적〉은 서로 상대방을 가리키는 용어로 바뀌게 되고 『다이헤이키』 본문은 이와 같은 상대적인 관점을 충실히 반영하는 표현법을 따르고 있는 듯이 보인다.

이하 〈조적〉의 용례가 아시카가 다카우지(足利尊氏)에서 닛타 요시사다(新田義貞)로 그 대상이 한동안 바뀌어 나타나는 것은 곧 교토(京都)를 장악한 북조(北朝) 측의 관점에서의 기술인 바, 요시아키(義顯)의 수급을 '조적'의 동량 요시사다(義貞)의 장남 것이라 하여 효수하고(권十八 「春宮還御事 付 一宮御息所事」) 고다이고(後醍醐)천황을 도운 히에이잔(比叡山)

엔랴쿠지(延曆寺)가 '조적'을 도왔다는 이유로 이에 대한 처벌을 둘러싸고 우에스기 시게요시(上杉重能)와 겐에(玄慧)법인(法印)이 토론한다.(同 「比叡山開闢事」) 또한 닛타 요시사다(新田義貞)가 북국(北國)을 중심으로 악전고투하다가 전사한 후에 그 수급 또한 '조적'의 으뜸이라 하여 효수되고 있다.(권二十 「義貞首獄門に懸る事 付 勾當內侍事」) 이와 같이 『다이헤이키』 제2부에서는 천황의 투항부터 닛타 요시사다(新田義貞)의 죽음에 이르는 동안 요시사다를 〈조적〉으로 지칭하는 용례가 한동안 이어지고 있다. 북조(北朝) 측에서 천황에 의해 정식으로 요시사다(義貞)를 〈조적〉으로 지명하는 장면은 보이지 않지만 고다이고(後醍醐) 천황이 북조(北朝)에 투항하기 직전에 예견한 사항이 그대로 이어졌다는 점에서 나름의 특색을 이루고 있다.

한동안 닛타 요시사다(新田義貞)를 가리키던 〈조적〉의 용례가 다시 아시카가 다카우지(足利尊氏)를 가리키는 것으로 바뀌게 되면서 중첩의 양상을 보이게 되는데 이는 동국(東國)의 호조(北條) 잔당인 도키유키(時行)가 남조(南朝)를 세운 고다이고(後醍醐) 천황에게 사자를 보내어 이제 아시카가 다카우지가 '조적'이 되었으니 기왕의 죄를 사면받아 '조적' 토벌을 명하는 칙서를 내려줄 것을 요청하는 대목부터이다.(권十九 「相摸次郎時行勅免事」) 이어 기타바타케 아키이에(北畠顯家)는 오슈(奧州)에서 거병하여 연이은 승리를 거둔 후에 요시노(吉野)로 천황을 알현하기에 앞서 교토(京都)를 쳐서 '조적'을 일시에 무너뜨릴 것을 논의한다.(권十九 「青野原軍事 付 囊沙背水事」) 기타바타케 아키이에(北畠顯家)의 실패 이후 닛타 요시사다(新田義貞)와 엔랴쿠지(延曆寺)는 서로 '조적' 토벌에 관한 사전 준비를 서신으로 교환한다.(권二十 「義貞山門に牒す 同じく 返牒事」) 남조(南朝)를 따르는 입장에서는 닛타 요시사다(新田義貞)를 포함한 모두에게 여전히 북조(北朝)의 실권을 수중에 쥔 아시카가 다카우지(足利尊氏)가 〈조적)인 것이다.

이와 함께 일시 북조(北朝)에 투항하여 〈조적〉 지명에 혼선을 초래했던 고다이고(後醍醐) 천황은 요시노(吉野)에서 거점을 확보한 후 닛타 요시사다(新田義貞)에게 친히 칙서를 보내 교토(京都)에 속히 진군할 것을 명하는 등 자신의 태도를 다시 분명히 하고 있다. 그리하여 마침내 닛타 요시사다(新田義貞)가 전사하였을 때 그의 보검에서 '조적' 정벌은 오로지 요시사다(義貞)의 무공(武功)에 달렸다는 천황의 친서가 발견된다. (권二十「義貞自害事」) 이 친서에 의해 닛타 요시사다(新田義貞)의 주검이 확인되는 일이 벌어지기도 하였지만 고다이고(後醍醐) 천황이 남조(南朝)를 세운 이후 다시 요시사다를 〈조적〉을 정벌하는 장군으로 여기고 있음 또한 확인되었다고 보여진다. 이와 같은 관점에서 교토(京都)에서 닛타 요시사다(新田義貞)의 수급이 '조적'의 으뜸으로 효수되었을 때 『다이헤이키』 화자는 닛타 요시사다(新田義貞)가 생존시에 '조적'(=아시카가(足利))이 서해(西海)에서 표류할 당시에 고토(勾當) 내시(內侍)와 나누었던 비련담을 회고할 수 있는 것이다.(권二十「義貞首獄門に懸る事 付 勾當內侍事」)

닛타 요시사다(新田義貞)가 죽은 뒤 노리요시(義良) 친왕(親王)을 모시고 뱃길로 오슈(奧州)를 향해 떠난 유키 무네히로(結城宗廣)는 도중에 풍랑을 만나 표류하다가 중병에 걸려 임종을 맞이하면서 '조적'을 멸망시키지 못하여 망념이 되었으니 '조적'(=아시카가(足利))의 목을 잘라 묘 앞에 바치라는 유언을 남긴다.(권二十「結城入道地獄に墮る事」) 그는 평소에 극악무도한 악행만을 일삼은 죄로 죽은 후 지옥에 떨어져 온갖 고초를 당하는 것으로 되어 있어서 그의 〈조적〉 퇴치의 유언은 도리어 임종의 악행으로 전락되어 버리고 만다. 한편 북조(北朝)에 속한 대가(大家)의 씨족과 고(高)·우에(上杉) 등의 무사들은 승승장구하여 처음에는 '조적'의 이름을 두려워하여 천황을 받들다가 점차로 무가의 힘을 믿고 방

자한 태도를 취하는 것으로 되어 있다.(권二十一「天下時勢粧事」) 남북조
(南北朝)를 막론하고 무사들에 의한 〈조적〉의 용례가 스스로의 언행에서
혼란의 양상을 띠고 전개되고 있는 것이다.

결국 〈조적〉의 용례에 일시 혼선을 보이던『다이헤이키』제2부는 말
미에 이르러 고다이고(後醍醐)천황이 임종을 앞두고 '다만 생생세세(生生
世世)의 망념이 될 일은 조적을 모조리 멸하여 사해를 태평케 할 마음뿐
이다'고 유언함으로써 아시카가 다카우지(足利尊氏)와 그 일당을 〈조적〉
으로써 확정짓고 있다.(권二十一「先帝崩御事」) 이러한 천황의 유지를 받
들어 남조(南朝)는 〈조적〉을 멸망시키기 위해 줄기찬 투쟁을 전개하는
것이고 제3부에서 〈조적〉의 용례는 아시카가 다카우지(足利尊氏)에 고정
되어 나타나고 있다.[39] 다시 말해서 고다이고(後醍醐)천황의 유언이 제3
부에서 남조(南朝)의 목표를 〈조적〉 멸망에 집중케 함으로써 무력의 열
세에도 불구하고 교토(京都)를 빼앗고 빼앗기는 싸움을 계속할 수 있게
하는 것이다.

이하『다이헤이키』제3부에서는 아시카가 다카우지(足利尊氏)가 실각
한 후 남조(南朝)에 일시 투항하면서 자신들이 '조적'이었음을 자인하는
장면(권二十八「慧源禪巷南方合體事 付 上山討死事」) 이외에는 대부분 남조
(南朝)의 인물들의 발화로 된 〈조적〉의 용례가 나타난다. 아울러 도시모
토(俊基)·스케토모(資朝) 등 죽은 영혼이 고다이고(後醍醐)천황과 함께
〈조적〉의 발화에 참여하고 있는 것 또한 제3부의 특징으로 꼽을 수 있
다. 나아가서 남조(南朝) 시각에서 본 전투담에서는 〈관군〉 대 〈조적〉의
대결로 서술하고 있는『다이헤이키』제3부(권三十一「八幡合戰事 付 官軍夜
討事」, 同「南帝八幡御退失事」, 권三十七「清氏正儀京へ寄る事」 등)의 표현법을
통하여 제2부에서 고다이고(後醍醐)천황에 의해 장군에 임명되었던 닛
타 요시사다(新田義貞)와 같은 인물의 부재를 상정할 수 있다. 반면에 북

조(北朝)의 시각에서 아시카가 다카우지(足利尊氏)를 일관해서 〈쇼군〉(將軍)이라 칭하고 상대방을 〈적〉으로 서술하는 표현법(권三十三「京軍事」, 권三十四「和田楠軍評定事 付 諸卿分散事」 등)도 보인다는 점에서 『다이헤이키』 화자의 텍스트 내부에서의 위치 설정이 남북조(南北朝)를 왕래하고 있음 또한 확인할 수 있다.

4. 끊임없는 북조(北朝)의 모반 : 제3부(권二十二~四十)

『다이헤이키』 제3부는 고다이고(後醍醐) 천황의 유지를 받들어서 남조(南朝) 측이 무력의 열세에도 불구하고 교토(京都)를 공략하여 빼앗긴 왕권을 회복하려는 줄기찬 시도가 북조(北朝)와의 무력 충돌로 점철된 외형을 갖추고 있다. 아울러 북조(北朝) 측의 공세에 의해 일시 위기를 맞는 남조(南朝)의 모습도 보인다. 그런 면에서 보자면 『다이헤이키』 제3부는 남북조(南北朝) 어느 한 쪽에 치우침 없이 당시의 시대 상황을 비교적 객관적으로 그리고 상세하게 다루고 있는 듯이 보인다. 적어도 남북조(南北朝) 양측의 최상층부에 대한 비난이 고다이고(後醍醐) 천황을 계승한 남조(南朝)의 천황이거나 이에 맞선 아시카가 다카우지(足利尊氏)이거나를 막론하고 최대한 자제되고 있는 점 또한 이에 대한 반증으로 보여진다.[40]

그러나 『다이헤이키』 제3부를 이루는 기사 내용을 전반적으로 들여다 보면 남조(南朝)는 비록 북조(北朝)에 대한 무력의 열세를 극복하지 못하지만 거듭해서 도전을 시도하는 일치된 모습을 보이고 있는데 반하여 북조는 남조에 대해 무력의 우세를 계속 유지하면서도 내부적으로는 끊임없이 반목 갈등하는 양상을 보이고 있다. 특히 북조(北朝)의 권력을 둘러싸고 상류 무사계급 사이에서는 서로 모함과 암투를 거듭한 끝에 이합집산을 반복한다. 그 과정에서 드러나는 변절과 하극상의 실상이 『다이헤이키』 제3부에서 〈모반〉의 용례로써 포괄되어져 있다는 점이 가장 큰 특색이라고 할 수 있다.

제1부에서 〈모반〉의 용례가 고다이고(後醍醐)천황을 중심으로 한 등장인물들에 의한 타도 호조(北條)의 행위에 초점이 맞추어졌던 것에 비하여 제3부에서는 북조(北朝) 권력의 최상층부를 이루는 아시카가 다카우지(足利尊氏)→요시아키라(義詮)(→요시미쓰〈義滿〉)에 대한 상류 무사들의 도전 행위에 초점이 맞추어져 있는 것이다. 이와 같은 초점의 변화는 곧 『다이헤이키』 제3부의 세계가 똑같이 모반의 용례를 담고 있으면서도 제1부의 세계와 다를 수밖에 없는 이유이기도 할 뿐 아니라 혼돈과 미완으로 결말지어질 수밖에 없는 동기가 추가로 포함되어졌음을 의미하기도 한다. 또한 제2부의 세계에서 〈조적〉 지명을 둘러싸고 우여곡절을 겪은 끝에 결국 고다이고(後醍醐)천황의 유언에 의해 아시카가 다카우지(足利尊氏)가 〈조적〉으로 낙착지어졌던 점과도 『다이헤이키』 제3부는 뚜렷이 구별된다.

다시 말해서 『다이헤이키』 제3부는 명분론상으로나 구조론상으로나 절대악의 자리에 위치해야 할 아시카가 다카우지(足利尊氏)에 대한 도전의 역사를 정통성을 인정받을 수 있는 남조(南朝)의 시각에서 취급하기보다는 북조(北朝)에서의 권력 행사에 장애가 되었던 북조 내부에서 일어난 〈모반〉에 보다 큰 비중을 둠으로써 제1부와 제2부를 통해 의문시되어 왔던 아시카가(足利)막부 성립의 정당성을 실질적으로 옹호하는 결과를 낳고 있다. 그 방편으로써 아시카가 다카우지(足利尊氏)의 절대악의 자리에 북조(北朝)의 상류 무사들의 〈모반〉이 상대적인 악으로서 대체되어 있는 것이다. 『다이헤이키』 제3부가 보이는 혼돈과 미완의 결말 또한 이와 같은 절대악과 절대선의 동시 실종에서 그 근본 이유를 찾을

수 있다. 이에 따라 절대적 가치가 희석된 상대적 선과 악의 다툼이 그
결과로서의 현실을 결정짓고 있는 것이 『다이헤이키』 제3부에서 드러난
모반의 구조인 것이다.

　『다이헤이키』 제3부에 보이는 〈모반〉의 26 용례 중 처음 나오는 용
례는 도키 요리토(土岐賴遠)라는 북조(北朝)의 무사가 길에서 마주친 고
곤(光嚴) 상황(上皇)의 행차에 봉변을 가한 후 이 사실이 알려지자 고향
으로 도망쳐서 '모반'을 획책하지만 이에 대한 북조 측의 즉각적인 대처
로 '모반'을 일으키지 못하고 결국 참수당하는 과정에서 나타난다.(권二
十三「土岐賴遠御幸に參合ひ狼籍を致す事 付 雲客東より下る事」) 당시 교토(京
都)에 머물러 있던 북조(北朝)의 무사들이 상황(上皇) 또는 천황에 대하
여 그 권위를 얼마나 무시하고 있었던가를 알 수 있는 사례인 바, 이는
곧 북조의 실질적인 왕권이 아시카가 다카우지(足利尊氏) 또는 다다요시
(直義)의 수중에 놓여 있었다는 반증이기도 하다. 실제로 도키 요리토
(土岐賴遠)의 행패에 대로하고 그를 참수에 처한 인물이 아시카가 다다
요시(足利直義)이고 사람들은 이와 같은 다다요시의 단호한 조처에 대하
여 공포심을 느끼는 것으로 되어 있다. 더욱 나아가서 『다이헤이키』 본
문은 이를 계기로 길거리에서 마주친 어느 무사와 귀족이 서로 앞을 다
투어 머리를 조아리는 해프닝을 보였다는 일화를 첨가하고 있으니 이는
또한 북조(北朝) 사회가 아직 새로운 질서를 확립하지 못하고 있는 과정
에서 나타난 혼돈된 세태를 꼬집은 『다이헤이키』 작자의 비판 정신의
발로라 할 수 있다.[41] 그러나 북조(北朝)의 왕권을 실질적으로 행사하는
아시카가 다카우지(足利尊氏)와 다다요시(直義)에 대한 직접적인 비판을
억제하면서 당시 일반인들이 사회 상층부 인사들의 세태를 조롱거리로
삼고 있는 반응만을 부각시키고 있다는 점에서 그 한계 또한 분명히 드
러나 있다고 해석되어진다.

이와 같이 북조(北朝)를 실질적으로 이끌고 있는 아시카가 다카우지 (足利尊氏)를 물리치기 위해 고다이고(後醍醐)천황의 유지를 받들어 군대를 일으키는 남조(南朝) 측의 도전 행위를 〈모반〉으로 지칭하는 용례는 『다이헤이키』 제3부에서 그다지 많이 보이지 않는다는 점이 제1부에서 보였던 〈모반〉＝타도 호조(北條)의 용례와 크게 구별되는 점이다. 『다이헤이키』 제1부에서 고다이고(後醍醐)천황의 〈모반〉＝타도 호조(北條)가 일관되게 추진되어 마침내 성공한 모반으로 결말지어졌음에 반하여 『다이헤이키』 제3부에서는 남조(南朝) 측의 〈모반〉＝타도 아시카가(足利)가 전반적인 사태의 추이로 볼 때 그다지 큰 의미를 담보하지 못하였기 때문으로 보여진다. 왜냐하면 『다이헤이키』 제3부에서의 결말은 남북조 (南北朝)의 양립이 여전히 해소되지 않은 상태이기는 하지만 남조(南朝)가 북조(北朝)에 흡수되었다는 역사적 사실의 전망 아래 아시카가(足利) 막부의 성립을 전제로 하고 있는 것이 제3부의 기본 구도이기 때문이다. 그런 점에서 볼 때 남조(南朝) 측에 속해 있었던 고시마 다카노리(兒島高德)의 〈모반〉은 제1부의 타도 호조(北條)의 연장선상에서 해석할 수 있다.

즉 고시마 다카노리(兒島高德)는 제1부에서 고다이고(後醍醐)천황이 오키(隱岐)섬에 유배될 당시에 일찍이 호조(北條) 타도를 맹세했던 인물이다. 호조(北條)의 자리에 아시카가(足利)가 들어서고 고다이고(後醍醐)천황 사후 남조(南朝)의 군대를 이끌었던 닛타 요시스케(新田義助)마저 병사한 이후에는 남조의 기세가 무기력함을 보이고 있을 때 고시마 다카노리(兒島高德)는 닛타 요시스케(新田義助)의 아들인 요시하루(義治)를 받들어 오기노 도모타다(荻野朝忠)와 내통하여 타도 아시카가(足利)를 획책한다. 그러나 계획이 사전에 누설되어 북조(北朝) 군대에 쫓기게 되었을 때 『다이헤이키』 화자는 고시마 다카노리(兒島高德) 편에 가담한 군사를 가리켜 '모반인'이라 칭하고 있다. (권二十四「三宅・荻野謀叛事 付 壬生地藏

事」) 이미 거사의 실패가 자명해졌을 때 〈모반〉의 용례가 보이는 것은
일본 역사군담 내 화자의 공통적 어법으로서 당연하다고 할 수 있지만
고시마 다카노리(兒島高德)의 〈모반〉의 경우에는 타도 호조(北條)를 타도
아시카가(足利)로 대체하여 맞서고 있는 등장인물의 의지가 반영된 결과
로서 해석할 수 있다. 고시마 다카노리(兒島高德)의 〈모반〉 실패 이후
남조(南朝)에서는 다시 구스노키 마사쓰라(楠正行) 등에 의해 아시카가
다카우지(足利尊氏)에 대한 계속된 도전이 이어진다. 이와 같은 점에서
고시마 다카노리(兒島高德)의 〈모반〉＝타도 아시카가(足利)는 『다이헤이
키』 제1부와 제3부를 직접 연결하는 하나의 축으로 기능하였다고 볼 수
있다. 이와 함께 『다이헤이키』 제2부에서 고다이고(後醍醐) 천황이 유언
으로써 최종 지명한 〈조적〉＝아시카가 다카우지(足利尊氏)가 제3부에서
남조(南朝)의 끊임없는 도전의 대상으로 이어지는 중요한 축의 구실을
담당하고 있다. 다만 이후의 남조(南朝)의 도전 행위는 더 이상 〈모반〉
이라 불리지 않고 그 자리는 북조(北朝) 내부에서 변절하여 내분을 일으
키는 등장인물들의 몫으로 대체되어 나타난다.

　남조(南朝) 측의 〈모반〉＝타도 아시카가(足利)와 관련하여 『다이헤이
키』 제3부의 중반쯤에 닛타 요시사다(新田義貞)의 아들인 요시오키(義興)
등이 2차에 걸쳐 거병하는 과정에서 다시 〈모반〉의 용례가 보인다. 1차
거병시에는 가마쿠라(鎌倉)로 쳐들어가 아시카가 다카우지(足利尊氏) 군
대와 직접 대결하여 패한 후 퇴각하고, 2차 거병시에는 요시오키(義興)
가 북조(北朝)의 사주를 받은 다케자와(竹澤)라는 인물의 꾀임에 속아
'모반'의 계략 등을 빠짐없이 알려준 후 기습을 받고 자진(自盡)하는 것
으로 되어 있다.(권三十一「新田義兵を起す事」 및 권三十三「新田左兵衛佐義興
自害事」) 남조(南朝)와 떨어져서 서로 호응하면서 북조(北朝)의 자체 내
분으로 가마쿠라(鎌倉)에 머물러 있던 아시카가 다카우지(足利尊氏)를 직

접 겨냥하여 자신을 따르는 관동(關東) 세력을 이끌고 거병한 닛타 요시
오키(新田義興)의 1차 〈모반〉은 고시마 다카노리(兒島高德)의 〈모반〉의
축에 연결되어져 있다고 할 수 있다. 그러한 점에서 아시카가 다카우지
(足利尊氏)의 사후 시도되었던 닛타 요시오키(新田義興)의 2차 〈모반〉 역
시 아시카가 정권의 타도를 겨냥하고 있으므로 그 의미에 변화는 없다.
다만 요시노(吉野)에 근거를 두고 북조(北朝)와 교토(京都) 장악을 둘러
싸고 공방을 벌이는 남조(南朝)의 도전 행위를 굳이 〈모반〉으로 지칭하
고 있지 않는 점에서 볼 때 엄밀히 보자면 남조 자체의 〈모반〉=타도
아시카가(足利)의 표현은 『다이헤이키』 제3부에서 찾아볼 수 없다. 따라
서 닛타 요시사다(新田義貞)나 고시마 다카노리(兒島高德)와 같이 남조(南
朝) 측에 속하면서도 개별적인 단위로서 아시카가 다카우지(足利尊氏)의
군대에 직접 도전하였던 행위를 남조측의 〈모반〉=타도 아시카가(足利)
로써 분류할 수 있는 것이다.

이와 같은 관점에서 북조(北朝)의 총공세로 요시노(吉野)의 남조(南朝)
가 위기에 몰렸을 때 죽은 고다이고(後醍醐)천황 및 신하의 원령들이 회
합을 갖고 북조의 군대를 물리치고 나아가서 북조의 유력 무사들을 차
례로 맡아 멸망케 한다는 꿈의 계시에 나오는 고다이고천황의 '어모반'
(御謀叛) 역시 제1부의 타도 호조(北條)가 제3부에서는 타도 아시카가
(足利)로 대상을 바꾸어 그 위력을 나타내고자 언급되고 있는 것으로 보
인다.(권三十四「吉野御廟神靈事 付 諸國軍勢京都に還る事」) 이는 군대를 이
끌고 쳐들어온 북조(北朝) 내부에 이미 내분이 심화되었음을 간파한 남
조(南朝) 측의 예측력이 『다이헤이키』에서 꿈의 계시로 형상화되어 있는
것이고 여기에 죽은 고다이고(後醍醐)천황의 〈어모반〉이 다시 사용되어
졌던 것으로 해석할 수 있다.

이와는 사뭇 대조적으로 북조(北朝)의 총공세를 맞았을 당시에 모리나

가(護良) 친왕(親王)의 아들인 아카마쓰미야(赤松宮)는 남조(南朝)의 군대
가 열세를 보이자 북조의 아시카가 요시아키라(足利義詮)에 내통하여 '어
모반'(御謀叛)을 일으킨다.(권三十四「銀嵩軍事 付 曹娥精衛事」) 요시노(吉
野)의 천황을 없애고 아시카가(足利)의 무가에 충성을 바쳐 요시노를 대
신 차지하겠다는 욕심이 아카마쓰미야(赤松宮)로 하여금 〈어모반〉을 일
으키게 하였다는 것인 바, 남조(南朝) 측의 인물로서 남조의 타도를 획
책한 유일한 〈모반〉의 용례가 되고 있다. 나아가서 아카마쓰미야(赤松
宮)의 〈모반〉에 대하여 『다이헤이키』 작자는 거듭해서 비난의 태도를
드러내고 아카마쓰미야의 비열한 행위와 대비되는 중국의 효행담을 덧
붙이고 있다. 요컨대 남북조(南北朝)를 막론하고 남조(南朝) 타도를 위한
〈모반〉의 성립은 철저히 금기시하고 있는 것이 『다이헤이키』 제3부 작
자의 확고한 안목이라고 판단할 수 있는 것이다.

『다이헤이키』 제3부를 통틀어 북조(北朝) 측의 상층부에서 이루어진
내분으로서 가장 규모가 크고 파급 효과가 엄청났던 것은 고노 모로나
오(高師直)·모로야스(師泰) 형제와 아시카가 다다요시(足利直義)와의 충
돌이었다. 고노 모로나오(高師直)는 원래 아시카가 다카우지(足利尊氏)의
집사(執事)로서 기타바타케 아키이에(北畠顯家)와 구스노키 마사쓰라(楠
正行) 군대를 무찌른 공을 세웠으나 그 후 안하무인으로 사치와 악행을
일삼음으로써 북조(北朝) 상층부의 위계 질서를 문란케 하였다. 이에 같
은 상류 무사로 있던 우에스기 시게요시(上杉重能)와 하타케야마 나오무
네(畠山直宗) 등이 시기하여 당시 아시카가 다카우지(足利尊氏)를 대신하
여 정사를 관장하고 있던 아시카가 다다요시(足利直義)에게 묘키쓰지샤
(妙吉侍者)라는 중을 시켜 고노 모로나오(高師直) 형제를 비방케 한다.
이를 받아들인 아시카가 다다요시(足利直義)는 비밀리에 고노 모로나오
(高師直)를 암살하려 하지만 실패한다. 암살을 모면한 고노 모로나오(高

師直)는 아우 모로야스(師泰) 및 자신을 지지하는 중소 무사단을 교토(京都)에 불러모아 대군을 이끌고 아시카가 다카우지(足利尊氏)와 다다요시(直義)의 저택을 에워싸고 위협하여 아시카가 다카우지로 하여금 결단을 내려 아시카가 다다요시를 정계 일선에서 물러나게 하고 우에스기(上杉)와 하타케야마(畠山)는 유배보내게 한다.

이를 통하여 북조(北朝)를 실질적으로 이끌었던 아시카가 다카우지(足利尊氏)와 다다요시(直義)의 권위가 가신인 고노 모로나오(高師直) 및 하층 무사들의 무력 시위 앞에서 크게 손상을 받았다고 할 수 있다. 그러나 추후의 권력 이동 과정을 살펴보면 고노 모로나오(高師直)와 아시카가 다다요시(足利直義)와의 충돌의 결과 직접 큰 피해를 입은 쪽은 아시카가 다다요시 측에 국한되고 아시카가 다카우지(足利尊氏)와 고노 모로나오와의 주군 관계는 별다른 변화를 보이지 않는다. 오히려 관동(關東)에 머물러 있던 아시카가 다카우지(足利尊氏)의 아들 요시아키라(義詮)가 상경하여 아시카가 다다요시(足利直義)의 자리를 대신 차지함으로써 쇼군(將軍)직의 승계를 보다 수월하게 준비하는 결과를 낳고 있다. 결국 표면상으로는 아시카가 다다요시(足利直義)와 고노 모로나오(高師直)의 충돌의 외중에 아시카가 다카우지(足利尊氏)가 할 수 없이 고노 모로나오의 무력에 양보한 듯이 보이면서도 내면적으로는 아시카가 다카우지가 양측의 불화를 방임한 후에 이를 이용하여 아우인 다다요시를 제거하고 실권을 아들 요시아키라(義詮) 몫으로 돌리기 위해 정치적 술책을 편 것은 아닐까 하는 의문의 여지를 남기고 있다.[42]

북조(北朝)의 권력다툼에서 밀려난 아시카가 다다요시(足利直義)는 일시 출가하여 정치적 야망을 버린 것처럼 위장한 후에 교토(京都)를 탈출하여 남조(南朝)에 투항한다. 『다이헤이키』 제3부에서는 북조(北朝)의 내분으로 자신의 입지와 권력을 상실하게 되면 이를 만회하기 위한 방

편으로써 남조(南朝)의 힘을 빌고자 하는 것이 아시카가 다다요시(足利直
義) 이하 북조 상류층 이탈자의 일반적 추세로 나타난다. 한편 남조(南
朝) 측에서는 무력의 상대적 열세를 보완하기 위하여 논란 끝에 결국 이
들의 투항을 받아들인다. 이어서 이들 투항자들이 선두에 서서 북조(北
朝)가 있는 교토(京都)에 침공해 들어간다. 이들의 활약으로 교토(京都)
탈환에 성공하기는 하지만 북조(北朝) 측의 반격에 의해 오래 버티지 못
하고 다시 퇴각하고 만다. 즉 기존의 남조(南朝) 세력과 북조(北朝) 이탈
자들이 협력하여 거듭해서 북조에 도전하지만 북조 멸망에까지는 이르
지 못하고 결국 북조의 우세로 끝나고 만다는 것이 『다이헤이키』 제3부
의 주된 구조이다. 아시카가 다다요시(足利直義)는 바로 이와 같은 패턴
을 구축한 북조(北朝)의 최초 이탈자인 것이다.

　남조(南朝)에 투항한 아시카가 다다요시(足利直義)의 거병으로 이루어
진 남북조(南北朝)의 싸움은 남조 측의 승리로 일단 판가름나지만 아시
카가 다다요시가 원래 바라던 목적은 북조의 멸망이 아니었으므로 다다
요시와 다카우지(尊氏)는 합체의 형식으로 다시 화해하고 대신 고노 모
로나오(高師直) 가문이 몰살을 당한다. 먼저 고노 모로나오(高師直)의 아
들 모로후유(師冬)는 가마쿠라(鎌倉)에서 우에스기 요시노리(上杉能憲)가
아시카가 다다요시(足利直義)를 도와 '모반'을 일으켰다는 소문의 와중에
서 자살을 한다.(권二十九「師冬自害事 付 方五郎事」) 그리고 고노 모로나
오(高師直)·모로야스(師泰) 형제는 패전 후 출가 의식을 거친 뒤 아시카
가 다다요시(足利直義)에 투항하지만 교토(京都)를 향하는 도중에 참살당
한다. 아시카가 다다요시(足利直義)와 고노 모로나오(高師直)와의 북조
(北朝) 내분은 결국 남조(南朝) 군대까지 동원된 가운데 고노 모로나오
가문의 몰락으로 일단락 지어진다. 또한 아시카가 다카우지(足利尊氏)와
다다요시(直義)가 무력 대결에도 불구하고 합체의 형식을 취함으로써 교

토(京都)에 진격하였던 남조(南朝)군의 노력은 수포로 돌아가고 마는 것
으로 되어 있다.

그러나 반년이 채 지나지 않아 측근 무사인 이시토 요시후사(石塔義
房)와 모모노이 나오쓰네(桃井直常) 두 사람이 아시카가 다다요시(足利直
義)에게 이르기를 닛키(仁木)·호소카와(細川)·도키(土岐)·사사키(佐佐
木) 등의 무사가 다카우지(尊氏)의 뜻에 따라 요시아키라(義詮)의 명령을
받아 '모반'을 일으킨다고 하니 속히 교토(京都)를 떠나 군사를 모을 것
을 건의하고 있다.(권三十「高倉殿京都退去事 付 殷紂王事」) 합체 이후 반
년 남짓 사이에 북조(北朝)에서는 여전히 상층부를 둘러싼 알력과 편가
르기가 진행 중에 있었으며 그것도 다다요시(直義)보다는 다카우지(尊
氏)쪽에서 보다 적극적으로 모색하였음을 '모반'의 용례가 암시하고 있
다. 또한 이 〈모반〉은 북조(北朝)의 아시카가 다카우지(足利尊氏)의 뜻에
따라 북조의 아시카가 다다요시(足利直義)를 치기 위하여 다카우지를 따
르는 북조 무사들이 행동을 일으킨다는 사실을 또 다른 다다요시를 따
르는 북조 무사들이 발화하고 있다는 점에 특색이 있다.[43]

아시카가 다다요시(足利直義)가 군대를 이끌고 교토(京都)를 떠나 가마
쿠라(鎌倉)로 내려가자 아시카가 다카우지(足利尊氏)는 다다요시 토벌의
선지(宣旨)를 받들어 뒤를 쫓는다. 그리고 양측은 다시 무력으로 대결한
끝에 이번에는 다다요시(直義)가 패하여 다카우지(尊氏)에 투항한다. 투
항한지 얼마 되지 않아 다다요시(直義)는 독살의 풍문 속에 급사하고 만
다. 아시카가 다다요시(足利直義)와 고노 모로나오(高師直)의 충돌로 시
작하였던 북조(北朝) 내분이 마침내 아시카가 다다요시와 다카우지(尊
氏)의 두 차례에 걸친 최상층부의 무력 충돌로 번져 표면상으로는 투항
과 화해를 서로 주고 받지만 내면적으로는 다카우지에 의한 다다요시의
죽음으로 일단락짓게 되었던 것이다.[44]

한편 다다요시(直義)를 토벌하기 위해 아시카가 다카우지(足利尊氏)가 가마쿠라(鎌倉)에 내려가 있는 동안 교토(京都)를 지키던 요시아키라(義詮)는 힘의 공백을 커버하기 위하여 남조(南朝)에 사자를 보내 화친을 요청하고 남조 역시 그 뜻을 간파하면서도 짐짓 이를 받아들인다. 남북조(南北朝) 공히 상대방을 술책의 대상으로 최대한 이용하고 있는 것이다. 남북조(南北朝) 합체의 형식으로서 북조(北朝)의 신하들이 남조(南朝)에 들어가 천황을 알현하고 남조의 고무라카미(後村上)천황 또한 스미요시(住吉)에까지 행차를 하는 등 교류를 갖는다. 그러나 남조(南朝) 측 무사들의 기습으로 화친은 결렬되어 요시아키라(義詮)는 교토(京都)에서 일시 퇴각하고 북조(北朝)의 천황가가 남조에 붙잡히고 가마쿠라(鎌倉)에서는 다카우지(尊氏)가 닛타 요시오키(新田義興) 등의 거병에 직면하는 등 북조는 중대한 위기를 맞는다.

그렇기는 하지만 북조(北朝)의 내분을 틈탄 남조(南朝) 측의 총공세는 북조를 멸망에 이르게 하기에는 역부족이다. 아시카가 다카우지(足利尊氏)가 수 차례 공방 끝에 닛타 요시오키(新田義興) 군대를 격파하고 요시아키라(義詮) 또한 남조(南朝)군을 물리치고 교토(京都)를 탈환하여 고코곤(後光嚴)천황을 등극시킴으로써 북조(北朝) 체제를 복원한다. 북조(北朝)가 안정을 되찾은 직후 지난 싸움의 공적을 내세워 야마나 도키우지(山名時氏)·모로우지(師氏) 부자가 사사키 도요(佐佐木道譽)와 내분을 일으켜 '모반'을 결심하고 중국(中國) 지방에서 거병한다.(권三十二「山名右衛門佐敵と爲る事 付 武藏將監自害事」) 이번에는 북조(北朝)의 상류 무사 사이의 세력 다툼이 내분의 원인이 되어 아시카가(足利)막부를 겨냥한 〈모반〉이 일어난 것이다.[45] 야마나 모로우지(山名師氏) 역시 남조(南朝)에 연락을 취하고 이에 호응해서 남조는 관군을 동원하여 교토(京都)에 진격하여 아시카가 요시아키라(足利義詮) 군대와 대치한다. 그리고 남조(南

朝) 측은 교토(京都) 탈환 후 다시 퇴각당한다.

이듬해 아시카가 다다후유(足利直冬)가 내밀히 남조(南朝)에 다카우지
(尊氏)・요시아키라(義詮)의 퇴치를 명하는 선지(宣旨)를 청한 후 규슈
(九州) 지방에서 거병하여 교토(京都)로 쳐들어온다. 아시카가 다다후유
(足利直冬)는 일찍이 부친 다카우지(尊氏)의 버림을 받고 다다요시(直義)
의 도움을 얻어 발탁된 후에 다다요시 편에 서서 다카우지에 대항하였
던 인물이다. 그를 통하여 아시카가(足利) 가문의 내분의 심각한 정도를
알 수 있다. 또한 아시카가 다카우지(足利尊氏) 측에 있어서 그 극복 과
정이 얼마나 험난하였는지를 반증한다고 할 수 있다.[46] 아시카가 다다
후유(足利直冬)의 상경에 호응하여 아시카가 다카우지(足利尊氏)를 배반
한 무사로서 시바 다카쓰네(斯波高經)의 존재를『다이헤이키』화자는 원
한에 의한 북조(北朝) 내부의 배신의 예로써 야마나 모로우지(山名師氏)
와 모모노이 나오쓰네(桃井直常)와 함께 거론하고 있다. 시바 다카쓰네
(斯波高經)는 일찍이 닛타 요시사다(新田義貞)를 무찌르면서 획득한 겐지
(源氏) 전래의 보검을 놓고 아시카가 다카우지(足利尊氏)와 다툰 후 다다
요시(直義)의 '모반'에 가담하여 이번 싸움에도 참가하였다는 것이다.(권
三十二「直冬上洛事 付 鬼丸鬼切事」) 아시카가 다카우지(足利尊氏)가 겐지
(源氏) 가문의 대표성을 획득하기 위해 집착을 보이고 있는 점과 함께
북조(北朝) 무사들의 사리사욕에 의한 원한 관계가 내분으로 이어지는
주된 원인이 되고 있는 점을 확인할 수 있는 예라 할 수 있다. 아울러
시바 다카쓰네(斯波高經)는 나중에『다이헤이키』제3부 말미에서 요시아
키라(義詮)의 부름에 응하여 북조(北朝)에 귀환한 뒤 아들 요시마사(義
將)가 집사(執事)에 임명되는 등 권세를 휘두르다가 고후쿠지(興福寺)와
토지 문제로 다툼이 있은 후 저택이 불타고 그의 거듭된 악행을 여러
다이묘(大名)들이 참소함으로써 다시 요시아키라(義詮)에 내쫓겨 발병

후 급사하는 것으로 되어 있으니 시바 다카쓰네의 〈모반〉은 그의 개인적 결함에 상당한 원인이 있었음을 『다이헤이키』는 덧붙이고 있는 셈이다.

아시카가 다다후유(足利直冬)와 합력하여 남조(南朝) 군대는 세 번째 교토(京都) 탈환에 성공하지만 『다이헤이키』에서는 부친을 배신한 아들을 대장으로 삼은 것이 탈이 되어 패전 끝에 다시 퇴각하는 것으로 설명되어 있다. 반면에 북조(北朝) 측에서는 요시노(吉野)에 연행되었던 천황가가 풀려나고 무가(武家)는 공가(公家)를 위압하면서 권세를 누리며 화려한 사치를 일삼는다. 그러나 일반 서민들은 계속된 병란과 기근으로 극도로 궁핍한 생활을 이어가고 있다. 그런 와중에 아시카가 다카우지(足利尊氏)가 병이 들어 죽고 그 자리를 요시아키라(義詮)가 계승한다. 『다이헤이키』 화자는 아시카가 다카우지(足利尊氏)의 죽음에 대하여 짤막한 감상을 덧붙이고 있을 뿐 더 이상의 의미를 첨가하지 않고 있다. 제2부에 있었던 고다이고(後醍醐) 천황과 구스노키 마사시게(楠正成)의 죽음과는 대조를 보이고 있는 바 아시카가 다카우지(足利尊氏)에 대한 직접 평가를 긍정적이든 부정적이든 최대한 자제하고 있는 점은 『헤이케 모노가타리』(平家物語)에서의 미나모토 요리토모(源賴朝)의 죽음과 유사하다.

아시카가 다카우지(足利尊氏)가 죽은 뒤 요시아키라(義詮)가 쇼군(將軍)직을 계승하였을 때 북조(北朝)의 상류무사 중 각광을 받았던 인물은 사사키 도요(佐佐木道譽)이다. 그는 아시카가 다카우지(足利尊氏)가 호조(北條)에 반기를 들었을 때부터 20년이 넘도록 아시카가 가문을 보필하여 이제는 제2인자로서 명예와 권세를 장악하기에 이르렀다. 특히 사사키 도요(佐佐木道譽)는 거듭되는 북조(北朝) 내부의 분란의 외중에서 변함없이 아시카가 다카우지(足利尊氏)와 요시아키라(義詮) 편에 서서 야마나 모로우지(山名師氏)의 '모반' 등을 진압하는 과정에서 공을 세움으로써 나름의 아성을 구축하였다. (권三十四「宰相中將殿に將軍の宣旨を賜ふ事」)

그러나 『다이헤이키』 제3부 전개 과정에서 사사키 도요(佐佐木道譽)와 갈등을 일으켜 〈모반〉을 일으키는 상류무사는 야마나 모로우지(山名師氏) 이후에도 속출한다. 사사키 도요(佐佐木道譽)는 아시카가 다카우지 (足利尊氏)와 요시아키라(義詮)의 비호 아래 사욕과 사치를 향유하여 다른 무사들의 〈모반〉을 야기시키고 역설적이게도 그 〈모반〉의 진압을 발판으로 더욱 가문의 영화를 누리는 특이한 존재이다. 『다이헤이키』에서는 또한 그가 풍류를 즐기며 아울러 유행시켰던 사실을 평가하고 있는 듯이 보인다.[47]

아시카가 요시아키라(足利義詮)가 쇼군(將軍)직에 올라 교토(京都)를 장악하고 있을 때 아우인 모토우지(基氏)는 관동(關東)관령(管領)의 직책으로 가마쿠라(鎌倉)를 관장하고 있었다. 북조(北朝) 권력을 대표하는 형제 사이가 좋지 않다는 소문이 나자 이에 대한 타개책으로 모토우지(基氏) 수하에 있던 하타케야마 구니키요(畠山國淸)가 상경하여 교토(京都)의 군대와 합세하여 남조(南朝) 공략에 나선다. 이 때 닛키 요시나가 (仁木義長)라는 북조(北朝)의 유력 무사는 작전에 적극 참여하지 않고 북조의 패전을 조롱하는 등 돌출 행동을 보여 다른 무사들의 노여움을 산다. 남조(南朝) 공략이 실패로 끝나자 하타케야마 구니키요(畠山國淸)·호소카와 기요우지(細川淸氏) 등이 닛키 요시나가(仁木義長)를 응징할 기세를 보이자 요시나가는 이들이 '모반'을 획책하고 있다 하여 아시카가 요시아키라(足利義詮)를 보호한다는 명목으로 그를 감금한다.(권三十五「京勢重ねて南方發向事 付 仁木沒落事」) 상류무사들의 내분으로 아시카가 요시아키라(足利義詮)의 권위가 위기를 맞는 대목이다. 동시에 수세에 몰린 닛키 요시나가(仁木義長)가 도리어 상대방을 〈모반〉으로 몰아 상황을 역전시키고 있는 점에 그의 패러독스의 논리가 두드러져 보인다. 그러나 대세를 파악한 아시카가 요시아키라(足利義詮)가 탈출에 성공함으로써 닛키 요시나가(仁木義長)는 다시 수세에 몰려 이세(伊勢)로 도망친다. 이후 닛키 요시나가(仁木義長)는 남조(南朝)에 투항하고 남조는 그의 불순한 동기와 평소의 악행을 성토하면서도 그를 받아들인다.

『다이헤이키』 제3부 본문에는 닛키 요시나가(仁木義長)가 발화한 〈모반〉의 용례 이후 북조(北朝) 내분과 관련된 용례는 더 이상 보이지 않는다.[48] 그러나 실질적으로는 북조(北朝)에 대한 〈모반〉을 감행한 상류무사들의 행동이 거듭됨으로써 아시카가 다카우지(足利尊氏) 사후 요시아키라(義詮)가 장악하고 있는 북조에 심각한 위협을 가한다. 당시 상황은 이미 〈모반〉하여 남조(南朝)에 투항하였던 야마나 도키우지(山名時氏)가 산음도(山陰道)에서 북조(北朝) 군대와 교전하고 규슈(九州)에서는 기쿠치 다케미쓰(菊池武光)가 남조군으로서 활약을 하던 때이다. 이때 닛키 요시나가(仁木義長)를 북조(北朝)로부터 내쫓았던 호소카와 기요우지(細川淸氏)가 사사키 도요(佐佐木道譽)와 암투를 벌인 끝에 아시카가 요시아키라(足利義詮)로부터 반역의 의심을 받자 어쩔 수 없이 교토(京都)를 떠나 북국(北國)으로 도망친 후 남조(南朝)에 투항을 요청한다. 이에 더하여 관동(關東) 지방에 내려가 있던 하타케야마 구니키요(畠山國淸)마저 북조(北朝)에 반역하여 관동(關東)관령(管領)인 아시카가 모토우지(足利基氏)를 위협한다. 북조(北朝)는 상류무사들의 거듭된 실질적 〈모반〉이 축적되어 마침내 사방으로 포위된 형국으로서 최대의 위기에 봉착하였던 것이다.

그러나 역설적이게도 『다이헤이키』 제3부는 말미에 이르면서 북조(北朝)가 이와 같은 위기를 극복함으로써 아시카가(足利)막부 성립을 더욱 확고히 하였다는 점에 최종 목표를 설정하고 있는 것으로 보인다. 호소카와 기요우지(細川淸氏)는 남조(南朝) 군대를 이끌던 구스노키 마사노리(楠正儀) 등과 연합하여 교토(京都)를 침공하여 네 번째 탈환에 성공하지만 오래 버티지 못하고 시코쿠(四國) 지방에서 재기를 노리다가 결국 전사하고 만다.

하타케야마 구니키요(畠山國淸)는 아시카가 모토우지(足利基氏)의 군대에 패퇴한 후 『다이헤이키』에서 모습이 보이지 않는다. 야마나 도키우지(山名時氏)와 닛키 요시나가(仁木義長)는 결국 아시카가 요시아키라(足利義詮)에 다시 투항해 온다. 그리하여 북조(北朝)는 안정을 되찾고 아시카가 요시아키라(足利義詮)와 모토우지(基氏)가 거의 동시에 병사한 후에 3대 쇼군(將軍) 요시미쓰(義滿)가 아시카가(足利)막부를 계승하는 것으로 『다이헤이키』 제3부는 대단원의 막을 내린다. 실제 역사는 남북조(南北朝)가 통일되기까지 이후에도 수많은 〈모반〉과 이에 대한 극복으로 이어지지만 아시카가(足利)막부 확립이라는 관점에서 보면 『다이헤이키』가 미완의 결말로 끝났다고 해서 그 자체로 의미가 상실되지는 않는 것으로 보인다. 북조(北朝) 내부의 〈모반〉이 갖는 전형성과 그 파급 효과는 제3부에서의 구조들만으로도 충분히 나름의 완성도를 확보하고 있기 때문이다. 따라서 『다이헤이키』는 제1부에서 제3부에 이르기까지 전체를 통하여 나름의 특색있는 모반의 구조를 보여주고 있다고 할 수 있다.

맺음말

『다이헤이키』는 제목과는 반대로 전란이 50년 동안이나 끊임없이 이어지는 일본 역사군담이다. 태평한 시대는 이야기 현재에는 없고 과거에 있었고 미래에 있을 이야기이다. 그러므로 태평한 시대는 이야기 현재에서 더욱 간절히 추구되어야 할 지고지선의 목표가 되고 있다. 그러나 현재는 과거와 똑같을 수 없고 미래 또한 마찬가지다. 따라서 태평한 시대로서의 구체적 실상도 변화될 수밖에 없고 또 변화되어야 한다. 그런 관점에서 『다이헤이키』에 나타난 이야기 과거・현재・미래는 태평한 시대의 실상을 각기 다른 모습으로 설정하고 있다.

『다이헤이키』에 있어서 과거는 무가정치가 시작되어 호조(北條) 가문이 싯켄(執權)의 자리에서 실권을 행사했던 시기이다. 그 중에 조큐(承久)의 난 이후 7대에 걸쳐 호조(北條) 가문이 베푼 인정(仁政)이 태평한 시대를 가져왔다는 것이 『다이헤이키』의 평가이다. 『다이헤이키』의 현재는 고다이고(後醍醐) 천황의 즉위시로 이 때는 호조 다카토키(北條高時)의 악행으로 말미암아 난세가 되고 말았다. 태평한 시대가 되기 위해서는 이제 호조(北條) 가문이 멸망해야 하고 이를 고다이고(後醍醐) 천황이 추진한다. 그리하여 호조(北條)는 멸망하고 천황에 의한 친정(親政)이 실시되지만 세상은 이미 고대적 천황제로 다스려지지 않는다. 무가의 힘이 그만큼 커진 것이다. 〈겐무(建武)의 신정(新政)〉이 실패하고 무사의 불만 세력을 규합하여 아시카가 다카우지(足利尊氏)가 천황 세력에 도전한다. 천황을 도와 닛타 요시사다(新田義貞) 등이 맞서 싸우지만 이기지 못하고 마침내 남북조(南北朝)가 양립한다. 남조(南朝)는 북조(北朝)에 끊임없이 도전하지만 끝내 무력의 열세를 만회하지 못한다. 북조(北朝) 또한 무력의 우세에도 불구하고 자체 내분이 이어져서 남조(南朝)를 굴복시키지 못한다. 그런 동안에 닛타 요시사다(新田義貞), 고다이고(後醍醐) 천황, 아시카가 다카우지(足利尊氏)·요시아키라(義詮) 등이 차례로 죽고 북조(北朝)는 3대 쇼군(將軍)에 요시미쓰(義滿)가 자리한다. 여기까지가 『다이헤이키』 이야기 현재이다. 따라서 『다이헤이키』 미래는 요시미쓰(義滿)에 의해 남북조(南北朝)가 통일되는 시기이다. 그 이후가 『다이헤이키』가 설정한 미래의 태평한 시대로 추정된다.

총 40권으로 되어 있는 『다이헤이키』 이야기 현재를 3부 구성으로 나누어 보면 제1부의 시작은 호조(北條)가 실권을 장악하였던 가마쿠라(鎌倉)막부의 말기와 연결되어 있다. 그리고 제1부의 끝은 고다이고(後

醍醐)천황의 주도하에 이룩된 호조(北條)의 멸망이다. 제2부는 〈겐무(建武)의 신정(新政)〉부터 남북조(南北朝)가 양립하여 고다이고(後醍醐)천황의 죽음까지이다. 제3부는 이후의 남북조(南北朝) 항쟁을 다루고 있고 그 끝은 아시카가 요시미쓰(足利義滿)에 의한 남북조(南北朝) 통일에 간접적으로 이어져 있다. 이와 같은 3부 구성은『다이헤이키』성립 자체와 연관지어 고찰할 개연성도 있는 등 텍스트 내부의 변화 및 통일성을 파악하는 데 있어서도 유효하다는 것이 본고의 논지의 출발점이다.

『다이헤이키』라는 텍스트 내부에서 주제의 변화 및 통일성을 파악하고자 할 때 가장 두드러진 특색은 명분론과 현실론의 대립으로 나타나고 있다. 명분론은 유교적 덕목으로서의 명군 충신론(明君忠臣論)을 바탕으로 한 지배자의 논리이다.『다이헤이키』서문은 이 명분론을 제시하여 이야기 전체를 이끌어가려는 의도를 보이고 있다. 또한『다이헤이키』본문에서도 텍스트 내부에 위치한 화자의 목소리나 등장인물의 대화 등을 통하여 명분론에 입각한 절대선의 추구를 형상화하고 있다. 그리고『다이헤이키』에 나타난 명분론은 무가정치에 앞서 행해진 고대적 천황제를 동경의 대상으로 삼고 있는 듯이 보이며 그 최대의 수혜자는 천황 친정을 시도한 고다이고(後醍醐)천황이 되고 있다.

반면에 현실론은 정치적 이상보다는 현실적 힘의 논리를 인정하고 또한 중시하는 피지배자의 논리라 할 수 있다. 명분론과 비교해 볼 때 드러내놓고 현실론을 표방하는 문맥은『다이헤이키』본문에서 표면화되어 있지 않다. 현실론은『다이헤이키』의 숨은 구조로서 장치되어 있는 것이다. 그리하여 호조(北條)의 무가정치를 인정(仁政)이 베풀어진 시기에 한정시켜 동경하고 앞으로 다가올 아시카가(足利)의 무로마치(室町)막부를 또한 확립의 가능성으로서 전망하는 것이다.『다이헤이키』에 나타난 현실론은 이와 같은 힘의 논리로 결정되는 구체적 현실을 수용하고자 하는 태도로써 화자나 등장인물을 통하여 공감대를 넓혀가고 있다.

　명분론과 현실론의 대립이라는 관점에서 『다이헤이키』 3부 구성을 고찰하면 다음과 같은 점을 확인할 수 있다. 먼저 『다이헤이키』 제1부는 고다이고(後醍醐) 천황의 명군상(明君像)과 호조 다카토키(北條高時)의 악신상(惡臣像)이 명확한 대조를 보임으로써 각각 절대선과 절대악의 위치에 자리매김되고 있다. 그러므로 고다이고(後醍醐) 천황이 타도 호조(北條)를 위해 실행한 〈모반〉은 명군으로서 당연히 악신을 제거한다는 명분이 주어지는 것이고 따라서 천황의 〈모반〉은 이례적으로 성공을 거둔다. 또한 천황의 〈모반〉의 성공에는 구스노키 마사시게(楠正成)와 같은 충신의 활약과 함께 원래 호조(北條)에 속해 있던 아시카가 다카우지(足利尊氏)와 닛타 요시사다(新田義貞)의 또 다른 〈모반〉이 추가되어져 있다.

　『다이헤이키』 제2부는 고다이고(後醍醐) 천황에게 주어졌던 절대선의 지위가 〈겐무(建武)의 신정(新政)〉의 실패로 그 절대성이 상실되고 반면에 호조 다카토키(北條高時)를 대신해서 천황의 왕권에 도전한 아시카가 다카우지(足利尊氏) 또한 절대악의 자리매김은 모면하는 것으로 되어 있다. 따라서 제2부에서는 고다이고(後醍醐) 천황에 의한 〈조적〉 지명이 가장 중요한 변수로 작용하여 이를 둘러싸고 아시카가 다카우지(足利尊氏)와 닛타 요시사다(新田義貞)가 주도권 다툼을 벌인다. 특히 고다이고(後醍醐) 천황이 북조(北朝)에 일시 투항하면서 닛타 요시사다(新田義貞)가 〈조적〉으로 몰림으로써 혼란의 양상을 보이다가 제2부 말미에서 고다이고 천황의 유언에 의해 〈조적〉 지명은 다시 아시카가 다카우지(足利尊氏)를 가리키는 것으로 고착된다. 이와 같이 제2부에서는 고다이고(後醍醐) 천황을 위한 명분론이 약화되고 상대적으로 아시카가 다카우지(足利尊氏)의 주도에 의한 남북조(南北朝) 성립이 기정사실화되는 현실론과 기존의 명분론이 경합의 양상을 보이고 있다.

『다이헤이키』제3부는 남북조(南北朝) 양측에 대한 절대악과 절대선의 자리매김은 실종되고 주로 북조(北朝)에 속한 상류무사들이 변절과 하극 상에 의해 끊임없이 〈모반〉을 실행함으로써 북조 내부에 혼란을 초래한 다. 제1부에서 고다이고(後醍醐)천황의 〈모반〉이 명분있는 싸움으로 연 결되어 성공을 거두는 데 반하여 제3부에서의 〈모반〉은 북조(北朝) 상 층부의 힘의 우세가 현실을 지배하는 과정에서 진압 소멸된다. 따라서 제3부에서는 북조(北朝) 이탈자들에 의한 〈모반〉과 이에 연합한 남조(南 朝) 측의 도전으로 야기된 아시카가(足利)막부의 수 차례 위기가 결국 극복되어졌다는 점에 초점이 모아진다. 그러므로 『다이헤이키』제3부는 북조(北朝) 내부의 〈모반〉이라는 부정적 이미지가 무로마치(室町)막부의 확립을 돕는 결과로 작용하여 종국적으로는 현실론이 명분론을 압도하 게 되었음을 반영하고 있다.

이상에서 살펴본 바와 같이 『다이헤이키』3부 구성은 명분론과 현실 론의 대립을 통해 제1부 : 명분론의 우세→제2부 : 명분론과 현실론의 경합→제3부 : 현실론의 우세로 변화하였음을 결론으로 도출할 수 있 다. 아울러 제1부에서는 고다이고(後醍醐)천황의 〈모반〉이 명분론의 우 세와 함께 이례적 성공을 거두고 제3부에서는 북조(北朝) 상류무사들의 〈모반〉이 무로마치(室町)막부 확립을 전망하고 있는 현실론의 반영으로 말미암아 부정적으로 취급되고 있음을 확인할 수 있다. 또한 제2부에서 는 명분론과 현실론이 경합하면서 〈조적〉 지명을 둘러싸고 아시카가 다 카우지(足利尊氏)와 닛타 요시사다(新田義貞) 사이에서 혼선을 드러내는 특징을 보이고 있다. 마지막으로 제3부의 미완의 결말 또한 〈모반〉의 구조들의 동어 반복을 생략한 표현법으로서 고대적 천황제에 대한 명분 론과 중세적 무가정치에 대한 현실론과의 대립을 해소하기 위한 대안의 부재를 상징하고 있다는 점에서 그 의미를 찾을 수 있다.

주

1) 가미 히로시(加美宏)「太平記』評價と受容の系譜』『國文學』 1991년 2월호 太平記特集 참조.

2) 모리 시게아키(森茂曉)『太平記の群像』 付論『太平記』の基礎知識 및 효도 히로미(兵藤裕己)『太平記〈よみ〉の可能性』 참조.

3) 尾上八郎의 校注 日本文學大系『太平記』解題 이래 日本古典文學大系『太平記』의 해설 등은 권十二까지를 제1부로 구분하였고 〈3부구성설〉을 구체화한 永積安明, 大森北義『『太平記』の構想と方法』 등은 권十二부터 제2부로 구분하고 있다.

5) 최근의 연구로서 大森北義, 兵藤裕己 등의 논지가 이에 해당한다.

6) 이에 대한 자세한 논의는 兵藤裕己『太平記〈よみ〉の可能性』 참조. 兵藤裕己는 고시마(小島)법사(法師)와 고시마 다카노리(兒島高德)를 동일 인물로 보고 있다.

7) 이와 관련해서는 富倉德次郎, 筑土鈴寬, 林屋辰三郎, 和歌森太郎, 角川源義 등에 의한 여러 설이 있다.

8) 永積安明『太平記』岩波書店 1984년.

9) 山下宏明『軍記物語の方法』有精堂 1983년.

10) 中西達治『太平記論序說物』櫻楓社 1985년.

11) 大森北義『『太平記』の構想と方法』明治書院 1988년.

12) 兵藤裕己『太平記の〈よみ〉の可能性』講談社 1995년.

13) 蒙竅に古今之變化を採て安危之由來を察に覆而外無きは天之德也.　明君之に體して國家を保つ. 載而棄つること無きは地之道也. 良臣之に則て社稷を守る.

14) 國文學 1991년 2월호 太平記特輯　및 佐倉由泰「「蒙竅」に始まる敍述 —『太平記』試論—」『軍記と語り物』29호.

15) 此時上君之德に乖き, 下臣之禮を失ふ. 之より四海大きに亂て, 一日もいまだ安からず. 狼煙天を翳し, 鯢波地を動かすこと, 今に至るまで四十餘年. 一人而春秋に富めることを得ず, 万民手足を措くに所無し.

16) 해석에 따라서는 '위로는 君의 德에 (호조 다카토키〈北條高時〉가) 거역하고'를 '위로는 (고다이고〈後醍醐〉천황이) 君의 德에 거역하고'로 보는 견해도 있으나 이를 취하지 않음.

17) 惟恨らくは濟桓覇を行ひ, 楚人弓を遺しに, 叡慮少き似たる事を. 是則草創は一天を并すとも守文は三載を越えざる所以也.

18) 대부분의 기초 연구는 이 부분을 고다이고(後醍醐)천황이 나중에 〈겐무(建武)의 신정(新政)〉을 3년을 못 넘기고 실패한 일을 미리 앞질러서 언급한 대목으로 보고 그 원인이 왕도가 아닌 패도를 행한 데 있었음을 지적한다고 해석하고 있으나 필자는 고다이고(後醍醐)천황의 친정(親政)시기(1321~1324년)로 보고 이를 따르지 않음.

19) 예를 들어 다다요시(直義)·겐에(玄惠)의 개정본에 의한 삽입 기사로 추정할 수도 있을 것이다. 이는 권十二「兵部卿親王流刑事 付 驪姫事」의 기사 내용과 연관되어져 있는 것으로도 보인다.

20) 아시카가 다다요시(足利直義)의 출가를 성자필쇠의 도리 운운하는 대목(권二十七「直義朝臣隱遁事 付 玄惠法印末期事」) 등이 있으나 대체로 보아 『다이헤이키』의 죽음의 미학은 무상관보다는 장렬한 전사나 할복을 그리는 데 초점이 맞추어져 있다.

21) 이에 관한 논문으로는 濱崎志津子「太平記北野通夜物語の〈因果觀〉考 — 當代批判との關わり —『軍記と語り物』28호 등이 있다.

22) 〈기타노(北野) 철야(通夜) 이야기〉는 세 사람의 이야기를 엿듣게 된 라이이(賴意)라는 인물이 이 이야기를 다른 사람에게 전했다는 외형을 갖추고 있지 않다. 이 점에서 보면 『다이헤이키』에 빈번한 예언담의 형식과 구별이 된다할 수 있고 따라서 그 내용은 예언보다는 평가를 위한 것이라고 판별된다.

23) 도온(道蘊)과 같은 명분론은 〈겐코(元弘)의 변(變)〉때 고다이고(後醍醐)천황 편에 가담하여 붙잡힌 도노노호인(殿法印)료추(良忠)의 '하늘아래 王土 아님이 없고 땅을 따르는 이 王民 아님이 없다'(권四「笠置囚人死罪流刑事 付 藤房卿事」)는 발언에서도 확인할 수 있다.

24) 이와 반면에 『다이헤이키』에는 수많은 예언담이 나오고 실제로 그 예언들은 현실에 부합되게 실현되는데 예언의 주체들이 대부분 남조(南朝) 편에 서서 싸우다 죽은 등장인물의 혼령이라는 점에서 이 대목에서 보이는 북조(北朝)의 현실론적 사건 처리가 더욱 두드러지게 대비된다.

25) 先弓矢取とならば, 死を善道に守り名を義路に失はじとこそ思はるべきに, 僅に欲心を含みぬれば, 御方に成るも早く, 聊も恨有れば, 敵になるも易し. されば今誰をか始終の御方と憑み思ふべき. 變じ安き心は鴻毛より輕く, 撓まざる志は麟角よりも稀也. 人數ならぬ小者共の中に, 適一度も翻へらぬ人一兩人有りといへ共, 其れも若祿を與へ利を含めて呼び出す方あらば, 一日も足を留むべからず. 只五十歩に止まる者, 百歩に走るを咲ふが如し.

26) 이하 본고에서는 『다이헤이키』 본문에 나타난 〈모반〉의 용례를 '모반' 또는 '어모반'(御謀叛) 등으로 표기하였다. 그리고 '모반'의 인용이 들어 있는 문에 권수와 함께 필자가 풀어 쓴 장명(章名)을 밝혔다.

27) 이 점에 있어서는 스토쿠(崇德)원(院)의 〈모반〉을 다룬 『호겐 모노가타리』(保元物語)의 경우와 도입 단계가 유사하다.

28) 大系本의 補注에서는 이 '모반'이 도시모토(俊基) 등이 칙명을 받들어 호조 다카토키(北條高時)가 신하답지 못함을 벌하려는 것이므로 『다이헤이키』 작자의 부정확한 사용이었다는 參考本의 인용과 근세 학자의 수필 등에도 이를 지적하고 있음을 밝히고 있다. 또 『다이헤이키』 시대의 〈모반〉은 신하가 주군을 배반한다는 의미가 아니라 단순히 군대를 일으킨다는 의미로 칭해졌다고 해석하고 있다. 그러

나 필자는 『다이헤이키』 본문에서의 〈모반〉의 용례를 ①신하가 주군을 배반함 ② 거병함 및 그 외의 의미가 구별해서 사용된 것으로 보고 있다. 그런 점에서 볼 때 첫 용례의 '모반'의 의미는 ②거병함보다는 ①신하가 주군을 배반함에 가깝다.

29) 이 단 후반에는 중국의 고사를 들어 이 모임에 참가한 사람들에 대해 비난하는 평어를 『다이헤이키』 화자는 덧붙이고 있다. 이는 '무례강'(無禮講)의 실상을 비난함과 아울러 〈모반〉 자체에 대해 그 무모함을 꼬집는 화자의 시각이 반영된 것으로 보인다.

30) 我不慮の勅命を蒙て, 君に憑れ奉る間, 辭するに道無くして, 御謀叛に與しぬる間, 千に一も命の生んずる事難し.

31) 그러나 아직 이 단계에서는 천황의 〈모반〉 여부는 호조(北條) 로쿠하라(六波羅) 측에 알려져 있지 않은 것으로 볼 수 있다. 왜냐하면 도키 요리카즈(土岐賴員)는 도키 요리사다(土岐賴貞)와 다지미 구니나가(多治見國長) 등 다른 두 명의 이름만을 밀고하고 있기 때문이다.

32) 今川家本 등의 이본(異本)에서는 '君の御謀反'이 아니고 '스케토모(資朝)·도시모토(俊基)의 음모'로 되어 있다고 한다. 호조(北條)측의 대처 과정으로 볼 때 이쪽의 표현이 훨씬 정확하다고 볼 수 있다.

33) 이에 대하여 고다이고(後醍醐)천황의 입장은 무척 단호하다. 붙잡힌 후에도 3종(三種)의 신기(神器)에 집착을 보이거나 재등극을 위하여 출가를 거부한다. 이를 『다이헤이키』 권四「俊明極參內事」에는 고다이고(後醍醐)천황이 중조(重祚)할 것이라는 예언담이 따로 설정되어 그의 집념의 배경을 이루고 있다.

34) 아시카가 다카우지(足利尊氏)가 〈반역〉을 결심하는 시기가 이미 호조(北條)의 멸망이 예측 가능한 때였다는 점과 상경하고 나서 천황편에 가담한 시점도 구원군의 대장이 전사한 후라는 점 등을 들어 그의 기회주의적 태도를 지적하는 시각도 있다.

35) こはそも何事ぞや. かたじけなくも四海の主にて御坐す天子の御子の, 朝敵御追罰の爲に, 御門出ある路次に參り合て, 汝等程の大凡下の奴原が, 左樣の事仕るべき樣やある.

36) 권十二「公家一統政道事」, 同「安鎭國家法事 付 諸大將恩賞事」권十三「龍馬進奏事」 등에 그 용례가 보인다.

37) 그러나 닛타 요시사다(新田義貞)가 공격해 들어왔을 때 아시카가 다카우지(足利尊氏)는 출가를 결심하고 처음에는 이에 대응하지 않았으나 아우인 다다요시(直義)와 가신들이 싸움에 패한 후에 위서(僞書)를 작성하여 다카우지(尊氏)를 속여서 할 수 없이 출가를 번복하고 출병하는 것으로 『다이헤이키』는 되어 있다. 다카우지(尊氏)가 불가피하게 〈조적〉이 되었음을 설명하기 위한 것으로 보인다.

38) 권十六「正成首を故鄕へ送る事」에서는 어린 마사쓰라(正行)가 전쟁놀이를 하면서 '이것은 조적의 머리를 자른 것이다'라고 말하고 있고 권二十六「正行吉野へ參る事」에서는 장성한 마사쓰라(正行)가 남조(南朝)의 천황을 알현하여 '조적'을 물리

칠 것을 다짐한다. 권三十七에서는 마사노리(正儀)가 '조적'에게 수도를 빼앗긴 일이 5회에 이른다면서 교토(京都)에 진격해 들어간다.

39) 제3부에 보이는 〈조적〉의 19용례 중 닛타 요시사다(新田義貞)를 회고하여 가리키는 3례와 하타케야마 구니키요(畠山國淸)를 가리키는 1례 및 중국의 안록산(安祿山)을 가리키는 2례를 제외한 13례가 모두 아시카가 다카우지(足利尊氏) 및 그 일당을 향하고 있다.

40) 권三十五 〈기타노(북야) 철야(通夜) 이야기〉에서 보이는 토론의 논지 역시 남북조(南北朝)의 최상층부에 대한 직접 비난을 피하면서 일종의 불가지론으로써 결론을 대신하고 구체적인 대안 제시가 없다는 점에서 동일한 맥락으로 해석되어진다.

41) 이와 같은 해학적인 부분의 삽입은 특히 『헤이케 모노가타리』(平家物語)와 같은 기존의 선행 작품에서 따온 인물이나 장면을 패러디하는 과정에서 주로 나타나 『다이헤이키』 작자가 당시 현실의 세태에 대하여 비판적 시각을 갖고 있음을 보여주는 구체적 실례가 되고 있다.

42) 이 대목의 『다이헤이키』에서의 아시카가 다카우지(足利尊氏)는 『헤이케 모노가타리』(平家物語)에서 실권을 장악한 미나모토 요리토모(源賴朝)가 아우인 요시쓰네(義經)를 〈모반〉의 혐의를 두어 제거하였던 사실과 비견된다. 『다이헤이키』에서 고노 모로나오(高師直)와 아시카가 다다요시(足利直義)와의 충돌은 『헤이케 모노가타리』에서 가지와라 가게이에(梶原景家)와 요시쓰네(義經)와의 관계와 유사하다.

43) 그러나 다다요시(直義)가 군대를 이끌고 교토(京都)를 떠난 직후의 다카우지(尊氏)와 요시아키라(義詮)의 반응을 보면 토론으로 수일을 보낼 정도로 무기력한 모습이다. 『다이헤이키』 작자 또한 다다요시(直義)의 이번 거병이 그의 교만함에서 비롯되었음을 나타내는 고사담을 덧붙이고 있다. 그런 점에서 보면 다다요시(直義) 쪽에 보다 적극적인 분열의 의지가 작용하였다고도 해석할 수 있다.

44) 이에 관하여 『다이헤이키』 화자는 형제간 숙질간의 싸움을 비난하면서 다다요시(直義) 쪽에 더욱 노골화된 비평을 그의 죽음 뒤에 덧붙이고 있다.(권三十「慧源禪門逝去事」) 다다요시(直義)를 분쟁의 원인 제공자로 여기고 있는 듯하다.

45) 『다이헤이키』 권三十二「直冬上洛事 付 鬼丸鬼切事」)에서는 야마나 모로우지(山名師氏)가 토지 문제로 아시카가 요시아키라(足利義詮)에게 원한이 있었음을 지적하고 있다. 사사키 도요(佐佐木道譽)의 배경에 아시카가 요시아키라(足利義詮)가 존재하였음을 나타내는 것으로 해석된다.

46) 『다이헤이키』 작자는 다다후유(直冬)의 투항에 대한 남조(南朝)측의 토론으로서 유카켄하쿠온(遊和軒朴翁)이라는 인물을 통하여 충효와 관련된 고사를 인용함으로써 다다후유의 불효를 강력 비난하고 있다. 반면에 다카우지(尊氏)의 부정의 박약함에 대한 언급은 보이지 않는다.

47) 당시의 풍류는 바사라(婆娑羅)라고 하여 사치와 화려함을 즐기는 여흥 문화로서 사사키 도요(佐佐木道譽)가 이에 대한 조예가 깊었다는 사실을 『다이헤이키』에서

는 권三十七「新將軍京落事」 등에서 다루고 있다. 한편 사사키(佐佐木) 가문이 엔랴쿠지(延曆寺)에 원한을 사서 결국 아들과 손자가 비운을 맞이한다는 후일담을 권二十一「佐渡判官入道流刑事」에서 미리 다룸으로써 『다이헤이키』 화자는 그의 악행을 또한 강조하고 있다.

48) 이후의 용례는 중국 고사담과 관련하여 한 차례 사용된 3례가 있을 뿐이다.(권三十八「太元軍事」)

제10장

결 론

제10장 결 론

1. 모반의 구조를 통해 본 각 작품별 특색

일본 역사군담의 초기 작품에 해당하는 『쇼몬키』(將門記)와 『무쓰와키』(陸奥話記)는 서로 다른 점에서 그 선구성의 의미를 찾을 수 있다. 『쇼몬키』는 다이라노 마사카도(平將門)가 애초에 모반의 의사를 갖고 있지 않았으나 사투(私鬪)의 단계에서 중앙 정부가 〈관부〉(官符)를 난발함으로써 〈모반〉이라는 행동의 비약을 택할 수밖에 없었던 과정을 보이면서 그의 영웅화를 시도하고 있다. 반면에 『무쓰와키』는 미나모토 요리요시(源賴義)의 활약에 의한 토벌기의 양식을 기본 토대로 하면서도 한편으로는 〈모반〉을 일으킨 아베 사다토(安倍貞任) 등에 대한 호기심 내지는 제한된 동정심을 내포하고 있고 역시 변방 세력인 기요하라 다케노리(淸原武則)의 활약상을 비중있게 다루고 있는 점 등 『쇼몬키』와는 구별되는 모반의 숨은 구조를 갖추고 있다.

『호겐 모노가타리』(保元物語)에는 모반의 주체자와 반대자라고 하는 두 축이 설정되어 있다. 즉 〈모반〉을 일으킨 스토쿠(崇德)상황(上皇)과 다메토모(爲朝) 및 요리나가(賴長)가 주체자의 축에 위치하고 다메요시(爲義)와 다다자네(忠實)는 이들을 보조한다. 반면에 〈모반〉을 진압하는 고시라카와(後白河)천황과 신제이(信西)는 반대자의 축에 위치하고 요시토모(義朝)와 기요모리(淸盛) 및 다다미치(忠通)가 이들을 보조한다. 그

리고 『호겐 모노가타리』에는 모반의 주체자의 축이 반대자의 축보다 큰
비중을 차지하고 있을 뿐 아니라 매우 극단적인 모반의 실태를 나타내
는 대사를 들려주고 있다.

이에 비하여 『헤이지 모노가타리』(平治物語)는 『호겐 모노가타리』(保元
物語)와 유사한 3부 구성으로 되어 있지만 보다 단선적인 구조를 갖춤
으로써 모반의 전형을 보이고 있다. 그러나 후반부에 들면서 〈모반〉을
행한 쪽과 이를 처리하는 쪽 모두 모순된 언동을 보임으로써 한계를 노출
한다. 나아가서 특히 下권은 미나모토 요시토모(源義朝) 일가의 수난과
재흥에 관심의 초점이 맞추어지는 쪽으로 모반의 구조가 전이되어 있다.

일본 역사군담의 대표라 할 수 있는 『헤이케 모노가타리』(平家物語)는
모반의 구조로서 ① 『헤이케 모노가타리』 전체를 통하여 헤이케(平家)
일가의 악행이 곧 실질적인 모반이었음 ② 기요모리(淸盛)가 발화하는
모반의 용례에서 패러독스의 논리를 형성하고 있음 ③ 슌칸(俊寬)·요리
마사(賴政)·요리토모(賴朝)가 발화하는 모반의 의미는 각자의 입장에
따라 텍스트 내부에서 상대적으로 변화하고 있음을 확인할 수 있다. 이
와 함께 모반에 대한 평가와 반응을 『헤이케 모노가타리』 내부의 화자
와 〈초점화자〉가 나름의 표현법으로 나타내고 있다.

『기케이키』(義經記)는 2부 구성이라는 형식상 특징을 갖고 있는 바 전
반부와 후반부가 유기적인 인과관계를 맺지 못하고 있다. 그 이유로서
『기케이키』 전반부는 모두문에서 요시쓰네(義經)의 명장군(名將軍)상을
전제로 하면서도 실제 활약상은 단 몇 줄로 요약되고 성장 과정만이 확
장됨으로써 과정의 최대화, 결과의 최소화라는 특이한 구성을 보이고
있다는 점을 둘 수 있다. 또한 『기케이키』 후반부는 요리토모(賴朝)와
요시쓰네 사이의 〈형제 불화〉가 주된 원인이 되어 요시쓰네의 〈불운〉=
요리토모의 〈과보〉(果報)로서 결말지워지면서도 각 장면에서는 요시쓰
네가 나름의 독특한 성공을 거두는 것으로 되어 있어 과정에서의 성공

이 결과적으로는 실패로 이어지는 논리적 모순을 보이고 있다. 아울러 『기케이키』는 역설의 논리구조를 보이고 있는 바 ①『기케이키』 전체를 통하여 요시쓰네(義經)와 요리토모(賴朝)의 논리 구사 및 인물상이 일관성을 결여하고 있는 점 ② 요시쓰네 대 요리토모의 갈등 구조가 양측의 주변인물들에 의해 상당한 비중으로 보완되고 있는 점 ③『기케이키』의 편집 자세가 모호하면서도 요시쓰네의 〈무용〉과 〈예〉(藝)에 초점이 맞추어져 있어 〈호간비이키〉(判官贔屓)의 의도를 잠재하고 있는 점 등을 특징으로 하고 있다.

『소가 모노가타리』(曾我物語)는 소가(曾我) 형제가 부친의 원수를 갚는다고 하는 복수담을 소재로 하면서도 효의 실천이라는 사(私)적인 문제가 결국 당시 실권자인 요리토모(賴朝)에 대한 충성을 거부하고 패도 정치에 도전함으로써 공(公)적인 문제로 비화하게 되는 과정을 다루고 있다. 아울러 『소가 모노가타리』는 소가 형제의 의지와 실천을 통하여 공과 사의 갈등 구조를 적나라하게 보여주고 난 다음 이에 대한 해결로서 소가 형제의 죽음에 대한 세속적인 보상과 진혼의 구상을 덧붙이고 있는 점에 특색이 있다.

『承久記』(조큐키)는 고토바(後鳥羽)상황(上皇)이 일으킨 모반 사건을 주된 내용으로 하면서 전체적으로는 모반을 진압한 가마쿠라(鎌倉)막부 체제의 확립을 기정사실화하는 태도로 일관하고 있다. 그러나 『조큐키』는 서두에서 불교교리에 의한 낙관적 세계관을 피력하고 말미에서는 새로운 왕조 체제를 경하하는 태도를 취함으로써 본문의 주된 서술과는 상이한 태도를 보이고 있다. 이는 곧 호조(北條) 권력의 탄생과 불법(佛法)·왕법(王法)의 지속이라는 상반된 내용을 담고 있다는 점에서 자기 모순을 드러내고 있다. 아울러 『조큐키』에는 진혼의 의도가 두드러져 보이지 않는다. 그 이유로서 ① 고토바(後鳥羽)상황(上皇)이 철저하게 부정적 인물로 설정되고 반면에 호조 요시토키(北條義時)에 대해 일종의 영웅화가 시도되어 있는 점 ②사후처리담(또는 후일담)이 최소화하여 『조큐키』가 2부 구성으로 되어 있는 점 ③진혼의 생략(또는 최소화)이 『조큐키』 서두와 말미의 서술 방식과 연결되어 있는 점 등을 들 수 있다.

『다이헤이키』(太平記)는 명분론과 현실론의 대립이라는 관점에서 3부 구성을 고찰할 수 있는 바 제1부 : 명분론 우세 → 제2부 : 명분론과 현실론 경합 → 제3부 : 현실론 우세로 변화한다. 제1부에서는 고다이고(後醍醐)천황의 모반이 명분론의 우세와 함께 이례적 성공을 거두고 제3부에서는 북조(北朝) 상류 무사들의 모반이 무로마치(室町)막부 확립을 전망하는 현실론의 반영으로 말미암아 부정적 의미로 묘사되고 있다. 또한 제2부에서는 조적(朝敵) 지명을 둘러싸고 아시카가 다카우지(足利尊氏)와 닛타 요시사다(新田義貞) 사이에서 혼선을 드러내는 특징을 보이고 있다.

2. 모반의 구조와 관련된 일본 역사군담의 전형성

거의 예외없이 일본 역사군담은 모반을 소재로 하고 있다. 그리고 모반을 일으킨 주체자가 이야기의 중심 축을 차지하여 영웅의 모습을 갖추고 있다. 그 영웅은 고대 천황제를 위태롭게 할 만큼 막강한 무력과 의지력을 소유함으로써 왕권에 직접 도전하여 기존의 질서를 뒤바꾸려 하는 것이다. 그러한 모반인의 출현시기를 일본 역사군담은 불교적인 인식을 바탕으로 말법(末法)시대라 해석하고 있고 이에 대한 원인 규명으로서 유교적인 정치론을 설파하고 아울러 신국론(神國論)과 백왕사상(百王思想)을 제시함으로써 신도(神道)적인 해결책을 밑바탕에 깔고 있다.

따라서 일본 역사군담에서 모반을 일으킨 영웅화된 주인공들은 고대 천황제를 수호하는 신력(神力)과 불력(佛力) 및 또 다른 무력에 의해 힘의 한계를 보일 수밖에 없게 되어 좌절로 마감하는 비극적인 영웅상을 보이고 있다. 뿐만 아니라 왕권이라고 하는 절대적인 권위에 도전한 의지와 욕망은 절대적인 악으로서 자리매김됨으로써 왜곡된 영웅으로 묘사되고 있다.

일본 역사군담에 나타난 모반의 주체자는 다양한 출신 계급에서 배출되었다. 『쇼몬키』(將門記)의 마사카도(將門)는 지방의 신흥 무사, 『무쓰와키』(陸奧話記)의 아베 사다토(安倍貞任)는 변방에 위치한 토착 세력의 호족이었다. 『호겐 모노가타리』(保元物語)의 스토쿠(崇德)상황(上皇)은 양위를 한 천황이고 후지와라 요리나가(藤原賴長)는 내대신(內大臣)인 중앙 귀족이고 미나모토 다메요시(源爲義)·다메토모(爲朝) 부자는 유력한 무가였다. 『헤이지 모노가타리』(平治物語)의 노부요리(信賴)는 상황(上皇)의 총애를 받는 귀족이고 미나모토 요시토모(源義朝)는 불만을 가진 유력한 무가였다. 그리고 『헤이케 모노가타리』(平家物語)의 기요모리(淸盛)는 태정대신(太政大臣)까지 오르면서 막강한 권세를 휘두른 유력한 무가의 수장이었다. 『기케이키』(義經記)의 요시쓰네(義經)는 가마쿠라(鎌倉)막부를 연 요리토모(賴朝)의 동생이자 잠재적 라이벌이었고 『소가 모노가타리』(曾我物語)의 소가(曾我) 형제는 졸지에 몰락한 동국(東國) 지방의 호족 가문 출신이었다. 또한 『조큐키』(承久記)의 고토바(後鳥羽)상황(上皇)은 당시 원정(院政)을 펼치던 권력자였고 『다이헤이키』(太平記)의 고다이고(後醍醐)천황은 당시의 천황이었던 것이다.

이를 다시 정리해 보면 위로는 당시의 천황으로부터 아래로는 변방의 토착 호족에 이르고 그 중간에 중앙 귀족과 유력 무가가 모반의 주체자로 되어 있다. 고대 천황제는 이와 같은 일련의 모반들을 힘겹게 진압해 나가면서 천황제라고 하는 기본틀을 유지하기는 하였지만 또한 스스로 체제의 본질을 변화시킬 수밖에 없는 상황 속으로 끌려 들어갔던 것이다.

그러므로 일본 역사군담은 결국 명분상으로는 고대 천황제를 옹호하는 입장을 표면화하고 있지만 현실적으로는 가마쿠라(鎌倉)막부와 무로마치(室町)막부로 이어지는(무가정치에 의해 실질적인 왕권이 행사되는) 중세 천황제의 성립을 잠재적으로 인정할 수밖에 없는 입장 쪽으로 서서히 기울어져 가는 전형성을 내포하고 있다. 같은 모반의 주체자라 하더라도 『쇼몬키』(將門記)의 마사카도(將門)가 절대악(惡)으로 규정되었던 반면에 『다이헤이키』(太平記)의 고다이고(後醍醐)천황이 절대악으로 규정될 수 없었던 이유가 바로 고대 천황제의 명분이었던 것이다. 역으로 모반의 반대자라 하더라도 『헤이케 모노가타리』(平家物語)의 요리토모(賴朝)나 『다이헤이키』의 다카우지(尊氏)가 절대선(善)으로서 자리매김 되어 있지 않은 것도 고대 천황제라는 명분에서 그 이유를 찾을 수 있다. 그와 동시에 요리토모(賴朝)와 다카우지(尊氏)에게는 각각 막부 성립이라는 역사상의 성공 사실에 대한 현실적인 배려가 암묵적으로 작용하고 있는 것이다. 특히 『다이헤이키』(太平記)의 경우는 가마쿠라(鎌倉)막부의 몰락을 이끌었던 고대 천황제의 명분이 이후 다시 무로마치(室町)막부의 성립이라는 현실에 대한 배려에 압도당함으로써 일본 역사군담으로서의 전형성에 혼란을 초래한 듯이 보인다. 이와는 대조적으로 『헤이케 모노가타리』(平家物語)의 경우는 명분과 현실에서 균형을 취하고 있는 것으로 보인다. 이와 같은 점 때문에 일본 역사군담에서는 모반의 주체자로서 절대악의 존재는 재현되고 있으나 그에 대한 절대선의 존재는 찾을 수 없다는 점에서 일종의 카오스의 세계를 구현하였고 이에 대한 정화(淨化)의 세례(=진혼 의식)를 작품의 성립 조건으로서 필수적으로 수반하였다고 말할 수 있다.

일본 역사군담에 나타난 구성상의 특징은 연대기적인 기사 배열을 바

탕으로 하고 있지만 대체로 모반의 발단과 전개 → 전투담을 중심으로
한 모반의 진압 → 진혼을 위한 사후처리담의 3부 구성을 원형으로 하고
있다는 점이다. 그리고 불교적 무상관이나 유교적 정치론을 서두에 배
치하고 맨 뒤에 죽은 원령을 진혼하기 위해 후일담을 두는 등의 증보
형식은 일본 역사군담 자체의 체제 확립과 관련되는 것으로 보인다. 아
울러 연대기적 기사 사이에서 양적인 팽창을 보이는 고사담·회고담 등
의 삽입은 각 작품의 성립 및 성장·발전 과정상 필수 불가결한 요소로
봄이 타당할 것이다.

　이와 함께 일본 역사군담은 창도(唱導)문학으로서의 속성을 동시에 갖
고 있는 바, 이는 진혼을 필요조건으로 하고 있는 작품 자체로부터의
내용상의 요구 위에 불가(佛家)와 무가(武家)에 의한 지속적인 관여와
지원이 작품 외부적인 요소로서 덧붙여진 때문으로 보여진다. 그 결과
모반의 주체자로서의 중심인물이 어떻게 치열한 삶을 살다 죽었는지를
비판의 눈길로 자세하게 들여다 본 후, 정작 그 죽음에 대해서는 동정
을 감추지 않는 화자의 존재가 텍스트 곳곳에서 드러나고 있다. 일본
역사군담에서의 화자의 존재는 등장인물과 독자(과거의 모반인을 동경하고
미래의 다른 형태의 모반인을 기대하는) 사이를 매개하는 역할을 매우 적극
적으로 수행하고 있는 것이다.

부록

일본 역사군담 관련 한·일 비교 연대표
일본 역사군담 관련 가계도

일본 역사군담 관련 한·일 비교 연대표

서력	천황	연호	일본
935	朱雀	承平5	平將門(다이라노 마사카도)의 난 일어남
940	〃	天慶3	平將門의 난 진압됨 ⇒『將門記』
1016	後一條	長和5	藤原道長(후지와라 미치나가)가 섭정이 됨
1051	後冷泉	永承6	安倍賴時(아베 요리토키)가 반란 일으킴
			(1062년까지 前9년의 役) ⇒「陸奧話記」
1086	堀河	應德3	白河(시라카와)上皇에 의한 院政 시작
1156	後白河	保元1	保元(호겐)의 난 일어남 ⇒「保元物語」
1159	二條	平治1	平治(헤이지)의 난 일어남 ⇒「平治物語」
1167	六條	仁安2	平清盛(다이라노 기요모리)가 태정대신이 됨
1180	安德	治承4	源賴朝(미나모토 요리토모)가 東國에서 거병함
1184	後鳥羽	壽永3	源義經(미나모토 요시쓰네)가 義仲(요시나카)를 물리치고 入京
1185	〃	壽永4	壇浦(단노우라)에서 平家가 멸망함 ⇒「平家物語」
1189	〃	文治5	源義經가 奧州(오슈)에서 멸망함 ⇒「義經記」
1192	〃	建久3	源賴朝가 征夷大將軍에 임명됨 (鎌倉막부의 성립)
1193	〃	建久4	曾我(소가) 형제가 원수를 갚고 처형됨 ⇒「曾我物語」
1219	順德	承久1	3대장군 源實朝(미나모토 사네토모)가 암살당함
1221	後堀河	承久3	承久(조큐)의 난 일어남 ⇒「承久記」
1274	後宇多	文永11	여·몽 연합군 1차 침입(文永의 役)
1281	〃	弘安4	여·몽 연합군 2차 침입(弘安의 役)
1324	後醍醐	正中1	後醍醐(고다이고)천황의 막부타도 계획이 발각됨(正中의 變)
1331	光嚴	元弘1	後醍醐(고다이고)천황이 거병후 붙잡힘(元弘의 變)
1333	〃	元弘3	鎌倉막부가 멸망함
1334	後醍醐	建武1	建武의 新政이 시작됨
1336	光明	延元1	足利尊氏(아시카가 다카우지)가 入京하고 後醍醐천황은 吉野(요시노)로 피신함 (南北朝시대의 시작)
1338	〃	延元3	足利尊氏가 征夷大將軍이 됨 (室町막부의 시작)
1350	崇光	觀應1	足利直義(아시카가 다다요시)가 南朝에 투항함(觀應의 擾亂)
1392	後小松	元中9	南北朝가 합일함 ⇒「太平記」

서력	왕	한국
918	고려 태조1	고려 건국
926	태조9	발해 멸망 (거란에 점령됨)
935	태조18	신라 멸망 (경순왕 투항함)
945	혜종2	왕규의 난
993	성종12	거란의 침입을 서희의 담판으로 화약 맺음
1010	현종1	거란의 2차 침입을 강감찬이 물리침
1019	현종10	강감찬 거란군 격멸함 (귀주대첩)
1107	예종2	윤관 등 여진 토벌의 군사를 일으킴
1126	인종4	이자겸의 난
1135	인종13	묘청의 난
1145	인종23	김부식 「삼국사기」 편찬
1170	의종24	정중부 · 이의방의 난 (무신정권 시작)
1176	명종6	망이 · 망소이의 난 (이후 30여년간 민란 빈번함
1193	명종23	김사미의 난
1196	명종26	최충헌 정권 장악함 (이후 60여년간 최씨정권 지속)
1198	신종1	만적의 난
1232	고종19	몽고군 침입에 대비 강화도로 천도
1251	고종38	제2차 대장경 조판 완성
1258	고종45	최씨정권 붕괴
1270	원종11	삼별초군 이후 3년간 몽고에 항쟁
1274	원종14	김방겸, 몽고와 연합 제1차 일본정벌 실패
1281	충렬왕7	제2차 일본정벌 실패
1285	충렬왕11	일연 「삼국유사」 완성
1356	공민왕6	고려 군민, 원 침략군을 완전히 몰아냄
1359	공민왕9	홍건적의 제1차 침입 (2년 뒤 제2차 침입)
1369	공민왕18	신돈, 왕에 섭행
1388	우왕14	이성계 위화도 회군
1392	조선태조1	조선 건국

일본 역사군담 관련 가계도

① 천황가

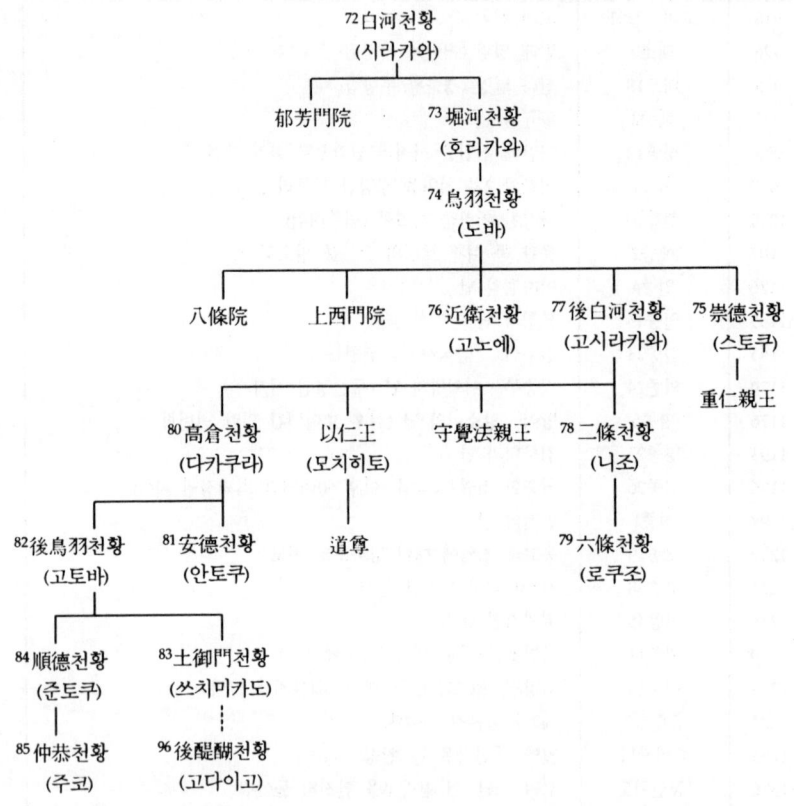

*숫자는 즉위 순서

② 清和源氏(세이와 겐지)

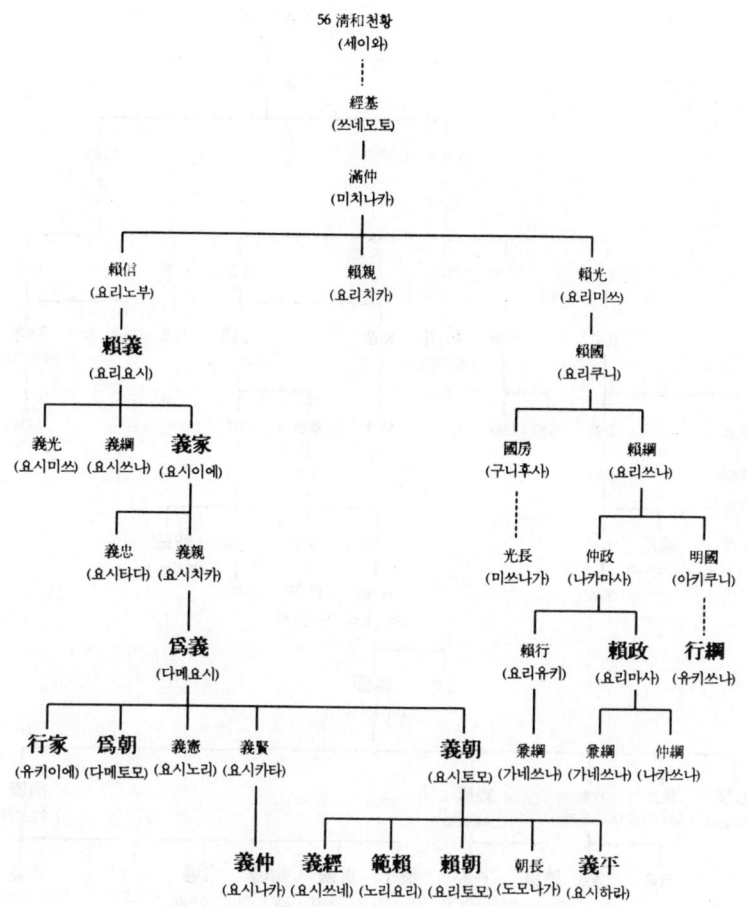

③ 桓武平氏(간무 헤이시)

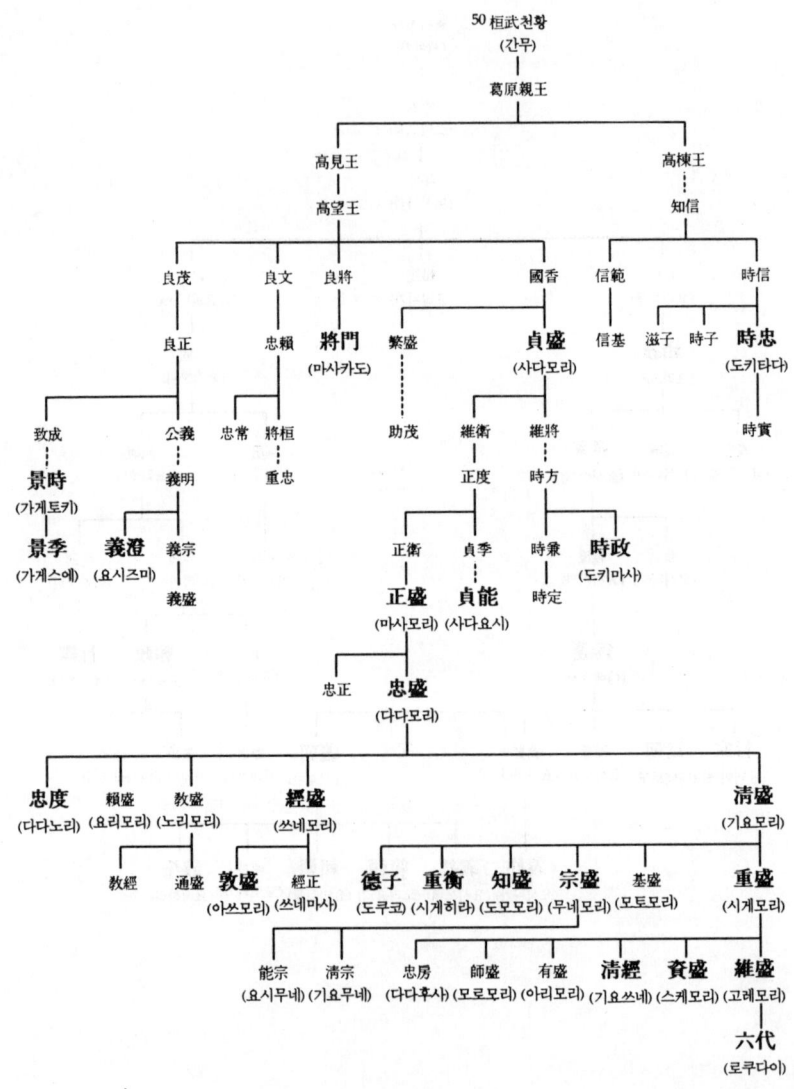

■ 참고문헌

I. 서론

井上光貞 교주　日本思想大系3『律令』岩波書店 1976

羽下德彦 외 편『日本文学大事典』平凡社 1994

松村明 편『大辞林』三省堂 1988

新村出 편『広辞苑』岩波書店 1955

市古貞次 편『平家物語辞典』明治書院 1973

_____『中世文学年表』東京大学出版部 1998

金田一春彦 외 편『平家物語総索引』学習研究社 1970

坂詰力治・見野久幸 편『保元物語総索引』武蔵野書院 1981

_____『平治物語総索引』武蔵野書院 1979

高木市之助 외 増補国語国文学研究史大成 9『平家物語』三省堂 1977

_____『平家物語の論』講談社 1976

石母田正『平家物語』岩波書店 1957

永積安明『中世文学の展望』東京大学出版会 1956

日本文学研究資料刊行会 編 日本文学研究資料叢書『平家物語』有精堂 1969

兵藤裕己 편 日本文学研究資料新集 7『平家物語』有精堂 1969

_____『語り物序説』有精堂 1985

_____『王権と物語』青弓社 1989

_____『太平記<よみ>の可能性』講談社 1995

網野善彦『異形の王権』平凡社 1993

赤松憲雄『王と天皇』筑摩書房 1993

武久堅『平家物語の全体像』和泉書院 1996

栃木孝惟「平治物語序論」『軍記と語り物』7호 1970

須藤敬「「朝敵」論のための覚書」『軍記と語り物』27호 1991

佐伯真一「「将軍」と「朝敵」―『平家物語』を中心に―」『軍記と語り物』27호
　　　　1991

_____「「朝敵」以前―軍記物語における<征夷>と<謀反>―」『国語と国
　　　　文学』1997

大津雄一「軍記物語と王権の<物語>―イデオロギー批評のために―」有情
　　　　堂 1996

早川厚一「『平家物語』の成立－頼朝と征夷大将軍－」『国語と国文学』1997

張永喆「軍記物語에 나타난 <謀叛>의 構造 硏究」한국외국어대학교 박사
　　　　학위논문 1997

朴昌基「壬辰倭乱 관련 日本 軍記文学 硏究」고려대학교 박사학위논문 1999

崔文正「韓日軍記의『壬辰録』과『太平記』との対比的硏究」일본여자대학 박
　　　　사학위논문 2000

Gerald Prince "A Dictionary of Narratology" University of Nebraska Press
　　　　1987

서대석『군담소설의 구조와 배경』이대출판부 1984

史在東 편『韓國敍事文學史의 硏究』Ⅰ～Ⅴ 中央文化社 1995

蘇斗永『構造主義』民音社 1984

슈탄젤『物語의 構造』岩波書店 1989

＿＿＿＿『소설의 이론』탑출판사 1990

한용환『소설학 사전』고려원 1992

Ⅱ.『將門記』·『陸奥話記』의 2원적 선구성

梶原正昭 역주『将門記』東洋文庫 平凡社 1975

大曾根章介 교주『陸奥話記』日本思想大系 8 岩波書店 1979

馬淵和夫 외 교주『今昔物語集』日本古典文学全集 小学館 1974

中田祝夫 해설『将門記』勉誠社文庫 1985

網野善彦『異形의 王権』平凡社 1993

赤坂憲雄『異人論序説』ちくま学芸文庫 1992

永積安明『日本文学史 中世』至文堂 1981

石母田正『古代末期政治史序説』未来社 1956

林陸郎『古代末期의 叛乱』教育社 1977

佐治芳彦『叛逆의 日本史』徳間書店 1992

高橋富雄『武士의 心 日本의 心』近藤出版社 1991

ドナルド・キーン『日本文学의 歴史』中央公論社 1994

栃木孝惟『日本文学新史』<中世> 至文堂 1990

鈴木日出男『日本文芸史』古代Ⅱ 河出書房新社 1987

福田豊彦『平将門의 乱』岩波書店 1981

戸谷高明「古代前期文学에おける軍記的なもの」『軍記物とその周邊』 早稲田大

学出版部 1969

大津雄一「『将門記』の＜先駆性＞」『日本文学』1993. 5

伊東玉美「武士説話について」『国語と国文学』東京大学国語国文学会 1991. 10

松尾葦江「軍記物語の成立」『国語と国文学』東京大学国語国文学会 1992. 5

李成珪 외『東亜史上의 王権』한울아카데미 1993

Ⅲ. 『保元物語』에 나타난 모반의 두 축

永積安明 교주 大系本『保元物語』岩波書店 1961

高木市之助 교주 大系本『平家物語』岩波書店 1960

吉沢義則 교주 応永書写 延慶本『平家物語』勉誠社 1977

金田一春彦 편『平家物語総索引』学習研究社 1973

津田左右吉『文学に現はれたる我が国民思想の研究』(三) 岩波書店 1977

山下宏明『軍記物語と語り物文芸』 塙書房 1972

和歌森太郎『人物日本の歴史』5 源平의 確執 小学館 1975

『日本国語大辞典』小学館 1975

『日本古典文芸大辞典』岩波書店 1984

国文学研究資料館 편『国文学年鑑』1945 ～ 1987

日下力「保元物語と平治物語の位相」『日本文学講座』4　物語・小説Ⅰ 大修館
　　　書店 1987

＿＿＿＿「為朝像の定着－中世における英雄像の誕生－」『日本文学』1984. 9

生形貴重「軍記物の成立」『日本文芸史』第三巻 中世 河出書房新社 1987

栃木孝惟「軍記物語の成立」『日本文学新史』＜中世＞ 至文堂 1990

砂川博「源為義」『日本文学』1986. 10

松尾葦江「歴史語りの系譜－保元物語・平治物語を中心として－」『文学』
　　　1988. 3

김천혜『소설구조의 이론』文学과知性社 1991

슈탄젤『소설의 이론』문학과 비평사 1988

시모어 채트먼『영화와 소설의 서사구조』이야기와 담화 民音社 1993

Ⅳ. 『平治物語』에 나타난 모반의 전형과 한계와 전이

永積安明・島田勇雄 교주『保元物語 平治物語』岩波書店 1961

高木市之助 교주『平家物語』岩波書店 1960

後藤丹治·釜田喜三郎 교주『太平記』岩波書店 1960

永積安明『中世文学の成立』岩波書店 1963

斉藤清衛『中世日本文学』有朋堂 1966

日本文学研究資料刊行会『平家物語』有精堂 1969

山下宏明『軍記物語と語り物文芸』 書房 1972

_____『軍記物語の方法』有精堂 1983

_____ 편『軍記物語生成と表現』和泉書院 1995

_____「『平治物語』の読み－常葉の物語をめぐって－」『文学』1984. 4

_____「『保元物語』と『平治物語』－軍記物語の作者と語り物－『軍記と語り物』6호 1968. 12

角川源義『語り物文芸の発生』東京堂 1975

久保田淳·北川忠彦『中世の文学』有斐閣選書 1976

佐佐木八郎『語り物の系譜』笠間書院 1977

日本文学協会『日本文学講座4』物語·小説 I 大修館書店 1987

鈴木日出男·藤井貞和『日本文芸史 古代』II 河出書房新社 1987

松村雄二 외『日本文芸史 中世』河出書房新社 1987

兵藤裕己 편『平家物語』語りと原態 有精堂 1987

砂川博「義朝像の再検討－金刀比羅本平治物語に即して－」(上)(下)『文学』1984. 5·6

松尾葦江「歴史語りの系譜－保元物語·平治物語を中心として－」『文学』1988. 3

栃木孝惟「平治物語序論」『軍記と語り物』7호 1970. 4

安部元雄「第一類本平治物語の構成とモチーフ」『軍記と語り物』7호 1970. 4

日下力「初期平治物語の一考察－陽·学本の志向－」『軍記と語り物』7호 1970. 4

須藤敬「『平治物語』－一類本と四類本の差－対朝敵意識の問題から－」『軍記と語り物』25호 1989. 3

大津雄一「一流本『平治物語』の可能性－構築と解体の自己運動－」『軍記と語り物』28호 1992. 3

国文学研究資料館 편『国文学年鑑』至文堂 1948～1986

한용환『소설학 사전』고려원 1992

V.『平家物語』를 통해 본 모반의 행위와 표현

高木市之助・小沢正夫・渥美かをる・金田一春彦 교주 日本文学大系32・33『平家物語』上下 岩波書店 1982

古沢義則 교주 応永書写延慶本『平家物語』勉誠社 1977

富倉徳次郎『平家物語全注釈』角川書店 1968

佐佐木八郎『平家物語評講』上下 明治書院 1981

高木市之助・永積安明・市古貞次・渥美かをる 편저 増補国語国文学研究大成 9『平家物語』三省堂 1977

日本文学研究資料刊行会 日本文学研究資料叢書『平家物語』有精堂 1969

兵藤裕己 편 日本文学研究資料新集 7『平家物語』有精堂 1987

_____『語り物序説』有精堂 1985

_____『王権と物語』青弓社 1989

_____『平家物語－＜語り＞のテクスト』筑摩書房 1998

_____『平家物語の歴史と芸能』吉川弘文館 2000

津田左右吉『文学に現はれたる我が国民思想の研究』(三) 岩波書店 1981

山下宏明『軍記物語と語り物文芸』塙書房 1986

_____『語りとしての平家物語』岩波書店 1994

_____ 편『軍記物語の生成と表現』和泉書院 1995

_____『いくさ物語の語りと批評』世界思想社 1997

_____ 편『平家物語の生成』 軍記文学研究叢書5 汲古書院 1997

_____ 편『平家物語 批評と文化史』 軍記文学研究叢書7 汲古書院 1998

赤松俊秀『平家物語の研究』法蔵館 1980

松尾葦江『平家物語論究』明治書院 1985

五味文彦『平家物語 史と説話』平凡社 1987

上横手雅敬『平家物語の虚構と真実』上下 塙新書 1985

安田元久『日本全史』4 中世Ⅰ 東京大学出版会 1967

後藤靖『天皇制と民衆』東京大学出版会 1976

中山真彦『物語構造論』岩波書店 1995

三谷邦明『源氏物語躾糸』有精堂 1991

永積安明『平家物語の構想』岩波書店 1989

今成元昭『平家物語流伝考』風間書房 1971

福田以久生『武者の世－東と西－』吉川弘文館 1995

市古貞次 편『平家物語研究事典』明治書院 1978

大隅和雄『中世 歷史と文学のあいだ』吉川弘文館 1993

井上光貞 외 편『貴族政治と武士』山川出版社 1995

武久堅 편 日本文学研究大成『平家物語』Ⅰ 国書刊行会 1990

_____『平家物語の全体像』和泉書院 1996

村上学 편『平家物語と語り』三弥井書店 1992

梶原正昭 外 편『あなたが読む平家物語』(전5권) 有精堂 1994

_____『平家物語 主題・構想・表現』軍記文学研究叢書6 汲古書院 1998

川合康『源平合戦の虚像を剥ぐ』講談社 1996

池田敬子 외 편『軍記物語の窓』第一集 和泉書院 1997

早川厚一『平家物語を読む－成立の謎をさぐる－』和泉書院 2000

須藤敬「「朝敵」論のための覚書」『軍記と語り物』27호 1991. 3

佐伯真一「「将軍」と「朝敵」－『平家物語』を中心に－」『軍記と語り物』27호
　　　　 1991. 3

_____「「朝敵」以前－軍記物語における＜征夷＞と＜謀反＞－」『国語と国
　　　　 文学』1997

大津雄一「軍記物語と王権の＜物語＞－イデオロギー批評のために－」有情
　　　　 堂 1996

早川厚一「『平家物語』の成立－頼朝と征夷大将軍－」『国語と国文学』1997

日本文学協会編集『日本文学』1986～2001

『文学』岩波書店 1986～2001

『国文学』제31권 7호 平家物語－叙事詩として, 物語として 学灯社 1987. 6

『国文学』제40권 5호 平家物語－語りのテキスト 学灯社 1995. 4

大森千明 편「「平家物語」がわかる」朝日新聞社 1997

슈탄젤『物語の構造』岩波書店 1989

_____『소설의 이론』탑출판사 1990

Ⅵ.『義經記』2부구성과 역설의 논리

岡見正雄 교주『義経記』日本古典文学大系 37 岩波書店 1959

市古貞次 외 편『日本古典文学大辞典』岩波書店 1983

福田晃『中世語り物文芸』三弥井書店 1981

ドナルド キーン『日本文学の歴史』5 中央公論社 1995

釜田喜三郎 외『日本文学史 中世』至文堂 1981

村上学 외『日本文学新史＜中世＞』至文堂 1990

杉本圭三郎『軍記物語の世界』名著刊行会 1985

角川源義『語り物文芸の発生』東京堂

岩崎武夫 외『日本文学講座』5 大修館書店 1987

村上学 編『義経記・曾我物語』国書刊行会 1993

松村雄二 외 編『日本文芸史』河出書房新社 1987

久松潜一 외『軍記物とその周辺』早稲田大学出版部 1969

梶原正昭 외『軍記と語り物』10 [特集] 義経記・曾我物語 1970. 12

柳田洋一郎「『義経記』の名のり－祟りなす供儀－」『同志社文学』26
　　　1986. 3

大城実「叡山文庫蔵『異本義経記』の構造」『軍記と語り物』26 1990. 3

形部久「[研究展望] 義経記」『軍記と語り物』27 1991. 3

山下宏明「『義経記』の『平家物語』受容」『日本文学』1993 .3

利根川清「『義経記』の笑いの方法」『軍記と語り物』31 1995. 3

Ⅶ. 『曾我物語』에 나타난 公과 私의 갈등

市古貞次・大島建彦 교주 日本古典文学大系『曾我物語』岩波書店 1967

青木晃・池田敬子他・北川忠彦 編 真名本『曾我物語』1・2 平凡社 1987

村上学 編 日本文学研究大成『義経記・曾我物語』国書刊行会 1993

栃木孝惟・長谷川端・山下宏明・梶原正昭 編『曾我・義経記の世界』汲古
　　　書院 1997

小山弘志 編『日本文学新史＜中世＞』至文堂 1990

日本文学協会 編 日本文学講座4『物語・小説Ⅰ』大修館書店 1987

松村雄二 외 編『日本文芸史 第三巻 「中世」』河出書房新社 1987

杉本圭三郎『軍記物語の世界』名著刊行会 1985

福田晃『中世語り物文芸－その系譜と展開－』三弥井書店 1981

山下宏明『軍記物語と語り物文芸』塙書房 1962

角川源義『語り物文芸の発生』東京堂出版 1975

市古貞次 외 編『日本古典文学大辞典』岩波書店 1984

久松潜一 編『日本文学史 中世』至文堂 1981

軍記・語り物研究会『軍記と語り物』제28호 1992

市古貞次 편 別冊国文学『新・古典文学研究必携』学灯社 1990
国文学 2000년 6월호『軍記物語－エポックをおさえる』学灯社 2000

Ⅷ. 『承久記』에 나타난 모반의 구조

益田宗・久保田淳 교주『承久記』新日本古典文学大系 43 岩波書店 1992
梶原正昭 외 편『承久記・後期軍記の世界』軍記文学研究叢書 10 汲古書院
        1999
杉本圭三郎『軍記物語の世界』名著刊行会 1985
久松潜一 편『日本文学史 中世』至文堂 1981
佐治芳彦『叛逆の日本史』徳間書店 1992
北川忠彦『軍記物語考』三弥井書店 1989
トナルド・キーン『日本文学の歴史』5 古代・中世編 中央公論社 1995
井沢元彦『逆説の日本史』5 中世動乱編 小学館 1997
市古貞次 외 편『日本古典文学大辞典』岩波書店 1985
坂本太郎 외 편『国史大辞典』吉川弘文館 1992
杉山次子「慈光寺本承久記成立私考(一)－四部合戦状本として－」『軍記と語
        り物』7호 1970. 4
_____「承久記諸本と吾妻鏡」『軍記と語り物』11호 1974. 10
兵藤裕己「承久記改竄本系の成立と保元物語」『軍記と語り物』14호 1978. 1
佐藤泉「『承久記』考察－後鳥羽院の周辺－」『軍記と語り物』25호 1989. 3
須藤敬「慈光寺本『承久記』－一つの歴史叙述の試み－」『日本文学』1997. 7
日下力「道元説法の力慈光寺本『承久記』誕生の背景－」『文学』2000. 1・2
大津雄一「承久記いま何が問題か」『国文学』제45권7호 軍記物語－エポッ
        クをおさえる 学灯社 2000. 6

Ⅸ. 『太平記』3부구성과 모반의 구조

後藤丹治・釜田喜三郎 교주 日本古典文学大系『太平記』一・二・三 岩波書店
        1960
津田左右吉『文学に現はれたる我が国民思想の研究』岩波書店 1977
大隅和雄『中世 歴史と文学のあいだ』吉川弘文館 1993
山下宏明『軍記物語の方法』有精堂 1980
_____ 편『軍記物語の生成と表現』和泉書院 1995

網野善彦『異形の王権』平凡社 1993

永積安明『太平記』岩波書店 1984

兵藤裕己『太平記<よみ>の可能性』講談社 1995

_____「太平記 情況と言葉」『日本文学講座』4 大修館書店 1987

大森北義『『太平記』の構想と方法』明治書院 1988

_____「太平記にみる観応擾乱」『軍記と語り物』9호 1972. 3

杉本圭三郎『軍記物語の世界』名著刊行会 1985

_____「太平記の発端」『軍記と語り物』9호 1972. 3

森茂暁『太平記の群像』角川書店 1991

中西達治『太平記論序説』桜楓社 1985

_____「楠木譚の変貌－太平記論序説 三－」『軍記と語り物』9호 1972. 3

長谷川端 編『太平記の成立』軍記文学研究叢書8 汲古書院 1998

佐伯真一 외 編『平家物語・太平記』日本文学研究論文集成14 若草書房 1999

横井清『中世民衆の生活文化』東京大学出版会 1975

網野善彦・上野千鶴子・宮田登『日本王権論』春秋社 1988

佐藤和彦 編『図説 太平記の時代』河出書房新社 1990

今井正之介「『平家物語』と『太平記』－合戦叙述の受用と変用－」『あなたが
　　　読む平家物語』4 有精堂 1993

加美宏「『太平記』評価と受用の系譜」『国文学』1991. 2

小峯和明「中世の歴史叙述と虚構－太平記を中心に－」『日本文学』1987. 3

長坂成行「『太平記』研究の歩みと現在」『国文学』1991. 2

_____「『太平記』終結部の諸相－『光厳院行脚の事』をめぐって－」『日本
　　　文学』1991. 6

大津雄一「『太平記』という反<物語>・反<歴史>」『日本文学』1995. 7

浜崎志津子「太平記北野通夜物語の<因果観>考－当代批判との関わり－」『軍
　　　記と語り物』28호 1992. 3

佐倉由泰「「蒙窃」に始まる叙述－『太平記』試論－」『軍記と語り物』29호 1993. 3

『国文学』1992년 2월호 太平記特集 学灯社

『国文学』1992년 12월호 古典文学レトリック事典 学灯社

색 인

*괄호는 주석에 해당

─────────────── 용어

ㄱ

日文抄録

謀叛の構造から見た軍記物語

I. 序論

　大宝律令・養老律令によると、いちばん厳しく治めるべき重罪として八虐が規定されている。そのうち、天皇を殺害する〈謀反〉、御陵と皇居を損壊する〈謀大逆〉、国家に対する反逆行為に該当する〈謀叛〉などが八虐の代表的な犯罪であった。にも拘らず、日本の歴史は古代から中世に渡る変動期に度重なる〈謀叛〉が相次ぎ、その過程はそのまま『将門記』から『太平記』に至る軍記物語に収まっている。本書が軍記物語を考察するにおいて謀叛の構造を中心テーマにしようとする理由がこういう点にあるわけである。

　軍記物語に現われた〈謀叛〉の主人公たちは天皇の王権を危うくする危険な存在であるのに、既存の日常的秩序とか制度と衝突する人生歴程を見せる過程を通じて英雄化されるという共通点を持っている。そして、その英雄たちは中央の政治舞台とか輿論の形成層から遠く離れた他者のイメージや異人の姿で登場して、一時的あるいは潜在的に王権の分裂や空白を招いてしまう。それから、武力に対する自覚と共にその威力を充分に発揮した後、神力・仏力などを背景にした古代的天皇制の力によって挫折されて最後を迎えるというパターンが物語の構造において典型をなしている。

　そういう点で、本稿で取り扱おうとする謀叛の構造は、戦後の軍記物語の文学論の分野において各々主流をなしてきたと思われる〈叙事詩論〉・〈鎮魂論〉・〈王権論〉の今までの研究成果に繋がることを指向している。直接には1991年以来発表されつつある〈朝敵論〉に結ばれ、それを補完・発展させ

ることに焦点を当てて〈謀叛論〉としての可能性を改たに提示しようとする。

　本稿でいう謀叛の構造とは、二項対立を基礎単位にして一文の線型構造を分析する構造主義の方法を拡大適用した用語である。そして、一つのテクストの全体から謀叛と関連する事項を分類・綜合して本文に現われた主題的側面と表現法を捉えることを最小限の目標にしている。その基礎段階として、個別のテクストに現われた謀叛の用例と意味を抽出するのである。

　その上に、謀叛を起した主体者と謀叛を平らげる反対者とを各々の軸とする二項対立的分析、また謀叛を発話する側とその発話の相手になっている側とを比較する言表行為と言表表現の分析を試みる。それから、本文に著しく現われた人物像とか構成上の特色を捉えて謀叛の構造を読み取ることをねらっている。または、謀叛を起した主な登場人物の英雄像と謀叛のもっともな被害者になっている天皇像などを各々のテクストの特性によって考察する。あるいは、本文の裏面に施されている謀叛の隠された構造を露にする。それに加わって、テクストの内部で物語的現在に参与している語り手の声とか〈映し手〉の存在を軍記物語に見られる独特の表現法として考察の対象に取り入れようと思う。

II.『将門記』・『陸奥話記』の二元的先駆性

　『将門記』は私闘の段階と謀叛の段階との二部構成に分けられるが、謀叛という言葉は前半部に当る私闘の段階では見られない。この点はその分だけ将門が自ら謀叛を図らなかったこと、且つ謀叛人として始めから規定されてはいなかったことを意味する。以後『将門記』後半部の発端の部分で源経基によって将門の謀叛が告発され、さっそく将門が自分の解明に乗り出して朝廷でもこれを受け入れることになっている。ここで見える謀叛の2用例を通じて将門の謀叛が無罪に判明されるわけである。その後、『将門記』後半部の末尾に集中されて見える謀叛の5用例は主に語り手の言葉として

将門またはその一党を対象にしているが、それは事後的な評価としての意味を持つだけである。将門が謀叛の行為を行っている時点ではむしろどの登場人物も語り手もそれを謀叛と称してはいないのである。

　私闘の段階に留まっていた将門が謀叛という行動の飛躍に至ってしまった重要な原因として、『将門記』には朝廷による官符の乱発がそれを招いたとも見えることを指摘しなければならない。『将門記』の本文において4回にわたる官符の発令のうち、特に3番目の官符は将門としては納得できない致命的な措置になってしまって、その直後将門は今までの順応的な態度を変えて朝廷に対する武力の挑発に踏み出すことになるのである。

　謀叛の主体者である将門に対して『将門記』は他の軍記物語と同じく英雄化の装置をいくつか施している。本文の冒頭には桓武天皇の5代孫で鎮守府将軍の息子としての将門の血筋が言及され、以後彼の人生歴程には神仏の利益が数次現われてくる。将門が天皇を僭称する直前には神託も現われ、謀叛に対する正当性を授けることになっている。また、『将門記』の合戦譚に描かれた将門の武勇は当時の天皇制を脅かすものとして不十分ではない。その上、将門が自分の武力に対する自負心と説得力の持ち主であることを、いたる所で見られる中国故事の引用と共に『将門記』の文章で確認することができる。

　それに反して、『陸奥話記』には謀叛の用例が見られず、朝廷によって派遣された源頼義の追討の活躍が主な関心事になっている。その点、他の軍記物語が謀叛の主体者を中心人物に設定してある程度英雄化された人物像を描いていることとはよい対照を見せている。『陸奥話記』の叙述態度はいくつかの源頼義の失敗譚をも含めて、武家の棟梁としての彼の英雄化に一貫しているし、それは国解の文を抄したという『陸奥話記』末尾の記述と軌を一にしていると思われる。

　それに加えて、出羽の山北の俘囚の主である清原武則は『陸奥話記』の後

半部において源頼義を凌駕するほどの活躍を見せている。彼の卓越した情勢判断と予測力及び多様な戦術が大勢を決定づけているとも言えるほどである。その上、謀叛を起した安倍頼時と貞任には悪行とか野蛮なふるまいはほとんど見られず、彼らなりの挑発の論理づけが施されている。また、防ぎと奇襲と退却と打ち死に至るまでの安倍一党の熾烈な抗争過程を通して辺境の異質的存在に対する制限された同情心が潜んでいるとも見られる。この点、衆口の話を拾って一巻を注したという『陸奥話記』末尾のもう一つの記述と関連づけられるし、特に『陸奥話記』の合戦譚に見られる具体的な場面描写の特長と共に、『陸奥話記』なりの謀叛の構造を把握することに役だつだろうと思われる。

Ⅲ. 『保元物語』に現われた謀叛の二つの軸

　『保元物語』の本文には〈謀叛〉の用例が15例あるが、主に話者と〈謀叛〉の反対側にいる人物によって使われていて謀叛人の口を通じては言われていない。『保元物語』の謀叛人としては、結果から見て〈謀叛〉に当るかどうかが判明されるはずなのである。

　しかし、『保元物語』の謀叛人は〈謀叛〉の実態を試みるセリフをいくつか特っている。為義は東国の背後勢力を動員して都に攻め入るという提案を出し、為朝は将門の乱を引用しながらいわば易姓革命のような〈謀叛〉の実態を夢見る。流配地での崇徳上皇は日本の大悪魔になって皇と民とを逆様にしてしまうという呪いを誓う。事実の〈謀叛〉が失敗に判明されるに従って、むしろ『保元物語』の謀叛人は極端な〈謀叛〉の相を口にしているのである。

　国争いを巡る名分を立てる為、上皇側は嫡子世襲と重祚の故事を、天皇側は嫡子以外の皇子が即位した故事を持ち出している。特に、謀叛を起して流配された平城上皇の先例などは、上皇と天皇の両側によって便宜をはかって引用されている。謀叛と関わる先代の皇家関連記事が『保元物語』に

おいての登場人物の各々の立場を強化することに用いられるのである。

謀叛の構造から見て、『保元物語』の話しは崇徳上皇・為朝・頼長を主体者とし、為義・忠実を補助者とする一つの軸と、その反対側に後白河天皇・信西と義朝・清盛・忠通を位置させるもう一つの軸とになっている。ただ、謀叛の軸の方がその反対軸の方より鮮明な軌跡を描き、話しの中心部に位置する。また、話者という存在は各々の場面において雰囲気を主導するが、特に謀叛の主体者の悲運に対しては同情の涙を注いでいる。主題と関連して、『保元物語』には摂関政治と院政に対して制限的な批判精神が施されているが、謀叛人を同情・鎮魂することによって終局的には天皇制へ寄与するといる方向つけが認められる。他の要素として『保元物語』には〈神力・仏力・武力〉が設定され、謀叛を予告・解消しながら全体の内容を導く原動力として作用しているのも特徴になっている。

Ⅳ. 『平治物語』に現われた謀叛の典型と限界と転移

すべて12回使われている金刀比羅本『平治物語』の中の〈謀叛〉の用例はいくつかの点で特色を見せている。まず乱の発端の段階を取り扱っている上巻では一回も〈謀叛〉は使われていない。それは、〈謀叛〉を主動した信頼を絶対悪に位置づけている反面、〈謀叛〉に積極加担した義朝及びその一門に対しては信頼と違った扱いをしようとする『平治物語』作者の配慮が施されている為なのである。したがって、〈謀叛〉が失敗に判明され、信頼と義朝が各々の延命策を図るようになった以後、〈謀叛〉の用例は投降の後斬られる信頼の方に一方的に集中して現われている。信頼に対する否定的評価として使われる〈謀叛〉の用例が7回に渡って見えるのである。次に頼朝と常葉に関わる用例として各々1回と4回現われているが、これらの用例は信頼の場合と異なって、〈謀叛〉に繋がれた危機の状況下にいかに抵抗し対処したかを描く為のもので、肯定的に使われている。これに比べて、例えば〈朝

敵〉の用例は5回のうち4回が清盛の発話に出るもので、ライバルの義朝に
対した名分上の優位を確保しながら相手を徹底的に処罰しようとする意図
で使われている。

　『平治物語』に現われた謀叛の構造の特徴として、他の軍記物語と比較さ
れるほどの典型性が挙げられる。特に、文臣と武臣とが結合した臣下の間
の対立と葛藤が深化されて〈謀叛〉が発生したという単純な乱の背景もそう
であるが、乱の実態の描き方もたいへん迅速で一貫性のある様子で展開さ
れ、〈謀叛〉の過程を〈構造化〉する方法上の技法も相当成熟を見せている。
それに、待賢門合戦と六波羅合戦を通じて〈官軍〉が〈謀叛〉の軍隊を鎮圧す
る過程に至るまでたいへん単線的な構造を表面化している。

　これに反して、典型性の裏面には人物と事件を単純化しながら意図的に
縮小したとか問題化しなった隠された構造がテクストの内部に潜在されて
いる。〈謀叛〉の発端の段階で信頼と義朝が計画した内容と実際に実行され
た成り行きが一致しない点もその一つである。それによって、〈謀叛〉の発
端と以後の段階に現われた信頼の人物像が急激な変化を見せているのが『平
治物語』の物語としての統一性に限界を呈している。もっと重要なのは、後
白河上皇と二条天皇に代表される院政派と天皇親政派との軋轢を本格的に
取り扱わないことによって、〈謀叛〉に上皇と天皇の側臣たちが一時的に手
を結んだこと、仁和寺に投降した信頼の救命の為の上皇の努力が天皇によ
って取り入れられなかったこと、罪のない信西の子息たちが流配される反
面に〈謀叛〉に加担した側臣たちがみんな赦免を受けることなどが隠された
構造になっている。

　『平治物語』の中巻の後半と下巻は〈謀叛〉そのものがほぼ終結された状態
で源氏の家門の興亡が主な関心事に転移され、いわゆる〈義朝物語〉〈義平
物語〉〈頼朝物語〉〈常葉物語〉を成立させている。義朝は失敗した家門のリ
ーダーとして始めから終りまで家門の名誉を守る為に苛酷な父情を発揮し、

一方では家門の再起を最優先の目標になして行動する人物に転移されている。しかし義朝の死に伴なって彼の努力は三代に渡った受難と共に一旦は徒労に終っている。義平は父を凌駕する武勇と共に既存秩序を超越する思考と行動を見せる人物として設定されたが、後半部では家門の恨みを抱きながら死んだ後は祟りを与える怨霊として転移されている。頼朝は源氏の家門の後裔で末代の大将になるという父の義朝の望みに応える期待株として家門の処した苦難の現実を克服する可能性が当時の世論と自分の野望と部下の夢想を通じて想定され、〈頼朝物語〉は『平治物語』後半部の重要な一つの軸をなしている。常葉は受難を凌ぐ源氏家門の女人として清盛を相手に家門を繋いでいく幼い子息たちの命を救い出す特異な存在として設定されている。そして頼朝の後を次いで生き延びた義経が後日平家を亡びへ陥らせる未来の歴史を展望させているのである。

V. 『平家物語』を通じて見た謀叛の行為と表現

　『平家物語』に見られる〈謀叛〉の用例は53例（覚一本の場合）であって、それを言表行為と言表表現に分けて見ると主な登場人物と語り手が謀叛に対してどのような機能を担っているかが明らかになる。と共に、謀叛に関わった主体者と反対者との両軸がどんな構造になっているか、そしてテクストの表面と裏面に設定された構造あるいは隠された構造がいかに成っているかを捉えることができる。

　『平家物語』は序段で清盛を諸行無常・盛者必衰の理念が格別に適用される「おごれる人・猛き者」として規定した以後、絶え間なく「平家の悪行」を言及することによって公卿解任 → 後白河院幽閉 → 福原遷都に繋がれた王権を侵した行為を実質的〈謀叛〉として前提している。そして、「平家の悪行」は清盛の死後、平家没落の段階に入ると、平家の栄華を表わすというよりは悲運を催す方に意味が転移されている。

　『平家物語』に見られる〈謀叛〉の発話は逆説的にも清盛が自分の家門を傾けようとする行為を指している点に特色を見せている。その上、清盛の発話する〈謀叛〉のパラドクスは平家一門はいうまでもなく、反平家側によっても発話されていて当時の歪曲された現実をそのまま反映している。

　しかし、鹿谷事件 → 以仁王の挙事 → 頼朝の旗揚げに至る過程を通じて反平家側による謀叛の発話が変化を見せる。即ち、三つの大事件に関連した主な登場人物と言える俊寛 → 頼政 → 頼朝に行くほど打倒平家の可能性・積極性が強化する。そればかりでなく、頼朝は平家が行為の対象になっていた〈謀叛〉の意味を自分自身に対する反逆の意味に転移させて、義仲・義経・六代を次々と除去する装置として用いる。

　それとは別に、『平家物語』の語り手は〈謀叛〉の発話を反平家側による平家に対する挑発行為を指称する一方、清盛の実質的〈謀叛〉も見逃さない態度を見せる。そして、『平家物語』の語り手は鹿谷陰謀に対しては高く評価しないが、以仁王の挙事を経て頼朝の旗揚げに至ると、〈謀叛〉の意味を肯定的に発話する。特に、頼朝の発話する〈謀叛〉に対しては直接的評価を避けて潜在的に肯定的評価を暗示し、その反面没落平家に対して同情を露わにする二重的姿勢を明らかにする。それと共に、特定の人・不特定の人々の存在が『平家物語』の本文に現われていて、当時の与論を伝達するとか事件に関する原資料を提示するとか異変の経験を現実世界に持ち出すとかして、語り手の論点と経験の限界を補う〈映し手〉の役割がいたるところで確認される。

VI. 『義経記』二部構成と逆説の論理

　『義経記』の形式上の特徴は前半部と後半部が有機的な因果関係を結んでいない二部構成に成っている点である。これは重点的に取り扱われるはずの源平合戦での武勲譚を意図的に省略した『義経記』の編集に大きく起因する。

　『義経記』の前半部構成はテクストの冒頭文に提示された義経の名将軍像を前提に彼の成長過程が最大限に拡張されている。その反面、その結果として実際に名将軍として活躍する実状はただ数行に要約されることによって、過程は最大化されて結果は最小化されるという特異な構成を見せている。また、『義経記』の後半部構成は頼朝と義経の間に行われる〈兄弟不和〉が主な原因になって、義経の〈不運〉＝頼朝の〈果報〉として結末づけられている。その過程で義経は京都脱出 → 吉野山脱出 → 北陸道突破 → 死の選択という一連の段階を通じて各々の場面でそれなりの独特な成功を挙げているようになっているものの、その結果は悲惨な最期を遂げることとして失敗に終っている。過程での成功が結果としての失敗に結ばれる論理的矛盾が『義経記』の後半部で繰り返されているのである。

　このような『義経記』二部構成の論理的矛盾は義経に対する〈判官贔屓〉と頼朝に対する〈果報〉の受容という両者択一の間で価値判断を保留した『義経記』の編集姿勢がいちばん主な原因である。したがって、義経と頼朝を各々の軸にする登場人物の論理と読者の価値判断の間に乖離を招来する装置が『義経記』に現われた逆説の論理構造なのである。『義経記』に現われた逆説という観点での論理構造を整理すれば次のようになる。

　第一に、『義経記』の全体を通じて義経と頼朝の論理駆使及び人物像は一貫性を欠如している。義経の場合、前半部では打倒平家の為に積極的意志と行動性を見せながら〈武勇〉を誇るが、後半部では中世武士というより王朝貴族の姿で〈芸〉を誇示する方に変っていく。頼朝の場合は、義経を除去する為の一連の措置を自ら指示するが、自分の論理を自分の口で発話しない二重的態度を取っている。

　第二に、『義経記』に現われた義経対頼朝の葛藤構造が両大軸を形成しているが、両側の周辺人物たちによる相互補完がテクスト全体において相当な比重を担っている。そして、弁慶を始めとする義経側の人物たちは〈兄弟

不和〉の原因を頼朝の薄情に置くことで与論を背負って名分論上の優位にいることを主張する。その反面、頼朝側は梶原と畠山の強硬論と穏健論に分けられるが、幕府体制の確立に必要な動きを施していく現実論の立場で頼朝による力の支配を合理化させている。

　第三に、『義経記』の編集姿勢は表面の上曖昧である。義経＝絶対善、頼朝＝絶対悪の図式化は決して成立しない。にもかかわらず、義経の〈不運〉＝頼朝の〈果報〉という表面的結果は『義経記』全体を通じて義経の〈武勇〉と〈芸〉という過程に焦点が当てられることによって〈判官贔屓〉という編集意図を暗黙裏に同調する方に作用している。

Ⅶ. 『曾我物語』に現われた公と私の葛藤

　『曾我物語』に関する作品論は事件の当事者である曾我兄弟より〈頼朝物語〉を通じて作品解析の緒を探すのが最近の動向になっている。本稿では曾我兄弟と頼朝を各々一つの軸の主体と見て、両軸の内部と両軸の間で行われている葛藤構造を公と私という基準をもって分析しようとする。

　『曾我物語』に見られる曾我兄弟と母との葛藤は、現実認識の差による忠と孝の実践方法に起因する。母は現実認識において二・三回の変化を見せながら、厳しい現実に適応しようとする母性愛の一典型をなしている。それに反して、曾我兄弟は盲目的な孝の意志をもって絶望的現実に対して抵抗し、もう一方では忠の実現不可能性をみずからの死をもって証明しようとしたとも解釈できる。

　それに比べて、曾我兄弟と祐経は『曾我物語』の全体を通じて各々一回ずつ対面し、二回ともに祐経が一方的に懐柔し、曾我兄弟は反論をも陳べず、仇討の執念を強化するだけである。曾我兄弟と祐経の葛藤の実相を通じて、その直接的原因が両者にあらず、家門の長い紛糾と外部環境の著しい変化にあることが証明される。

　また、『曾我物語』には畠山重忠と和田義盛のように暗々裏に曾我兄弟の仇討を助けた東国武士たちがいる。その理由が祐経の出世に相対的反感を持つためかあるいは頼朝に対する潜在的反撥かは確かに現われていない。が、彼らにとって、曾我兄弟の仇討には問題のある公(不可能の忠)と問題のある私(盲目的な孝)が絡みあっていて、複雑な判断と対処が要求されているのが読みとられる。

　『曾我物語』の曾我兄弟は恐しい仇討の化物でもなく、善悪の観点で絶対的優位を占めた存在でもない。苦悩と失敗を重ねた平凡な人物である。しかし、共同の目標に向って、お互いの弱点を補いながら、最後まで権力に挑戦する姿勢をとっていて英雄としての可能性が確認できる。

　その根本的背景として、『曾我物語』の頼朝は全体を通じて賢王と覇王という相矛盾する二重像を持っている。それを曾我兄弟は、私的な次元で出発した孝の実践の過程で頼朝＝閻魔王(巻七「鞠子川の事」)と認識して、王に対する挑戦という公的な次元にまで深化することになったと解釈できる。

　それに止まらず、仇討に成功した曾我兄弟は死んだ後にも怨霊になって、頼朝を始めとした世俗の鎮魂を求める。そして、虎などの出家と供養を通じて往生することによって、曾我兄弟は霊魂の鎮魂まで具現するというのが『曾我物語』の主題と関連した基本構造になっている。

Ⅷ. 『承久記』に現われた謀叛の構造

　『承久記』は後鳥羽上皇が起した謀叛の事件を主な内容としている。そうして『承久記』本文に現われた謀叛の用例(総13例)を通じて事件の全体相を確認することができる。主要な登場人物のセリフとして謀叛が発話されているからである。したがって『承久記』本文は謀叛を平らげた鎌倉幕府の体制の確立を既定事実化する態度で一貫している。

　しかし『承久記』は序頭に仏教教理による楽観的世界観 → 国王兵乱の歴

史を前提した上で、本格的な謀叛の話しを叙述している。これは後鳥羽上皇による謀叛が成功するかいやかに拘らず〈仏法・王法〉が永遠に持続するという点を強調するためである。また『承久記』は末尾で謀叛が平らげた後京都での状況の変化(院政の交替、西園寺家門の復権)を「めでたきこと」と言いながら新たな王朝中心主義を標榜している。すなわち『承久記』序頭と末尾の叙述は本文の主な叙述とは相違った態度を見せているのである.

　『承久記』での葛藤の様相は後鳥羽上皇と北条義時とを二つの軸の中心にして論理と武力を通じた対決で現われている。『承久記』は両側の衝突の原因を二人の個人の権力慾に起因すると前提しているが、本格的な対決の局面では幕府側の一方的な優勢で一貫している。これは『承久記』の編集の意図が幕府側の優勢をもっと強化した結果として、批判精神と現実順応主義が混在されていることを証明している。その上、北条権力の誕生を内容にしながら仏法・王法の持続を楽観する態度を標榜することによって自己矛盾を表わしている。

　『承久記』には鎮魂の意図が顕に出ていないのが特色である。『承久記』は後鳥羽上皇の流配及び周辺の人々の没落までを叙述の範囲にして、上皇の死を取り扱わないことによって鎮魂の必要条件を省略しているのである。その理由として謀叛を起した後鳥羽上皇が徹底的に否定的な人物として設定され、その反面北条義時に対しては一種の英雄化が施されている点が挙げられる。また事後処理譚あるいは後日譚が最小化され、『承久記』が二部構成に成っている点とも関連があるように見える。その上、鎮魂の省略または最小化は『承久記』の序頭と末尾に施された楽観的な世界観・新たな政治体制の承認という叙述方式とも結ばれているように見える。ただ、このような『承久記』の特色が軍記物語の原型を見せているのか、あるいは定型からの逸脱と見るべきかについては、これから論議が進めなければならないと思われる。

IX. 『太平記』三部構成と謀叛の構造

　『太平記』はその題目とは反対に五十年間も続いた戦乱の物語である。太平の時代は物語の現在にはなく、過去にあって未来にあるはずの物語である。したがって、物語の現在にもっと懇切に追求すべき至高至善の目標になっている。しかし、現在は過去と異なることに決まり、未来もまた同じである。それによって、太平の時代としての具体的実像も変化せざるをえず、また変化しなければならない。そういう観点で『太平記』に現われた物語の過去・現在・未来は太平の時代の実像を各々異なった姿で設定されている。

　四十巻になっている『太平記』という物語の現在を三部構成に分けてみると、第一部の始まりは北条が実権を振った鎌倉幕府の末期に繋がれている。そして第一部の終わりは後醍醐天皇の主導下になされた北条の滅亡である。第二部は〈建武の新政〉から南北朝の両立を経て後醍醐天皇の死までである。第三部は以後の南北朝の抗争になって、その終わりは足利義満による南北朝の統一に間接的に結ばれている。このような三部構成は『太平記』そのものの成立にも関連される蓋然性など多様な読みができるにちがいないが、その一つの接近法としてテクストの内部における変化と統一性を捉えるにも有効であるというのが本章の論旨の出発点である。

　『太平記』というテクストの内部から主題の変化と統一性を捉えようとする際、いちばん目立つ特色は名分論と現実論との対立である。名分論は儒教的徳目として明君忠臣論を基盤にした支配者の論理である。『太平記』序文はこの名分論を提示して物語全体を導いていこうとする意図を見せている。また『太平記』の本文にもテクストの内部に位置した語り手の声とか登場人物の対話などを通じて名分論に立脚した絶対善の追求を形象化している。そして『太平記』に現われた名分論は武家政治の前に行われた古代的天皇制を憧れの的とみなしているようで、その最大の受恵者は天皇親政を試

みた後醍醐天皇になっている。

　その反面、現実論は政治的理想よりは現実的力の論理を認め且つ重視する被支配者の論理だと言える。名分論に比べれば、剥き出しにして現実論を標榜する文脈は『太平記』の本文に表面化されていない。現実論は『太平記』の隠された構造として設けられているのである。そうして北条の武家政治を仁政の施された時期に限って憧れ、これから近付いてくる足利の室町幕府を確立の可能性として展望する。『太平記』に現われた現実論はこのような力の論理で決定される具体的現実を受容しようとする態度から語り手や登場人物を通じて共感帯を拡げているのである。

　名分論と現実論の対立という観点から『太平記』の三部構成を考察すれば、次のような点が確認できる。まず、『太平記』の第一部は後醍醐天皇の明君像と北条高時の悪臣像が明らかな対照を見せることによって、各々絶対善と絶対悪とに位置づけられている。そういう点で後醍醐天皇が打倒北条を掲げて実行した〈謀叛〉は明君として悪臣を除去するという名分が与えられるはずで、それから天皇の〈謀叛〉は異例的な成功を挙げている。それに、天皇の〈謀叛〉の成功には楠正成のような忠臣たちの活躍と共に元々北条に属した足利尊氏と新田義貞との別の〈謀叛〉が追加されている。

　『太平記』の第二部は後醍醐天皇に与えられた絶対善の地位が〈建武の新政〉の失敗でその絶対性が失われ、その反面北条高時に代って天皇の王権に挑戦した足利尊氏も絶対悪の位置付けは免かれることになっている。そして第二部では後醍醐天皇による〈朝敵〉指名がいちばん重要な変数に作用して、これをめぐって足利尊氏と新田義貞が主導権を競う。特に、後醍醐天皇が北朝に一時投降しながら新田義貞が〈朝敵〉にされて混乱の様相を見せ、その後第二部の末尾では後醍醐天皇の遺言によって〈朝敵〉は再び足利尊氏を指すことに固着する。このように第二部では後醍醐天皇の為の名分論が弱化され、相対的に足利尊氏の主導によって南北朝の成立が既定事実化され

るという現実論の反影がお互いに競合の様相を見せている。

　『太平記』の第三部は南北朝両側に対する絶対悪と絶対善の位置付けは失踪され、主に北朝に属した上流武士たちが変節と下剋上によって絶え間なく〈謀叛〉を行って北朝の内紛を齎す。第一部で後醍醐天皇の〈謀叛〉が名分ある闘いに結ばれて成功を挙げるのに反して、第三部での〈謀叛〉は北朝の上層部の力の優勢が現実を支配する過程の中で鎮圧・消滅される。したがって、第三部では北朝からの離脱者たちによる〈謀叛〉とこれに連合した南朝側の挑戦でなされた足利幕府の数回の危機が果てには克服されるというところに焦点が当てられる。だから、『太平記』の第三部は北朝の内部の〈謀叛〉という否定的イメージが室町幕府の確立を助ける結果に作用して終局的には現実論が名分論を圧倒するという構造になっている。

X. 結論

　軍記物語は名分上には古代天皇制を擁護する立場を表面化しているが、現実的には鎌倉幕府と室町幕府に繋がれる(武家政治によって実質的王権が行使される)中世天皇制の成立を潜在的に認めざるを得ない立場の方に傾いていく典型性を包んでいる。同じ謀叛の主体者であっても、『将門記』の将門が絶対悪に規定されたのも、『太平記』の後醍醐天皇と南朝の人々が絶対悪に位置づけられなかったのも、古代天皇制の名分があった為なのである。その反面、謀叛の反対者であっても、『平家物語』の頼朝とか『太平記』の尊氏が絶対善に位置づけられなかったのも、古代天皇制の名分の為である。と共に、頼朝と尊氏には各々幕府成立という歴史上の成功の事実が現実的に配慮されているのである。したがって、軍記物語には謀叛の主体者としての絶対悪の存在は再現されているが、それに対する絶対善の存在は見付けられない。そういう点で、軍記物語は一種のカオスの世界を具現しているし、作品の成立条件として浄化の洗礼を必須的に随伴したとも言える。

　軍記物語の構成上の特色は、年代記的に記事を羅列することを基本にして、その上に謀叛の発端と展開 → 合戦譚を中心とした謀叛の平らげ → 鎮魂の為の事後処理譚の三部構成を原型にしている点である。そして、仏教的無常観あるいは儒教的治政論を序頭に置き、終りには怨霊を鎮めるための後日譚などを増補する形式を取っている。また、故事譚・懐古譚などの挿入は各作品の成立及び成長・発展の過程の上で不可欠の要素になっている。

　〈語り物〉としての軍記物語は鎮魂を必要条件としている作品そのものの内容上の要求の上に、仏家と武家による持続的な関与と支援が外部要素として加えられた為だと思われる。その結果、軍記物語の本文には謀叛の主体者がいかに熾烈な生涯を生きて死んだかを批判的に見詰めた後、その死に対しては同情を隠さない語り手の存在がテクストのいたる所で見られるのである。

후 기

한반도와 일본 열도 사이에는 바다가 있다. 대한해협과 현해탄으로 이름 붙여진 그 바다는 뗏목을 띄워서 건널 수 있을 만큼 가깝기도 하지만 평소에는 언제나 거친 파도가 넘실거린다. 눈에 보이지 않을 뿐 그 밑으로 너른 태평양을 반 바퀴 돌아 들어오는 거대한 조류가 흐르고 있기 때문이다. 마찬가지로 한국과 일본 두 나라는 같은 동아시아권에 위치하여 밀접한 영향 관계를 주고받으면서도 역사와 문화 면에서 서로를 타자(他者)로 인정할 수밖에 없는 도저(到底)한 전통을 특색 있게 일구어 왔다.

고대 일본이 한반도와의 밀착된 관계를 단절하고 내치에 치중함으로써 보다 일본적인 역사를 형성해 나간 시기는 곧 천황제를 중심으로 한 율령체제가 정비된 시기와 일치한다. 이후 율령체제의 해체와 함께 고대 천황제 또한 변모하지 않을 수 없었고 그 과정에서 일본 역사는 왕권 쟁취를 둘러싼 내란을 거듭 겪었다.

본서에서 다루고 있는 일본 역사군담은 고대 일본에서 중세 일본으로 넘어가는 과도기를 시대 배경으로 일어난 내란의 과정을 일본 고유의 문학 장르인 〈모노가타리〉라는 틀에 담은 이야기이다. 하나 하나의 작품 속에는 내란을 일으킨 모반인들의 의지와 행동이 영웅 또는 반(反)영웅의 모습으로 재현되고 그들의 죽음은 진혼의 대상으로 받들어져 있다는 점에서 특색을 보이고 있다. 아울러 모반은 기존 질서에 도전하는 위험한 행위이면서 동시에 역사를 움직이는 중요한 요인으로도 작용한다. 일본 역사군담은 거듭된 모반을 통하여 고대 천황제가 어떤 과정을 거쳐 중세 천황제로 바뀌게 되었는지를 여실히 보여주고 있다. 본서는

이러한 점에 초점을 맞추어 모반의 구조라는 관점에서 일본 역사군담의
특색과 본질을 규명해 보고자 하였다.

본서는 필자의 박사학위 논문「軍記物語에 나타난 〈謀叛〉의 構造 硏
究」를 근간으로 하고 있다. 그 중 3개의 장을 빼고 새로 3개의 장을 더
하였으니 절반 정도가 바뀐 셈이다. 거기에 인명이나 지명 등의 한자를
우리말로 고쳐 쓰고 이해하기 어려운 용어는 괄호 안에 주석을 달았다.
또한 거듭해서 나오는 비슷비슷한 인명들을 구별하기가 쉽지 않은 일이
라서 부록에 가계도와 인명 색인을 첨부하였다.

한국에서 일본 연구는 그 필요성은 일부 인정하면서도 전문가는 거의
없는 것으로 여겨져 왔다. 더욱이 일본 고전문학의 경우는 그 존재조차
제대로 알려지지 않았다. 그러나 이제 누군가에 의해서든 본격적 연구
가 시작되어야 하고 앞으로 그 결과가 계속 축적되어야 할 것이다. 이
책을 통해 일본을 올바로 알고자 하는 한국의 일반 독자와 연구의 개척
에 나선 동학들께 다소나마 도움이 되기를 진심으로 바란다.

2001년 11월 저자 씀

저자약력

장영철(張永喆)

한국외국어대학교 일본어과 졸업
동대학교 대학원 일본어과 석사과정 졸업
동대학교 대학원 일본어과 박사과정 졸업
현재 군산대학교 동양어문학부 부교수

■ 저서 및 논문

『平家物語』の物語的構造－人物関係を中心として－ (석사 논문)
軍記物語에 나타난 〈謀叛〉의 構造 研究 (박사 논문)
『平家物語』に見られる天皇像
『太平記』를 어떻게 읽을 것인가에 관한 一考察
한국 대학에서의 일본 고전문학 연구의 현황과 문제점
대학 일본어 2000 (공저)
일본 현대시 명작 감상 (공저)

일본연구총서 5

모반의 구조를 통해 본
일본 역사군담 연구

2001년 11월 30일 초판 발행

저 자 張永喆
발 행 韓國日本學協會
펴낸곳 도서출판 보고사(등록 제6-0429)
　　　　서울시 성북구 보문동7가 11번지
　　　　Tel. : 02-922-5120~1　　Fax. : 02-922-6990
　　　　E-mail : kanapub3@chollian.net
　　　　HomePage : www.bogosabooks.co.kr

ⓒ BOGOSABOOKS. 2001

ISBN 89-8433-067-1　　정가 15,000원

본서는 2001년도 일본 만국박람회기념협회와 국제교류기금의 보조금에 의한 출판물이다.
本書は平成13年度日本万国博覧会記念協会と国際交流基金の補助金による出版物である。